高等学校公共事业管理专业创新规划教材

公共管理学

——结构、要素与环境

PUBLIC MANAGEMENT

主　编　刘圣中

副主编　刘忠权

WUHAN UNIVERSITY PRESS
武汉大学出版社

图书在版编目(CIP)数据

公共管理学:结构、要素与环境/刘圣中主编. —武汉: 武汉大学出版社,2011.6
普通高等教育精品规划教材
高等学校公共事业管理专业创新规划教材
ISBN 978-7-307-08720-0

Ⅰ.公… Ⅱ.刘… Ⅲ.公共管理—高等学校—教材 Ⅳ.D035

中国版本图书馆 CIP 数据核字(2011)第 077786 号

责任编辑:白绍华　　责任校对:黄添生　　版式设计:马　佳

出版发行: **武汉大学出版社**　(430072　武昌　珞珈山)
(电子邮件: cbs22@whu.edu.cn　网址: www.wdp.com.cn)
印刷:武汉中科兴业印务有限公司
开本:720×1000　1/16　　印张:25　字数:433 千字　插页:1
版次:2011 年 6 月第 1 版　　2011 年 6 月第 1 次印刷
ISBN 978-7-307-08720-0/D·1083　　定价:35.00 元

目　　录

导论 公共管理学的范畴

从人类进入20世纪以来，世界事务进入到一个特别纷繁复杂的阶段，经济、政治、社会、科技和文化等方面取得突飞猛进的发展，世界也发生了翻天覆地的变化，其间交织错杂在一起又形成了更加复杂多变的情势，出现了各种意料之外、难以确定的事务，考验着新世纪公共组织的智慧和能力。

好在人们能够聪明地运用不断承继的学术思想和知识，不断翻新、变革，探索出新的方法，从而能够比较有效地应对复杂变化的形势。进入新世纪，传统时代的管理方法和管理模式发生了巨大的变化，人们从不同角度和不同方向，借鉴和吸引更加多元和多样的知识信息，构造出崭新的理论模式，来解释和应对不确定的社会问题。尤其是对作为公共组织的政府机构来说，这一责任尤其重大。政府机构如何与社会团结起来，共同形成新的管理模式来处理越来越多的社会问题，就成为新世纪的首要难题。因此，新的学科也随之诞生。这就是公共管理学产生的背景。

公共管理学的前身是公共行政学。公共行政学主要研究与政治问题相对应的行政问题，也就是如何执行政治决策、将政策实施到具体过程的行政过程。这一学科重点关注的是政府的行政制度和行为，其焦点集中在政府机构本身。公共行政学运用的学科分析方法和框架基本上是属于法律学和政治学范式的，分析问题的基本概念都来自这两门学科。在政治与行政二分的基本原则下，公共行政学在20世纪前半段时期发挥着重要的作用，对行政行为进行了适当解释并提供了合理的理论指导，形成了所谓“威尔逊—韦伯官僚制模式”的理论形式①。支持以这一理论模式为核心的公共行政的理论支柱主要有两个：一个是政治控制理论（或者称为政治行政二分理论），另一个是官僚制理论。这两大理论支柱分别从功能合法性和组织原则两个角度提供了支持，形成传统行政模式的基本原则。

但是，随着社会的发展，尤其是20世纪下半阶段，全球进入高速发展和变化时期，经济一体化、政治民主化、文化融合化、环境危机化等多重变化共同形成了一个从未有过的新局面。传统行政模式已经面临着重重挑战，建立在公共行政范式基础上的行政实践无法应对错综复杂的社会现实，因此社会需要一种更加创新、更加有解释力和适应力的理论模式，这就是20世纪80年代初开始兴起的新公共管理模式。新公共管理模式以挑战和突破传统行政范式的两大支柱为己任，试图构建一种组织灵活、行政责任化的新理论范式。它以“突破官僚制”和“责任行政”为口号，以经济、效率、效益（即所谓的三“E”）为原则，形成了一种崭新的管理理论。以这种管理理论为基础，吸引其他学科的方法和概念框架，逐渐兴起一种崭新的学科，即公共管理学。可以说，公共管理学是以新公共管理运动为背景，面对复杂社会问题，吸引多学科、多理论因素，区别于传统公共行政学的综合性和交叉性的新管理学科。

那么，这一新学科从理论范式上与其他传统范式相比有着什么不同，具有何种特点呢？作为一门新的学科，其理论的基本概念、体系和基本假设是什么呢？这些问题是要研究和学习这门学科必须首先明白的。下面我们分别从几个方面来阐述公共管理学科所具有的独特的范式和理论特点。

一、公共管理学研究的问题

和传统公共行政学一样，公共管理学作为一门学科必须解决研究对象的问题，也就是这门学科究竟研究什么社会现实。这一问题实际上涉及公共管理学科的性质、内容和方向等基础性特征。

1. 公共管理学研究的主要对象是什么

公共管理学研究的主要对象不同于传统公共行政学。传统公共行政学集中

① ［澳］欧文·E. 休斯. 公共管理导论［M］. 彭和平，等译. 北京：中国人民大学出版社，2001：27.

关注政府体制和政府的行政行为，对政府之外的社会机构和公民很少关注。而公共管理学则跳出了传统行政学范围，不仅将政府这个传统的研究对象纳入到研究范围中，还扩大到社会机构和公民，将更广泛的合作性的公共管理行为过程作为其研究的对象。公共管理学除了研究政府法制、政府机构、政府政策和行为过程，还研究非政府组织、中介机构、社会性服务机构等社会机构的公共管理参与行为，以及公民作为公共管理的参与者和服务对象也成为重要的研究内容。公共管理学不仅仅是封闭的政府行政学，而且是开放的合作的社会合作管理学。因为这一研究对象的扩展，使得公共管理学具有传统行政学所没有的更加开阔的视野和更加丰富的研究内容，也使得公共管理学必须抛开传统的政治与法律方法，更加多样地吸纳经济学、社会学、组织学、管理学、统计学、心理学等学科的综合交叉性方法，形成一种更加多样化的复杂的公共管理学科。

2. 公共管理的主体是什么

公共管理的主体是公共管理学科首先需要关注的对象。从传统行政学狭隘的主体选择中跳出来，将更加广泛地把包含了所有社会主体在内的机构和个人纳入到研究视野中，使得公共管理学的主体研究更加多元化，也更具有复杂性。其主体包括典型的政府机构，但是这一机构的性质已经区别于传统行政学时代的封闭、僵化的官僚制形式的政府，而是更加开放、分权自治，更加具有灵活性、适应性和创造性的政府公共机构。另外，更加多样化的、在社会生活中发挥着越来越重要的作用，甚至有着超越政府机构权威的社会性机构自然成为公共管理学的当然研究主体。不仅在国内有着大量的社会性机构，如非政府组织、慈善组织、中介机构、公共企业等，在国际上也开始涌现大量的与主权国家共同发挥着维持国际秩序作用的跨国非政府组织，这些组织都成为公共管理学的新研究主体。作为个体公民，在传统行政学的体系中被遗忘了，但是公共管理学却毫不迟疑地将其纳入研究范围中。公民个体不是公共管理的被动者，而是主动参与者和变革者。公民个体的选择、参与、创造同样是变革公共管理和社会形态的重要力量。这是一个数量众多、变化明显且内涵丰富的研究主体，给公共管理学的发展带来了非常难得的机会和巨大的动力。

3. 公共管理具有什么性质

传统公共行政的性质在一般的教科书中被总结为政治性、权威性和执行性，这是其研究的主要基础①。但是公共管理学的性质与其有着很大的不同，它的政治性和权威性被弱化，不再强调所谓的政治控制性。而执行性也随着公共管理的分权与责任机制变革更加具有主动性。除此以外，公共管理还具有公共性、社会性和复杂性等性质。这是区别于传统行政的特殊之处，也是公共管理学特别要加强研究的地方。如何探索公共管理的公共性质，如何发挥公共管理的社会性质，如何探究公共管理的复杂规律都是这一门新学科所必须正视的问题。公共管理的性质不是传统时代国家与社会明显对立的政法体制决定的属性，而是新时期国家与社会高度融合的合作体制决定的性质。因此具有更加多样的可能性，也更加符合多元化社会的复杂要求，代表着更广泛的利益阶层和共同体的不同利益。同时，公共管理进入新的网络时代，又带着鲜明的时代特色，网络技术变革着公共管理的结构、关系和手段，使得公共管理形成了丰富的网络技术的特色。对公共管理属性的研究是公共管理学一个重要的基础，了解了这一方面才能更好地理解当今时代公共管理的发展方向和基本原则，也才能更好地探究公共管理的基本理论，建立一种新的科学范式。

4. 公共管理的结构和关系怎样

公共管理也是在一定的机构关系框架之内开展的，但是不同于传统公共行政，它的结构关系与社会紧密相连，与社会结构关系交错在一起。也就是说，公共管理的结构关系不仅仅是政府和社会之间的关系，而且包括政府在内的各个公共机构与私人机构和社会之间的各种复杂的关系。公共管理的各个主体都与其特定的管理和服务对象之间存在着各种不同的关系，例如政府与社会之间既有着传统的行政性和法律性关系，又存在着社会性和互动性的关系，非政府组织与政府之间存在着竞争与合作的关系，非政府组织与社会存在着服务与反作用的关系，各种组织与公民之间又存在着你中有我、我中有你的多重关系。这种交错层叠的复杂结构关系就是今日公共管理的现实。公共管理的政策与行动就是在这样的复杂关系网络之下展开。复杂的公共管理结构关系带来了明显的变化，公共管理不再是少数部门的单方面的事务，而是全面的多个主体、多个角色之间的多元事务。这就是当今公共管理结构关系的特征。作为新公共管理的研究学科，必须关注这方面的内容，并为管理者提供清晰的参考。

---

① 张国庆．行政管理学概论［M］．北京：北京大学出版社，2000.

5. 公共管理包含哪些关键的要素

公共管理的要素是具体公共管理开展的关键推动力和支点，公共管理是在一定的结构关系之下，依靠不同的要素展现出不同的形式和特征的。传统公共行政的要素主要是行政权力和法律，行政权力赋予了传统公共行政推动所有公共事务的原动力，而法律也赋予了传统公共行政合法性和行为标准。但是新公共管理的要素不再局限在行政权力和法律两个有限的要素上，而是集中了市场、工商管理技术、社会手段等多方面的要素，形成多重模式，运用多重技术，构成了一种复杂多样的管理范式。作为新时期的公共管理研究者就应该探究这一时期的公共管理具有哪些最新的要素，尤其是什么重要因素在这一特殊时期发挥着更加重要的作用。当然，同时也还要关注传统的管理要素在今日的形势下遇到什么挑战和发挥着什么作用。对这些传统和新时期的要素的研究可以帮助研究者和学习者更准确地了解公共管理的内涵、过程和作用模式。

6. 公共管理如何应对客观环境

公共管理离不开它所处的外部环境，环境对公共管理产生了重要的影响作用，环境既提供公共管理的资源支持，又产生对公共管理具体行为的约束。公共管理与客观环境之间形成了一种相辅相成、互动互进的关系。公共管理如何应对客观环境是公共管理学必须认真思考的问题，对这一问题回答的正确与错误决定了公共管理的效果。客观环境包含了多重要素，如政治、经济、文化、生态、自然等方面，哪一方面的环境都可以形成一种重大的规范力量，影响着公共管理的内容。作为公共管理者必须正确认识公共管理所处的环境，必须处理好与环境之间的关系，这样才能保证在环境的支持下推动有限的公共管理工作。公共管理的环境研究构成了公共管理生态学的前提，公共管理不是简单的政治和行政工作，也不是简单的经济和技术工作，而是和客观环境完美融合在一起的生态性存在与发展。公共管理生态学包含了公共管理者与客观环境之间完美融合、互相渗透、密切互动的结构关系，还包含了运用生态学的原则和方法推动公共管理方式的变革，形成崭新的公共管理模式。

公共管理学总体来说是研究以上几方面的大问题，具体来说还包含了更多细节性的问题，例如公共管理的技术、公共管理的效能、公共管理的改革等问题。这些问题既是传统的社会现实问题的再生，也是新时代新经济和新技术导致新问题的促生。作为一门管理科学，需要综合各种方法充分了解这些问题产生的根源、特征、变化和后果，了解治理这些问题的途径与方法，在这个基础上，才能形成一门内容更加科学和丰富的新学科。

二、公共管理学的基本概念

作为一门科学规范的新学科，公共管理学自然形成了自有的概念体系和框架，并利用这些概念构建了一套假设体系。这也正是公共管理学的范畴所包含的内容。那么公共管理的基本概念包含哪些？这些基本概念的内涵是什么？这些问题就需要我们进一步探究。具体来说，公共管理学由下面这些核心概念形成，这些核心概念既有来自传统公共行政学的体系，又有本学科的独创，或者通过与其他管理学、经济学等学科的融合形成新概念。

（1）公共管理

公共管理概念是传统行政学概念的发展，也是管理学概念与公共领域结合的新产物。从传统行政学概念向公共管理学转变是一次重要的发展，不仅其内涵发生了重大的变化，扩展到更加广阔的全面的社会领域，而且其方法也发生了变化，这种方法既不是传统行政的权威方法，也不是私人管理的经济方法，而是综合了公共性和科学性在内的新的公共问题的共享式管理与服务的方法。公共管理意味着国家与社会关系的转变，也意味着社会治理的模式变革。这一概念成为整个学科体系的核心。

（2）政府

不论公共管理学主体发生什么样的多元化扩展，公共管理最重要的主体之一还是政府，这是与传统行政相一致的地方。政府在公共管理范畴当中仍然是核心地位的。政府既负担着公共管理的发动、组织、协调和变革的使命，还承担着一种与社会合作推动全面领域社会问题的共同管理的责任。但是，这一范式下的政府的性质和功能却发生了重大的变化，政府的权威性更加让位给公共性，政府出于公共利益的动机以更加符合公共利益的方式和手段，充分吸纳最广大的公众，建立一种合作的关系，这样才能推出合理的公共管理来。这一关键概念的内涵被注入了最新的因子，需要更多的理解和深入的探究。

（3）非政府组织

作为主体之一和政府概念几乎有着同等重要的另一个概念就是非政府组织，这是公共管理范式下不可缺少的重要概念。可以说，没有非政府组织，就没有真正意义上的公共管理。非政府组织没有和政府组织一样具有的正规性、结构性和法律性，而是有着与政府组织一样的公共性和集体性。有一些组织还具有非营利性，这一点也与政府组织是一致的。非政府组织这一特征决定了它与政府组织密切的互补关系，它可以解决政府不能解决的公共问题。在很多方面，它有着政府组织所无法相比的适当性、灵活性和效果性。它利用其优势在现代公共管理中扮演着越来越重要的角色。

（4）个体

个体也是公共管理的主体和参与者，任何公共管理都离不开个体。但是，究竟什么是个体？这里所说的个体包括许多类型，如公民、专家、利益相关者、中介人和官僚等。个体是指作为个人与公共管理密切相关的不同角色。例如，个体可以是参与决策的公民，可以是提供智力支持的专家，也可以是与政策相关的利益相关者，政府、非政府组织和个人之间的中介人，还可以是在政府机关内担任管理协调角色的官僚。这许多角色都在不同管理过程中发挥着重要的作用，成为一个管理过程不可或缺的角色。它们分别有着自己的利益要求，分别形成了不同的组织集体，并利用不同的渠道和行动模式来影响公共决策，使得公共决策朝向自己所追求的方向发展。丰富的个体成员分布构成了多元个体的概念内涵。

（5）体制

所谓体制是指决定公共管理性质、内涵和方法的结构性制度，是由一个国家和地区的基本政治制度、行政制度、经济制度和社会结构等要素综合联结形成的网络框架，所有的公共管理活动都是在这一框架内展开，框架的基本性质决定了公共管理的性质。最主要的体制是基本政治制度决定的国家与社会的关系，例如国家与社会之间强弱对比关系、整合与分离的关系等。这些关系影响着公共管理的所有要素。体制的性质、要素、类型等问题都是这一概念所包含的重要的内容，是公共管理学科需要深入研究和学习的知识点。

（6）决策、协作与责任

决策、协作与责任是本学科有关管理手段的几个关键概念。决策是最重要的管理手段，政府和其他公共机构通过制定决策来实施其方案，达到既定的目标。有关决策的过程、方法和程序等问题都是这一概念的重要内容。协作是公共管理所不可缺少的环节，是一种基础性的公共管理手段。协作包括了国家与国家、国家部门与部门、中央与地方、不同地域、城市与乡村、不同利益集团、公民与公民之间的合作共治的关系。协作成为决定公共管理效果的关键手段。责任则是公共管理另一个关键概念，通过责任机制的建立，影响所有公共管理的参与者，以实现公共管理的目标。责任是公共管理价值的核心，是保证公共管理效果的关键，是整合所有角色共同构造新的管理模式，推动社会和谐发展的原动力。

（7）社会政策、法律手段和经济手段

公共管理的手段还包括不同的社会政策、法律手段和经济手段。社会政策是指权威的政府机构制定的用来解决社会问题的保障性和规范性政策，例如社会保障政策等。社会政策是公共管理的重要手段，利用社会政策可以更好地实现社会公平。法律手段是指通过法律的制定、实施和监督来达到公共管理目的的措施和技术。公共管理必须实现法治化，通过法律来达到稳定规范实行管理和服务的目的。只有通过法律实施管理，才能保证公共管理的公平、程序、民主、有序。无论公法和私法都能成为公共管理的重要依据。经济手段是公共管理最普遍使用的手段，就是通过市场配置资源、竞争投标、经济杠杆等措施的实施，借鉴市场经济的作用配置资源和实施政策。在很大程度上，经济手段都可以有效地提高公共管理的效率，提高公共管理的效益，实现公共资源效用的最大化。

（8）绩效管理与战略管理

绩效管理和战略管理是公共管理学两个重要的概念，也是公共管理的两种重要的手段。绩效管理是从管理学中借鉴而来的一种新的公共管理方法，主要是对管理机构的绩效进行评估，从而决定管理机构的预算和对管理者的激励的一种方法。绩效管理结合了目标管理和效能管理的复合方法，将结果与管理激励结合起来，成为普遍运用的公共管理手段。战略管理同样是从管理学中借鉴而来的方法，是指从战略角度对管理的目标、规划和程序进行长远的宏观的设计，从长远的发展规划角度进行资源的合理分配，保证资源配置对管理过程的有效支持和资源效能的最大化。两种管理方法对丰富公共管理学理论有着重要的作用，成为公共管理学重要的构成概念。

（9）公共管理生态学

公共管理生态学是一个最新的概念，公共管理不同于传统公共行政是一门单方面的政府管理行为，而是在复合的政治、经济、文化、自然等生态环境中开展的新型服务方式。根据这一基本原则，公共管理学也成了公共管理生态学。用生态学的观点和原则来改造传统管理学，借鉴生态学的基本概念和假设形成新的公共管理理论。公共管理生态学包含了公共管理与各种环境之间的互动关系，包括公共管理内部各要素之间的和谐互动关系，还包括公共管理传统与现代，全球化与本地化之间的必然联系。研究公共管理生态学是未来学科发展的必然要求，也是未来公共管理学发展的必然趋势。

三、公共管理学的基本假设

除了上文所概述的公共管理学的核心概念以外，公共管理学还有着特殊的基本假设体系。其假设体系恰好成为公共管理学理论发展和探索的准则和动力。公共管理学的理论假设既是传统行政理论的延续，又是最新社会发展的要求，也是其综合各个学科面临复杂的社会问题自我发展的结果。作为一门新学科，它具有时代性的特点，肩负着为解决时代问题提供有效答案的使命，所以，最新的理论和判断都成为其基本的要素，它涵盖了更多的理论判断而形成了一个包容性的假设体系。具体包括以下几点：

1. 公共管理学是一门新兴而朝阳的学科

公共管理学是人类社会进入新的世纪在传统公共行政学基础上拓展和变革而产生的学科，所以是新兴的。公共管理学必须面对越来越复杂的全球性现实问题，肩负着为这些问题提供有效答案的使命，因此有着无限光明的前景，是一门朝阳学科。而且，它随时随地都将遇到各种挑战和难题，随时都要综合运用更多的新科学和新方法来形成自己的理论，所以它是一门常变常新的学科。

2. 公共管理学面临的问题包含着几乎所有社会生活领域的大大小小的问题，复杂性是公共管理所面临的最大考验①

公共管理学要解释和解决的不仅仅是政府方面的管理问题，更是社会生活领域无所不包的复杂性问题。复杂性是公共管理学面临的最大考验。公共管理的复杂性起因于社会问题的复杂性，任何社会问题不再是运用单一的认识论和方法论就能够准确分析的，而是需要综合运用各种科学方法，需要更多专业的知识和更多专业人才的介入，才能形成更加适切的、综合的理论范式，才能对这些问题进行恰当阐释。如何形成这样一门专业性、综合性、复杂性的公共管理学就是当前这门学科发展需要着重强调的问题。

---

① 菲利普·海恩斯．公共服务管理的复杂性［M］．孙健，译，北京：清华大学出版社，2008.

3. 公共管理是多样性共存的，不存在放之四海而皆准的普遍真理和普遍模式

公共管理以其多样性为标志性特征，多样的形态、方法和结果都显示出公共管理的非单一性和复合性。不论何处的公共管理都有其特殊的需要和模式，最有效的管理模式就是能够满足地方社会需要，解决地方社会问题的管理。这种多样性同时存在，形成了一个全球化之内复合的管理形态。正是因为公共管理的多样性共存特征，所以不存在放之四海而皆准的普遍真理和普遍模式。每个管理模式都有着特殊性，都带有历史时间和历史空间的双重特质，都是复杂环境下多重选择的结果。即使存在管理水平和技术的差距，但也并不能绝对地判断某种模式就必然是其他模式的最佳替代。公共管理的多样性为公共管理学的世界性发展提供了条件。

4. 公共管理必须是适应性、多元性和生态的

公共管理的适应性是指公共管理必须服务于当地的客观环境，满足当地的客观需要，能够及时地解释和解决地方的复杂社会问题。而公共管理多元性是指公共管理的任何决策和管理过程都需要包括国家、社会、个人多方主体的共同参与合作才能产生良好的效果。公共管理不仅仅是政府单方面的工作和任务，更是所有相关者共同参与和合作的集体工作。公共管理的多元性体现在其所有的过程当中，这也是公共管理要求透明公开的前提。公共管理也是生态的。公共管理不是违背社会发展要求去改造社会和自然环境，而是保证社会历史文化和自然地理条件的和谐共存，是维持地方人口和物种持续存在的协调者，而不是地方文化的野蛮掠夺者和侵蚀者。生态是自然的要求，同样也是社会人文的要求，这只有生态的公共管理学才能保证。

5. 公共管理是世界性和地方性共存的

公共管理同样也是世界性和地方性共存的。公共管理的世界性是指在全球一体化的大潮流下，公共管理越来越迅速有效地推广先进的管理方法和管理技术，公共管理的对象越来越发生着世界性的关联，给公共管理带来前所未有的困难和复杂性。同时，公共管理不管如何面对世界化的挑战，仍然是地方性要求下的管理，其具体的管理技术和手段都是以满足地方需要为前提的，所以其地方性成为不可改变的因子。因此，公共管理成为世界性和地方性同时交杂在一起的复杂性的管理，一方面要观照世界性的前沿问题、理念和手段，另一方面还要保存地方性的特殊要求和独特个性。

6. 公共管理是变化的、面向未来的公共管理

公共管理不是一成不变的，从传统公共行政学向公共管理学转变就说明了这一点。公共管理学正是在不断发展变化中吸取新的营养，发展新的理论，形成新的范式的。公共管理学只有不断变化，不断自我更新，才能更好地面向未来，才能在快速发展的社会科学领域自我完善和自我推进。这同时也说明，没有绝对的公共管理原理和公共管理理论，只有不断改变自我、适应现实、丰富内涵、创造空间的新公共管理学。

四、本书的计划和创新点

本书是基于以上分析的所有概念和假设来设计与撰写的，全书计划分三个部分：主体和结构部分、要素和手段部分以及环境与挑战部分。

1. 主体与结构部分

本部分为第一篇，是全书的基础部分，主要是从主体以及与之相关的结构视角来介绍公共管理学的相关概念和理论。具体包括：公共管理的基本概念、公共管理的主导者——政府、公共管理中的非政府组织和个体以及公共管理体制等问题。这一部分涉及了作为主导者的政府，还涉及了与政府同样重要的非政府组织，尤其是关注到了公共管理中个体的角色。最后是公共管理体制问题，这是公共管理基本的结构问题。

2. 要素与手段部分

本部分是全书的第二篇，是公共管理学的核心部分。全书包括了主要的公共管理要素和手段。具体内容有：公共管理的决策、公共管理的协作、公共管理的责任、公共管理与社会政策、公共管理的法律基础、公共管理的市场手段、公共管理的绩效管理等。其中决策、协作和责任是公共管理的核心要素。管理就是决策，管理也是协作，管理责任是管理的灵魂。这三个要素构成了三个重要的章节。其他社会政策、法律基础、市场手段和绩效管理则是具体的管理手段。这些手段成为当今公共管理最主要的管理工具，帮助管理者有效实施其管理过程。

3. 环境与挑战部分

本书的第三篇是环境与挑战部分。公共管理环境及其受到的挑战是公共管理必不可少的要件，公共管理正是在特定环境中开展的，无时无刻不遇到来自各方面的挑战。本篇具体包括三章的内容：公共部门的战略管理、公共管理的生态学以及公共管理的压力与变革。战略管理既是一种管理手段，也是在复杂环境要求下作出的一种反应。公共管理的生态学则是环境要求下的公共管理发展的方向，是未来社会生态发展、持续文明的必然要求。公共管理的压力和变革则是环境要求下的结果，压力的类型和变革的走向是本书研究的重点。

本书设计和撰写过程中，力求结合最新的社会变化，吸收最新的公共管理学研究的内容，尽可能全面、逻辑和重点突出地反映公共管理学学科的基本特征。所以，和一般的公共管理学教材不同，本书至少有 4 个方面属于创新性的内容。具体来说包括：（1）公共管理个体的研究；（2）公共管理责任的研究；（3）公共管理协作的研究；（4）公共管理生态学的研究。

第一个创新点是对公共管理个体的研究。以往的公共管理学均会介绍公共管理的主体，尤其是政府，公共组织，还包括非政府组织等在内，但是很少关注公共管理主体中的个体。实际上，在公共管理过程中，作为主体的个体实际上发挥着重要的作用，有着不同的角色分工。因此，本书特意对公共管理的个体进行介绍，包括：公民、专家、利益相关者、中介人和官僚。进入公民社会时代，公民在公共管理中扮演着越来越重要的角色。公民身份和公民精神成为未来社会公共管理发展的重要支柱。专家凭借其知识和专业技术决定着绝大多数公共政策的内涵，专家发挥着关键性的作用，所以也不能不对其进行必要的介绍。利益相关者是个比较广泛的概念，是指和决策有关的利益人，这些人必须是公共政策和管理的参与人，利益的妥协和协调必须在利益相关者的积极参与下才能得到有效开展。中介人是许多中介组织和其他身份的人站在政策决定者和政策相对人之间的沟通、协调、联络人。这些人可能是退职官员、专家学者、社团组织负责人等。他们在决策机构和社会之间发挥着重要的粘合作用。官僚则是个体中非常重要的一个角色。官僚主要指在政府机构中从事管理职能的公务员。他们的组织文化、个性特征、选择偏好、行为方式等都影响着公共管理的过程和结果。

第二个创新点是对公共管理责任的介绍。其他教材有的有对责任问题的介绍，但是很少单独作为一章来重点论述。本书将其单独列出一章来写主要的原因在于公共管理责任的重要性，这是公共管理的核心要素。公共管理责任的研究包括公共管理责任的内涵、公共管理责任的类型、公共管理责任机制以及公共管理责任的困境和选择。对公共管理责任内涵和类型的介绍重在对基本概念的核心内涵进行梳理，让学生能够清楚地把握相关概念的内容。对公共管理责任机制的介绍则是想让学生学习到如何将责任规范变成一种可以实施的现实约束机制，让责任的理论变成责任的现实要求。这是本章的重点。最后对公共管理责任的困境和选择的介绍则是对责任问题研究的必然要求。公共管理责任给任何作为个人的管理者带来了责任伦理冲突和重重困境，公共管理者陷入这一困境难以自拔，迷失方向，作出违背其基本职责的不当行为，因此导致责任追查的问题。公共管理者面临的责任困境是什么？他们应该如何进行选择走出这一困境？这是后面进一步进行探究的问题。

第三个创新点是对公共管理协作的介绍。公共管理协作问题很少在其他教材中出现，但是实际上最近几年在国内外出版的专著中，公共管理的协作问题成为其中一个重大的问题。这也正是本书将其作为重点突出介绍的原因。本章试图对目前已经展开研究并产生一定影响的理论成果进行总结，试图比较全面地展现出这一理论研究的贡献。具体包括四个方面的协作：垂直协作、部门合作、公私伙伴关系、跨地区协作。垂直协作是等级制下的官僚机构面临的老问题，中央与地方如何进行有效协作，既不浪费公共资源，又能够提供及时有效的公共服务，研究的文献众多。部门合作问题也是官僚制下如何克服部门鸿沟问题的有效途径，研究的文献也非常丰富。如何建立跨部门之间的协作联动机制是这一研究的重点。公私伙伴关系也是目前研究很多的问题，公共部门和私人部门之间有着不同的逻辑，但是如何将这两者协作起来，发挥各自所长，共同为公共管理服务，是当前很多人的理想，有着许多成熟的理论研究。跨地区协作更是全球性学术研究的热点，这也成为本书的一个创新部分。

第四个创新点是有关公共管理生态学的研究。公共管理生态学的概念在其他教材中几乎没有出现，但是却是一个现实的问题。本书将目前已经出现的相关研究成果综合起来，运用这一概念来总括相关内容，突出公共管理环境与政策和谐互动的重要性，突出生态原则和生态方法对公共管理的意义。这一章的内容包括公共管理的生态价值观、人与环境的和谐治理、民族国家内的多元自治、全球化时代的无政府管理等。这些方面的理论成果很多，本章试图综合其研究成果从这几个方面进行论述，给学生提供最前沿的信息和最先进的理念。这是本书最有亮点的一章。

第一篇　主体与结构

第 1 章 公共管理的内涵

20 世纪后期，全球化、信息化与国际竞争加剧的时代背景以及政府自身面临的财政、管理与信任危机，使西方国家政府遭遇前所未有的挑战，要求政府改革的呼声此起彼伏。随后，世界各国都开展了大规模的政府再造运动，政府再造或改革成为公共行政与公共管理的热点和核心问题，公共管理理论和实践也得到长足发展。

1.1 公共管理的概念

自 20 世纪 70 年代末以来，公共管理（Public Management）在西方国家越来越成为一个时髦和受欢迎的术语，但是，西方国家对其理解则是宽泛和不确定的。我国近年来也开展了公共管理的研究，但由于过去一直把公共行政（Public Administration）译成行政管理，有时也译成公共管理，如公共管理硕士教育（MPA），人们对公共管理的理解更是差异很大和混乱不堪的。正如魏塔克所言，由于公共管理是伴随传统公共行政面临的挑战而出现的，并且公共管理的理论研究与实践都处于不断变化和发展之中，实践中的公共管理更像一只"变形虫"（amoebae）①。

在美国，公共管理研究起源于公共政策学派和公共选择学派。这些学派的学者从实证分析的角度研究政策管理、资源管

① 张成福，党秀云．公共管理学［M］．北京：中国人民大学出版社，2001：2.

理和项目管理问题，希望以此克服传统行政学过于“内视”和狭隘的研究弊端；但是，他们同时又意识到它需要某种和公共行政学相连但又有所区别的“传统行政学”。于是，将“行政”一词换成“管理”，将传统公共行政学在“公共管理”的名目下复活。对此，格雷姆和海斯评价：此时的公共管理被看作是公共行政下面的一个较低层次的技术性领域，它“关注效率、责任、目标实现以及许多其他管理和技术问题”。20 世纪 70 年代末开始兴起的新公共管理运动，之所以叫“新”，就是以此“公共管理”为参照系的。到 20 世纪 90 年代，公共管理研究得以继续发展，并汇聚了政策学派、公共行政、工商管理以及政治学等不同学科的学者。随着政府行政改革实践的不断丰富化，他们彼此从不同的角度研究公共管理问题，并促进彼此研究的沟通与对话，促进了公共管理研究内容的不断深化。

美国行政学专家梅戈特女士认为，目前人们之所以倾向于使用公共管理而不是公共行政，其原因在于“公共行政在历史上与官僚机构及官僚联系密切”，而公共管理还注重公共事务在公共机构和非营利机构中完成任务。她认为，“那些致力于政策形成、政策执行和政策评估的过程都可以理解为公共管理”①。休斯认为，从公共行政转变为公共管理意味着理论与实践上的重大变化：“公共行政”一词几乎完全和政府官僚体制相关，它侧重对政府内部事务的关注以及政府运作的命令和服从关系，强调的是过程、程序、符合规定以及将政策转化为行动和办公室管理；而公共管理则包括了公共行政，但公共事务管理并不仅仅限于传统的行政体制或政府机构，也不仅仅是服从命令和关注组织内部事务，它更关注战略、组织的广泛使命与目标、灵活的管理策略等更为广泛的内容，而且强调取得结果、改进技能和增强责任；更为主要的是，公共行政的概念在体制与观念中是根深蒂固的，以至于人们很难深入思考变革问题并付诸实践，一旦采用了管理的概念，紧接着就会相继发生一系列的变化。因此，休斯认为，公共行政和公共管理彼此之间有所不同，二者没有从属关系，应把它们看作是两个相互竞争的典范②。

显然，长期以来，公共管理的含义一直比较宽泛，学术界对于什么是公共

---

① 张梦中．美国公共行政（管理）历史渊源与重要价值取向——麦克韦尔学院副院长梅戈特博士访谈录［J］．中国行政管理，2000（11）．

② ［澳］欧文·E. 休斯．公共管理导论［M］．彭和平等，译．北京：中国人民大学出版社，2001：7-9.

管理，国内许多研究者从不同学科的角度赋予了多样化的解释。夏书章教授在其所著《现代公共管理导论》中认为，公共管理有狭义和广义之分，狭义的公共管理是指政府对社会公共事务的管理（即狭义的行政管理）；广义的公共管理包括政府，公共事业单位和所有非政府组织部门的公共事务管理。夏书章认为公共管理指的应当是狭义的公共管理，即狭义的行政管理①。陈庆云教授在《强化公共管理理念，推进公共管理的社会化》一文中给公共管理下了一个鲜明的定义："所谓公共管理是指那些不以营利为目的，旨在追求有效增进与公平分配社会公共利益的调控活动。""公共管理是政府与非政府公共组织所进行的，不以营利为目的，旨在追求有效地增进与公平分配社会公共利益的调控活动"②。陈振明教授认为，所谓公共管理，"是公共组织提供公共物品和服务的活动，它主要关注的不是过程，程序和遵照别人的指示办事，而更多的是关注结果和对结果的获得负个人责任"③。相比较而言，大部分研究者对公共管理客体的认识趋于一致，即认为公共管理的客体是社会公共事务，但是，对于公共管理主体的界定却不相同，主要有两种观点：第一种观点认为，公共管理的主体是狭义的政府，也就是与立法、司法部门相对的行政执行部门，就此意义而言，公共管理与公共行政是同义语，常常被等同使用。第二种观点认为，公共管理的主体是非营利性社会组织，它既不同于企业，因为不以营利为目标，也不同于政府，因而不具有行政性权利。非营利性社会组织是通过其专业化能力来满足社会公众的某类共同需求，从而体现对社会公共事务管理的职能。因此，公共管理就是特指非营利性社会组织对社会公共事务的管理。

我们认为，从一般意义上来讲，公共管理是由政府、非政府公共组织和民众所组成的管理体系，共同管理社会公共事务的活动。这里，我们对公共管理的界定要强调六点：

第一，我们认为，社会公共事务的管理，并不仅仅是对社会性公共事务的管理。社会公共事务应该包括政治性公共事务、经济性公共事务和社会性公共事务等。毋庸置疑，教育、科技、卫生、体育等公共事业，社会服务、社会公

---

① 夏书章．现代公共管理导论［M］．长春：长春出版社，2000

② 陈庆云．强化公共管理理念推进公共管理的社会化［J］．中国行政管理，2001，(12)

③ 陈振明．公共管理学［M］．北京：中国人民大学出版社，1999：2.

用事业以及维持社会秩序、环境保护等社会性公共事务都属于公共管理的客体。但是，不容否认，公民参与政治活动、选举国家或地方政府的领导人，国家制定和修改宪法、法律，中央政府对经济的宏观调控，这些政治性公共事务和经济性公共事务同样是社会公共事务的重要组成部分。

第二，社会公共事务所指的“社会”是相对的，横向层面暂且不论，即使在纵向上也可划分为多个层次，比如全球、全国、地区（例如我国的省、市、县、乡）、社区。在不同的层次上，社会公共事务所表现出的内容在质与量上都会有所区别。在全球层次上，控制全球性生态环境恶化是重要的社会公共事务；在全国层次上，国家安全和宏观经济发展是重要的社会公共事务；在地区层次上，社会治安、公共设施是重要的社会公共事务；在社区层次上，社区秩序和环境优化是重要的公共事务。本文关注的社会公共事务仅限于一个国家内部，不涉及全球层次的社会公共事务。

第三，社会公共事务所指的“公共事务”，不仅包括人们公认的，涉及所有或绝大多数人的共同事务，而且也包括那些可能转换为前者，但却与部分人（如某些组织或集团）、甚至个别人相关的事务。公共事务与私人事务之间并没有一道不可逾越的鸿沟。一些私人事务表面上只涉及少数人，但很可能通过某种放大机制直接或间接地对他人产生影响，从而演变成为全社会必须面对并加以解决的公共事务。组织与集团共同面临和关注的问题，具有一定的社会效应，也同样会成为社会公共事务的一部分。

第四，公共管理的理论与实践研究，十分需要引进治理理论的相关内容。我们认为，治理理论的精髓可归纳为“参与、互动、合作、服务”八个字。我们把公共管理看成是“共同管理社会公共事务的活动”，尤其是把它大致分为“政府管理”与“社会治理（包括政府治理）”两个阶段，其目的也是为了突出“参与、互动、合作、服务”的思想。

第五，无论从理论还是实践的角度看，公共管理绝不仅仅关注与“公共利益”相关的问题。这里我们提出公共管理应该追求和谐的社会利益，即要维护、增进与分配具有社会分享性的公共利益、具有组织（集团）分享性的共同利益与具有私人独享性的个人利益之总和的社会利益。在社会利益中，公共利益是核心，但不是唯一的组成部分。随着人与人之间的关系日益紧密，整个社会的关联度越来越强，私人事务的外部性日渐突现出来。在解决公共事务的过程之中，除从根本上要谋求公共利益，特别是国家利益外，不可避免地会涉及具有组织（集团）分享性的共同利益与具有私人独享性的个人利益，若这些正当的共同利益与个人利益得不到合理维护，则公共利益必将受极大影响。

第六，我们之所以把公共管理主体视为“由政府、非政府公共组织和民众所组成的管理体系”，不仅是因为它符合公共管理实践，较好地解释了为什么不同的管理主体，会在多样性的社会公共事务中发挥各自独特的作用，而且更为重要的是，我们将把“政府、非政府公共组织和民众”三者以及它们之间的关系，与各自在公共管理中所发挥的作用，作为公共管理研究视角中的三个维度，以此整合并构建新的公共管理理论体系。

1.2　公共管理学的历史

1.2.1　西方公共管理学的历史

公共管理产生与发展，如波兹曼所言：若与公共行政，或官僚理论的起源相比更为模糊不清，对于公共管理内涵及与公共行政学关系的不同界定，不同学者有不同溯源。本书借鉴并认同美国主流观点把公共管理看成公共行政的实践领域，此理论逻辑可追溯到威尔逊 1887 年《行政之研究》。公共管理作为名词首次出现在 20 世纪 30 年代，严格来讲，公共管理作为研究领域正式产生于 20 世纪 70—80 年代。西方声势浩大的政府改革，掀起了 20 世纪 80 年代“新公共管理运动”，席卷几乎整个西方发达国家，新兴工业国家，也掀起了在中国当前的“公共管理热潮”。

公共管理学是一种尚在发展中的新理论，正如胡德所说：“虽然近年来公共管理迎来大量的讨论，并在世界上许多国家开始关于‘范式变化’的讨论，但是还没有形成关于分析公共管理的普遍同意的，可以接受的基本认识。”①公共管理理论研究体系也在发展完善中，批评甚多，表现在：公私部门区分模糊，缺乏“公共理论研究”，过分依赖经济途径；片面注重结果、绩效，忽视公平，有“新泰罗主义”倾向；有学者认为公共管理研究没有针对传统行政作出根本性的突破，只不过显得更商业化而已。不管谁对谁错，公共管理研究还不成熟是事实。公共管理学作为一门独立的学科也尚未成熟，没有大多数学

① ［英］胡德．国家的艺术、文化、修辞学和公共管理［M］．上海：上海世纪出版集团，2004.

者认可的范本。

对于公共管理历史的分析，学界较多采用的是分期法，有的分成三期：形成时期（19 世纪末—20 世纪 30 年代）、发展时期（20 世纪 40 年代—20 世纪 60 年代）和繁荣时期（20 世纪 70 年代至今）；还有的分成五大历史时期：创始时期（1887—1899 年）、管理科学效率时期（1900—1929 年）、繁荣时期（1930—1959 年）、重新调整时期（1960—1979 年）和政府改革与行政学发展新趋势时期（1980 年至今）；有的则把公共管理学科的历史分成传统公共行政学、新公共行政学和公共管理学三个阶段；也有的仅仅分成两大时期：公共行政时期和公共管理时期。根据历史分期的严格标准，可以将欧文 · E. 休斯（Owen E. Hughes）的统一标准作一级分期，而后再用其他标准如陈振明的分期办法对公共行政时期作二级分期。也就是说，公共管理总体上可以分为公共行政（狭义的 public administration）和公共管理（public management）两大时期。对于公共行政时期，依据学科研究的焦点和方法不同，我们还可以把它大致分为两个具体的阶段：一是传统公共行政阶段，二是新公共行政阶段。

传统公共行政学形成于 20 世纪 20—30 年代，其理论基础是马克斯 · 韦伯的官僚体制理论和威尔逊、古德诺等人的政治——行政二分法理论。新公共行政学在 20 世纪 60 年代末、70 年代初兴起，它以公平为核心，拒绝传统公共行政学的一系列基本观点，尤其是政治——行政二分法和官僚体制理论；强调政治与行政的连续性以及行政管理与价值的关联，并寻求具有灵活性的行政组织结构。公共管理时期的主要理论则包括新公共管理理论和治理理论等。新公共管理理论又有着许多新的称谓，如“重塑政府”、“再造政府”、“企业型政府”、“后官僚制典范”、“以市场为基础的公共行政”等，其内容主要有：政府管理的取向应该是亲市场的，市场是调整社会关系的首选，只有市场失灵的领域，如纯公共物品的生产，政府介入才有必要，而且政府介入、管理的领域、项目仍需借助市场手段、民营化手段、私营部门管理手段，通过内外竞争、发包、租赁等方法提高其效率；成本—收益分析、绩效评估、顾客导向是政府再造的重要方面，政府应该是掌舵而不是划桨；为更好地进行微观管理，政府要善于分权、授权，从而使资源配置、供给与需求更为匹配，倡导解制式政府。治理理论兴起于 20 世纪 90 年代，它强调回应和互动，倡导构建自上而下和自下而上双向度的运行模式，倡导培育公民社会、非政府组织（第三域）参与公共事务管理的能力，发动全社会的积极力量去积极地解决全社会的事。在社会大系统发生变化的同时，政府亦同步运动，并逐渐改变过去政府组织金字塔形的层级结构，而代之以网络化、扁平化、弹性化的结构。尽管在不同的历史时期，公共管理学科关注的焦点会有一些变化，但贯穿始终的核心争议话题主要是政治与行政的关系问题。

1.2.2　中国公共管理学的发展

过去我国并没有专门设置管理学大门类，更没有独立的公共管理学科，各种具体的公共管理学科都下辖在其他学科门类（如政治学、教育学、医学和经济学等）之中。如今我们必须设置专门的公共管理学科，首先，是我国社会发展和改革的实践需要。我国改革开放事业正在进入一个崭新的阶段，面临体制转型和社会发展等艰巨的任务，并且正在受到经济全球化、知识经济和网络经济大潮的强烈冲击。为了应付挑战，抓住机遇、实现跨越式发展，我国曾提出“管理兴邦”的口号，管理不仅涉及企业管理或工商管理，而且涉及公共管理问题，甚至可以说，政府及各种公共组织的历史责任往往更大。公共组织尤其是政府组织要完成自己的使命，必须自我革新和发展，必须有崭新的公共管理理念作指导，必须运用全新的公共管理方法和技术。其次，是学科发展的需要。过去将公共管理具体学科依附在各学科之中的做法弊端重重，最核心的问题在于它们彼此之间缺乏沟通和交流，与世界公共管理学科的复合化趋势背道而驰。我们必须转换过去的学科模式，走大融合和专业化并重的道路，将公共管理各具体学科方向从原来的学科门类中分离出来，统一成立专门的公共管理学，实现公共管理学科的独立化和交叉化发展。

早在 1979 年，邓小平同志就提出，“政治学、法学、社会学以及世界政治的研究，我们过去多年忽视了，现在也需要赶快补课”，于是中国社会科学开始恢复发展。1982 年夏书章教授在《人民日报》上发表《把行政学的研究提上日程是时候了》一文，引起人们对公共行政学的关注。这在时间上，契合当时西方的“公共管理、新公共管理运动”，而且中国已开始对外开放，中西文化交流逐渐恢复正常，严格地说中国行政学的研究对应的，应该是西方公共行政学基础上的公共管理领域的理论研究。1984 年国务院办公厅原劳动人事厅在吉林召开行政科学年会，探讨了开展行政学研究的必要性和重要性，提出建立有中国特色的行政管理科学体系和发展行政学应遵循的基本原则，标志着行政学在中国的重建。20 世纪 90 年代行政学一度成为热门专业领域，确立了作一门独立学科的地位，并基本确立它的范畴和框架，明确提出建立有“中国特色的行政学”这一重大课题。

我国国务院学位委员会于1997年颁布新兴的学科目录，公共管理学正式成为管理学门类下的一级学科，包含行政管理、社会医学与卫生事业管理、教育经济与管理、社会保障、土地资源管理5个二级学科。1999年5月正式批准开办。2000年10月举行24所院校联考，公共管理学作为核心课程，推动了公共管理在中国的兴起。掀起了一股“公共管理热”，国内学者投入学术研究，陆续出现了一批论著：张良《公共管理概论》(1997)；陈振明《公共管理学——转型时期我国政府管理的理论与实践》(1999)；夏书章《现代公共管理概论》(2000)；张成福、党秀云《公共管理学》(2001)；顾爱华《公共管理》(2002)；陈振明《公共管理学原理》(2003)；黎民《公共管理学》(2003)等。

总的来说，当代中国公共管理学基本上是从“零”开始发展的。但是在改革现实的需求、领袖权威性的倡导、传统理论的影响、国际环境的促进以及学科本身的适用性等诸多因素的综合作用下，中国公共管理学取得了飞速发展与长足的进步，为学术繁荣、人才培养及机构改革的推进作出了突出贡献。总体来说，中国公共管理学经过20多年的研究与探索，取得的成就主要有：

(1) 使公共管理学成为一门相对独立的学科，初步确立了公共管理学研究的基本范畴和框架体系，使公共管理学与其他学科的科际界限越来越清晰，并取得了自己应有的学术地位和社会地位。

(2) 学术研究进一步细化和专门化，形成了若干个部门公共管理学和专业化比较强的研究领域。中国公共管理学在注重研究公共管理的一般理论原则的基础上，加大了对部门公共管理的研究力度，促进了中国公共管理学研究的进一步细化和专门化。

(3) 公共管理学的学术团体与教学科研机构急剧增加，形成了相对独立的教学、科研体系。在学术团体方面，1988年建立了中国行政管理学会，1987年成立了全国行政管理教学研究会，1993年还成立了全国行政管理青年研究会，1995年以后全国各省市相继建立了行政管理学会和公共管理学会；在研究机构方面，国务院有关部委、各省市人民政府人事编制部门、各省市社会科学院及部分高等院校都创办了大量的研究机构或研究中心；在公共管理学教学方面，全国除国家行政学院外，还成立了30余个地方行政学院，在高等院校，有20多家建立了公共管理学系或行政管理专业，并且我国20世纪90年代末期还开展了公共管理硕士（MPA）学位教育。

(4) 培养了大量的公共管理专业的高层次专门人才，他们大多数目前已成为各类公共部门公共管理的中坚；同时向社会，特别是向青年学生和党政机关传播了公共管理学方面的知识，使越来越多的人认识到，公共管理有其客观规律，公共管理需要科学理论的指导。

（5）紧密围绕公共管理改革现实的热点开展研究，为国家行政等改革提供了理论支持。公共管理学是一门应用性较强的学科，必须结合改革实际才会有生命力。20 多年来，伴随着改革的进程，公共管理学界结合实际，对机构改革、人事制度改革与公务员制度、政企分开与后勤体制改革等专题进行了各种形式的研究，提出了一些有益观点与思路，对政府领导层的决策产生了积极的影响。

（6）开展国际学术交流，与国外一些公共管理学术团体和专家建立了广泛的联系，国际学术活动有很大发展，极大地促进了中国公共管理学的研究与发展。

1.3　公共管理的性质

1.3.1　公共管理的对象是社会公共事务

公共管理是对社会公共事务进行管理的社会活动。公共管理承认传统公共行政关于国家事务、政府自身事务、社会公共事务的区分，但考虑到国家和阶级事务由专门的政治学进行研究、政府自身事务管理对社会公共事务管理的服从性，因而它所研究的公共事务主要是指社会公共事务。

社会公共事务是指一定时期与一定共同体成员共同利益相关的社会事务，体现为一定共同体成员普遍需求的公共物品和公共服务。对公共事务的这种界定，包含如下 5 层意思：（1）公共事务具有社会性。即某一公共事务对一定的社会共同体成员而言，具有成本的社会分担性与效用的社会共享性。（2）公共事务是公共利益的外在体现。公共事务事关一定共同体公众的共同利益，是共同体公共需求的产物，而公共事务的治理则是为了解决社会公共问题，实现和满足一定共同体成员的公共需求和共同利益。（3）公共事务的物化表现形式为公共产品和公共服务。公共事务的内容非常广泛，如公共秩序的形成和维护，公共问题的确立与解决，公共政策的制定与执行，公共项目的选择与落实，公共资源的组织、开发和利用，公共设施的合理利用与监管，公共服务的开发与组织，等等。从物化表现形式上看，主要体现为公共产品和公共服务的组织与提供。因此，公共管理的内容主要体现为公共产品和公共服务的组织与提供。(4) 公共事务具有层次性。根据公共事务与不同共同体的利益相关性，在纵向上可以进行社区性公共事务、地方性公共事务、区域性公共事务、全国性公共事务、全球性公共事务的区分。(5) 公共事务具有动态性。不同时期内不同国家或地区公共事务的范围存在着差异，同一公共事务在不同时空范围内也有不同的表现形式。

当把公共事务作为公共管理的对象时，具有如下不同于传统公共行政的意义：一是实现公共管理功能的合理定位。凡属于私人领域自主的事务，就不应纳入公共管理的职能范围，而政府更不能以强制的方式介入不具有消极外部性的私人自主领域。因此，公共管理应坚持私人领域自治优先的原则。二是公共事务治理的集体行动并不等同于政府行动。传统公共行政只关注政府职能，却忽视了非政府公共事务治理主体的公共职能。将非政府的公共部门承担的公共管理职能及其具体内容纳入研究视角，扩大了公共管理科学研究的范围。三是公共管理的成效以公共事务的有效治理为评价尺度。这种以外部导向和以结果为中心的追求，与传统公共行政对内部管理和机械效率的追求存在差异，它强调最大限度地利用各方面的社会资源以及私人部门的有效管理经验来不断增进社会公共福利。四是强调根据公共事务的属性差异进行多元化的治理，而不是传统公共行政模式下的千篇一律或一成不变的标准化管理和整齐划一的公共服务。譬如根据公共事务与不同共同体的关联性，采用社区自治、基层政府自治优先、不同层级政府合作、国际社会合作的分层级治理的制度安排；根据公共事务不同程度的可分割性或可排他性，采取公共服务的供给或具体生产和经营相分离、竞争性生产或经营的复合制度安排；根据公共事务的多样性与可变化性，采取灵活、适应性的治理策略与多样化的治理工具；根据公共事务的复杂性，采取多元行为主体合作共治、责任分担的制度安排，而不是政府的独揽和无限责任。总之，公共管理视角下的公共事务治理，具有社会自治、多中心的政府分级治理、政府与社会合作、复合型的治理制度安排、灵活性的治理策略、多样性的治理工具等不同于传统公共行政的显著特征。

1.3.2 公共管理主体的广泛性

作为公共行政模式继承与发展的公共管理，政府的核心主体地位是没有疑义的，但对公共管理的其他主体应包括哪些范围，则没有一致的看法。国外对公共管理主体的界定是非常宽泛和模糊的。梅戈特女士认为：“所有为追求公共利益服务的人员”都是公共管理的主体，而公共管理的机构“不仅仅包括政府的三个分支（即立法、司法、行政）部门，而且还包括联邦政府、州政府和地方政府三个层次，而且包括非营利部门”①。

我们认为，公共管理是在对传统公共行政模式的继承与批判中发展起来的，对其主体的界定不宜过宽。如果把议会、司法机构、政党等政治组织等严格意义上属于政治管理的范畴也纳入公共管理的范围，既不利于公共管理研究范围与研究对象的确定，也不利于公共事务管理规律的探讨，更可能破坏既有的宪政秩序。因此，我们认为，应把公共管理主体理解为政府、非政府公共组织和民众。在我国，非政府组织大多是指第三部门，如：（1）具有区域性自我管理和自我服务功能的居民自治组织，包括农村中的村民自治委员会和城市中的居民自治委员会；（2）向社会提供公共服务的民间公益性社会团体，主要是指向国家民政部门登记注册的各种社会团体，包括各种基金会；（3）向成员提供服务的民间互益性社会团体和行业组织，主要包括合作社、协会、学会等各种互惠或互助组织；（4）面向社会提供无偿服务的民间公益组织，主要包括社会志愿者组织、慈善组织；（5）带有收费服务性质的民间社会组织，主要包括社会中介组织、市场中介组织、非营利性质的民办非企业单位；（6）为社会提供公共服务或半公共物品的公益性企业、优先体现政府意图甚至直接实现为政府的目标服务的各类公共事业单位；（7）承担纯粹或准公共服务工作等的非官方公共机构，主要包括工会、妇联、共青团、科协、工商联、青联、侨联、台联等社会团体。这些非政府的公共组织，以社会的自组织、自规制和自治理方式，或者以政府授权的行动方式，或者以跨国行动的方式，或者同政府或私人部门一道共同采取行动的方式，解决局部性或专项性的社会公共问题，尤其是在提供社会发展或特定弱势群体所需要的公益服务领域发挥重大作用，从而与政府一起构成了一个开放性的公共事务治理行动网络。

以政府为核心，非政府公共组织和民众为重要补充力量的开放性公共管理主体，具有如下三个突出特征：

其一，公共权力的多中心。公共管理承认政府管理的正当性和核心地位，尤其是政府在提供宪政、法制、公共政策、需要运用强制性权力的管制性公共事务领域，以及私人部门和第三部门无力承担或不愿承担的公共服务领域，仍

① 张梦中．美国公共行政（管理）历史渊源与重要价值取向——麦克韦尔学院副院长梅戈特博士访谈录［J］．中国行政管理，2000，（11）．

发挥着核心作用；政府体系内部也不再是单一的集权中心，而是强调根据不同层级的政府与其所管辖的公共事务的关联性，建立分权自治的、上下协作的、多中心的分级治理体系；非政府的第三部门在区域性的社会自治领域、特定公共服务的功能性领域、自我服务与自我规制的行业领域则起到重要的作用，它们根据法律规定的自治权或政府授权，开展公共管理活动。

其二，更多的公共事务合作治理。由于没有任何一个单独的行动者能够拥有足够的知识和资源来解决一切公共问题，而全球化和信息化时代的公共问题又具有复杂性，所以各种行动者之间必须相互合作、相互支持，才能有效解决问题。这样，政府机构之间（无论是横向还是纵向）、政府与非政府第三部门之间、第三部门之间、公共部门与私人部门之间、公共部门与公民之间，就构成了一个互动化、网络化的行动结构。这里，传统的公私二元对抗结构被瓦解，政府、市场、公民社会的功能实现了优势互补；传统的政府集权结构也瓦解，上下政府间更多的不是命令与服从，而是积极配合与协作。

其三，政府的角色与功能发生变化。政府不再是一切社会事务的“统揽者”和凡事亲躬的“划桨者”，而将重点转向规划、引导和“掌舵”，但这并不意味着政府公共责任的降低或减少，而只是政府行为方式的变化，政府必须对良好的公共管理负最终的责任；政府行为的合法性，不仅仅来自代议制和法律的授权，更来自公众参与下的认可、配合与监督，为此必须提高政府行为的公开性与社会参与度；政府不再是高高在上和发号施令，而是必须与公民社会建立相互依赖与互动合作的伙伴关系；政府不仅要弱化对公民社会的各种非正当控制，还要强化政府对公民社会的服务意识与服务措施，提高社会对政府服务的满意度。

1.3.3 公共管理以追求公共利益为宗旨

公共管理的对象是治理公共事务，而任何公共事务的背后都体现和反映着一定的公共利益，因此，维护、分配和增进一定共同体的公共利益便成为公共管理的宗旨。在公共管理中，公共管理主体必须以公众的公共需求为导向，并以公共需求的实际满足为衡量标准，这既是公共管理“公共性”的最重要体现，也是公共管理具有合法性的基石。

尽管理论界对公共利益的含义没有普遍一致的标准和意见，多数人的观点也认为明确定义“公共利益”是不可能的，但这并不表示公共利益的不存在。笔者认为，作为与个人或群体利益交叉集合的公共利益，是客观存在的，因为这些不同的私人或群体在同一社会关系和社会地位情形下，由于客观的相互依赖关系而有着普遍的共同需求，这些共同的需求和利益便构成公共利益的基础，并以社会利益的形式表现出来。但是，并不是所有的共同利益都属于公共利益，关键是看其利益关系基础和利益行为指向是否具有“社会性”和“公共性”。即只有具有公共性或社会性的共同利益才是公共利益，它为一定共同体的不特定多数人所普遍享有，在外部特征上具有明显的非排他性、非竞争性与非营利性。

公共管理研究公共利益的目的，并不是为了证明公共利益是否存在的问题，而是将关注重点转向公共利益的如何实现以及实现到什么程度的问题。在传统公共模式下，由于政府是公共事务治理的单一行为主体，人们寄希望于构建一套完备的政治制度框架或政府伦理框架，期望通过政府的善政，即政府的良好统治、良好管理，如“严明的法律、清廉的官员、很高的行政效率、良好的行政服务”，以最大限度地实现公共利益；而在公共管理模式下，随着公共事务治理主体多元化与运作机制的弹性化，“善治”成为实现和增进公共利益的途径。善治的本质特征是国家权力向社会的回归，是政府与公民对公共生活的合作管理，其衡量标准包括合法性、法治、透明性、责任性、回应性、有效性、参与性、稳定性、廉洁性、公正性十个方面①。此时，人们不仅关注作为公共利益代表者和维护者的政府，如何才能对公共事务进行有效的管理，而是关注“怎样才能从政府那里得到他们所需要的东西”。

1.3.4　公共管理过程的民主化

与传统公共行政模式把民主作为政治议程不同，公共管理的全过程都强调民主化。除了传统的委托——代理的代议制间接民主机制外，公共管理更强调社会公众对公共事务治理过程的参与和监督。这种民主化主要表现在：第一，政府鼓励和引导更多的社会力量进行自治和责任分担。区域性的社区自治、功能性的行业自治是公共管理的基础环节。第二，基层政府有更多的自主权和自治权。地方性公共事务应由地方政府自主治理，即使上级或中央政府为了更大范围的共同体利益而采取行动，对下级或地方政府主要也不是命令与强制，而更多的是协商和合作，同时对次级共同体带来的利益损失也往往采取相应的利益补偿。第三，政府放松对经济和社会生活的控制。鼓励和肯定公民、厂商及

---

① 俞可平．全球治理引论［J］．马克思主义与现实，2002，(1)．

其相应的社会组织享有更大的自主空间和自由权利。第四，公共权力性质、目的和运行方式的转变。作为公共管理手段的公共权力不一定只属于政府，而且公共权力所具有的权威也不一定是依靠政府的法令与强制，各种非政府的公共机构行使的权力（无论是法律规定还是政府授权）只要得到社会公众的普遍认可，就可以成为公共权力中心；公共权力运行的方式，既包括政治、法律、管制、命令、惩罚等强制性方式，也包括运用规划、引导、建议、指导、契约、合作等非强制性方式，而且未来的公共管理更多依赖于非强制性公共权力以及公私合作，协商、谈判、讨论、契约等方式以及相关的行动技巧，将直接决定公共权力运行的实际效果。第五，公共部门的组织设计强调的是外部取向的战略性、灵活性、回应性和创新性，以及能够提供责任激励和合作的参与式、扁平式组织结构，不再追求普适的最佳组织规则和机械的组织效率。第六，在涉及公共事务和公共利益的领域，无论是否有政府的参与，都必须保持开放性。只有经过利益相关者的积极参与与公开讨论，并经过充分的谈判、沟通、交换意见和彼此协调所达成的共识，才能最大限度地显示、聚合公共需求和公共利益，提升公共利益分配的公平性、公正性和正当性。

1.3.5 公共性与管理性的有机统一

首先，公共管理作为人类社会的一种管理活动，强调对私人部门管理经验的借鉴，以实现管理活动的科学化。由于公共管理具有一般管理的基本内容（如对公共组织的人、财、物、信息等内部构成要素的管理和外部环境要素的管理）、活动过程（如有着规划、决策、计划、组织、沟通、协调、控制等管理环节）、活动规律（如对人性的理解与各种管理制度的设计）、活动目标（如对效率、效果和绩效的追求），管理的一般原则、技术方法在任何地方都是相同的，公共部门和私人部门之间由于专门知识很容易相互转换而非常相似。因此，公共管理强调以开放的视野，在技术操作层面广泛借鉴私人部门成功的管理机制、管理技术与管理手段。自 20 世纪 80 年代以后，伴随着市场机制活力的重新崛起和企业管理机制对公共部门运作所产生的示范效应，以及实践中的政府合同、政府公司、公共服务市场化的不断涌现，通用管理学派提出的“向企业学习”的口号和新公共管理理论提出的“管理主义”，使得外部关系管理、战略管理、目标管理、资源管理、项目管理、方案管理、绩效管理、合同管理、质量管理、灵活用工制、绩效工资制、组织再造、顾客导向的组织文化、组织学习、知识管理等一系列新的管理理念、管理知识和管理技巧，开始引入公共部门。这一系列管理思想和管理实践的变化，既纠正了传统公共行政组织理论过于狭隘、内视和古板的内在缺陷，提高了公共部门的灵活性与回应能力，同时也为公共管理人员提供了新的激励与责任机制，最终促进了公共服务质量的改善与公共管理效率的改进。

其次，由于公共部门的特殊性，公共管理必须以“公共性”为依归。公共管理事关公共利益的分配和公共资源的配置，体现着追求公共价值的民主过程和实现政治目标的政治过程，并涉及公共权力的运用。因此，尽管公共管理与私有管理在所有不重要的方面是大体类同的，但两者在许多重要的方面却存在着重大差异，公共管理必须突显自己的公共性。对此，阿利森认为，如果只看到公共管理与私人管理的相似之处而忽视它们之间在一些重要方面的差异，把私人管理的方法和技巧直接移植到公共管理的任务中去的做法是错误的。休斯也认为，“如果不能证实公共部门对其自身的管理形式有着特殊的要求，任何类型的公共管理都会像传统的公共行政一样变成边缘性的”①。休斯进一步指出，由于公共部门决策的强制性、责任的普遍性、受政治议程和政治权力的限制、测量产出或生产力方面的模糊性、规模庞大而多元化导致的控制或协调的困难，使得它与私人部门存在着内在的差异和与众不同的管理特性。因此，当把一般管理原则、私人部门的管理方法应用于公共部门时，必须考虑公共部门的特定的公共价值、特定民主过程和公共任务的特殊性，以实现公共事务治理过程中管理性与公共性的有机结合。

1.4　公共管理的功能

公共管理经过了几个阶段的发展，并逐渐走向成熟，它所起的作用也越来越明确，越来越广泛，越来越贴近百姓生活。

1.4.1　社会服务功能

公共管理部门是服务于社会大众的部门，社会的和谐依赖于公共管理的各个部门，它所涉及的范围广泛，所以它的社会服务功能同样广泛。

（1）收集信息。公共管理部门运用各种调查研究的方法，收集信息、分

① ［澳］欧文·E. 休斯. 公共管理导论［M］. 彭和平等，译. 北京：中国人民大学出版社，2001：300.

析情报、监视环境、反馈舆论、预测趋势、评估效果。所包括的信息涵盖社会的政治、经济、文化、科技、军事、民情等全方位的社会信息资料。

(2) 开展宣传。公共管理在组织经营管理中发挥宣传推广的作用。主要表现在三个方面：一是创造舆论，告知公众；二是强化舆论，扩大影响；三是引导舆论，控制形象。

(3) 进行协调。公共关系是组织与社会环境之间的一种协调沟通机制，有两方面的作用：一是协调内部关系，增强组织凝聚力；二是开展社会沟通，建立和谐的社会环境。

(4) 提供服务。公共管理工作本身就是一种服务工作，它的管理地位和日常业务都具有明显的服务性质。具体来说，一是在组织内部为各个业务和职能部门服务；二是在组织外部提供社会服务。

1.4.2 稳定宏观经济的功能

宏观经济稳定是保证社会经济持续、稳定发展的关键，也是社会政治安定团结的前提条件。确保宏观经济稳定必须对经济实施宏观调控。宏观调控是公共管理部门通过制定切合实际的中长期经济计划，向企业预示经济发展趋向，并主要依靠经济手段、法律手段和必要的行政手段，运用市场机制作用来实现对经济调节或管理。主要内容包括熨平经济周期、调节收入分配和建立社会保障制度、调节地区差距等。

(1) 稳定的宏观经济环境是实现经济高速增长、充分就业和市场机制正常运转的基本条件。而自发的市场经济本身具有生产的盲目性、调节的时滞性等缺陷，往往造成生产与需求之间的脱节，引发经济的波动不利经济的持续发展。因而需要公共管理部门运用经济政策对总需求和总供给实施公共管理，一定程度上实现二者的均衡，从而保持国民经济的稳定发展。

(2) 就社会稳定协调发展而言，市场机制的作用具有明显的局限性。一方面，市场经济不可能自动达到社会收入分配方面的公平和协调；另一方面，市场经济不可能顾及到全社会范围的失业、养老、工伤事故、医疗保健及扶贫救弱等社会问题。这些问题不仅影响到社会稳定，而且影响社会协调发展及劳动者素质的提高，最终损害经济效益。而公共管理部门能够从全社会的整体利益出发，对居民的收入和财富分配进行调节，同时组织和建立社会保障体系，以保证社会稳定协调发展。

(3) 在市场经济条件下，地区间比较优势的差异造成资源在区位间的移动和不均衡分布，从而形成区位间比较效益的差异和地区经济发展不平衡。地区发展的理论和众多的实践证明，仅仅依靠市场机制是难以实现地区经济的协调发展的。地区发展差距的扩大，一方面不利于整个国民经济协调发展；另一方面影响民族团结、政治稳定。公共管理部门采取恰当的公共管理政策体系，可以协调地区发展、缩小地区差距。

1.4.3　协调群体冲突的功能

在社会发展过程中，由于利益矛盾、文化差异以及信仰、习俗、偏好等因素影响，群体与群体之间会出现这样或那样的冲突，群体冲突的主要根源是利益矛盾。因而，群体冲突集中地表现为利益集团间的冲突。最突出的是农村各利益群体和城市各利益群体之间的冲突，个体劳动者群体与私人企业主群体之间的冲突，社会弱势群体与社会其他群体的冲突。群体冲突会破坏正常的经济秩序和社会秩序，使经济活动和社会活动无法有序地进行，当相互竞争的各利益主体发生利益冲突时，当事人自己是无法界定各自的利益分界的，因为市场本身不具备划分经济主体利益界限的机制，依靠私人或群体之间的协商往往也无济于事。所以需要政府或一些自愿性、自治性的民间组织来充当仲裁人的角色，以超越各个经济主体之上的公共利益代表者的身份来进行协调，才能有效化解群体矛盾，促进社会稳定协调发展。

1.4.4　提供公共物品和公共服务的功能

由于公共物品和公共服务无法通过收费而补偿生产成本，因而不可避免存在“搭便车”的问题，致使私人部门不愿意供应或无法有效供应，这就需要公共管理组织出面来经营和提供在市场经济条件下，提供公共社会正常运转所需的、由社会投资所形成的各种软件和硬件。软件指国防、消防、公共福利、公共卫生、文体教育、科研机构等；硬件则包括电力、给排水、供气供暖、邮政通信、市政工程、道路交通设施等。公共管理的公共服务功能是指公共管理部门在保障公民的基本社会需要、方便公民的工作生活等方面所负有的职责和应发挥的作用。如政府对灾害的救援和救助，公共信息的收集、处理和提供，生活环境的治理、美化，以及其他社会需要而社会自身无法提供的服务等。如果这些公共物品和公共服务由市场进行安排或完全由民间组织提供，往往会出现供给短缺，不能充分满足市场和公众消费的需要，导致价格不合理，社会成本高，服务的覆盖面窄，不利于形成整体社会效益，因此，提供公共物品和公共服务，公共管理部门责无旁贷。

1.4.5 思想文化建设功能

思想文化建设功能是指公共管理部门为满足人民日益增长的文化生活的需要，依法对思想文化事业所实施的管理。它是加强社会主义精神文明，促进经济与社会协调发展的重要保证。在这个方面公共部门的功能主要表现在，一是保障学术自由，并创造条件繁荣社会科学；二是推进文化体制的改革，完善与文化事业有关的经济政策与法规；三是发展教育科学文化事业；四是制定政策与法规，推动科技进步，使科学技术真正成为“第一生产力”。

关键概念

公共管理　　公共管理过程民主化　　公共性

思考题

1. 简述西方公共管理学的发展历史。
2. 公共管理具有什么性质?
3. 公共管理具有什么功能?
4. 我国公共管理的现实特征和未来发展趋势是什么?

第2章 公共管理的主导者：政府

公共管理的主导者是政府。但是，在新公共管理视域下，政府既不是公共管理的主导者，又不是全能的公共管理者。政府不再是社会中唯一的权力中心和公权载体。现代政府要获得权威不仅应该具有合法性，而且还应该对政府角色有一个科学的定位。政府组织的官僚制形式以它的法制、科学、专门化、公共精神等价值和规范，一直作为政府组织的典型模式，但由于知识经济、信息化、全球化时代的挑战，理性官僚制的政府组织模式需要进行必要的“更新”和“扬弃”。全新的政府组织模式应该更具有应变能力和创新能力。由于政府内部性、政府寻租、政府部门的自我扩张等原因会导致政府失灵。因此，一方面，政府职能应该有所限制，主要在于提供公共物品、促进竞争、宏观经济调控等方面；另一方面，在政府管理过程中引进市场竞争机制，最大限度地防范和纠正政府失灵。

2.1 政府的权威

政府权威是以政府对政治、经济、社会的管理主体地位得到社会力量的认同和支持，从而表现为对管理客体的支配和制约的能力。具体而言，政府权威包含两个层面的意思：一个层面是政府通过对社会公共事务的管理，实现政府职能，有效维护和增进公共利益，从而使公民对政府的能力产生信任感和依赖感；另一个层面是公民和政府之间形成一种基于能力的认同和遵从关系，这就是我们所说的政府能力和威望，政府权威是权力和威严与能力和威望的和谐统一。

2.1.1 政府权威与国家权威

国家是权力主体，政府则是国家权力的代表和执行机关。用卢梭的话来说：“这两种共同体之间有这样一种本质的不同，即国家是由于它自身而存在的，但政府则只能是由于主权者而存在的。”① 政府的权威来源于国家的权威。政府只是国家的代表，受国家的委托来行使权力，所以政府只能在受委托范围内行使权力，否则就成了违法。政府不得采取任何违背国家利益的行为，作为受托人，政府的权力是有明确范围和界限的，它所拥有的权力并不具有自主性的特征，它必须接受公民的监督，在公民确立的法律框架内依法对社会进行治理。

（1）国家是特定社会中享有主权的政治组织，而政府则是行使国家主权的机关，政府代表国家行使主权。某种程度上可以说国家包括政府，政府只是作为国家的要素之一的国家主权的执行者。②

（2）国家权力具有绝对性、至上性等特点，而政府的权力具有相对性、授权性等特点。国家主权神圣不可侵犯，国家利益不容置疑，而政府没有主权，政府也不应该有自身的利益。国家相对稳定，而政府却处于经常性的更替之中；国家并不存在合法性问题，它是一种事实，而现代政府则必须获得合法性才能代表国家。

（3）政府的权威来源于人民对政府的信任和认可程度，具体取决于政府是否顺应民意、表达民意、关心民意。“权威的获得是通过被统治者对统治者权力来源的‘合法性的信仰’来实现的。”③

2.1.2 政府权威的影响因素

现代政府的权威已经不同于前现代社会，它要获得权威必须首先具有合法性，即政府的政治功能和管理功能的发挥必须得到他的相对人的授权和同意。其次，政府还必须在有限的范围和领域活动，才能保证自己的权威。假若政府

① ［法］卢梭．社会契约论［M］．何兆武，译．北京：商务印书馆，1980：80.

② 朱光磊．现代政府理论［M］．北京：高等教育出版社，2006：18.

③ ［德］马克斯·韦伯．经济与社会（上册）［M］．林荣远，译．北京：商务印书馆，1977：81.

管了许多不该管也管不好的事情，将会极大地损害自己的权威。再次，还应该充分发挥市场机制和社会自治组织的功能和作用，才能保证政府的权威。

1. 政府权威与政府合法性

法国学者让-马克·夸克（Jean-Marc Coicaud）指出："合法性即是对统治权力的承认。"① 换句话来说，政府统治和管理的权威来源于政权的合法取得，来源于政府对现行的宪政制度和法律法规的遵从。强力并不构成权力，而人们只是对合法的权力才有服从的义务。如何做到把强力转化为权力，把服从转化为义务呢？卢梭为此提出了人民主权学说，认为"政府只不过是主权者的执行人"②。人民的公意是政治合法性的唯一基础，是当权者应该忠于的最终价值。

合法性赋予政府以及政府领导人以权威，政治合法性是政府系统"合法"行使权力或施行统治的重要前提，也是社会秩序得以维系的重要条件。假如政府权力是合法取得的，那么，它就获得了"正当性"。它"合法"地运用政府权力的权能，就能获得民众的政治支持。也就是说，一旦政府的权能具有了合法性，政府就获得了制定、倡导和施行法律的权威，获得调动和分配社会资源的能力，就能获得被管理者普遍的认同和支持。

2. 政府权威与有限政府

有权威的政府不是滥用权力、无所不能的政府，而是在宪法、法律规定的权力范围之内利用自身建立和积累起来的威信为民众谋福祉、促发展、构和谐的政府。政府的目的在于"保护身为政治人的政治社会中的每个成员，保护他们享有真正的自由"③。

政府在职能规模和范围大小上是应该有限度的，一是能力限度。如果是市场和社会更有能力办到的事情，政府就不要直接管理。二是效率限度。市场、社会和政府都可以管理的事情，有一个成本收益的比较问题，看由哪一个来管

① ［法］让-马克·夸克．合法性政治［M］．佟心平，王远飞，译．北京：中央编译出版社，2002：12.

② ［法］卢梭．社会契约论［M］．何兆武，译．北京：商务印书馆，1980：76.

③ ［美］卡尔·J. 弗里德里希．超验正义：宪政的宗教之维［M］．生活·读书·新知三联书店，1997：14.

理更有效率。三是合法限度。如果现存的政府行政、社会组织或市场机制都有能力，在经济上都低成本，这就看哪一个来管更符合法律和公正的原则。因此，有限政府不等于弱政府，相反，有限政府的实质是追求强力政府和高效行政，从根本上实现政府的真正权威。

有限政府，要求政府只做自己应该做的事，而不做不应该做的事。有限政府应该在既定的能力条件约束下，实现与市场力量的职能均衡。有限政府的实质性内容就是政府是以市场为基础的政府，它不再直接经营竞争性物品和服务，而是让市场去生产和供给竞争性的物品和服务，并且在公共物品和服务的生产和供给方面选择多样化的机制。根据公共产品的特点，既可以由政府来生产和供给，也可以由市场来生产和供给。政府的精力主要应集中于规则的制定和实施上，营造一个有利的激励环境，促进市场的有序运行。

有限政府还包括政府向社会的分权，把适合由公民自治组织和公民社会自行解决的问题交给社会。政府向社会分权，一方面，可以减少政府运作成本，减少政府寻租和腐败的机会；另一方面，还可以培养公民的自治精神，自主治理公共事务，不再凡事依靠政府解决。这样，就可以大大减轻政府的压力，使政府能够把有限的资源用于需要迫切解决的问题上，真正有利于政府权威的建立。

3. 政府权威与分权

前现代社会的政府权力高度集中在一个人的手里，皇帝是一个“口衔天宪、言出法随”，享有至高无上的权威的人。但是，这样的“权威”带来的往往不是福祉，而是灾难。正如孟德斯鸠指出的那样：“一切有权力的人都容易滥用权力，这是万古不移的一条经验。”①

现代政府已经走出前现代社会“朕即国家”的专制传统，组成政府的各个机关实现了从职能和载体上的分开，即政府权力在横向上的分权。各种国家机构的权力来源按照它的性质，由宪法作出规定，或者来源于民选、或者来源于授权。国家权力被分别授予不同的政府机关执掌，履行着决策、执行等政府职能，共同实现一个基于现代政府权威的统治和管理。

不仅只是政府权力在横向上实现分权，政府权力在纵向上也实现了分权，

① ［法］孟德斯鸠．论法的精神（上册）［M］．张雁深，译．北京：商务印书馆，1982：154.

使政府职责能够合理地配置给各级政府去履行，使各级政府都负责不同的事务，各司其职。纵向分权使政府政策的制定和实施，都找得到真正的责任者，避免互相推诿、“条块分割”的体制痼疾。适当的地方分权，也将有利于政府更加贴近社会公众，切实履行公共管理和社会服务的职责，进一步提高社会资源的配置效率，从而真正实现政府的权威。

分权政府并不能够包治百病，也不能够完全清除政治生活中的“分肥”、“专制”、“独裁”等现象，但是，在分权政府的运行机制下，任何权力机关和个人都失去了至高无上和绝对神圣的光环，都必须受制于人民的同意，都必须接受其他权力的法定制约。政府通过公共管理和服务，实现着广泛的公平正义，从而使政府真正成为公民权利的保护神。

2.1.3　政府权威与政府角色定位

政府角色与政府的性质、地位、权力、功能、职能和任务紧密相关，涉及政府的权力界限、功能范围和行为方式等方面的内容。如果政府包揽了许多本该由市场或社会承担的职能，管了一些管不了也管不好的事情，比如过度干预微观经济活动，就会导致造成严重的政府角色的错位与越位，有损政府的权威；另一方面，如果许多本该由政府履行的职能政府没有履行好，比如提供公共产品与公共服务，这样就造成了政府角色的缺位。无论政府是越位或是缺位，都会极大地影响到政府权威。在一定的意义上，可以说，政府权威与政府角色的科学定位息息相关。

1. 权力型政府还是责任型政府

现代政府需要彰显它的权力，甚至还需要相应的暴力来支持它的运作，但现代政府暴力的使用与传统政府是不同的。它运用暴力的主要目的是保护公民权利，完成自身的基本职责。它在行使权力的时候，必须具有正当性和严格的程序规定，以此来避免政府权力滥用而伤害它本应保护的公民权利。因此，正确处理政府权力与政府责任的关系至关重要。

政府是拥有法定权力的权威组织，如决策权、财政权、人事权等。政府的权力是完成责任的保证。政府在管理国家、治理社会的时候，权力与责任缺一不可。如果有责无权，无法尽责；有权无责就会“寻租”，过分集权或滥用权力都是权责配置不当的结果。因此，没有权力的政府肯定不能承担起责任，权力是人民给的，没有人民赋予的权力就不可能对人民负责。政府在自身角色定位时，不是简单地转化问题，而要处理好权与责的关系，二者相辅相成，不可偏废。正确运用权力，要做到权力与责任相统一。

2. 管制型政府还是服务型政府

政府诚然要为民众服务，但主要还是要管理好整个社会，政府毕竟是一个行政组织，而非服务性组织。理想的政府管理和服务之间的关系，应该是把管理融入服务之中，同时，通过服务来实现管理。

新公共管理理论认为：公共组织可以分为四种类型，即政策组织（如计划委员会）、规制组织（如证券管理委员会）、服务提供组织（如就业服务局）和服从型组织。其中，政策组织应当完全属于政府意义上的组织，规制组织部分是政府的也可能部分是政府之外的组织，而服务型组织基本上是可作为政府之外的公共管理组织而存在。政府严守公共政策制定的职能，运用公共政策的引导来保证政府外公共组织有效承担公共管理的职能，即将政策职能与管理职能分开。政府肩负着制定政策、管理国家的事务，而把某些服务性的工作交由“服务提供组织”去做。一个国家重要的任务就是管理，而政府又是国家管理的核心。因此，政府职能绝不是简单的管理与服务的转化问题，如果非要说是服务型政府的话，那也是包含了以管理为核心的公共服务。所以，政府一定要坚持管理与服务的有机结合，树立以民心为导向的管理，以公共利益为导向的服务的价值理念，才能正确定位自身角色。

3. 法治政府还是弹性政府

现代的政府管理要求建立法治政府，讲求依法行政，并且形成了一种“法无依据即违法”的严格法治传统，即政府机关行使权力遵循法定原则，只有法律明确授权的权力，政府才能行使，法无明文规定授权则不得为之，违反这一法治原则，就构成越权。

然而，法律的修改和制定永远落后于社会的剧烈变迁，在知识经济兴起，信息化和全球化时代已然到来的时代，过于拘泥于法律规定的政府行为受到了越来越多的质疑。比如政府管理过于强调层级和等级，过于重视行政过程的效率问题，政府官员缺乏创新精神，政府服务缺少人性化、个性化的关怀等。这说明，政府不仅应该是讲法制的，同时，政府也应该是灵活的、富有创造性的。因此，政府在依法行政的前提下，还需要一定程度上的“弹性”来保证政府的灵活性和创造性。

但是必须指出的是，这种弹性必须要具有公共责任心，才能保证这种由弹性带来的自由裁量权为经济服务，为社会服务，避免现实中因随意扩大弹性带来的自由裁量权不以公共责任心为价值取向，造成对经济与社会的危害。只有这样，政府才能把“法治”与“弹性”有机结合起来，从而准确定位自身角色。

2.2　政府的组织模式

德国社会学家马克斯·韦伯，被称为“组织理论之父”。韦伯的科层制（或译官僚制）理论，是其庞大的政治社会思想的一个有机组成部分。韦伯认为，任何组织的存在都是靠权威来维持的，而合法的权威主要有三种类型：一是基于习俗惯例的传统型权威；二是基于领袖个人超凡魅力的超人型权威；三是基于理性法规的法理型权威。他指出每一种权威各有其理想的组织，而科层制则是与法理型权威最适宜的组织形式。形式理性的科层制是社会组织——企业、团体、政府的最佳组织形式。

2.2.1　政府组织模式的理论

传统政府的组织模式，在西方政府发展史中培育了政府管理所必需的诸如法制、科学、专门化、公共精神等价值和规范。这一政府组织模式理论，是建立在以威尔逊政治与行政二分理论，韦伯的官僚制理论以及泰勒的科学管理理论的基础之上的。

1. 威尔逊的政治与行政二分

20 世纪以前，政府或政府管理无论从观念上还是实践中，都还没有从政治中分离出来成为一个独立的研究领域，也没有成为一种实践的运行范式。在表现形式上，行政是政治的工具和附属，因此，也就不存在对政府问题的专门化研究。

威尔逊的政治与行政二分的思想，标志着政府学科的肇始。他的这一思想被看作是“美国公共行政的圣经”，并成为现代公共行政科学的逻辑起点。①

政治与行政二分的基本含义是，行政与政治不同，“政治是‘重大而且带

① 黄健荣．公共管理新论［M］．北京：社会科学文献出版社，2005：73.

有普遍性的事项’方面的国家活动，而行政是‘行动中的政府’，是政府的执行者、操作者，是‘政府的最显露的方面’”①。威尔逊还强调：“政治是政治家的特殊活动范围，而政府管理则是技术性职员的事情。政治如果没有政府管理的帮助将一事无成，但政府管理并不因此就是政治。”② 就政府机关内部的运作而言，机关若想摆脱分赃制、贵族化等负面因素的影响，唯有建立一套新的官僚组织原则，行政应当严格地区分于政治。

古德诺对此作了更进一步的发挥，他认为：“在所有的政府体制中都存在着两种主要的或基本的政府功能，即国家意志的表达功能和国家意志的执行功能……这两种功能分别是：政治与行政。”③ 因此，行政作为国家意志的执行功能，在实践中无疑应由专门的政府机关来执行，同时应排除政治的干扰，建立以效率为目标的政府体系。

2. 马克斯·韦伯的官僚制理论

韦伯的突出贡献在于，他系统地提出了基于欧洲资本主义工业化的政府组织体系理论，即官僚制理论。韦伯认为，随着资本主义兴起而逐步发展起来的理性国家、有技术专长的官吏阶层及合理性的法律，为官僚组织的成长提供了制度基础和推动力。韦伯的官僚制组织模式主要具有如下特点：

（1）权限明确。处理业务应该在规则明确规定的权限范围内进行，而且，这种权限还要规定各部门乃至各个职位所掌控事务的范围，以及执行所掌控事务时可以运用的命令权和制裁权的范围。

（2）科层结构。在组织内部，确立了上下指挥命令系统的一元化，上级机关对下级机关的决定具有复核权和取消权。

（3）契约制。在近代官僚制中，人格自由的人担任组织中的成员，仅仅在有关由规则规定的职务上服从上司的命令，一旦离开职场、职务，上司和下属之间就不存在身份上的上下级关系。而且，组织中的成员可以自由、随时提前解约而辞职。

---

① 彭和平，竹立家．国外公共行政理论精选［M］．北京：中共中央党校出版社，1997：2.

② 彭和平，竹立家．国外公共行政理论精选［M］．北京：中共中央党校出版社，1997：15.

③［美］弗兰多·古德诺．政治与行政［M］．王元，译．北京：华夏出版社，1987：12-13.

（4）任命制。官僚制在组织任命制原则方面是贯彻得最为彻底和最为纯粹的。这是这一组织模式的内在要求所决定的，因为，在下级的晋升机会不用依靠上级的判断这种地方，其纪律不可能得到严格的遵守。①

韦伯指出："一个充分发展的官僚政府与非官僚政府，如同机械化与非机械化生产方式的比较。在官僚组织里，档案的准确、快速、一致和可取性，保密的持续和可能性，合作的协同性和严格性，以及人力、物力的最小代价等，无不通过严格官僚化、尤其是单一组织的政府机构来达到。"②

3. 科学管理原理

科学管理原理认为，科学管理的根本目的就是谋求最高效率。泰勒认为，要达到最高的工作效率的重要手段是要使用科学化的、标准化的管理方法取代过去的经验管理。

（1）必须建立良好的管理目标，根据目标分工协作，从而降低生产成本，使工资提到最高。

（2）为了达到预期目标，管理者必须运用科学方法对它的全面问题进行试验和总结，以定出相应的控制原则和标准程序。

（3）根据各种工作岗位要求，科学地安排员工，并科学地配置工作条件，创造良好环境，以便员工能完成工作定额。

（4）将管理科学与科学地挑选与培训工人结合起来。

（5）必须在上下之间、劳资之间培养出友好的合作气氛，维护各自良好的心理状态，以便上述原理得以应用。泰勒指出："资方与工人的紧密、亲切和个人之间的合作，是现代科学或责任管理的精髓。"③

法约尔也对科学管理原理的提出作出了贡献，他提出了管理的计划、组织、指挥、协调、控制职能。尤其重视权力和责任之间的关系。他指出："凡权力行使的地方，就有责任，责任是权力的当然结果和必要补充。"④ 他还归纳出一切组织管理的 14 条原则：即劳动分工、权力、职责、纪律、命令统一、

---

① ［日］西尾胜．行政学［M］．毛桂荣等，译．北京：中国人民大学出版社，2006：143-144.

② ［德］马克斯·韦伯．论经济与社会中的法律［M］．张乃根，译．北京：中国大百科全书出版社，1998：51.

③ ［美］泰勒．科学管理原理［M］．北京：中国社会科学出版社，1984：160-163.

④ ［法］法约尔．工业管理与一般管理［M］．北京：中国社会科学出版社，1982：24.

个人利益服从整体利益、报酬、集权、秩序、公平、人员任期稳定、首创精神和集体精神。

2.2.2 官僚制组织模式的特点、合理性及其弊端

官僚制组织模式具有高度的法律化，严密的科层化，公私截然分开，专业化程度高，组织效果具有可预见性等特点。它在资本主义高速发展的时代，在从农业社会到城市社会的艰难的城市化进程中，为社会管理提供了法制、规范和效率。“资本主义需要像机器一样在可靠的法律基础之上运行。”① 在社会的进步过程中，官僚制发挥过它重要的组织优势，作出过重大的历史贡献。

但是，我们又应该看到，由于人类社会进入了后工业时代。后工业时代所特有的知识经济和信息化的客观要求，不可避免地对传统的政府组织模式构成了挑战。传统的官僚制政府组织模式，在新的形势下已经存在种种弊端。比如，以政府体系为中心的权力单一和单向运行、权力本位、政府部门的集权倾向、注重程序以及效率至上和价值偏移等。

1. 官僚制组织模式的特点

官僚制是一种采用严格的规章制度来约束公共组织成员的行为，以高效完成工作任务的管理方法。官僚制的管理方法强调对公共组织及其成员实行理性化管理，要求在公共组织内部进行专业分工、层级节制和严格规范，并以此作为提高组织绩效、实现组织目标的基本方式。具体而言，官僚制组织模式的特征是：

（1）高度的法律化。在政府组织中，每个官员都有固定的职责权限，他们只能在自己的职责权限范围内发布命令而不能超越。政府的各项活动都严格依照政府文件的规定进行。

（2）严密的科层化。政府组织有严格的等级，下级组织必须接受上级组织的监督控制。官僚制强调在政府组织内部的各要素、环节之间形成有机的联系，实现相关组织之间的互相协调，密切配合。

（3）公私严格分开。主张严格的公事公办，公私界限分明，公务活动领域和私人生活领域有明显区别，工作区域与生活区域分开；政府管理班子同政府管理物资完全分开；任职人员对职位不能占为己有。职位不能私相授受。

---

① ［德］马克斯·韦伯．世界经济通史［M］．上海：上海译文出版社，1981：248.

(4) 高度的专业化。主张技术专长，注重专业训练，实行分工的原则。政府工作人员以能够胜任工作为前提，政府工作人员领取固定薪俸并终身任职，使政府公职成为受尊重的职业。

2. 官僚制组织模式的合理性

在资本主义高速发展的时代，在人类从前工业社会到后工业社会的转化过程中，在从农业社会到城市社会的艰难的城市化进程中，官僚制发挥过它重要的组织优势，为社会管理提供了法制、规范和效率。“官僚制从某种意义上说具备合理的性质，与其他组织形态相比，它在纯技术方面具有优越性；由官僚制式的干部实行管理才是合法统治的纯粹形态。”①

(1) 它具有其他政府组织模式无可比拟的效率优势。从政府组织结构看，任何国家的政府组织都是按层级设计的。这种设计规定了政府权力运行方向、政府领导指挥线路、政府信息传递渠道和政府人员职责权限，是有效政府的组织保障。

(2) 它是现代民主法制对政府管理的必然要求。从政府管理方式看，官僚制政府以权力为轴心，运用计划、组织、指挥、协调、控制等方式，对全社会实施强制性管理，这是迄今为止最为有效的管理方式。

(3) 它是商品经济发展的需要。商品经济的发展直接要求规范的、以明确的规则而非以个人好恶与主观意愿为依据的政府管理。从价值观念看，对契约、形式和规则的重视是官僚制的基本价值观念，又称“官僚精神”。这种官僚精神是西方理性主义一以贯之的传统，政府改革亦不可能完全丢弃这一传统。

韦伯认为，按照职权分明、层级节制、政令严格、稳定任职原则建构起来的政府组织是最为合理的政府组织，这种政府组织完全能够取得最高政府效率和胜任各项政府任务。

3. 官僚制组织模式的弊端

随着知识经济和信息化时代的到来，公众的价值取向变得多元化，民众的民主意识、参与意识急剧增长，这一变化要求政府组织模式更加具有灵活性、应变能力和创新能力，对民众的民主要求和参与要求应该具有良好的回应性。

---

① [日] 西尾胜．行政学 [M]．毛桂荣等，译．北京：中国人民大学出版社，2006：146.

而官僚制的政府组织模式与时代的变迁不相适应的状态日益突出，陷入了知识难以指导行动，理论缺乏说服力，管理方式滞后，无法适应实践需要的泥沼。具体而言，官僚制组织模式存在以下弊端：

（1）政府部门的集权倾向导致本位行政。形成于20世纪60年代的公共选择学派认为，官僚自身的利益与公共利益之间存在着矛盾，官僚集团往往会利用手中的公共权力来最大限度地增加个人利益。比如各机构之间为了预算展开恶性竞争，致使政府机构不断膨胀；官员们经常会为了自我利益而置国家法律政策于不顾，做出违法乱纪的事情。官员的利己行为和集权倾向成为政府部门挫败的基本原因。官僚制政府组织形式不仅没有与时俱进的创新能力和回应能力，而且，在新的社会环境中还失去了理性和效率的传统优势。

（2）权力的单向运行导致低效行政。在官僚制组织中，受各种严密规范制约的官员们无法按照他们喜欢和适宜的方式从事管理活动，这在一定程度上是科层体制蜕变成了缺乏灵活性、主动性和创造性的刚性系统。由于机械的专业部门分工，单向的权力运行，导致政府机构林立，增加了政府管理成本和协调沟通的困难，降低了政府效率；同时，终身雇佣和固定薪金的制度已经成为保守政策的渊源，导致政府人员循规蹈矩、唯上是从，缺乏创新精神和社会责任感。

（3）僵化的分工原则导致政府功能退化，社会整合失灵。横向上严格的分工造成部门之间“壁垒森严”难以沟通合作，纵向上，组织内部层层授权，下级只能对上级负责，整个系统呈现出“金字塔式”结构，部门之间只有在金字塔顶端才能相遇。由于严格的层级节制关系，导致整个政府组织的刻板僵化与动作迟缓，使政府难以灵活主动地应对瞬息万变的信息社会、竞争活跃的市场经济和利益多元的公众期望，大大影响了政府基本功能的发挥①。

（4）效率至上导致人性异化和价值偏移。理性主义的极端化和对人性的损害导致了人的异化。官僚制犹如一只巨大的铁笼，将人固定在其中，压抑了人的积极性和创造精神，使人成为一种附属品，只会机械地例行公事。官僚制的创立是从纯管理、纯技术的角度出发，强调组织活动的理性化和程序化。但是，它在运行过程中导致了一个负面的后果，即人的价值观念、道德意志在政府管理活动中的作用被忽视，伦理道德被排除在制度建设之外。正如本尼斯指出的那样，“官僚组织是一种没有人的组织”。②

---

① 唐兴霖．公共行政学：历史与思想［M］．广州：中山大学出版社，2000：219.

② ［美］W.G. 本尼斯．领导理论与行政管理行为［J］．行政管理科学学报，1976（3）.

2.2.3　新公共管理思想对官僚制组织模式的超越

20 世纪 60 年代以后，传统公共行政范式受到以赫伯特·A. 西蒙为代表的新公共管理学派思想家的批判和质疑。他们的思想与韦伯官僚制存在一种明显的差异。正如西蒙指出的那样："行政管理机构也必须作出许多必要的价值判断，所以，它必须对远远超出法律明文规定的社会价值负责。"① 他们提出的新公共管理思想，对传统公共行政范式是一种理性的反思，对官僚制政府组织模式是一种超越。

1. 突破了传统模式中的政治与行政二分的框架

由于传统政治与行政二分的观念使政府研究局限在一个非常狭窄的领域内，尤其把研究焦点放在政府机关的预算、人事、组织以及大量其他中性问题上，很少重视与社会、政治密切相关的政策制定与政策分析，从而使公共行政远离于社会危机处理的需要。新公共管理理论认为，威尔逊政治与政府二分理论提出的目的，是为了改革当时美国腐败的吏治，推行公务员新政策所作的必要的理论和舆论准备，是策略所需，因而是一种理论假设和虚构。现实生活中，政府体系游离于政策制定之外的状况根本不存在，政治总是与行政高度紧密地结合在一起的。

2. 提出了民主政府的思想

新公共管理的核心思想是重视人性和政治伦理研究，提倡民主主义的政府模式。现代民主政府理论的基本理念在于，公众需要是政府体系运转的轴心，即公众的权利或利益应高于政府自身的利益扩张或利益满足。政治民主必须确实体现在民主的政府之中。这一民主政府的主张落实在政府组织模式上，就是要在政府组织的运营方式上进行根本性的变革，把高度集权、等级制的政府组织模式转变为分权的、扁平的、网络式的组织模式。

3. 强调公平与效率的协调和统一

传统公共行政在工具主义价值观的主导下，过多地专注于高层管理和重要职能部门的管理，经济目的的管理。这些管理行为经常以牺牲社会公平为代

① ［美］赫伯特·A. 西蒙. 管理行为［M］. 北京:北京经济学院出版社,1991:57.

价，而实现社会正义和社会公平恰恰是政府的根本目的。传统的公共行政只研究“政府机构进行有效的经济和协调的管理”，奉行效率至上主义，而新公共管理则更进一步关心效率是否增强了社会公平，以及公平是否会影响到效率的实现。因此，新公共管理主张在政府和市场的关系上进行重新定位，引入竞争机制，以提高政府提供公共服务的效率。在国家和社会的关系上进行重新整合，激活社区自治组织自我管理的能力，使公民组织、民营机构与政府组织共同承担公共管理的责任。

2.2.4 中国的政府组织模式

理性官僚制在西方政府发展史中培育了政府管理所必需的诸如法制、科学、专门化、公共精神等价值和规范，这些因素对当代公共管理依然重要。在政府发展的过程中对理性官僚制只能是“扬弃”而不可以全盘否定。尤其是像中国这样的发展中国家，正面临着现代化和后现代化的双重挑战；东方国家在氏族解体的过程中，同时把宗法的、血缘的因素内在地包容下来使得政府管理普遍还未达到现代理性官僚的体制建构水平，存在严重的制度不足。

一方面，是封建官僚制的遗存。中国在战国时代，世族政治开始为官僚政治所取代。自秦至清，中国一直受着封建专制政体官僚政治的支配。社会主义制度本质上是对封建官僚制的否定，但是，作为思想上层建筑，封建官僚制遗存不会随封建制度的解体而消失，反而会对现行政府体制发生深刻的影响。理性精神的缺失、家长制作风、特权现象，官僚主义、任人唯亲、法治观念和现代契约观念的淡漠等都是这种影响的表现。

另一方面，是理性官僚制的不足。以理性官僚制特征为判断标准，中国政府组织仍处于理性官僚制发育不充分的阶段。例如，专业化人才和专业化分工的普遍缺乏；政府规则的不健全和政府人员对规则的普遍轻视；政府管理过程重身份轻业绩的取向；政府腐败根治不力、人治普遍存在、法治观念缺乏等。

中国的党政机构以及各种企业、事业领导机构中，长期缺少严格的从上而下的行政法规和个人负责制，缺少自下而上的监督体系，缺少对于每个机关乃至每个人的职责权限的严格明确的规定，以致事无大小，往往无章可循，绝大多数人往往不能独立负责地处理他所应当处理的问题，只好成天忙于请示报告，批转文件。还有，干部缺少规范的聘用、奖惩、退休、退职和淘汰制度，能进不能出、能上不能下、层次多、闲职多、机构臃肿，必然导致官僚主义的发展。

这就决定了在公共管理领域，当代中国的治道变革任务的双重性特征。具体表现为压缩式与混合型的特征，即在理性官僚制不充分的情况下，继续完成政府管理体制现代化的任务，在适宜的范围内建立科学化、法制化、专业化的官僚制。同时，在建构理性官僚制的同时又需要引入新公共管理理念，改革传统的管理体制，从而把补课式的发展与回应时代需要的创新有机结合起来。

2.3　政府的管理职能

政府职能是指以政府为核心的公共管理组织，根据社会和经济的发展需要而规定的在一定时期内的行为方向、基本任务和职责范围。① 所谓政府的职能，指基于政府特定结构形式所能发挥的功能作用和政府所承担的基本职责的统称，它是功能与职责的统一。

2.3.1　政府职能的内涵

要使人们能够更深刻地认识和理解政府职能，就要对政府职能进行必要的深化、细化和具体化，就要对政府职能的内涵进行深入的分析和研究。这里把现代政府的职能具体划分为“政府功能”和“政府职责”两个层次，对于准确把握政府职能的科学运行至关重要。

政府功能，是政府职能的一个部分，是指政府依托国家权力，为履行其社会角色而对各种重要的社会关系进行调控的活动。这里强调其政治性和统治性；现代政府职责，也是政府职能的一部分，是指政府在权力所赋予的范围内履行职责、完成具体的社会管理任务的活动，更强调它的义务性和管理性特征。总的来说，“政府功能”与“政府职责”相比，前者更多是属于政治统治的问题，而后者是属于政治管理的问题。二者在政治生活和政府活动中是相辅相成的关系。

政府功能是相对稳定的，政府职能中相对比较原则的部分就属于政府功能。比如，政府处理国家的阶级性和社会性的关系；处理公平与效率的关系；处理集中与分权的关系；处理国家的整体和部分的关系；处理国家之间的关系。这是任何时代的政府都要履行的功能。而政府的职责是政府职能中相对比较具体的部分，其职责内容是随着时代的变化而变化的。比如，政府的职责就

① 黄健荣．公共管理新论［M］．北京：社会科学文献出版社，2005：163.

可以在各种不同层级的政府中进行分解和配置。①

虽然，为了叙述的方便，在下文中，我们还延续“政府职能”的笼统提法，但不论是学者还是公共管理者，理解和认识政府职能的时候，有必要在思维层面上把政府职能划分为“功能”和“职责”两个层次，这对于问题的深化理解意义重大。

2.3.2 政府职能的历史变迁

政府职能在不同历史阶段，根据不同的社会发展状况，会有不同的政府职能范畴和职能结构。一般而言，政府的职能结构中，可以划分为政府的功能和职责两个部分。政府功能是稳定的，任何时代都在发挥相同的作用，而政府的职责是具体的，根据不同的时代有不同的具体内容。

1. 传统社会的政府职能

所谓传统社会，有时也称为前资本主义时期，一般包括原始社会、奴隶社会与封建社会三个发展阶段。原始社会的公共管理职能极其简单：首先，其公共管理职能大多数都是与谋取生活资料的生产劳动直接相关，主要是进行劳动分工。其次，不存在专门的政府组织或职能。最后，其职能的运行方式是习惯化、非强制性的。

前资本主义国家时期的政府职能体系存在三个基本特征：

（1）政府职能体系的重心相当清晰，即是以政治统治职能为中心。奴隶主或封建主贵族通过强化政治镇压职能和国家安全职能，对内镇压广大被统治阶级的反抗，对外抵御或实施侵略，以维持本阶级的政权与经济统治地位。

（2）包括经济、文化职能在内的社会事务管理职能十分薄弱。这也是由其落后的社会经济基础，即自然经济基础所决定的。

（3）政府职能体系的运行以国家暴力手段的镇压为主要特征，这是与其公共职能体系的基本结构相一致的，也是由其社会矛盾的对抗程度所决定的。

2. 西方国家政府职能的发展可划分为3个不同阶段

（1）自由放任主义。这一时期的政府职能体系呈现以下特点：

政治职能仍然占据中心地位；在经济与社会职能方面，奉行自由放任主义

① 朱光磊．现代政府理论［M］．北京：高等教育出版社，2006：67-94.

政策，公共部门基本上起着维护社会与市场秩序的“守夜人”角色；出于对整体利益的考虑，公共部门应该向社会提供某些类型的“公共物品”。早期资本主义政府职能体系中已经包含了一些积极的社会管理职能。

（2）国家干预主义。从 19 世纪末一直到 20 世纪 70 年代末，资本主义进入垄断时期。在这一历史阶段，西方各国政府对其公共部门的职能体系进行了全面的改革与调整，具有以下一般特点：

政府权能体系迅猛扩张，“政府国家”取代“守夜警察”成为各国政府职能体系发展的主流趋势；各国政府部门政治职能总体上进一步得到加强；在经济与社会职能方面，各国普遍采取了积极干预的职能模式。

（3）新古典主义。所谓新古典主义，又称为新自由主义，其基本理论要点是在重申个人理性假设的基础上主张社会经济生活中市场力量的角色最大化和政府角色的最小化。结合新古典主义理论基本主张，当今西方各国政府职能体系呈现出以下特点：

第一，政治职能的对内的统治职能尤其是暴力镇压职能相对有所弱化，而民主建设职能则得到进一步加强；第二，经济社会管理职能在各国政府职能体系中所占地位越来越重要，甚至成为核心政府职能；第三，政府职能主体的多元化与政府相关职能的不断强化趋势相并存。

3. 新中国政府职能嬗变

当代中国最重要的社会政治变迁就是从计划经济向市场经济的变迁，这一变迁使中国的政府职能在职能重心、职能体系、职能运行方式等方面出现了天翻地覆的变化。

（1）传统计划经济体制时期的政府职能体系

中华人民共和国成立后的政府职能体系，是参照前苏联的高度中央集权模式建立起来的，这种模式的主要特点是在政治、经济、社会、文化各方面都实行高度集中统一管理。这种职能模式有以下几方面特征：第一，以阶级斗争作为整个政府部门的工作重心。相应地，政治统治职能占据绝对主导性地位，而民主建设职能则受到忽视。第二，实行高度中央集权的计划经济体制，不存在现代意义上的市场和发育成熟的社会。政府包揽一切经济、社会、文化等管理事务，社会自我服务能力相当薄弱。除政府组织及其有关附属机构之外，其他类型的社会组织实际上几乎被禁止存在。第三，政府职能的运行方式僵化。政府体系只注重思想政治教育与政府强制手段的运用，尤其是一味依靠用政府强制手段来推行各项政府职能。

（2）中国政府职能体系的转变及其基本方向

随着市场经济体制的建立，原有的计划经济体制下的政府职能模式已经不适应政府管理社会、经济的需要，现实呼唤一种适合市场经济体制的政府职能模式。

第一，职能重心的转变。政府职能由阶级斗争向社会管理、公共服务转移。政府宏观经济调控与市场培育职能地位日益突出，政府已经大幅度地从市场和社会领域退出，政府更加重视教育、科学、文化等事业的发展和完善。第二，职能实现方式的转变。中国政府职能实现方式呈现出以下特征：在社会资源配置方式上，由传统体制下重计划轻市场转而要求实现计划与市场有机结合，以市场为主、以计划为辅的社会资源配置机制。在社会经济职能的运行方式上，由传统的微观、直接管理方式向宏观、间接管理方式转移。在管理手段方面，由以运用政府手段为主转向以运用经济、法律手段为主。第三，职能关系的转变。中央与地方、上级与下级政府间及各职能部门间职能关系的转变；政企关系的转变；党政关系及各国家权力机关间关系的转变；政府与其他政府间关系的转变。总之，在不断成熟的市场体制下，中国政府正在着力构建一个办事高效，运转协调，行为规范的政府职能体系。

2.3.3 市场经济条件下的政府职能

在处理政府与市场关系时，容易出现两种截然相反的理论与实践：一种是政府“全能”、市场无用论。计划经济时代的城市单位体制、农村公社体制是这种理论的实践。社会生活中不存在市场，一切资源都由国家来配置。另一种是政府“无为而治”，市场万能论。自由资本主义阶段的“守夜人”政府是这种理论的实践形式。事实上，市场调节会失灵，政府干预也有它的天然限度，因此，在市场经济条件下，政府的职能应该主要限于弥补市场失灵。

1. 促进竞争和限制垄断

竞争是市场经济的灵魂。竞争能使社会福利最大化，并使消费者权益得到最大程度的保障，进而推动经济和社会的进步。因此，市场经济国家政府存在的必要性，就在于促进和保护竞争。

但是，自由市场本身不能保证竞争的完全性和彻底性，为了让竞争在更大的范围和更深的程度上进行，就要着力消除市场体制本身孕育着的潜在垄断因素。因此，确立竞争秩序和规则，防止和消除垄断，为市场公平竞争创造和保持必要的制度环境条件，是现代市场经济体制下政府公共管理职能的一个重要方面。各国政府限制垄断的措施主要是制定反垄断法，依靠法制影响市场结构和竞争关系。同时，政府成立的监督管理机构，监控企业的垄断行为，用政府的力量来解决垄断所造成的资源配置不合理、经济效益的低下的问题。

首先，政府可以采取政策限制垄断的形成，这主要适用于竞争与垄断同时存在的行业，比如汽车、石油、钢铁等制造业，主要措施是制定和执行反垄断法规，把某些已经具有垄断性的行业恢复为竞争性的行业。其次，对于那些具有自然垄断性质的行业如电力、自来水等行业，政府可以通过税收和财政补贴的方式来矫正由垄断所造成的资源浪费，引导垄断厂商提高产量。再次，政府还可以对出现垄断的行业进行直接管理，对企业的产量和产品的价格等进行直接控制。最后，政府可以采取建立公有制企业的方式，由政府垄断某些行业的经营，直接介入市场运行。

2. 界定和维护财产权，克服市场经济的外部性

明确界定的财产权是实现市场交易、避免外部性问题的基本前提。所谓外部性问题，其本质是财产权界线不明确。例如，一条河上游工厂排放的污水给下游农田造成损失，这种外部效应纠纷可以根据明确界定的财产权加以解决。如果可以确定污染造成的农作物损失，农民就可与工厂就经济赔偿问题进行谈判。如果双方能够达成协议，由工厂定期付给农民一笔钱来换得农民同意让工厂继续生产并排放一定量的污水，这就等于农民把使用干净河水的权利作为一种财产出卖给对方。由此可见，只要能把外部效应的影响作为一种财产权明确下来，而且谈判的交易费用不大，外部效应的问题都可以通过当事人之间的自愿交易，也就是通过所谓外部性的“内部化”而圆满解决。但在现实中，外部效应所涉及的财产权往往很难界定，谈判的交易费用也因涉及的利益相关者过多而非常高昂，使谈判交易无法实现。因此，由政府出面代表社会维护有关当事人的权利就成为一条减少交易费用的有效途径。

3. 为社会提供各类公共物品

公共物品指的是具有消费的非竞争性和受益的非排他性物品。靠市场无法有效地满足人们对公共物品的需求，因此就需要公共部门来决定其生产并对其

使用进行监管。在市场经济国家，公共部门提供的公共物品主要是社会正常运转所需的、由社会投资所形成的各种软件和硬件。硬件则包括供水、供电、邮电通信、道路交通设施等基础设施。软件指法律制度、国防、行政服务、消防、社会卫生保健与文体教育等。

为什么提供公共物品是政府的基本职能呢？因为市场的优势在于提供私人物品，而公共物品消费的非竞争性，决定了市场无法有效提供这一产品。因为假如有私人生产者像生产和提供私人物品一样生产和提供公共物品，由于公共物品消费的非排他性，只要这种物品出现之后，每个人都可以从中受益，而不用支付成本，这样就不会有任何人成为公共物品的购买者，大家都想“搭便车”。结果是，要么由私人生产者自己负担全部成本，要么就一点也不生产。每个私人都希望别人生产、别人为其付费，自己免费使用，结果是没有人愿意生产，供给为零。

因此，公共物品不能由私人生产和供给，私人交易市场不能实现公共物品的最佳配置。公共物品的供给只能由政府通过税收来提供。此外，公共物品供给的规模化特征决定了资本投入的规模性，这使一般单个资本进入公共经济领域往往会无能为力，因而，政府在公共经济领域的投入更有优势，从根本上决定了政府有义务提供公共物品。至于非实物形态的公共物品如法律法规的供给，就更是非政府莫属，因为提供这类公共物品需要政府权力的合法性和权威性作保证。

4. 促进和保障经济运行中收入分配的公正

市场机制下的收入分配标准是按生产要素分配，这往往会造成贫富差距拉大。贫富差距很难通过市场自身的机制来矫正与调节。社会成员收入差距的扩大会造成市场的有效需求不足，由贫富差距带来的社会心理的失衡会引发社会的不稳定，致使整个社会失去效率。因此政府公共管理职能中一项十分重要的内容，就是建立合理的个人收入分配制度，有效调节贫富差距。

一般而言，政府调节个人收入分配的措施主要包括以下两个方面：首先是在初次分配领域的政策。主要是指政府在市场运行过程中为达到一定的收入分配目标而采取的各项政策，包括以法律形式分地区确定劳动者最低工资标准，以保障社会成员的最低生活水平；建构自由的劳动力市场，保证劳动力的自由流动；制定反垄断法，保证公平的市场交易等。其次是在二次分配领域的政策。即政府对市场初次分配之后形成的收入分配格局进行调整的各项政策。包括规范合理的财政转移支付政策；对高收入者征收累进所得税，抑制贫富差距过大，从而以有利于增进平等的政策；各种具体的福利措施，包括发放失业补助金和救济金等政策。

5. 对市场经济的运转实行宏观调控，保证其平稳运行

现代各国市场经济的实践已经证明，市场机制虽然在微观层次可以有效地调节供求关系，但是，市场机制的自由运作，企业和个人的自由选择并不能自动地保证社会总供给与总需求的平衡。相反，单纯的市场机制在调节国民经济的平衡时是很不稳定的，容易导致周期性的经济波动。这就需要政府进行调控。也就是说，在经济呈现过热的征兆时，政府要进行干预，以期减少总需求，让投资和消费不要过旺；当经济滑向衰退时，政府要刺激总需求，让投资和消费恢复生机。这种政策也称为“相机抉择”的宏观经济政策。即“国家可以通过经济政策——通过支出、课税和改变货币供给量——对经济运行的表现施加重大影响”①。

“相机抉择”的政策措施主要有两类：一是财政政策，即调节政府开支（作为社会总需求一部分的公共部门需求）的规模和税收高低，以调节人们可支配收入，从而调节总需求；二是货币政策，即用调节货币供应量的方法来影响投资和消费。第二次世界大战后，各发达工业国家普遍采取了相机抉择的宏观经济政策，在一定程度上减少了经济波动的幅度和衰退的严重性。总之，政府宏观调控的政策措施就是要有效地调节总需求和总供给的变化，实现供给和需求的平衡，避免经济发展的大起大落，实现一个国家经济的平稳发展。

2.4　政 府 失 灵

公共选择理论把经济学对人性的“经济人”假设，延伸到人们在面临政治选择时的行为分析，形成政治分析中的经济人范式。这一范式揭示了这样一个公理，即追求私利的政府机构及其政府官员，通常会进行“寻租”以追求非生产性的利润，从而导致政府失灵。此外，引发政府失灵通常还有

① ［美］萨缪尔森．经济学（上册）［M］．高鸿业，译．北京：中国发展出版社，1993：130.

如下因素：在进行宏观调控过程中，政府干预的范围和力度过大，超出了校正市场失灵和维护市场机制顺畅运行的合理界限；由于政府官员的理性能力有限，所获信息可能不充分等，而导致其行为的结果与目标背道而驰；政府行为缺乏竞争机制，政府机制缺乏有效的监督机制，致使政府干预与市场运行机制相冲突，降低政府的效率，增大政府干预经济的成本，导致政府失灵。

2.4.1 政府失灵的含义

所谓“政府失灵”是指政府干预经济不当，未能有效克服市场失灵，却阻碍和限制了市场功能的正常发挥，从而导致经济关系扭曲，市场缺陷和混乱加重，以致社会资源最优配置难以实现。具体地说，“政府失灵”表现为以下几种情形：其一，政府干预经济活动达不到预期目标；其二，政府干预虽达到了预期目标但成本高昂；其三，干预活动达到预期目标且效率较高但引发了负效应。比如，从20世纪70年代开始，西方国家出现以低经济增长、高通货膨胀、高失业率和高财政赤字为特征的“三高一低”的“滞胀”现象，正是政府过度干预，“政府失灵”的集中表现。

2.4.2 政府失灵的原因

政府履行管理职能的一个重要原因是纠正市场失灵，但政府弥补市场失灵的效果是有限度的。假若政府部门过度干预经济活动，可能导致比市场失灵危害更大、更难以纠正的政府失灵，因为由“经济人”组成的政府本身就存在天然的缺陷。

1. 政府的内部性

政府的内部性是指公共机构尤其是政府部门及其官员，追求自身的组织目标或自身利益而非公共利益或社会福利。有如外部性被看成是市场缺陷及市场失灵的一个重要原因一样，内部性或内在效应被认为是“政府失灵”的一个基本原因。

市场缺陷理论的核心是外在性，而政府失灵理论的核心是内在性。“市场组织可以从消费行为、市场份额和盈亏账目结算中获得直接的绩效指标，而公共机构因为缺少这些指标，而必须建立自己的标准。这些标准就是在非市场组织内用以指导、调整和评估机构绩效和机构全体员工表现的目标，我们将之称为‘内部性’。”① 也就是说，由于政府缺少如同市场组织那样来自于消费者或市场的目标，他们就需要发展自己的组织目标以规制组织运行。由于动力来自内部，它使政府组织偏向于内部成员收益的最大化，并导致预算增加和目标被置换。

既然内部性决定了公共组织尤其是官僚机构的行为及运行，那么它应是各种“政府失灵”类型的一个最基本的或深层次的根源。因此，在政府管理活动中，“只有在市场造成的社会成本过大时，才应该诉诸政府行动。政府的行动生效的水平倾向于很低，而且反复无常，信息不足的决策造成的破坏往往很严重”②。

2. 政府寻租

寻租活动是指人类社会中寻求直接的非生产性利润的活动，或者说是指那种维护既得利益或者是对既得利益进行再分配的非生产性活动。寻租一般通过如游说、欺骗甚至贿赂等不正当手段来达到目的。寻租活动不能增加任何新公共产品和公共财富，只是改变生产要素的产权关系。寻租活动是政府干预的副产品。当政府干预市场时，就会带来以“租金”形式出现的经济利益。

最常见的寻租活动是政府寻租，也就是政府利用法律的手段来阻止生产要素在不同产业之间的自由流动、自由竞争，以维护和攫取利益。缪勒还将政府寻租分为三种类型：一是通过政府规制的寻租；二是通过关税和进出口配额的寻租；三是通过承包中的寻租。③ 租金主要是在政府及其官员利用政府干预或者故意提出某项使企业和社会组织利益受损的政策作为威胁，迫使企业和社会组织割让一部分既得利益给政府官员而获得的。

显然，寻租活动是社会资源的浪费。其主要表现在：

第一，寻租者为了获取租金要付出时间和精力等交易成本，政府为了应付这种行为也要付出交易成本。

第二，寻租者的租金实现是以其他相关生产者和消费者的利益为代价的。

---

① ［美］查尔斯·沃尔夫．市场，还是政府：不完善的可选择事物间的抉择［M］．陆俊等，译．重庆：重庆出版社，2007：51.

② ［美］戈登·图洛克．贫富与政治［M］．梁海音，等，译．长春：长春出版社，2006：94.

③ Dennis C. Mueller：Public Choice Ⅱ，Cambridge：Cambridge University Press，1979：235-243.

这一代价一般大大超过寻租者的租金所得，因而导致社会利益的净损失。

第三，寻租活动及其政府干预有可能严重破坏市场协调机制，导致市场配置资源低效或无效。

腐败就是寻求直接的非生产性利润活动的一种。“寻求租金的活动同政府在经济活动中的活动范围和领域有关，同国有部门的相对规模有关。”① 因此，政府管理的范围和领域要严格限制，因为，体制性的腐败就是政府干预经济社会所造成的，这种腐败产生于不合理的、寻租空间过大的政府体制。

政府独家掌管公共项目如政府采购、征收工商税款、实行许可制度以及各种政府控制等；政府过度干预经济事务，如特许经营权、优惠低价、优惠利税率等；政府官员具有资源支配权和法规裁量权，但是在监督信息不完备的情况下，却容易产生过大的寻租空间，从而导致体制性腐败。政府腐败直接危及政府稳定，极大地阻碍经济发展，严重破坏社会风气，因而是政府失灵最典型的表现之一，而政府体制性腐败的直接原因就是寻租空间和寻租机会的存在。

3. 政府部门的自我扩张

一些公共选择和政府分析学者着重从官僚机构、利益集团和立法机构的“铁三角”的存在及其相互勾结来解释政府为什么扩张。他们认为，公共决策执行机构的官僚机构及其官僚是按“经济人”模式行事的，他们的目标是自身利益的最大化，追求的是升官、高薪和轻松的工作以及各种附加的福利。这可以通过扩大机构的规模及增加人员来实现，这就出现了帕金森定律所指出的情况，即无论政府的工作量是增加还是减少（甚至无事可做），政府机构及其人员的数量总是按同一速度增长。

这些目标的实现取决于官僚机构预算收入的增加，官僚们的自利效用最大化行为最终表现为“最大化预算收入”。于是在整个预算过程中，就必然发生以立法机构为一方和以官僚机构为另一方的关于预算的讨价还价——官僚们总是要从立法机构中获得更多的预算收入；而在官僚背后是各种特殊的利益集团，它们是各种官僚机构的服务对象，希望官僚机构争取更多的预算收入，以获得各种好处。立法官员也不是中立的，他们是在各种利益集团的支持或赞助下当选的，当选后也必须为充当赞助者的特殊利益集团服务。

---

① ［美］布坎南．寻求租金与寻求利润腐败：权力与金钱的交换［M］．北京：中国经济出版社，1993：120.

因此，在整个预算过程。特殊利益集团、官僚和立法者便形成所谓的“铁三角”。这三者虽然各自追求自身利益的最大化，但有一点是共同的，即力争增加某一方面的预算收入。正是这种“铁三角”的作用，使得政府预算总是呈现不断增长的趋势，而不管公众是否需要更多的公共产品和服务。

2.4.3 “政府失灵”的纠正和防范

政府要履行好自己的职能，不断增进自己的权威，就不仅要有适合社会发展实际的政府组织模式，还要在政府该发挥什么样的作用，充当什么样的角色等问题上有一个科学的定位，在弥补市场失灵的同时谨慎地防范政府失灵。应该在经济运行中对政府和市场的倚重有一个最优的选择，同时，改革公共决策体制及政治制度，重视在政府管理过程中引进市场竞争机制，这样，才能最大限度地防范政府失灵。

1. 找到市场调节或政府干预的最佳结合点

现实而合理的政府与市场关系应当是在保证市场对资源起基础性调节作用的前提下，以政府的干预之长弥补市场调节之短，同时以市场调节之长来克服政府干预之短，从而实现市场调节和政府干预二元机制的最优组合。

(1) 市场调节是基础。市场经济是一种经过几百年发展，才逐渐形成的复杂的制度安排。判断任何一种制度的优劣主要有两个标准，即是否较好地解决了信息问题与激励问题。与计划经济体制比较，市场经济在信息传输上主要采取横向传输方式。从激励机制看，市场是刺激竞争和优胜劣汰规律起作用的场所，经济当事人有追求福利最大化的内在动力和外部激烈的市场竞争压力，就为经济发展和经济效益的提高提供了足够的内在动力。能解决好为谁生产、生产多少、生产什么的问题，由于市场强调自利的正当性，尊重人性，需求的正当性，因此，它能满足人们的需要，创造出无数的财富，世界上走上繁荣之路的国家都是市场经济的国家。因此，在处理政府与市场的关系中，应充分认识和发挥市场的功能，真正让市场机制在资源配置和收入分配中起基础性调节作用。

(2) 政府干预是补充。正确认识市场失灵，完全竞争市场条件下的一般均衡是一种严格的假设条件，由于现实条件往往不能完全满足这一条件，所以，存在市场失灵。还有某些社会生活中的重要部门是市场不能提供的，也就是有些公共产品无法在市场买到。市场不能消除垄断和非公平竞争，不能解决外部性问题，无法满足社会对公共产品的需求，不能解决社会福利和收入分配的公平化问题，不能确定和控制宏观经济总量平衡。这时候就需要政府来弥补。

在肯定政府纠正市场失灵的不可替代的功能的同时，为了避免比市场失灵危害更为严重的政府失灵，应该明确，市场调节优先于政府干预。公共选择学派认为，为了有效地控制政府官僚阶层的蔓延，促使政府的行为真正有利于市场和公民社会，最重要的方法是全面地重新创造市场。在经济领域，要尽力健全市场机制，让市场成为调节资源配置、经济运行和收入分配的重要手段，政府在经济领域的职责最多是指导经济，而且，这种指导应该是规划性的、方向性的。政府只是在市场失灵的地方发挥管理的功能。

2. 改革公共决策体制

“政府失灵”是西方公共选择或公共决策体制的缺陷所造成的，实质上是西方政治制度的失败。因此，要避免“政府失灵”，必须改善现有的西方民主政体，创新政治技术和民意表达的方式。在公共选择学派学者眼里，现代西方政府的失败与其过时的民主政体有关。他们认为，与其说“政府失灵”反映了市场经济的破产，不如说反映了政治制度的失败。这种制度是 19 世纪产业革命初期的产物，自那时以来，它们并没有多大的改进；现在，它们受到一系列不平衡作用的打击，政府的全面干预损害了市场。因此，布坎南在《自由的限度》一书中提出了避免“政府失灵”的一项根本措施，即改造现有的西方民主政体。

（1）进行立宪改革。要克服政府干预行为的局限性，关键是在立宪上做文章。“公共选择的观点直接导致人们注意和重视规则、宪法、宪法选择和对规则的选择。”① 布坎南等人从立宪的角度分析政府政策制定的规则和约束经济、政治活动者的规则或限制条件，即他们并不直接提出具体的建议供政策制定者选择，而是要为立宪改革提供一种指导或规范建议，为政策制定提出一系列所需的规则和程序，从而使政策方案更合理，减少或避免公共决策的失误。

（2）对政府的财政过程尤其是公共支出加以约束。政府扩张及浪费的集中表现是政府经费或公共开支的扩大趋势，增加机构和人员最终也体现为经费

① ［美］布坎南．自由、市场和国家［M］．吴良健等，译．北京：北京经济学院出版社，1988：22.

的增长。因此，要有效地抑制政府的扩张和浪费，必须在政府的财政上做文章，通过财政立宪、税制选择、平衡预算和税收支出的限制等措施来约束政府的财政过程，尤其是公共开支，从根本上限制政府的行为，抑制政府的扩张。

（3）完善表达民主的方式以及发明新的政治技术。针对现有西方民主政体尤其是投票规则或公共决策方式的各种缺陷，比如，投票悖论、互投赞成票、多数人专制、中间选民定理等，公共选择理论家主张改革现有的西方民主体制，完善表达民主的方式，发明新的政治技术，以作出"更好的决策"或"更好的选择"。

3. 在政府管理过程中引进市场竞争机制

用市场力量改善政府的功能，提高政府效率，以克服"政府失败"。以往人们只注意用政府来改善市场的作用，却忽视了相反的作法，用市场的力量改善政府的作用，实际上，市场力量是改善政府功能的基本手段，通过在政府管理中注入一些市场因素，在政府内部重新确定竞争机制。"公共选择理论的结论是，只要有可能，决策就应该转交给私营部门。"① 这样，可以缩小"政府失败"的影响范围。这种作法的好处在于：第一，可以减少对于政府干预整个社会的官僚化的需要；第二，可以减少政府对信息以及政府运作成本—效益分析的失误，因为这些错误的分析会误导政府的干预活动；第三，促使政府改革的市场方法可以在诸如环境控制、减少交通拥挤以及增进环境质量等方面，提供一种促进技术变化的动力，以使其向社会所期望的方向发展；第四，政府应该通过合理的制度安排来促进私营企业承担公用事业，利用市场来生产某些公共物品或公共服务。

关键概念

政府权威　　政府角色　　合法性　　有限政府
政治与行政二分　　官僚制　　政府职能　　政府失灵
政府内部性　　政府寻租

① ［美］布坎南．自由、市场和国家［M］．吴良健等，译．北京：北京经济学院出版社，1988：28.

思考题

1. 有哪些因素影响政府权威的实现?
2. 官僚制组织模式的特点、合理性及其弊端分别是什么?
3. 官僚制组织模式在中国有什么特殊性?
4. 市场经济体制下政府职能包括哪些内容?
5. 如何纠正和防范“政府失灵”?

第3章 公共管理中的非政府组织

非政府组织和政府、企业一起，构成现代社会的三种基本组织形式。20 世纪 70 年代以来，世界各国相继出现全球性的"社团革命"，市场和政府之外的非政府组织得到了空前的发展。从欧美发达国家到亚非拉的发展中国家，各种非政府组织迅速发展壮大，在各国的经济、社会发展和全球事务中扮演着越来越重要的角色，以追求此前政府和市场未曾实现的目标。与之相适应，非政府组织的研究开始兴起并受到人们越来越多的关注。为准确把握非政府组织的范围，厘清其在公共管理变革中的作用，本章从公共企业、社会自治组织、中介机构、志愿组织四种组织形态对其进行分析。

3.1 公共企业

公共企业是政府履行公共管理职能、干预社会经济事务的重要手段。与一般企业的盈利性质不同，公共企业强调企业利益取向的公共性，强调企业与政府部门一样提供公共物品，服从服务于公共利益的需要，从而实现特定的公共政策目标。公共企业虽然采取企业的组织形式，但本质上具有政府属性，是政府职能延伸到微观的、弥补市场失灵、保证市场有效运行的一种政策手段。

3.1.1 公共企业的性质

一般来说，公共企业是指持续存在的、以为社会提供具有公共性质的产品和服务为其主要经营活动、且具有一定营利目标的、受到政府特殊管制措施所制约的组织化的经济实体。

从公共企业的概念可以看出，公共企业具有双重性的目标和职能，一方面，公共企业具有以市场为基础从事经营的性质，追求利润和效率目标；另一方面，在从事经营活动过程中，公共企业提供的产品和服务具有公共性，涉及社会公共利益，因而具有与政府运作相似的职能。具体说来，公共企业具有以下特征：

公共性："公共性"即强调将符合公共利益作为企业生产、经营的出发点。这一特征进一步体现在其生产供给的非竞争性、消费上的非排他性和竞争性。也就是说公共企业的主要业务是生产经营准公共产品，而不是私人产品。这些产品既可能是由消费者直接付费的准公共产品，也可能是不需要消费者直接付费，而由公共部门集中付费的公共产品。

有偿性：公共企业作为向公众大规模出售公共商品和公共服务并获得盈利的特殊法人机构，它的组织形式是企业，这就决定了公共企业向公众提供产品的服务的方式是出售而不是无偿拨付，提供的过程更强调效益与效率，遵循与收益、供给和需求等经济学法则。

盈利性：在公共企业的定义中，强调公共企业是生产经营准公共产品、具有企业法人地位的经济组织，其要义之一，就是说生产经营准公共产品的公共企业不是事业单位，也不是政府部门，其经营活动具有盈利性。这种盈利性主要体现在公共企业与其他企业一样，既是具有企业法人地位的经济组织，又是追求一定盈利目标的经济组织。正因为如此，公共企业从设立到运营必须遵循《企业法》与《公司法》，并依法纳税缴费。但是由于企业的生产资料是国家所有，其所有权或控股权归属于政府，因此公共企业的净利润既不为私人所有，也不归公共企业所有，而是为国家所有。

管制性：公共企业必须以社会利益为第一目标，并且当利润目标与社会目标发生冲突时，侧重于实现社会目标。因此，公共企业的"管制性"主要就表现在公共企业与政府部门一样，都服从于社会公共利益的需要，公共企业必须接受政府和公民的监督。政府对公共企业的投资决策、人员安排及利益分配等，都具有一定的控制权和决策权；公共企业除必须遵循政府部门对经济活动间接管理的相关政策法规外，还必须接受政府部门的生产许可和产品定价等特殊管理。因此，公共企业对利润的追求，不是在市场机制基础上的长期利润最大化而是在政府管制基础上的社会利益最大化。

3.1.2　公共企业的类型

公共企业是特殊的法人机构，不同的公共企业往往承担不同的公共政策义务，分布在不同的领域。按照欧文·E. 休斯的分析，公共企业可以划分为公用事业、陆上运输与邮政服务、竞争性环境中的企业、管制机构四种类型①。从总体上看，世界各国的公共企业主要分布在以下一些领域：一是决定国民经济和社会发展的基础设施和公用设施领域，如邮电、交通、港口，以及供水、供电、供气、供暖等。这些领域往往前期投资量大，投资回报速度慢，加上这些部门本身具有天然的垄断性和公益性，因此私人资本往往不愿进入或进入不足，因此往往需要由国家投资。二是基础工业领域，如矿山、能源、大型水利工程等。这些领域同样由于投资大、回收慢、服务面广，仅仅依靠民间资本难以及时开发和利用，因此也需要由国家来进行投资。三是一些关系到国家经济命脉的支柱性产业，如钢铁、汽车、重工业等。这些产业在一定时期内是国际竞争最激烈的领域，因此往往需要国家力量的介入。四是某些高科技产业。现代经济的核心是高科技产业，推动现代经济发展的根本动力是高新技术，但这些产业需要超前投入，而且往往投资量大、风险大，私人资本不愿涉入，因此需要国家的力量来推动其发展。五是对国民经济起重要调控职能的部门，如中央银行和其他金融机构。此外还包括一些涉及国家安全的领域，如军工、货币、航空航天等。当然，在不同的国家，由于经济发展程度和经济社会发展的方式或方向不同，公共企业在上述各个领域的介入程度会有很大的差异。

3.1.3　公共企业的功能

公共企业是公共经济部门的重要组成部分，是政府实现特定政策目标、干预经济的重要手段，政府很多经济政策的实施都依赖于公共企业。具体来说，公共企业在弥补市场失灵、保证市场机制有效运行方面主要可以发挥以下作用②：

（1）提供公共产品。公共产品是由集体消费的产品，具有非竞争性和非排他性的特征。非竞争性意味着一个人的消费不会减少其他人的消费，非排他

---

① ［澳］欧文·E. 休斯. 公共管理导论［M］. 彭和平等，译. 北京：中国人民大学出版社，2001：130-133.

② 黄健荣. 公共管理新论［M］. 北京：社会科学文献出版社，2005：247-250.

性意味着难以采取有效措施阻止任何人对公共产品的消费。公共产品的非竞争性和非排他性决定了人们不需要购买仍然可以进行消费，因此公共产品不会进入市场交易，私人生产者也不会愿意向社会免费提供，所以公共产品需要依靠公共部门来提供。当然，在现实中，同时具备非竞争性和非排他性的纯公共产品并不太多，更为普遍的是介于私人产品和公共产品之间的混合产品，又称准公共产品。根据具体情况，混合产品可以由公共部门提供，也可以由私人部门提供，或者由公共部门和私人部门合作提供。其中，公共部门提供公共产品或混合产品的重要途径就是建立公共企业，如一些关系到国家安全的军事工业、造币工业以及关系到社会整体福利的大江大河治理工程、重点防护林工程、城市的公交系统等往往需要通过公共企业来提供生产和服务。

(2) 实现产业结构协调，促进经济发展。完善的基础设施是一个国家经济发展的前提，尤其是在工业化进程的初期，经济发展对基础设施的需求很大，但由于产业性质的差异，一些基础产业由于投资量大，建设周期长，收益率低，私人资本不愿进入或没有能力进入，因此基础产业往往成为产业发展的薄弱环节。产业的协调是经济持续稳定发展的重要条件，因此对于那些刚刚走向市场经济发展道路、开始经济起飞的国家，采取政府财政投资的方式建立公共企业，大力发展基础设施，对于实现产业结构的协调、促进经济持续稳定发展将起到积极作用。

(3) 协调区域经济发展，缩小地区差距，保持社会稳定。一些国家，由于地理、历史等因素的制约，地区间经济发展差距往往较大。如果单纯依靠市场力量调节，往往会出现所谓的“马太效应”，穷的越穷富的越富，从而不利于经济的长远发展和社会的稳定。因此，政府可以在经济落后地区通过建立公共企业，发展基础产业、基础设施，来实现区域间的协调发展，这对于促进社会的政治稳定同样具有重要意义。

(4) 纠正自然垄断。自然垄断是规模经济造成的一种状况。规模经济是指某些行业具有生产量越大、平均成本越低的特点，如邮电、通信、供水、供电、铁路等行业就具有这一特点。这一特点决定了这些行业只有在一个企业生产的时候才是最有效率的，但如果只有一个企业，又会出现垄断定价，垄断定价往往高于边际成本，造成资源配置无效率。同时，由于缺乏竞争，垄断企业没有动力进行技术改造、降低成本，这对社会来说也是一种损失。因此，对于自然垄断，如果政府不进行干预，那么自然垄断者往往会通过控制产量、抬高价格来攫取高额垄断利润，从而损害消费者的利益。纠正自然垄断可以采取多种方式，但建立公共企业、进行公共生产一直是各国通常采取的办法。

(5) 缓解经济的周期性波动。避免经济危机的爆发是市场经济条件下各国政府宏观调控的主要目标。由于公共企业直接受政府控制，在相当程度上实现了生产与经营的计划性，克服了一般私人企业所固有的盲目性和无政府状态，因此公共企业的运营往往体现出反周期性的特点。当经济高涨时，公共企业可以按政府要求缩小其投资规模，防止经济过热，当经济萧条时，公共企业又可以按照政府要求扩大投资规模，增加社会需求，拯救衰退企业和产业，扩大就业，从而刺激经济的回升。

(6) 强化政府的宏观调控作用。货币政策是当代市场经济条件下各国政府干预和调节宏观经济运行的主要政策工具之一，而国有银行则是政府实施有效的货币政策的重要机构。政府只有拥有强有力的国有银行体系，才可以通过其控制的国有金融机构直接调整信贷规模和结构，干预货币流通，从而实现某些货币政策目标，并可以对某些特殊部门或企业提供资金以帮助、扶持其发展。另外，由于公共企业广泛分布在能源、交通、通信、银行等基础设施和公用事业部门，因而也有利于政府贯彻干预经济的政策意图，克服市场在宏观经济领域的失灵。

(7) 推进技术创新，提高科技水平。科学技术是第一生产力，推动现代经济发展的强大动力是高新技术。一些对于国家长期发展具有重大战略意义的高新技术开发，如航天技术、大规模集成电路、超导技术、生物工程、新材料、重大技术装备等，由于这些产业、技术的开发需要超前投入，而且又是投资大风险大的领域，私人资本往往不愿意或难以涉足。因此依靠国家力量投资建立公共企业，可以在高新技术领域弥补私人企业中人力财力不足的缺陷，承担起大型科研项目的开发和应用，从而不断提高国家的科学技术实力以及科技创新能力。

3.2　社会自治组织

随着社会发展，过多的国家权力开始向社会回归，从单一的政府管理向政府管理和社会自治相结合方向发展。社会的公共管理与公共服务从国家包办发展为国家和社会主体分担。在公共管理的变革和重塑中，社会自治组织发挥了重要作用。

3.2.1 社会自治组织的概念

自治与他治相对，是组织或个人自主处理自己事务的活动。进入近代社会以后，西方国家对自治的解释有两种：一是英美法系国家，他们认为，自治是人权的一部分，是与生俱来的天赋人权，国家权力是后来的、派生的；二是大陆法系国家，他们认为，自治权是国家与法律赋予的，自治与官治一起，共同组成了法治国家的行政管理制度。

我们经常涉及的社会自治，是相对国家或地方政府的官方治理而言。国家是阶级矛盾不可调和的产物和表现，国家的力量是从社会中产生但又自居于社会之上并且日益同社会脱离的力量，这种力量主要是指拥有监狱等的特殊的武装队伍。国家机器建立在社会之上，国家的统治是以国家强制力为后盾的。地方各级政府同样是以国家强制力为后盾，存在于社会之上的统治力量。社会自治与国家和地方政府的治理不同，不是外部强加给社会的支配力量，而是由一定范围的社会成员，以追求共同利益和避免共同弊害为动机自主组织起来，以维护和发展共同的经济、社会、文化、学术、生活等事业为目的，在自治权限范围内对其成员提供一定的公共管理和公共服务。社会自治的充分发展，改变了国家承担一切公共管理职能和公共服务职能的状态。

综上所述，社会自治组织是指一定范围的社会成员自主自愿组成，实行自治自律，为维护和发展共同事业、共同利益和社会公共利益，对其成员提供一定的公共管理和公共服务，不以营利、政治及宗教为目的的社会组织。

3.2.2 社会自治组织的特征

朱莉·费希尔认为组织自治的要素包括组织的承诺、财政分散、公众基础、技术专长、社会和管理知识、策略知识、培训政府工作人员的经验等①。一般说来，社会自治组织具有以下主要特征：

（1）自治性。自治体的自我管理和自我约束、相对外部具有独立性是自治的本质属性。社会自治组织由一定范围的社会成员自主组织起来，并且自愿参加，进行自我管理、自我服务。它们彼此相互独立，既不隶属于政府，也不依附于企业，有其独立自主的决策能力和机制。“自治意味着不像他治那样，

① ［美］朱莉·费希尔．NGO与第三世界的政治发展［M］．邓国胜，赵秀梅，译．北京：社会科学文献出版社，2002：74-103.

由外人制定团体的章程，而是由团体的成员按其本质制定章程（而且不管它是如何进行的）。自主意味着，领导人和团体的行政班子依照团体自己的制度任命，而不像不自主的团体由外人任命的那样（不管任命是如何进行的）。”①我国的共青团、妇联由于具有政治性，直接在共产党的领导下，因而不属于社会自治组织。此外，附属于宗教组织的慈善机构，或在精神上依附于宗教组织，或在经济上依赖宗教组织，也不应作为社会自治组织。

（2）组织性。社会自治组织的组织性强调它必须是具有一定制度性和组织结构的正式组织。组织中有保证持续运行的规章制度和固定的工作人员，能够正常处理组织的日常事务，并开展经常性的活动。组织机构是长期存在的，而不是临时组织和业余参加的活动。那些临时聚集在一起的人群或经常活动的非正式团体应被排除在外。

（3）社会性。社会自治组织不是像政府组织那样依权力的行使方式自上而下构建，而是通过广大的公民或会员，通过横向的网络联系与坚实的民众基础，动用社会资源形成的自下而上的民间社会组织。它们不是政府的机关和附属机构，不隶属于政府，正常活动不受政府干预，组织活动的经费由成员交纳会费以及赞助者自愿捐助解决。将部分原属国家的行政管理职能，分解到有关社会自治组织完成，实现了社会功能。也避免政府行政权力过度膨胀，使国家权力向社会回归。

（4）开放性。社会自治组织应当成员平等、组织开放。组织的发起成立和发展成员，都是平等的成员参加，没有特殊的成员。只要是符合条件的成员申请，组织的发起者或管理者不得禁止其加入，不能设定组织章程以外的特殊条件，更不能以高收费抬高门槛。我国现行的某些社会团体，在成立时即由政府指派成员并授予其管理职权，领导机构不是由成员公平选举产生，并且组织不是开放的，有的社会团体领导套用行政级别，此类社会团体在行政上和经费上都不能脱离政府。例如：各地的消费者协会，一般由政府的工商管理部门牵头成立，其成员主要由政府有关部门的人员参加，当前此类社会组织不应作为社会自治组织。

（5）公益性。维护和发展成员的共同事业，进行一定的公共管理和公共服务，维护成员的共同利益和促进社会公共利益，是社会自治组织活动的主要目的。一些具有独立事业的科研、教育、鉴定、仲裁、公证、监督等事业单位

① ［德］马克斯·韦伯. 经济与社会.（上卷）［M］. 林荣远，译. 北京：商务印书馆，1997：78.

不应作为社会自治组织，因为这些单位都有自己独立的事业，也有自己的独立利益，并且这些单位不是由成员自愿组成的团体。

3.2.3 社会自治组织的类型

社会自治组织的分类有不同标准，如在经济学领域，Margot Priest 用 self-regulation（组织自我制定规则的界限和能力）将自治模式分为五类：行业准则式自治（codes of conduct）、法规式自治（statutory self-regulation）、公司式自治（firm-definedself-regulation）、监管式自治（supervised self-regulation）和管制式自我经营（regulation self-management）①。为便于认识社会自治组织的范围，我们简要介绍其常见类型。

1. 职业自治组织

职业自治组织，是指由从事相同职业的社会成员组成的社会自治组织。例如：医师协会、律师协会、会计师协会、职业经理人协会等。组织的主要目的是职业自治自律、协调组织成员的内部关系以及协调组织成员和外部个人与组织的关系、提供执业指导、组织专业培训、推进学术交流和学术研究、维护成员合法权益等。

2. 行业自治组织

行业自治组织，是指由从事同类生产、经营及服务的企业，或由从事同类公益活动的事业单位以及符合一定条件的个人组成的社会自治组织。例如：各种制造业协会、各种服务业协会、各种农产品协会、仲裁协会等。行业自治组织的主要目的是：进行行业自治自律、协调行业内部成员关系以及协调本行业与政府和其他行业关系、提供行业调研咨询及行业发展宏观指导、代表本行业与政府沟通、协助政府制定推行产业政策、推进本行业技术和管理进步、维护本行业合法权益等。

3. 学术自治组织

学术自治组织，是指由从事同类专业的具有一定学术水平的专家学者等专

① Margot Priest：The privatization of regulation：five models of self-regulation. Ottawa law review（1997—1998）29. 转引自鲁篱．行业协会经济自治权研究［M］．北京：法律出版社，2003：107.

业人员以及有关团体组成的社会自治组织。主要是各种学会、协会、研究会等。其主要目的是进行学术界自治自律、组织学术交流、推动科学研究、促进学科发展、协助政府制定和实施科学技术与社会发展政策、协调内部关系和外部关系、维护成员合法权益等。

4. 基层群众性自治组织

基层群众性自治组织,是指由一定区域的居民组成的社会自治组织。在我国主要是指城镇的居民委员会和农村的村民委员会。《城市居民委员会组织法》第 2 条规定:“居民委员会是居民自我管理、自我教育、自我服务的基层群众性自治组织。”《村民委员会组织法》第 2 条规定:“村民委员会是村民自我管理、自我教育、自我服务的基层群众性自治组织,实行民主选举、民主决策、民主管理、民主监督。”社区自治组织与其他类型的社会自治组织有较大不同,具有成员范围较为固定、开放性较小、直接与生产生活相关、地域性强等特点。

5. 综合自治组织

综合自治组织,是指由不同职业、行业或事业的组织和个人组成的社会自治组织。例如:各地的工商联、科技协会等。综合自治组织的成员种类多样、范围广泛,企业、团体和个人均可成为会员。在我国,目前此类综合社会组织,在形式上基本符合社会自治组织的特征,但由于成立和运作一般由政府主导,经费主要由政府财政负担,主要承担着政府管理职能,因此行政色彩浓厚。国家应当采取措施在发展方向上进行矫正,以使其依社会自治组织规律发展。

3.2.4　社会自治组织在公共管理中的作用

公共管理把社会自治看作社会治理的主要途径甚至基本途径。由此，社会自治组织在公共管理中具有十分重要的作用:

第一，培育多元化公共管理主体，打破政府对公共管理的垄断。社会自治组织所追求的是公共目标，是国家和政府机构之外的专门担负公共管理职能的组织，它存在于社会之中，但在本质上不同于私人组织，它们不是致力于追求利润和获得利润，而是属于非营利性质的。由于这类组织的出现，造成了社会结构的变化，扭转了近代以来公共领域与私人领域分化的历史趋势。政府和社会自治组织依照各自的路径和逻辑进行公共管理，既可以弥补政府中心提供公共服务的资源紧张和效率低下，又在很大程度上成为抑制政府在公共领域的集权行为和集权话语的有效调节因素，开辟了打破政府公共管理垄断化的突破口。政府与社会自治组织在公共管理方面形成的多中心局面，促使原先国家与社会的分离，逐渐经历二者之间的“竞争伙伴”关系走向一体化的进程。

第二，培育民主价值观，提高公民参与水平。民主化的基本意义之一是将政治权力日益从政治国家返还公民社会。政府权力的限制和国家职能的缩小，并不意味着社会公共权威的消失，只是这种公共权威日益建立在政府与公民相互合作的基础上。而正因为有了民主的价值观，才能建立强力有效的公民社会，才能有善治。社会自治组织是这样一种治理：它以服务为内容，在社会自治体系中，治理主体与治理客体之间会经常性易位，治理者同时也是被治理者，被治理者又是治理活动的积极参与者。也就是说，治理者与被治理者之间的界限已经被打破。组织成员在自愿的基础上自由结社、自我管理，为共同的事业走到一起。人们在日常工作中就学习了如何平等相处、相互信任，并用民主的方式处理分歧及其他各种问题，从而就学习了如何以民主的生活方式生活，这样才有可能逐步培养出民主的意识和价值观，从而为整个政治体制的民主化奠定坚实的基础。从西方国家的情况来看，许多人更是把参与这类组织作为自己政治生涯的起点，一些想成为政治家的人物，往往把在社会自治组织中的活动作为未来政治活动的“热身”。

第三，制约政府权力，重塑政府管理方式。来自社会自治组织的公共管理是社会不是通过自己的代议机构实施对政府及其行政人员的监督，而是通过健全公共伦理标准和行为准则来实现对政府和行政人员的制约。当政府在特定的公共管理领域与社会的公共管理组织进行竞争的时候，这种竞争中所包含的合作主义服务精神必然会辐射到依然需要政府垄断的公共事务中去，从而使掌握公共权力的人不再实施霸权式的管理，而是谨慎地、负责任地运用手中的权力去达致服务的目的。因为，社会自治组织的公共管理包含着改变亘古以来就存在的自上而下的权力结构类型，并以一种新型的自下而上的权力结构类型取而代之。也就是说，社会自治组织向政府提出这样一种要求：政府必须下放权力，给地方政府特别是基层政府更多的权力，以便它们为社会自治组织提供更多的公共管理中的社会自治管理机会和自由度。这样一来，社会治理的垂直结构转变成水平的横向结构，从而使管理组织间的平等和宽容取代传统管理组织严格的排他性，传统组织中的纪律在很大程度上也为组织自身自觉的自律所取代。社会自治组织可以孕育出强大的按照公共伦理精神重塑政府的力量。

第四，促进市民社会理性化发展，提供政府合法性的资源支持。社会自治组织积极参与公共管理既是社会的自治方式，也是政府与社会的沟通途径。它使原来必须依赖于代议机构的单线式的反映民众意志和要求的途径，扩展成在公共管理中源源不断地传输民意和表达公众利益要求的通道。对于政府来说，这是替代性的公共管理机构，是第三部门；而对于民众以及所有的私人部门而言，它是一个新开辟的民意表达途径。如果社会自治组织具有充分的多样性，那么就会有着政府与社会之间的多元通道。政府从单纯地接受代议机构的压力而转向多方位地满足要求，从而形成一种客观的运行机制，以保证政府的代表性具有普遍的公共性内涵。社会自治包含的对国家、政府所持有公共权力的回馈型压力倾向于生成一种新型的制度模式，可以在全社会中培养起一种主体意识，从而彻底走出对国家、政府的依附心理，克服现代政府普遍面临的合法性危机。

3.3 中介机构

中介机构和前面所述的社会自治组织存在一定的交叉性，有些组织如行业协会、学术社团等可能既是自治组织，又是中介组织。两种类型是从不同角度来划分的，能使我们形成对非政府组织的全面认识。相对于社会自治组织，中介机构在社会体系中更多的是处于一种沟通桥梁的位置，使社会呈现出构筑在政府、社会、市场三元一体的稳定结构形式。中介机构的产生和发展，可以实现不同于系统整合的社会整合，重塑政府与社会权力的格局。

3.3.1 中介机构的基本特征

中介机构是指介于政府与社会之间，参与社会管理，通过其专业知识和技术为经济、社会活动提供中介服务的各类社会组织。

按照中国行政管理学会的研究，中介机构的特点是行政上不依赖于政府，体制上独立于社会，运行上立足于市场。在组织功能上，体现为服务性、公益性、技术性、辅助性而非决策性；在机构性质上，体现为民间性、行业性而非行政性；在职业行为上，体现为独立性、客观性、公正性而非盲从性；在经费来源上，体现为有偿性、酬劳性而非“官饷”性；在创办主体上，体现为多元化、复合性而非单一性；在服务客体上，体现为全社会而非某部分；在需求服务上，体现为受托而为，而非为自身所需①。具体而言，中介机构最基本的

① 龚禄根．中国社会中介机构发展研究［M］．北京：中国经济出版社，2006：5.

特征是它的服务性、中介性和非政府性。

第一，服务性。中介机构的服务性是其典型特征，指中介机构以向社会提供服务为宗旨，本身不从事商品生产和商品经营。现代社会的中介机构提供的服务范围是非常广泛的，完全根据社会和市场需求来开展中介服务活动，如市场调研、经纪代理、资产评估、资信评级、账目审核、资金结算、风险分担、交易策划、纠纷仲裁、广告传媒、市场监督、背景调查、估价测量、融资支撑、购买证券、代理服务等。中介机构所提供的这些服务，在维护市场公平、公正、公开的秩序，保护交易各方的合法权益，优化决策和管理，便利交易活动，缩短交易时间，降低交易费用等方面起着重要的作用。中介机构提供的服务具有知识密集性、成本低廉性、服务高效性三方面的特点。

第二，中介性。中介机构最显著的特征之一就是作为连接政府、企业、社会三者的桥梁和纽带而存在。“中介”既是它不可或缺的特征和内涵，也是它最核心的功能之一。对下它能向社会传达政府的意志、相关政策，有利于社会了解政策，并能很好地理解和支持政策的实施。对企业，它能为企业提供政府最新的政策动态、减少企业因政策变故而带来的损失。对上它能向政府反映民众的呼声，使得政府能制定出满足于民的政策，反映大众的需要，并能促使政策更加民主化和科学化；为政府的宏观调控和政府的决策提供科学的建议，发挥参谋议政的作用。中介机构既不等同于一般非营利组织的公益性，也不完全等同于一般的企业。这种纵向沟通联系的作用，不仅缓和了政府、企业、社会三者信息不对称的问题，还很好地充当了减小三者摩擦力的润滑剂，随着中介机构的发展和完善，其沟通渠道将更加广泛，沟通方式更趋多元化。

第三，非政府性。即中介机构的大多数是非官方的民间组织。中介机构不属于行政组织系列，也不属于企业组织系列，而是与它们相互依存的独立的社会组织。作为民间组织，它发挥的是社会机制，有助于协助政府和企业解决政府失灵和市场失灵的问题，因而关系到人类社会持续发展及其可持续发展战略的实现这一重大的社会问题。

3.3.2　中介机构的范围

1. 行业协会类

行业协会类中介机构属于非营利性的中介组织。它们是处于政府与企业之间的自律性行业管理组织，主要有行业协会、同业公会和商会等。行业协会类中介组织是市场经济关系深化发展和社会分工在市场领域细化的必然产物，具有为企业服务，自律、协调、监督和维护企业合法权益，协助政府部门加强行业管理等职能。目前，我国的行业协会种类繁多，有综合类的企业管理协会，也有专业类的服装行业协会、医药行业协会，其会员多以经济类的单位会员为主，成员遵循共同的章程和规则，分担经费，负责人经民主选举产生。

2. 评价监督类

评价监督类中介机构主要有会计师事务所、律师事务所、审计师事务所、税务事务所、公证和仲裁机构、资产和资信评估鉴定等监督机构。这些机构的主要职能是规范市场行为，监督市场主体按照公平、公正的原则进行公开竞争，反对欺诈，评价和审查企业的行为，并调节市场纠纷。这类中介组织所提供的服务不仅仅是为了满足消费对象的消费要求，而且能够影响到其他与该项服务直接相关的市场主体或政府在处理与服务对象有关的经济活动时的决策。这就要求该类中介组织应该严格按照国家的法律、法规、政策的要求对各种经济主体作出合法、合理的证明和鉴定，以确保公平竞争的市场秩序。

3. 代理服务类

代理服务类中介机构主要是指为市场活动提供经营性和技术性服务的中介系统。包括各种信息咨询中心、经纪行、技术交流中心、报价系统、计算中心、结算中心、典当行、拍卖行、广告策划公司等。它们的功能主要是直接为市场交易活动的顺利进行提供信息咨询、招标拍卖、广告代理等业务。代理服务类中介组织向社会提供有偿服务，既要考虑社会效益，又要考虑经济效益。

4. 社会公益类

社会公益类中介机构的服务行为具有明显的社会性、福利性和保障性。包括职业介绍所、人才交流中心、留学归国人员服务中心等。其主要职责是沟通用人单位和求职者之间的联系，为专业人才的合理流动和劳动力的就业提供服务。其服务虽然是有偿的，但不以营利为目的，更多考虑的是社会效益，体现社会价值。

5. 准司法、行政类

准司法、行政类中介机构虽不是司法行政机构，但它能依据有关法律法规、政府委托及当事人的约定，作出类似司法、行政机关的权威性决定或具有社会影响的结论，比如对纠纷的调解或裁决，对某些经济、社会事务进行管理和监督，对其中的违规者作出行政处罚和制裁等。准司法类的中介机构有劳动争议仲裁机构、技术合同仲裁委员会、劳动争议仲裁委员会、公证机构等，准行政类组织包括文化市场管理机构、物价管理机构、工程质量管理机构等组织。其行为准则，一般由相关法律和政府规章或规范性文件制约。

6. 科研文教类

科研文教类中介机构是非营利性的社会组织，目的是为了促进科学研究以及文化教育、体育卫生领域的学术交流与发展。目前我国存在的大量的学术社团、研究会、联合会等都属于此类组织。其宗旨和任务是组织和联系从事同一领域研究工作的专家、学者和热心该学科的其他人员，按照一定的原则和方法开展学术活动，促进学术发展，繁荣科学文化事业，推动科学技术向生产力的转化。科研文教类中介机构能够推动科学研究，促进社会进步，并且能影响社会生活的各个方面乃至党和政府的决策。

7. 城市社区类

随着我国政治经济体制改革的深入，社区逐步取代单位，成为城市社会的基本单位。社区是特定区域范围内比较持久的社会互动系统，由于不同社区生活着不同阶层和地位的人，就形成了不同特质的社区。社区不等于单位，不等于居委会，而是介于个人和政府之间的中介机构。

3.3.3 中介机构在公共管理中的功能

概括而言，中介机构的主要职能是承担政府一定的社会性、公益性、事务性的社会职能，以沟通政府同社会之间的联系；为社会和经济生活提供内容广泛的服务，充分发挥着桥梁和纽带作用。有的中介机构也接受政府的授权，配合政府做好某一方面的工作，承担一定的公共服务职能。具体来说，目前，中介机构主要在社会管理和经济运行中发挥以下四个方面的作用①：

第一是介于政府与市场之间的协调政府实现经济调节功能。中介机构中一类重要的组织就是市场性中介机构，如贸易促进会、商会以及各种金融、资信

① 龚禄根. 中国社会中介机构发展研究［M］. 北京：中国经济出版社，2006：9.

评估机构和会计、审计等专业部门，这些机构联系着政府与市场，沟通着宏观与微观，在国家经济生活和秩序中扮演着重要角色，发挥着重要作用。这些作用具体体现为：第一，协调市场交易，提高市场自我组织能力。如行业协会通过行业规范对组织内的企业进行约束，既可缓冲市场失灵造成的负效应，又可抗阻政府失灵对企业的损伤。第二，在市场的准入、监督、公证、纠纷的解决等方面规范企业的行为，维护公平竞争的市场秩序，在减少不良市场竞争、促进交易活动的正常运行、培育和规范市场方面有着政府不可替代的作用。第三，通过提供信息服务，实现公共服务职能。各种中介机构通过其收集和掌握的经济信息，为政府提高信息咨询和决策参谋服务，同时也为所属的企业和会员提供必需的信息咨询服务。

第二是介于政府和社会之间，实现政府与民众之间的协调与沟通，实现社会稳定与民主管理功能。对于许多具有社会中介功能的组织，实际上或多或少地以各种不同方式参与社会管理和公共服务，或者因为其具有社会性、广泛代表性的特征，因为其与社会、公民有着密切的特殊关系，而政府与社会、公民之间的关系起着不可替代的作用。因此，中介机构是政府实行民主管理的必备条件，是政府与社会之间建立协调沟通的渠道。中介机构通过发表意见、提出建议、协商对话等途径和方式影响政府决策过程，增强社会与政府间的信息交流和情感沟通。

第三是中介机构通过各种方式带动社会自律，在某些方面能够替代政府独立地进行公共管理。中介机构在社会管理过程中通过沟通、协调、调节、评判等手段，处理政府、市场、个人之间的关系，协调各种利益主体的关系，它们不仅是政府间接管理社会、市场的重要助手，在一些政府不宜直接介入的领域，如对一些市场竞争领域的市场准入等，中介机构如行业协会等可以通过对会员的约束而起到行业管理和规范的作用；在一些市场纠纷等事项上，中介机构可以独立地发挥仲裁等功能。因此，在某种意义上讲，中介机构在政府与社会之间充当缓冲器、调节器的作用，有利于社会的稳定和发展。

第四是在社会管理民主化、公共服务社会化的发展趋势下，中介机构以其特有的优势，在许多领域承担着提供公共服务的功能。在市场经济不断发展的新的历史条件下，公共物品的提供主体由单一的政府逐渐转化为多元化。可以说，公益性的中介机构本身就是公共服务的提供者和承担者，是政府在提供公共服务过程中的有力合作伙伴。如目前社会中的一些慈善组织和公益性社会中介机构，在社会救济和社会保障方面，可以作为公共服务的主要承载者，参与社会管理和公共服务。互益性团体主要是成员的自我服务，提供的是“俱乐部物品”，但由于内部运作和管理的需要，往往能代替政府对成员组织进行管理，因此在社会管理方面发挥着重要的作用。如经济领域的行业协会就能够作为政府职能转变的替代物，从而对行业进行自我约束和管理。总之，从社会管理和公共服务的视角看，不管是公益性中介机构，还是互益性中介机构，在我国当前政府职能转变的背景下，中介机构在公共服务领域内的重要性越来越凸显。

3.4 志愿组织

志愿组织是由志愿者组成的、以志愿精神为根本动力、以满足公共需求为主要使命、以实现社会公益为终极目标的非政府组织。20 世纪下半叶以来，志愿组织呈现出前所未有的发展势头，成为社会发展过程中一股巨大的人力资源，是解决全球问题和社会问题、促进社会变革的积极力量。

3.4.1 志愿组织的特点

“志愿者”（Volunteers）是一个没有国界的名称，是指那些不受私人利益的驱使、不受法律强制，基于某种道义、信念、良知、同情心和责任感，为改进社会而提供服务、贡献个人的时间、才能及精神而从事社会公益事业的人或人群。

志愿组织强调志愿者自愿捐献自己的时间、精力、知识、技能、财物，或其他任何自己可支配的资源，在不计物质报酬的情况下，去帮助有需要的（通常又是无能力的）人，去增进社会福利，改善社会问题，促进社会财富更趋公正人道地分配。志愿组织的核心特征是志愿精神。

1. 志愿性

无论是志愿者参与志愿组织，还是组织开展志愿服务，都是出于人们的自愿选择，而非受迫于任何外界强制，是人们主动承担起对他人、对社会的责任。强调志愿行为的志愿性，是因为志愿行为本身就是一种高于法定义务的奉献行为，只能出自行为者的自觉承担，这种对自己所从事事业的义不容辞的使命感使人们充满了奉献精神；引发志愿的另一动机在于表达参与诉求，即公民自主要求参与社会事务，追求社会民主价值的愿望。通过对人们的谋生和发展关系重大的职业单位或行政系统来发动组织，难以保证志愿服务的自愿性，因为这既偏离志愿行为的真正精神，也难以使志愿活动持之以恒。

2. 非经济导向性

志愿行为强调无偿贡献志愿者自己所拥有的资源，具有高于一般工作职责与交换行为和营利行为的道德性，从而也与以工作为谋生、以服务换取报酬和以营利为目的的行为区别开来。后者的行为是有着成本收益计算的经济行为，是广义的交换行为，而志愿行为虽有成本的投入，但投入者是不考虑和不谋求物质利益的。常年坚持保护环境、积极参与汶川地震的营救工作，志愿者做这些事不但不求经济回报，甚至还有不少人经常为了获得志愿服务的机会倒贴物力财力。志愿行为的维系和坚持，在志愿工作中得到肯定。

3. 公益性

公益性是指志愿组织追求的目标，或者提供的公共物品和服务不是为组织内部成员，而是为满足更广义的公共利益。志愿行为本意旨在增进社群和社会福利，改善社会问题，提高社会质量，保证人类世代可持续发展等公益目标和价值，所以志愿组织处理的是在一定的公共空间内和特定的人群中的互助和他助，是直接对他人、对社区、对更广大的社群有益的活动。这种活动在改善他人生活境遇的同时，也改善了大家共同的生活环境，从而使包括志愿者在内的所有人都受益。

4. 灵活多样性

政府提供的服务倾向于对所有的人都一视同仁，但难以满足人们千差万别的需求与偏好。在这种情况下，一般的私人物品可以由市场组织来提供，而公共物品以及一些特殊私人物品提供方面的缺口就得由第三部门组织来填补。多年来，志愿组织涵盖了广泛的服务领域，拥有丰富多样的活动内容，能够为社会中不同的人群提供服务，满足了人们极为微观和多元的需求。此外，相对于政府部门而言，志愿组织较少受到僵化体制和繁文缛节的束缚，它们能够灵活地调整自己的活动形式和运作方式以适应时代的需要。

3.4.2　志愿组织的发展

承继古老的传统慈善观念，志愿组织逐渐形成雏形。第二次世界大战以后，志愿组织蓬勃兴起，逐渐走向制度化，专业化，其重心不仅在于调整被救助者的社会关系和改善他们的社会生活，更在于调整整个社会结构与社会关系。西方发达国家有专门关于“志愿组织经济规模”的研究，比如，据英国的一项调查显示，1997 年该国志愿组织的经济规模约为 400 亿英镑，到 2004 年则达到了 820 亿英镑，占国家 GDP 的 4%。2002 年美国 13 岁以上人口一半每周志愿服务 4 个小时。经常性参加志愿活动的人的比例为 30%～40%。

中国的志愿组织就国际范围内来说起步较晚，真正意义上的志愿组织产生于改革开放之后。改革在经济领域和社会领域留下的一些管理和服务上的“真空”对志愿组织产生了强烈的需求，此外，所有制结构的多元化产生了政府控制之外的资源，正是这些因素为志愿组织的生存发展提供了起始条件。改革开放以后，最早出现的志愿者来自联合国志愿人员组织，当时联合国志愿人员组织向中国派遣了包括地理、环境、卫生、计算机和语言等领域的志愿者来中国工作，后来国外的其他组织也陆续派遣志愿者到中国来。20 世纪 80 年代后期，首先在社区服务领域，中国开始出现自己的志愿活动和志愿者，逐步建立起社区志愿组织。20 世纪 90 年代初期，另外一支志愿者队伍在共青团系统中形成并产生了他们的全国性志愿组织。目前，社区志愿组织和青年志愿者协会是中国最为活跃、规模最大、影响最大的两支队伍①。

中国志愿组织的发展经历了一个从单一到多元的过程。这一发展过程既不是人们想像中的纯官方行为，也不是西方式的纯民间行为。依据志愿者性质的不同，可以把志愿组织分为四类：青年志愿组织、社区志愿组织、草根类志愿组织、国际志愿组织。

1. 青年志愿者协会

青年志愿者协会的创立发端于 1993 年年底由共青团中央发起实施的中国青年志愿者行动。1994 年 12 月 5 日，中国青年志愿者协会在北京正式成立，标志着中国青年志愿者行动进入有组织、有秩序的阶段。作为我国最大的志愿组织之一，青年志愿者协会利用共青团中央和各级共青团的地方组织开展活动，其组织力量大、动员面广，极大地推动了我国志愿事业的发展。近年来，其服务领域不断扩大，在农村扶贫开发、环境保护、社会公益等领域形成了一

① 丁元竹，江汛清．中国志愿服务的发展、问题及走向［G］//高丙中，袁瑞军．中国公民社会发展蓝皮书［M］．北京：北京大学出版社，2008：324.

批重点项目。青年志愿者扶贫接力计划、保护母亲河计划、大学生志愿服务西部计划等项目取得了良好的社会效果。截至 2000 年 6 月，全国累计已有 8000 多万人次的青年向社会提供了超过 40 亿小时的志愿服务，大约折合 123 亿元的社会经济价值①。

2. 社区志愿组织

社区志愿组织从属于民政部系统，是目前我国规模最大的志愿组织。社区志愿者队伍的各级组织都与相应的民政部门联系在一起，但它的最基层是与街道、居委会联系在一起的，并且接受相应组织的领导与指导。从全国来看，社区志愿组织以街道为中心，以社区为依托，将志愿服务与社区服务紧密结合在一起。2005 年全国社区服务志愿者组织共有 9 万多个，社区志愿服务者人数达 600 多万②。社区志愿组织提供的服务既包括面向社区中的老年人、残疾人、优抚对象等困难人群的社会福利服务，又有面向全体社区成员的便民利民服务，帮助群众解决了大量的实际困难。

3. 草根类志愿组织

草根类志愿组织是指完全由个人或者群体自愿发起、组织并通过民间力量扩展的各类非政府的社会团体。1990 年以来，随着我国对志愿服务的大力倡导，一些民间志愿组织自发形成，比较知名的如环保类的“自然之友”、“地球村”、“绿家园志愿者”；弱势群体协助类的“北京市红枫妇女心理咨询服务中心”等。草根类志愿组织除具备志愿性、非营利性等志愿组织的一般特点外，还具有纯民间发起的典型特征。与这一特征相应，组织的自治程度也相当之高。

4. 国际志愿组织

我国的民间志愿组织中还包括一批国际志愿组织，它们活跃在我国的不同地区，服务领域包括教育、卫生、科学技术、环境保护、扶贫等。虽然这些志愿组织在地域范围上属于中国，但其发起者、组织者和资金多来源于国外。目

---

① 安国启．志愿行动在中国［M］．北京：中央文献出版社，2002：83.

② 丁元竹，江汛清．中国志愿服务的发展、问题及走向［G］//高丙中，袁瑞军．中国公民社会发展蓝皮书［M］．北京：北京大学出版社，2008：329.

前，在中国进行志愿服务的国际组织越来越多，并在中国的教育、医疗卫生、环境保护、扶贫、志愿者培训和能力开发等领域作出了积极贡献。其中，早在1981年就与中国政府合作的联合国志愿人员组织、致力于师资培训的英国海外志愿服务社等国际志愿组织已在中国形成较大影响。

3.4.3 志愿组织在公共管理中的功能

志愿组织作为个人志愿行为的载体，使得个体的公民责任构成了社会的公益机制。志愿服务事业秉承奉献、友爱、互助、进步的宗旨和理念，在社会建设中具有独特的扶助功能、疏导功能、教化功能和凝聚功能，是公民参与社会管理，服务社会建设，促进社会和谐的重要方式。

第一，志愿组织能发挥增强社会成员生活保障的功能。志愿组织的服务范围非常广泛，包括为特殊人士服务，如老年人、残疾人、病人等；为困难人士服务，如下岗人员、失业人员、流浪人员等；为一般人员特殊需求服务，如外来务工者权益保护、学生助学、边缘青年教育等。通常，保障社会成员基本生活要求，防范生活危机出现是政府有关部门的职责。但是，社会转型时期，由于社会保障体系尚未健全，加上政府部门的功能未能适应社会变迁的新情况，提供的服务严重不足。这样，志愿组织提供的服务就填补了这些空间，增加对社会成员生活的保障功能，减少因为生活危机出现的社会波动。

第二，志愿组织有助于提升社会道德建设。从整个社会的角度说，志愿服务帮助弱者、消除贫困、保护环境，为他人解决大量的实际问题和困难，有利于在整个社会弘扬“团结、友爱、互助、进步”的志愿精神，净化社会风气。市场经济的发展，促使越来越多的人关注自身利益，追求自我发展，给我们这个转型社会带来了很多道德疑惑，腐败问题、社会诚信问题、公共责任问题等越来越突出。志愿组织以其实际行动表现出当前社会缺乏的志愿精神、社会公德、责任感，成为转轨时期一股健康、有力的道德力量，为提倡社会公共精神树立了榜样。志愿者组织通过动员、组织志愿者参与社会公益活动，促使人们关怀社会、奉献爱心，从而潜移默化地培育公民的公益意识，推动公共道德建设。

第三，志愿组织具有整合社会的支持功能。这是通过对社会成员生活保障和对志愿者自我完善的促进作用而实现的。社会整合是协调社会各个相互分离但又有关联的单位，如阶级、团体、个体等，使其成为和谐状态的过程。中国社会转型时期，必然出现各种分化，过分注重个体利益和个人生活的封闭性使得人的信息联系日益扩大的同时陷入孤独无助的境地，这样不仅损害了社会成员的生活质量，客观上也造成社会结构的分裂，引起种种社会问题；许多人文学者、社会学者批评的“现代社会病”逐渐出现，导致社会整合的困难。志愿组织作为民间中介团体有助于加强社会与个体之间的联系，其有效运行作为帮助社会成员的活动加强了人与人之间的沟通。这样，社会、团体、个人在新的互助基础上建立密切关系，从而促进社会整合。

第四，志愿组织对培育公民文化至关重要。公民文化是一种摒弃了等级特权的参与型民主文化，是对公民角色及其自身价值的认识与反映。它所强调的积极参与、社会责任意识等理念在志愿组织的价值追求中得以充分体现。一方面，志愿组织的运行以公民的积极参与为基础。志愿组织的活动以激发公民社会责任等内心行为动机为主要动员手段，组织者公开招募，参与者自愿报名，充分体现了平等参与的理念。另一方面，志愿行为是公民实现其共同利益的自治模式。志愿的意义在于公民通过个体的社会责任，实现社会公益。以志愿精神为纽带，公民主动组织起来关注社会的多元价值需求，志愿公益作为一种自治理念最核心地体现了公民的社会责任。做一个具有社会责任感的公民，是志愿精神的前提，也是公民文化的最终落脚点。

志愿功能的发挥需要志愿组织的成熟发展。在这方面，西方国家有着来自文化方面的深厚积淀，包括与市场经济相适应的普遍的公民意识、自治观念、法制观念、契约精神、公益精神等，为志愿事业提供了合理的运行机制和文化价值的响应与支持。在中国社会转型的过程中，旧的社会价值体系和道德伦理观念受到巨大冲击，社会中原有的公益观念也变得模糊，这使得志愿组织发展所必不可少的志愿精神、公益精神和社会公信曾经严重不足。但是历史的机缘，让志愿者成为“中国 2008”的时代关键词：面临灾难，志愿者在汶川抗震救灾中勇往直前；奥运盛事，志愿者精心诠释了奥林匹克精神。他们的亮相，让世界的观察家们看到了中国社会正在成熟、包容和开放①。2008 年也因此成为中国的“志愿服务元年”。

改革开放 30 年，中国的志愿服务从无到有、从小到大，从青年率先行动扩大为全民参与的事业，志愿精神正在逐渐影响着社会的发展。但是，面对全球化、国际化要求的公民社会发展，面对结社热潮引发的参与志愿服务时尚，中国的志愿组织仍然存在诸多局限，能力欠缺、公信力欠缺、科学机制欠缺制

① 2008 年 8 月 27 日《新京报》。

约了志愿事业的顺利发展。我们应秉承汶川地震和北京奥运会志愿服务热潮展现的宝贵精神财富，借助公民权利意识觉醒的契机，在政府、志愿组织、社会三方的合力推动下，积极完善社会志愿服务体系建设，为全民参与的志愿事业提供良好条件。

关键概念

非政府组织　公共企业　公用事业　社会自治组织
中介机构　志愿者　志愿组织　草根组织

思考题

1. 什么是公共企业？如何理解公共企业的特征？
2. 分析公共企业民营化的基本依据。
3. 如何理解社会自治组织在公共管理中的作用？
4. 分析社会自治组织与中介机构的区别。
5. 结合实际，分析志愿组织在我国社会发展中的作用与功能。

第4章 公共管理中的个体

公共管理的主体除了作为集体组织形式的政府和非政府组织以外，还有扮演各种角色的个体。这些个体既是集体组织的构成者，又是在公共管理过程中单独发挥作用的能动者，它既要代表组织发挥功能，又不免带有个人的选择，正是这种双重角色让个体在公共管理过程中发挥着双重作用：有时候是公共管理的积极推动者，有时候又是公共管理的挑战者和障碍者。公共管理中的个体根据社会环境的要求扮演不同的角色，不同的角色在公共管理过程中的地位和作用也有着很大的区别，下面分别从四个方面来介绍这一问题。

4.1 公　民

4.1.1 公民概念及其演进

在西方政治哲学语境里，公民（Citizen）是一个重要的概念。从现有文献来看，公民概念最早出现在两千多年前的古希腊国家，一直延续至今并仍然充满活力。纵观公民概念的发展，每一历史时期公民概念的理解不尽相同。但有学者认为，西方国家的现代公民与以古希腊古罗马为代表的古典公民并没有本质区别，“而是在实践和观念上有着一致性”①，它始终指称政治共同体中平等地、共同地享有某些权利和义务

① 许纪霖. 公共性与公共知识分子［M］. 南京：江苏人民出版社，2003：192-220.

的主体。也正因为这一点，"公民"概念的变迁，不仅是进步的，而且是连续的①。

1. 古希腊时期的"公民"

在古代希腊，关于公民概念的论述，最早见于柏拉图在《理想国》中的界定："公民作为履行国家职责的自由人，应该具备节制、勇敢、大度、高尚等美德。护卫者是最好的公民，他们经过严格选拔，通过音乐教育、体操训练而陶冶心灵和锻炼体魄，并由公产公妻公育的共产主义体制培育其为国服务的公共精神。"② 对古希腊人来说，公民是以城邦和自由为存在的条件。一般说来，只有父母双方都是希腊自由人的男子才能获得公民资格。因此，公民被视为一个封闭的血缘团体、宗教团体和政治团体，他们作为构成城邦的基本要素，是属于城邦的人，"若干公民集合在一个政治团体内，就成为一个城邦"③。亚里士多德指出："一个正式的公民，应该不是由于他的住处所在，因而成为当地的公民。侨民和奴隶跟他住处相同（但他们都不得称为公民）。仅仅有诉讼和请求法律保护这项权利的人也不算是公民。在订有条约的城邦间，外侨也享有这项法权……全称的公民是'凡是参加司法事务的治权机构的人们'"④。他还认为："这个定义，对于一切称为公民的人们，最广泛而恰当地说明了他们的政治地位。"⑤ 事实上，亚里士多德把公民限制在很小的范围，他认为从事"贱业"的工匠和商贩，忙于田畴的农民，他们无暇从事政治活动，其工作又有碍善德的培养，易养成奴性，因此也不应享受公民权。公民只是"参加司法事务和治权机构的人"，他们是城邦中的少数。

因此，在古希腊，任何人若想成为公民，首先必须符合城邦国家关于公民资格的有关规定。其中，有关财富和出身的规定特别重要。就财富而言，一方面，由于公民都必须投身公共事务，因此他们必须有保证生活无忧无虑的经济基础；另一方面，财富可以使公民在战时自我武装，保卫国家。而出身则可以保证公民的品德和他们对国家的忠诚。最典型的公民必须出身于公民家庭，亦

① 李萍．"公民"概念的本质及其历史［J］．吉首大学学报：社会科学版，2002（3）．

② ［古希腊］柏拉图．理想国［M］．郭斌和，张竹明译，北京：商务印书馆，1995．

③ ［古希腊］亚里士多德．政治学［M］．北京：商务印书馆，1995：118-119．

④ ［古希腊］亚里士多德．政治学［M］．北京：商务印书馆，1995：110-111．

⑤ ［古希腊］亚里士多德．政治学［M］．北京：商务印书馆，1995：112．

即如果一个自由人的父母都是某一城邦国家的公民的儿女，则他就是该城邦国家中最正宗的公民。然而，公民资格的获得并不是一劳永逸的。事实上，公民资格完全可能由于某种原因而丧失。例如，在斯巴达以及受它影响的政体中，如果公民交不出参加聚餐的费用，就会丧失自己的公民资格。同时，“雅典公民条件对于公民身份或宽或严，随政治情况和人口增减而变更”。① “公民资格开放得这样宽，大抵由于邦内缺少正宗公民，不得不引一时权宜的政策。这种在人口缺少时的法规，到了人口增殖以后，自然就渐次废除：起先限制生父或生母的一方为奴隶者不适用这种条例，继而生母虽为本籍，如生父未入籍者也不得列为公民，最后，公民身份仅限于父母双方都必须是本国公民所生的子嗣了。”②

按照亚里士多德的说法，人天生就是政治的动物，这种属性决定了每一个人，只有与他人生活在一起，参与政治，运用行动和语言与自己一样的人进行交往、协商，才是一种符合自然本性的生活。因此，在他心目中一个理想公民的正当习性应当具有将公共利益置于私利之上的倾向。在城邦这样的政治共同体中，主体间政治利益差异是被忽略的。因为公民身份是获得性的，父母具有公民身份则子女自然具有公民身份，同时对于城邦来讲，所有公民的根本利益都是一致的，因此，公民的政治参与就是一个公民身份最大的共同性表现。这种参与的同质性远远大于他们之间的异质性。另外，公民与城邦的一体性还表现在公民与城邦共存亡。城邦的存在和发展是公民的最大义务，也是公民身份得以存在的前提。③

2. 古罗马时期的“公民”

古罗马与古希腊的情形相似。公元前6世纪左右的古罗马，公民的范围仅限于罗马城市的贵族，由一些异邦人和被释放的奴隶构成的平民阶层不属于公民的范畴；公元前5世纪，只有原罗马城的市民享有公民权，其他被征服者则不想有公民权；直到公元前3世纪通过霍腾西阿法案后，平民阶层在法律上取得与贵族完全平等的地位，才获得公民资格；公元前2世纪，罗马人建立起庞大的军事帝国，却并不赋予被征服者以公民权利，因此，意大利半岛上的非罗

① ［古希腊］亚里士多德. 政治学［M］. 吴寿彭，译，北京：商务印书馆，1995：114.
② ［古希腊］亚里士多德. 政治学［M］. 吴寿彭，译，北京：商务印书馆，1995：128.
③ 馨元. 公民概念之演变［J］. 当代法学，2004（4）：72-83.

马城居民即“意大利人”发动起义，在公元前2世纪末至公元前1世纪初获得了公民资格，成为罗马公民。但是，奴隶和一些异邦人仍然被排除在罗马公民范围之外，不能享有市民法所规定的各项权利，于是平民开展了广泛的争取公民权利的斗争。公元212年，塞维鲁朝皇帝卡拉卡勒颁布“安东尼公民权敕令”，宣布给予帝国境内一切自由民以罗马公民权。公元528年，查士丁尼皇帝组织编纂的《查士丁尼法典》进一步规定，对于一切被释放的自由人，不问其年龄、释放者的权益或释放方式，一律都给予罗马公民资格。至此，古罗马公民权利得以普遍确立。

古罗马国家公民内部的血缘关系不如古希腊紧密，社会成分和社会关系比起希腊城邦更为复杂。公民范围一再扩大，它不再是在单一部落和氏族基础上形成。在共和国初期，有大量外国人和归化者移入罗马。罗马人出于两个原因接纳外来移民：一是对外战争的需要，人口的增加就是军事实力的增强；二是商业的需要，外来移民带来了劳动力和财富。外来人与罗马公民发生了大量商事、民事的交往。由于古罗马民事关系的发达，法律上就有了权利主体的概念。但权利主体除必须是人以外，还需要具备其他基本条件：是自由的，而且，就市民法关系而言，还应当是市民①。自由公民才是完全的权利主体。而“市民”这一阶层，主要是指由罗马市民法调整领域内的人，享有市民身份。他并不全部属于公民范围，但可以成为一部分法律关系的权利主体。而奴隶不被当作人，所以不是权利主体而是权利客体。外邦人，可能获得市民身份，但却仍无政治权利②。罗马公民内部的民事交往，逐渐使得“民事身份”从政治身份中剥离出来，而成为一种相对独立的身份资格。这时候的公民不但享有公民权，而且还享有市民权。而一些自由人、外邦人或外来移民，则只享有市民权。由于公民身份与市民身份并不一致，具有公民资格的人必定具有市民资格，具有市民资格的人不一定具有公民资格，甚至于公民内部的民事交往不同于外邦人参与的民事交往，而有了市民法和万民法的区别。从罗马法对后世的影响（多在私法领域）来看，可以看到当时罗马发达的商品经济和民事交往。

① [意] 彼德罗·彭梵得. 罗马法教科书 [M]. 黄风，译，北京：中国政法大学出版社，1992：29.

② [意] 彼德罗·彭梵得. 罗马法教科书 [M]. 黄风，译，北京：中国政法大学出版社，1992：40.

3. 欧洲中世纪时期的“公民”

欧洲中世纪是神学统治的阶段，一般是指从公元 5 世纪西罗马帝国灭亡到 14 世纪文艺复兴这一历史时期。由于基督徒自认为是上帝的选民和天国的公民，他们对人以及人与人之间关系的看法，就不在世俗社会观念的框架之列。如奥古斯丁认为：人是两个城市的公民，一是他出生的城市，一是上帝城。人一生的基本事实就是人的利益的区分：以肉体为中心的世俗利益和专门属于灵魂的另一世界的利益①。中世纪的托马斯·阿奎那认为，宇宙是一个系列，“在上帝建立的自然秩序中，低级的东西必须始终服从高级的东西，在人类事务中，低级的人也必须按照自然法和神法所建立的秩序，服从地位比他们高的人。”② 阿奎那将人的天然不平等和服从的政治关系分为两种情况：“一种是奴隶式的，在这种情况下，主人为了自己的便利而使用他的仆人，这种服从是作为犯罪的结果而开始的。其次还有另一种服从的形式，主人依靠这种形式统治着那些为他们自身的福利而对他服从的人们。这种服从是在犯罪以前便存在的：如果人类不受那些比较聪明的人的管理，它就会证明是缺乏合理的秩序。”③ 其实这两种不平等和服从形式在本质上并没有什么不同，第二种形式只是打着主人为了奴隶的利益的幌子而已。④

中世纪的实际状况则是，教会和封建君主成为国家和人民的主宰，个人只是上帝的子民和封建君主的臣仆，而不是公民。君主主宰一切，其他社会成员只能对君主尽义务，不能同君主分享国家权力。反映平等关系的公民概念被黑暗中世纪的权力附庸网扼杀了，这一时代所衍生的更多的是一种群“畜意识”和“臣民意识”。反映平等的公民概念为反映不平等的臣民概念所取代。在这样的臣民意识中，“个人”这个词也是不存在的。等级身份的政治特性和神学原则仍主导着一切。因此，这一时期的公民概念被湮没，臣民意识比较浓厚。

---

① ［美］乔治·萨拜因. 政治学说史（上）［M］. 盛葵阳，崔秒因，译，北京：商务印书馆，1986：232.

② 黄裕生. 我们离近代有多远？——我的近代观［EB/OL］. http：//www. cass. net. cn /chinese /s14zxs /falu /hy-shen/02lun w. htm.

③ ［意］托马斯·阿奎那. 阿奎那政治著作选［M］. 马清槐，译，北京：商务印书馆，1997：100.

④ 馨元. 公民概念之演变［J］. 当代法学. 2004（4）：72-83.

4. 近代资产阶级革命时期的“公民”

随着封建社会末期教会势力的衰落，日益强大的世俗力量不可避免地承担起了塑造新历史条件下公民身份的任务。① “真理的彼岸世界消逝以后，历史的任务就是确立此岸世界的真理。”② 这期间，西方文明史中的文艺复兴运动奠定了近代公民身份的权利基础。这场发轫于13—14世纪思想浪潮的最核心的内容就是以人性代替神性，以人本代替神本，以个性解放代替封建桎梏，以世俗伦理代替禁欲主义，以人的自由意志和自由奋斗代替宗教宿命。人文主义者相信，在一个管理良好的社会之中，“神”的利益、“公共”的利益和“私人”的利益能够很好地协调共存。公民不仅仅是遵守宗教戒律的人，也是尊重司法规章和经济理性的人。人们寻求财富是正当的，金钱不仅是个人生活的保障，更是“国家力量所在，赚钱应视为国家的基础和根本”。③

也就是说，在这一时期，公民的个人理念开始凸现。只要具备法定资格，每个人都可以是公民。过去的财产差别、性别差别、血缘差别等确定公民资格的标准被摒弃。近代的“公民”不再具有特权阶层的含义，强调了“每个人生来就是自由、平等的”，而要实现这种自由平等，就必须保障人们能够独立支配自己的意志和行动。国家就是基于这种理念而存在的。因此，到自由资本主义时期，一个自由人同时具有两种身份：一是特定国家的市民，在这个意义上，他属于他自己，是一个私人，谋求自己的利益；二是特定国家的公民，在这个意义上他不属于他自己而属于国家，是一个“公人”④。相比之下，这一阶段的公民概念有着不同于早期公民概念的特点：它以宪政理论为基础，因而是自觉的；它反映公法领域中国家权力与公民权利的关系，从而奠定了现代意义上公民概念的基础。

---

① 李艳霞. 西方公民身份的历史演进与当代拓展［J］. 厦门大学学报：哲学社会科学版，2006（3）：72-79.

② ［德］马克思，恩格斯. 马克思恩格斯选集（第1卷）［M］. 北京：人民出版社，1995：2.

③ ［意］埃乌杰尼奥·加林. 意大利人文主义［M］. 李玉成，译. 北京：三联书店，1998：43.

④ 徐国栋. 市民社会与市民法——民法的调整对象研究［J］. 法学研究. 1994（4）：3-4.

5. 现代国家的“公民”

在现代西方社会，由于各国历史文化传统的差异和社会制度的不同，公民的概念也不尽相同。如在英国及其殖民地，公民同时也具有英国臣民的身份。1945 年以前的法国，公民主要指法国本土的人，他们享有完全的责任内阁制权利，而殖民地的人则被视为“法国臣民”或者“法国被统治者”，不享有完全的政治权利。在美国，继 1866 年《民权法案》将公民范围扩大到黑人以后，1924 年国会又将公民范围扩大到美国的印第安人；但是，1940 年美国国籍法又规定，1935 年以前出生的菲律宾人只是对美国负有效忠义务的美国国民，而不是美国公民。之后，根据 1968 年的宪法第 14 条修正案的规定，任何种族的人出生在美国就是美国公民。20 世纪席卷资本主义世界的女权运动进一步扩大了公民的范围，并充实和完善了公民概念的内涵。

第二次世界大战后，特别是 20 世纪 60 年代以来，欧美社会关于公民、公民身份的理论与实践发生了巨大变化。自 20 世纪 60 年代初，有关公民身份的理论较多地侧重于经验主义式地考察公民个人，如公民认同、公民参与等。至 20 世纪 80 年代末期，随着社区活动的兴起，公民团体活动频繁，使得公民关心的问题也从经济、政治方面转向了更广泛的社会方面，如犯罪、环保、核战争威胁等。这些运动孕育着“新兴公民”的出现，它扩大了人格（法律、政治意义）的定义，取消将财产作为公民身份标准的做法，争取男女平等、民主和种族平等；另一方面，新兴公民的每一个群体各有各的问题，因此，每一群体都提出不同的权利要求以争取解决他们的问题，如环境问题等，而各种社会团体和利益集团就是这些新兴公民的代表。随着福利国家的出现和发展，由于国家的职能在不断膨胀，公民的概念也在不断扩张，公民的民事权利、政治参与、社会福利等都包含在内。如今，公民身份既是一种认同和识别，也是共同体意识，还是公共“善”①。

从上述公民概念出现与发展的历史来看，关于公民概念的外延在不断扩大，从依附于集团发展到独立的个人，同时它也反映了个人与国家、社会与国家之间的密切关系。因此，理解公民概念，有三点是基本的：第一，公民是一个相对稳定的法律概念，它表达了个人与国家之间的各种法定的权利义务关

① 李萍. 论“公民”概念的本质及其历史［J］. 吉首大学学报：社会科学版，2002（3）.

系。第二，公民是一个政治概念，与民主政治密切相关，一方面民主制是由公民做主人来体现；另一方面公民也只有享受民主权利或参与民主生活才能成为名副其实的公民。第三，公民不仅仅是一个法律、政治的概念，而且是一个历史、文化的概念，公民概念的发展是社会各种因素相互交织的结果。因此，公民是一个社会人及政治人，他是以社会和国家的成员身份而存在的，其处世原则依赖于他与社会的契约（宪法和法律）而定，即具有相应的公民权利和义务。

4.1.2 公民角色与公民参与

在传统公共行政学理论中，由于公民在政治过程中的角色往往被界定为选择民意代表的投票者和政府公共物品的消费者，这就使得公民被排除在公共政策形成和执行的过程之外，只能被动地接受相关政策及其结果，无从了解并影响公共服务的目标和供给标准、质量。基于公民这一角色定位，公民参与的作用是大打折扣的。然而，随着民主政治、民主行政的发展，这种传统消极、被动的公民参与思想正在被强大的、更具能动性的、更加独立的公民参与观念所替代。

从公民参与的发展来看，公民参与（Citizen Participation）源于古希腊雅典的直接民主模式，到18、19世纪表现为洛克与密尔提倡的民主理论、黑格尔的“公民社会观”、哈贝马斯的“公共领域”论点，体现在公共行政领域中则为近代新公共行政学派所主张的“公民参与”，认为公民参与可使政府公共部门更能反映民众关心的问题，解决民众与政府的冲突，促使公共决策的合法化，并提高政府的行政能力。所谓公民参与就是公民通过一定的参与渠道，参与或影响政府公共政策或公共事务的行动过程。①

新公共管理理论作为一种新的发展模式，在对传统公共行政学理论进行批判的基础上，倡导参与式的管理，在理论与实践上为公民参与的发展提供了强大的推动力，这主要体现在以下方面：

第一，公共管理主体多元化要求更多的公民参与。随着社会公共事务日益复杂和繁重，人们对公共服务的要求也越来越高，面对日益多样化的公民需求，政府不可能为公众提供所有的公共产品和公共服务，公共管理的主体必然走向多元化。政府不再是社会的唯一管理者，它必须依靠市场机制、众多第三部门和广大公众来共同治理社会公共事务。

---

① 党秀云．论公共管理中的公民参与［J］．中国行政管理．2003（10）．

第二，以“顾客为导向”的价值取向确立了公民的主体地位。“新公共管理”认为，政府的社会职责是根据顾客的需求向顾客提供服务，政府服务以顾客或市场为导向，只有顾客驱动的政府才能满足多样化的社会需求并促进政府服务质量的提高。

第三，“分权、协作”的价值观念离不开公民的积极参与。与传统公共行政排斥企业经营部门的管理方式不同，“新公共管理”强调政府应广泛采用企业经营部门成功的管理手段和经验，在公共管理中引入竞争机制，取消公共服务供给的垄断性，让更多的私营部门和非政府组织参与公共服务的供给。这要求新公共管理下的政府是授权的政府，通过参与式管理向下分散权力，理顺关系，明确工作动机，培养协作理念，调动公共服务提供者的工作积极性，从而提高公共服务供给的效率、效果和质量。

第四，在实践上，在新公共管理理论的指导下，许多西方国家推行坚持市场方向、减少政府干预的行政改革方案，在推进政府职能市场化改革的进程中，提出了重塑政府的原则与措施。西方国家的行政改革及其政府再造运动，拓宽了公民参与运动的空间，激发了公民的参与热情。①

因此，公民参与是现代公共管理的重要特征，公民在公共管理中扮演着以下角色②：

（1）选举的投票者。公民有权选举能够代表公共利益的政府官员和主要行政官员，并监督官员合法行使权力，制定并执行符合公共利益的公共政策。

（2）公共服务的享有者或消费者。作为受宪法、法律保护的公民和纳税人，公民拥有获得政府提供基本公共服务的权利。在这一层面上，公民被看作是个体性的公共服务受用者或顾客，要求公共服务提供者满足使用者的需求，实现消费者主权。

（3）表达一定利益取向，影响特定公共政策的社区公民。作为关注和涉及特定政策的利益关系人，公民通过有组织的，制度化的参与途径，表达对那些关系自身生活质量的公共政策的要求和期望；直接进入公共政策过程，共同探讨社区发展政策目标，对公共政策的制定和执行施加影响。

---

① 张西勇，李琴．新公共管理模式对公民参与的促进作用［J］．天水行政学院学报，2009（5）：51-52.

② 孙柏英．当代地方治理——面向21世纪的挑战［M］．北京：中国人民大学出版社，2004：216.

（4）参与公共服务提供，成为政府共同生产公共服务的合作伙伴。公民不仅仅是地方公共服务的消费者，在今天，他们更是社区公共服务生产者的一部分。公民通过承担个人责任以及志愿参加社会公益性的公共服务活动等多种形式的参与行动，直接成为一些公共事务的自主管理者和公共服务的供给者。这标志着公民正由被动的、消极的参与逐步转变为主动的、积极的公共参与角色，人们称之为“重新发现的公民”①。

那么，在公共管理中，公民参与究竟具有什么样的意义呢？巴巴拉·卡罗尔（Barbara Carroll）等人从公民参与对于公共利益的体现和地方治理绩效的积极意义角度分析指出：第一，公民参与能够提高政治系统的代表性和回应能力；第二，公民参与能够增进政府与公民之间的相互了解和信任，消除二者之间的疏离感；第三，公民参与可以增进政治团结和社区整合，通过合作网络实现地方公共事务的共同治理；第四，公民参与可以促进政府政策制定和执行的合法化，并使公民更加理解和服从公共政策；第五，公民参与能够发展公民个人的思想感情与行动力量，体验公共生活的价值，引导和促进公民政治参与文化的发展。② 而彼得斯在讨论参与式政府治理模式时，概括了公民参与本身具有的促进信息开放和交流，增强公民独立决策和影响政府决策方向的能力，加强在表达利益要求中的协商、对话机制，公民投入公共服务等方面的作用。③

4.1.3 我国公民参与的主要形式及存在的问题

随着我国社会经济体制改革的不断深入，公民参与已经成为我国政府公共管理中不可或缺的重要环节。根据我国宪法的规定：“人们行使国家权力的机关是全国人民代表大会和地方各级人民代表大会。人民依照法律规定，通过各种途径和形式，管理国家事务，管理经济和文化事业，管理社会事务。”为了保障公民广泛参与公共管理，早在新中国成立之初，中国就建立了人民代表大会制度、中国共产党领导的多党合作制度、中国人民政治协商制度。20 世纪

① Klijn，E.，andJ. Koppenjan（2001）. Rediscovering the Citizen：New Roles for Politicians in Interactive Policy Making. In McLaverty，P.（Ed.）Public Participation and Innovations in Community Governance. p. 141.

② Carroll，B.，andC. Terrance（2001）. Civic Networks，Legitimacy and the Policy Process. Governance：an International Journal of Policy and Administration，Vol. 12，No. 1.

③ ［美］彼得斯. 政府未来的治理模式［M］. 吴爱明等，译，北京：中国人民大学出版社，2001：80-83.

80 年代以来，中国通过改革，使这些制度不断完善，为中国公民参与公共管理提供了制度保障。然而，在实践过程中，由于各种原因，导致目前我国公民参与公共管理还存在许多问题亟待解决。

从我国公民参与的形式看，主要包括以下几种：

（1）公民选举：包括直接选举和间接选举两种，通过选举，公民可以直接或间接表达自己的利益和意愿，公共管理机构也可以通过选举，较好地了解公民的价值偏好，更加有效地为公民和社会服务。其中，直接选举包括公民选举市辖区、不设区的市、县、乡、镇人民代表机关的代表。而间接选举包括地方各级人民代表大会选举上一级人民代表；县级以上人民代表大会选举同级人大常委会组成人员、政府组成人员以及人民法院院长、人民检察院检察长等。

（2）村民自治：简而言之就是广大村民直接行使民主权利，依法办理自己的事情，实行自我管理、自我教育、自我服务的一项基本社会政治制度。它发端于 20 世纪 80 年代初期，发展于 80 年代，普遍推行于 90 年代。现已成为我国公民参与的一种重要形式，现已由开始时的村委会换届民主选举发展为村民代表会议制度、村务公开制度等相结合的制度体系，以及包括民主管理、民主决策、民主监督在内的全方位的开放体系。

（3）公民评议政府：这是我国改革开放以来公民参与公共管理的重要创造。从 1989 年起，天津市和平区自发开展评选“十佳公仆”活动，至今已连续进行了 10 余年。20 世纪 90 年代以来，如沈阳、杭州、厦门、南京、宁波、珠海等城市都先后开展了以“让人民评判，让人民满意”为导向的万人评议政府的活动。公民评议政府活动的展开有利于增强公共管理部门的目标意识、服务意识和责任感，改善公共管理者的服务质量和办事效率，强化公共管理机构内部管理，加大管理过程中的透明度，完善管理制度，促进公共管理机构的廉政建设等。

（4）公民参与公共政策制定：为使公共管理决策更加符合实际，符合公民利益和愿望，中国从地方到中央，创造了许多公民参与公共管理的新形式。如政治协商会议、干部选拔任用公示制度、听证会、职工代表大会，以及建立智囊团或政府参事等都是公民参与公共管理决策过程的重要形式。公民参与公共政策制定过程，不仅是决策民主化的体现，也有助于从源头上有效防止公共权力的滥用，提高公共管理决策的质量。同时也有利于促进公民对公共管理政策的理解，提高落实公共政策的自觉性，推动政策的实施。

（5）公民监督：包括组织性监督和非组织性监督两种。组织性监督，最典型的，是民主党派的监督。民主党派作为参政党，在监督执政党和政府工作方面，发挥了重要作用。这一监督，大多是高层次的、带有方向性的监督。非组织性的监督，即群众自发的、个体性的监督。为方便群众监督，中国建立了信访制度和举报制度。县级以上政府还设立了信访局，有关职能部门公布了举报电话。通过公民监督，有效地遏制了公共权力的腐化现象。

尽管我国公民参与的形式和渠道多种多样，但受政治、经济与传统文化等因素的影响，我国目前公民参与公共管理还存在一些不容忽视的问题，在一定程度上使得公民参与流于形式，主要体现在：

第一，公民参与公共管理的意识和能力不足。随着我国政治与行政体制改革的进一步深入，政府公共管理职能进一步强化。这就客观上要求政府提供的公共产品或服务尽可能满足公民的需求，但现有的政治、经济发展水平还不能满足公民的需求，必须借助于公民的集体智慧和力量，充分调动公民参与的积极性。然而，由于受到我国传统政治文化的消极影响，我国当前的公民参与公共管理的意识还有待加强，历史上所形成的对权威服从的心理沉积，使公民在短时间内很难形成独立自主的人格，也很难认识到自己在政府公共管理及社会生活中的主体地位和应有的权利和责任。另一方面，由于公民素质的局限和对信息的掌握程度以及对政府各项行为的理解能力不足等诸多因素的影响，使现实中我国公民参与公共管理的能力与参与要求不符，致使参与效率低下。

第二，公民参与公共管理的渠道和方式有限。随着我国人民代表大会制度、基础群众自治制度，以及各级党组织、政协、工会、共青团和其他社会等组织制度的完善，在一定程度上体现了中国政府为了保障公民的参与权而在制度上和组织上作出的努力。但是在操作的层面，公民参与的这些保障大多都是执行力很差的，最后都流于形式，致使我国公民参与的总体水平偏低。比如近几年兴起的公示制度，公示的时间和范围很有限，公民监督的方式不利于操作；听证会制度使参加听证会的成员代表性不够，不能充分体现广大公民的利益诉求；民主评议政府也只限于有限的政府机构举行民主评议，且参与评议的普通公民比例很低，大多是政府系统内部的官员和其他政府要员，评议的效率和效能很低。

第三，公民参与公共管理的制度不健全。在现代民主社会，公民的参与是靠一整套健全的制度来实现的。制度是否健全，直接影响公民参与的热情。虽然我国宪法和法律对我国公民的政治参与权力都作出了原则规定，但对公民参与的具体制度、程序、方式及渠道并未作出具体的可操作性的规定，这就导致我国的公民参与缺乏相应的法制保障。这样使得政府虽然鼓励公民参与公共管理，但是由于参与形式、方法、渠道和手段等都没有具体的法制规定，公民不能通过正常合法的程序进行参与。并且，即使公民提出自己的意见和建议政府也不予考虑和重视，使公民参与和不参与一个样。这严重挫伤了公民参与的积极性，使公民参与的热情随之消减，而且还有可能引起公民的不满，使公民参与以非制度化的形式出现，给社会增添不稳定的因素。

第四，公民缺乏参与公共管理所需的相关信息。信息是公民参与公共管理的基础，对公共管理过程的参与者来说，通过知晓公共管理的相关内容、目标和价值取向的信息，可以更好地选择自己参与的内容和方式。在理论层面，我国公民享有对政府公共管理的知情权、参与权和议政权，有权按照一定的程序和法规了解重大公共政策产生和执行的机制，并进行监督。但是事实上，由于主观或客观原因的限制，公民往往无法获得参与公共管理过程所必需的信息，常常与公共管理主体处于信息不对称的位置。在具体的实践中，公共政策及其信息的公开是不尽如人意的。诸如一项重大的公共政策是如何执行的及政策执行结果如何等问题，处于信息不平等地位的公民是难以了解的，这势必制约了公民参与公共政策过程的力度。

第五，公民参与程度及范围受物质生活条件的制约。任何民主的形式都需要一定的物质基础，公民参与也不例外。但目前我国的物质生活条件制约了公民参与的广度和深度。一方面由于我国离小康社会还有一定的距离，一些地区仍处于贫困落后状况，一些人仍处于最低生活水平线上，对他们来说最要紧、最重要的是眼前的生存问题和温饱问题，至于公共决策，那是政府的事，他们无力关心；另一方面由于我国现有交通和通信设施还很不够，地域和时空的界限依然横亘在政府与公民之间，使得许多地区的公民很难获知有关公共决策的信息，也不知道该如何参与来影响决策，所以大多数公民选择沉默，放弃了自己参与决策的权利与机会。

4.2 官　僚

4.2.1　官僚的内涵

官僚通常是指职业官吏，也即以“做官”为职业生涯的人。它是一个庞大的群体，是构成一个国家或政府政治统治的基础。从政治体制上分析，一个国家实际上就是通过大量职业官吏实施统治形成官僚政治。官僚政治在世界各国具有不同的特征。在中国，官僚政治历史悠久，从一定程度上可以说，两千多年的封建历史实际上就是专制君主统治下的官僚政治史。而在西方国家，官僚政治则是由封建制到资本主义制度的历史过渡时期形成的一种政治制度。在现代西方理论界，人民通常把政客与官僚作为中性词使用，专指那些在政府行政部门工作的处理具体事务和技术性问题的官员，这些人通常由考试录用产生，所以，“官僚”在西方有时大体等同于“常任文官”的概念。

为了加深对官僚概念的理解，还必须把官僚与政治家和政客的概念相区别。“政治家”在英文中为“Stateman”，直译为“国务活动家”，即代表国家从事国务活动的人。在西方政治理论界，通常以“领导人”、“政治领导人”和“政治精英人物”的概念来代替政治家的概念，是指那些以政治为职业，掌握国家权力或参与国家最高决策，具有现实的政治思想和政治主张，掌握政治艺术，以自身社会政治实践活动推动社会历史发展的阶级或集团的代表人物。① 而“政客”一词在英文中为“politician”，中文中政客一词在大多数条件下被当作贬义词使用。政客与政治家一样，也是以政治为职业，以追求和掌握政治权力为目标，但二者在追求权力的手段和运用权力的目的上存在着本质的区别。政客往往为了争权夺利，不要任何政治原则，不择手段，通过玩弄阴谋诡计、政治投机爬上政治高位。在他们看来，政治不过是一种交易，在政治活动过程中，不用遵守政治信用的规则，政治的技巧就是威胁、欺骗、背信弃义，以牺牲他人利益达到自己的目的。因此，可以说，政客就是指那些以从事政治、特别是党派政治为职业或谋生手段的人，这些人必须由选举或委任产生。官僚和政客构成了西方政治体制的基本要素。在资本主义产生前，并不存在群体意义上的政客，只有官僚。

但是，官僚与政客在西方的政治生活中发挥着不同的作用。对此，在由联合国支持，由许多专家和政府官员合作写成的《两种人：官僚与政客》一书中，总结了二者在政治生活中的作用，具体表现在以下 4 个方面：

（1）政客制定政策，官僚实施政策；政客作出决定，官僚仅仅执行。

（2）政客和官僚二者都参与政策制定过程，但官僚带来的是实施和执行，而政客带来的则是权力和价值观。

（3）官僚和政客都关心政治，但政客热情而富有理想色彩，官僚则冷静

---

① 施雪华．政治科学原理［M］．广州：中山大学出版社，2001：380-381.

并注重实施；政客在外为党派利益奔走，提出革新问题，而官僚则宁愿回到屋里做些调节工作。

(4) 在20世纪末，官僚和政客这两种角色互相渗透，官僚“政客化”，政客“官僚化”，二者的实际区分逐渐模糊。①

通过上述比较研究，可以发现官僚所具有的特征，实质上这种意义上的官僚就是西方的职业文官，从事着行政、技术性和事务性的工作，与人们日常所说的官僚具有明显的区别，并不具有官僚主义中对“官僚”的贬义色彩。

4.2.2 官僚在公共管理中的角色

官僚是公共管理过程中重要的主体，公共管理活动的展开离不开官僚的作用。随着行政学理论的深化与发展，官僚在公共管理中的角色定位也是一个逐渐演变的过程。传统公共行政理论时期，在政治与行政二分原则的基础上，建立起了以效率为核心的政府模式，在这种政府模式中，政府是作为行政执行的工具而存在的，因此，与之相适应，行政官员也被要求价值中立和作为行政执行的工具而存在。也就是说，在早期的行政学理论中，经过民选的政治领导人负责制定政策，而行政官员的角色就是负责执行政策。新公共行政理论时期，对传统政府模式中的政治中立原则进行了批判，力图摒弃传统行政的权威主义和以效率为中心的取向，希望建立起以公平为中心的民主行政。这就要求行政官员在工作中要充分调动自己的积极性和创造性，尽可能开展使社会各阶层满意的创造性工作，增进社会的整体利益。20世纪中后期，在公共行政学领域兴起了新公共管理理论，它继承了新公共行政理论摒弃官僚制的要求，主张行政官员在政策执行过程中扮演一种更为积极、主动的角色，即政策企业家的角色。随着新公共服务理论的兴起，由于它更加强调公民对行政过程的参与，对行政官僚的角色定位也有了更加复杂的要求，它认为行政官员日益重要的角色就是帮助公民表达并满足他们的利益需求，其角色从控制转变为议程安排，使相关各方坐到一起，为促进公共问题的解决提供便利。因此，这时的政府官员所扮演的角色不是服务的直接提供者，而是调停者、中介人甚至裁判员。

从现代公共管理的内容出发，官僚在公共管理中应履行以下使命和角色：

(1) 宪法和法律的捍卫者和执行者角色。在现代法治国家，宪法是国家

① ［美］乔尔·阿伯巴奇，等. 两种人：官僚与政客［M］. 陶远华等，译. 北京：求实出版社，1990：2

的根本大法，具有至高无上的权威。官僚要了解并支持宪法的原则，在法律的指导下执行组织命令。因此，官僚执行公务的过程实质上是具体执行法律的过程，通过官僚的具体工作，宪法和法律在国家的各个领域、各个地方得到广泛而深入的执行。与此同时，宪法和法律是官僚处理公共事务的基本依据，在执行公务时依法享有执行公务所必需的职权，有权采取强制性措施，从而成为宪法和法律的坚强的捍卫者。

（2）人民的信托者角色。根据委托—代理理论，在公共管理实践中，人民是委托人，政府官僚受人民委托负责管理公共事务，应当考虑长远的全民利益，以人民利益为本，人民利益至上，把人民的利益实现好、维护好与发展好。因此，政府官僚要不畏强权，不妄自菲薄，不能屈服于强烈的短视的压力，而应当权为民所用，情为民所系，利为民所谋。由于委托—代理关系中的信息不对等的因素，政府官僚在施政过程中，会产生“逆向选择”和“道德风险”。因此，民众还要加强监督，以防止社会公仆异化为社会主人。

（3）技术专家的角色。现代公共管理是公共行政的规范性与一般管理的管理性的结合体。强调专家治理是一个未来的趋势。因此，为了更好地管理社会公共事务，为公民提供优质服务，政府官僚还要具有较为丰富的社会科学和自然科学知识，必须成为技术专家，拥有完成专业性工作的技术能力，否则就无法应对知识和技术含量高的社会事务和社会问题。

（4）公共管理活动的实践者角色。公共管理活动非常复杂，程序繁多，官僚是这些活动中最为重要的行动者。首先，官僚是公共政策的具体制定者，他们接受民众的委托，在广泛了解民意、民情，感受政策问题的基础上，就民众反映强烈、社会广泛关注的问题提出政策诉求，并运用科学的方法，设计解决问题的方案，并通过合法化途径使之成为正式执行的政策。其次，官僚是公共政策执行的主力军，他们通过综合运用各种手段，以及政策资源和条件，将公共政策方案中观念形态的内容转化为现实的内容，从而实现政策目标。另外，由于现代公共管理面临的环境非常复杂多变，各类突发性事件时常发生，对社会正常秩序及人民的生命财产安全造成了极大危胁，这时，官僚还必须承担着障碍排除者的角色。

（5）战略管理者的角色。与传统公共行政相比，强调战略管理是公共管理的一个重大特征，其原因就在于公共部门面临的环境越来越具有复杂性、动荡性和多元性，公共部门在引导经济发展、提升国家竞争力和维护公共利益方面的作用越来越大。这就要求政府官僚要自觉地从宏观的、全局的、战略的高度开展公共管理活动，摒弃急功近利的做法，打破短期主义，避免线性决策及短视决策，抑制不择手段地追求政绩的冲动，具备前瞻性思考的能力。

（6）学习者和反思者的角色。随着经济、科技与社会的飞速发展，知识更新速度大大加快，在当今世界，每个人都必须树立终身学习的观念，不断增强学习能力，才能适应时代的发展。在这种情况下，作为公共管理活动的重要主体，官僚们要想应对知识型社会的挑战，就必须不断地学习，接受新的观念，努力提升自己的管理能力和管理水平。与此同时，还要对关于公共管理的先验想像以及"科学"的方法保持警惕，对已采取的行动要时刻进行苛刻评价，以便不断从过去的经历中学习，改进行政的方式、培养自我反思的能力，在最大程度上使公共利益得以实现。①

但需要指出的是，行政学研究长期以来都隐含着一个前提假设，即都把政府官员看成是大公无私、利他主义的"公共人"，他们表达公共意志，拒绝私人意志，维护公共利益，排斥私人利益，实施公共行为，行为公开透明。然而，20世纪中后期，公共选择学派用"经济人"假定对政治行为进行分析，认为个人在政治领域中的行为与市场领域中的行为相比，除了具体环境有所不同之外，基本人性并无本质的区别，也是在追求者自身利益的最大化。无论是选民还是官员，他们在进行活动之前都要进行成本—收益计算，只有当该项活动带给个人的收益大于其所需负担的实际成本时，他才会支持和拥护，否则就不予支持甚而会坚决反对。事实上，作为公共管理活动的重要主体，官僚并非总是公共利益代表的"公共人"，他们本能地追求着个人利益，如权力、地位、选票和预算拨款等。

公共管理具有天然的"公共性"，政府官员作为公共管理的主体，只能以公共利益代表者的身份行使公共权力，努力实现公共利益的目标，并以此作为自己的角色定位。"政府行政人员自始至终只能扮演'公共人'角色，行政人员自从进入公共领域以后就必须放弃利己主义的'经济人'行为方式，代之以'公共人'的行为方式。"② 所以，要保障政府官僚承担"公共人"角色，而不至于使之沦为过度追求私人利益的"经济人"，首先必须从制度安排的角度入手，将公共管理的制度安排确立在公共性的价值观念的基础之上。也就是

① ［美］加里·万斯莱. 公共行政与治理过程：转变美国的政治对话［J］. 中国行政管理. 2002（2）.

② 张旭霞. 理解公共领域：从"经济人"到"公共人"［J］. 行政论坛. 2004（3）.

说，政府把自我存在的公共性作为至高无上的原则，政府的组织结构、行为方式、运行机制、政策规范等都无条件地体现出其公共性。一般来说，如果制度安排不是建立在公共性的价值基础之上，那么公共性只能由官僚个人来加以提供，表现为官僚的个人道德或官德，缺乏强制力的约束。其次要以透明化、规范化为原则确立公共管理的过程，并使得公众可以积极有效地参与公共管理程序，对公共管理能够更好地加以审查、评判，从而客观上促使官僚提供更好的服务。最后还必须建立以全方位、多渠道为特征的公共权力制约机制，进一步健全监督体系，避免官僚手中的公共权力走向公共性的反面，丧失其公共性。

4.3 专　家

从词义上讲，专家是指在学术、技艺等方面具有专门研究或特长的人。专家参与公共管理是现代社会发展的必然产物。第二次世界大战之后，作为世界上超级大国之一的美国，率先迎来了第三次科技革命。一时在科技力量的推动下，西方社会迎来了进一步的发展，于是科学技术也就成为推动社会发展的主要推动力。因此，掌握科学技术的人的作用随之增强，社会地位也不断提高，这必然导致他们对于政治参与的要求，加上西方自古以来就有精英政治的传统，那么专家参与政治就有了合理性和合法性的双重认同。

4.3.1 专家在公共管理中的功能

从西方发达国家公共管理实践来看，专家在公共管理过程中起着十分重要的作用，是西方政府决策和其他公共管理活动不可或缺的有力助手。一方面专家直接弥补公共管理主体的职责与实际能力之间的差距，另一方面是间接为公共管理的有效运转提供服务。

(1) 提供政策建议，充当公共管理的咨询者。按照组织理论的观点，一个社会组织要进行有效的活动，必须具备信息系统、整合系统和表达系统，这是现代公共决策不可或缺的基本要素。但是，由于现代公共管理问题和事务的日益复杂化和专业化，加之公共管理主体在时间、精力或能力方面的限制，使得他们在处理公共问题时必然存在一定的局限性。于是，专家以广泛的视野，通过实地考察、查阅资料、民意测验等方式从事调查研究，提供系统的背景情况，分析估计形势，为政府决策者提供最新、最准确、最全面的信息。另一方面，专家通过运用科学的工具对政府决策者的意志进行广泛论证和归纳，使之变成具体的政策方案输送给“直接决策者”，而公共管理的决策者就是在这些方案中进行选择。正如纳格尔所言：“尽管在原则上那些处在最高层次上的人有权制定决策，但实际上往往只是批准专家提供的方案。”①

（2）提供学术思想，充当公共管理的认知者。专家的任务不仅在于提出具体的政策方案，而且在于发现和传播短期内不会成为政策的学术思想，在于坚定不移地追求长远的目标，而不是眼前利益，他们关心的不仅仅是国家、民族、人类的现在，而且着眼于未来，发掘社会发展的新思想，寻找社会发展的潮流，并使公共管理主体逐渐接受这些思想。

（3）提供结果性信息，充当公共管理的评估者。在公共管理实践中，专家通过对公共管理的各个环节的检查、评估和衡量，来评判公共管理的利弊得失，是否有效运转，是否符合既定的规则和程序，是否或如何影响或改变了公共管理体系所面临的问题，从中不断地寻找和发现存在的问题，提出解决问题的方案，从而为改进公共管理绩效提供支持。专家作为公共管理的评价者，在现代社会中具有积极意义，一方面有利于公共管理的科学化，专家评价可以超越少数公共决策主体的有限见识，客观地而且更加广阔地对公共管理进行评价和鉴定，综合各个方面的态度和倾向，及时提出改正的措施和方案，促进公共管理的科学化。另一方面，广大专家、学者参与公共管理活动的评估，可以看作是他们的一项基本民主权利，通过评估，促进公共管理活动的民主化。

（4）直接参与公共管理过程，充当重要的公共管理者。现实中，由于无论是在西方国家还是在我国，由于政治家在面临涉及核能、环境保护、职业安全、通信、平等就业等一类的复杂问题时，往往表现出力不从心，这就给专家直接参与解决该类复杂性公共事务创造了机会。专家拥有丰富的知识，掌握着先进的技术方法，面对大量的动态信息和瞬息万变的复杂的社会问题，优化组合的专家团体以高智能和整体结构发挥最佳功能，提供最优化选择，他们的研究成果常常成为实施公共管理的基础。因此，实际上，专家、学者已经成为最基本的公共管理主体，在公共管理中发挥的作用也越来越大。一方面，可以使公共管理方案更加合理，另一方面也强化了公众对公共管理的心理感受。

（5）制造舆论、传播观点，充当公共管理的宣传者。公共管理活动要高效地进行离不开公众对该活动的认同和理解。然而，由于每个社会成员都有自己特殊的生活环境和问题，公共管理活动往往是不被理解的，从而导致公共管

① 转引自陈振明. 政策科学［M］. 北京：中国人民大学出版社，1998：133.

理活动收不到预期的效果。因此，加强对公众进行公共管理活动的启蒙教育就成为公共管理中的一项基本工作。专家就起着把政府公共管理活动及相关政策传播给大众，把社会各界的观念传播给公共决策者的作用。如：每当国内外发生重大公共问题时，专家就会通过大众传播媒体介绍背景、分析原因、发表评论、提出对策，借以引起公众和舆论的关注，从而达到宣传效果。同时，专家还可以通过出版书籍、发表学术论文、参加会议和讲座等方式，宣传自己的研究成果，宣传公共管理主张，影响人们的思想观念。

4.3.2 公共管理中专家作用发挥的障碍

一般而言，专家在公共管理中发挥作用的形式有两种：一种是专家作为政府的“智囊团”，为主要的政务官或决策者提供决策咨询，献计献策。另一种是专家作为政府官员本身直接参与公共管理过程，制定公共政策和管理社会。近年来，随着我国政府公共管理科学化、民主化和高效化的要求越来越高，各级政府都非常重视专家在现代公共管理中的地位与作用。然而，在我国公共管理的实际运行中，专家又无法完全发挥其功能，主要表现在：

（1）公共管理中专家欠缺相对独立性。相对于政府官僚和大众而言，专家更有可能以“中立”角色出现并提供知识，但是专家的“中立性”本身只是一个假设，专家参与公共管理的组织形式决定了其参与的独立性的高低。在我国现阶段专家参与公共管理的形式主要集中在两大类上：一是内部组织形式；二是虚拟组织形式。内部组织形式主要是政府内部常设的专家咨询机构，由于其隶属于政府故其独立性较低，受条块分割体制影响严重，运行机制欠灵活。一方面，受计划、人事和财力的过多约束，很难针对一些公众关心的重大社会问题进行深入的自主研究。另一方面，由于必须服从某些行政部门的局部利益，专家很难真正发表自己的意见主张，严重影响了专家作用的正常发挥。虚拟组织形式不是长期固定的实体组织而是一个虚拟的，由不同部门甚至不同地区、国别的专家学者组成的智囊团，其中智囊团成员均为兼职者，其与政府机关的关系模式多为委托——代理关系，即专家接受政府机关或行政首长的委托对有关问题进行解答、论证或鉴定，在此过程中作为代理人的专家要本着委托人的指示和需要为委托人提供服务。由于这些智囊团在经济上是不独立的，因此代理人的行为在很大程度上会受委托人意愿的影响，有时处于自身利益的考虑某些专家学者的研究结果就只是为了符合政府机构的意向。

（2）专家对信息的掌握具有不完备性。掌握充分的相关信息是专家发挥有效作用的前提条件。一方面，由于在大多数情况下，公共管理过程中的信息是政府机关提供的，政府机关自身首先并不能掌握完全的信息，故其提供给专家的信息资料是不完备的；其次是由于政府机关出于某种考虑而有选择性地提供部分信息给专家，或对有关信息进行意向性的修饰后再将其传递给专家，在这种条件下，专家的作用必然受到限制，甚至会导致专家作用严重偏离科学的轨迹。另一方面，一些地方政府存在着外来和尚会念经的观念，往往选择一些不是本地的专家。而这些外地请来的专家所持有的经验和教训也往往是非本地的。在实际的公共管理过程中，由于活动的临时性等因素，外请专家，缺乏足够的时间进行细致的调研、论证，其收集的当地信息比较有限，所作出来的咨询或建议往往针对性不强，或可操作性太差，从而削弱了公共管理的科学性。

（3）专家个体和群体知识结构的局限性。专家首先是个体存在的，在一定程度上存在知识结构单一、非专业信息有限、偏好明显等不足。对待同一公共问题，不同的专家出于各自的专业和立场，往往会作出不同的判断，专家一般只能在本专业领域内起作用，并不可避免地习惯于片面强调自身专业知识的重要性。然而，现代公共问题日益复杂化和多样化，往往需要综合考虑政治、经济、科技、社会、思想以及自然生态等多方面因素。因此，政府机关在公共管理中只听取某一领域的专家意见而忽视其他方面，那么难保他们所进行的活动的合理性。另一方面，如果片面强调专家个体素质，而忽略了专家的群体结构，其结果也可能存在“对个体的最优选择导致了整体的较差组合”，这与公共管理所要求的综合性同样存在矛盾，最后必然影响公共管理的科学化。专家参与公共管理群体结构的弊端表现主要有：一是互补性差。专家结构的相对单一性往往不利于问题的全面探究与有效解决。二是效率低下。专家群体人数配备的不合理，经常导致决策效果不佳、效率低下。三是调整功能欠缺。往往缺乏对专家群体进行必要的人员调整，经常是专家班子一经形成，人员就稳定下来，伴随决策的全过程，使咨询工作显得封闭与僵化，缺乏应有的弹性与回应能力。① 此外，客观来说被邀请参与公共管理活动的专家学者大多数都来自高校或科研院所，他们研究问题的重点常常集中于基础的理论。这就决定了专家的意见存在着学术性强、理论依据充分等优势，但同时又具有着实际操作性

---

① 刘英茹．提升和完善决策咨询机制［J］．科学决策．2005（10）：23．

弱、现实环境和现实状况考虑不足等弊端。

(4)“知识—权力”垄断体制损害了公共管理的公共性与民主性①。以“现代性”和“技术理性”为核心的公共管理过程，强调理性、技术和专业知识的“技术路线”，把专家和官僚精英的作用推到一个核心的地位，从而形成了官僚精英和知识精英联手的“知识—权力”垄断体制，公众性缺失的“技术路线”不仅对公共管理活动的质量造成了许多负面影响，而且损害了公共管理的公共性和民主性。20世纪末，在西方公共行政领域中出现的被称为政策分析的“辩论转向”潮，就要求打破“知识—权力”垄断体制，重新寻找公共政策制定中的民主要素。在对于“知识—权力”垄断结构的批判中，专家咨询制度不再能够当然地通过“理性化”获得“正当性”。专家参与制度需要通过一种吸纳公众参与的体制结构和过程才能满足公共管理民主正当性的需求。

4.3.3 完善公共管理中的专家参与制度

如前所述，专家在公共管理运行过程中的作用越来越明显，是实现公共管理科学化、民主化和高效化的重要保障。但由于各种主客观原因的限制，致使专家的作用并没有得到充分的体现。因此，针对我国现阶段公共管理的实际问题，进一步完善公共管理中专家参与的相关制度具有重要的意义。

(1) 重视专家在公共管理中的作用。从一定意义上讲，公共管理的科学化、民主化不仅仅是公共行政体制的变革，更是深刻的观念变革。首先，政府机关要树立现代公共管理科学、民主、高效的理念，摒弃以往单纯依靠经验、依靠从上至下强制手段的落后观念与做法，重视专家的意见和建议，不要做“既不懂科学，又不向科学请教”的管理者。其次，政府机关还要树立放手让专家和研究人员进行独立科学研究的意识，允许、鼓励专家本着科学精神提不同意见、唱对台戏。再次，政府机关还应致力于创造尊重人才、尊重知识的良好社会环境，为开展好专家工作在组织上、政策上提供保障，从政治上、工作上、生活上多关心专家学者，帮助解决一些实际困难，为其做好参谋和助手工作提供必要保障。

(2) 确保专家研究工作的相对独立性。为保证决策研究和决策咨询的科

① 王锡锌．我国公共决策专家咨询制度的悖论及其克服［J］．法商研究．2007(2)：116.

学性，保证研究成果质量，必须进行相对独立的研究，这是西方国家专家在公共管理过程中充分发挥其作用的经验。只有保持专家研究工作的相对独立性，才能使其根据客观事实进行科学研究，作出正确的判断和结论，独立负责地提出建议和方案。为此，首先要从法律上对专家或思想库的地位、性质、作用、经费来源作出明确规定。其次要使得专家在其组织内部不受行政约束和思想约束，组织成员一律平等，创造一个百花齐放、百家争鸣的学术环境，确保专家能够在课题选择、分析问题和研究方法选择和价值判断上的独立性。再次是研究成果要有独立性。研究成果的价值不以是否为政府所采纳为标志。最后要允许专家与政府官僚唱对台戏，在发挥专家职能作用上，不能采取“少数服从多数”的做法。

(3) 推行专家参与公共管理的制度化建设。公共管理的科学化、民主化和高效化离不开专家参与公共管理的制度化、规范化和常规化。长期以来，由于缺乏专家参与的制度化建设，专家参与公共管理仅仅停留在政府机关偶然性的选择层面，并没有统一的政策法规可以依据，专家参与公共管理的随意性和主观性特征明显。这就要求：首先要把专家参与作为公共管理的一个必要程序，凡是涉及带有全局性的重大问题，尤其是专业性、技术性较强的重大决策事项，出台前都要经过专家学者的充分咨询论证，并作为政府部门决策的必经程序和制度。其次要针对现行专家参与制度存在的问题，探索有利于专家参与公共管理的有效途径、方法，并将经实践检验的有效途径、方法制度化、法制化，使专家参与成为公共管理程序中的必备环节。再次要建立健全与专家咨询制度密切相关的协商对话制度、政务公开制度、社会公示和社会听证制度、决策论证制和责任制等制度，使专家参与公共管理的制度能够在相关制度支持下良性运行。

(4) 组建一支高素质的专家队伍，优化专家群体结构。组建一支高素质的专家队伍，是充分发挥专家在公共管理中的作用的关键，其基本组织形式就是组建专家咨询委员会和咨询专家库。西方国家的实践表明，专家队伍的知识结构和个体知识结构的优化和协调，是最大限度地发挥专家在公共管理中创造性和社会功能的重要保证。因此，首先，必须努力提高专家的个体素质，包括政治素质、业务素质；其次，针对专家群体结构搭配不合理可能的弊端，实现专家参与主体、途径、结构的多元化。根据研究需要，形成不同知识优势的个体合理配置，其中应包括自然科学家、社会科学家、经济学家、工程技术专家、规划设计专家、政策分析专家和有丰富政府工作经验的人员等。

（5）打造专家参与公共管理的信息支持平台。充分掌握有效信息是专家在公共管理中发挥作用的内在要求，借助现代信息网络技术，将相关信息通过网络技术进行集成、整合，可以为专家提供获得比较全面的基础资料和研究数据的支持，也为专家在公共管理活动中与政府有关部门进行直接互动式交流提供了可能和便利。因此，大力推行电子政务，由政府部门应用现代信息和通信技术向社会（包括专家学者）提供优质和全方位的、规范而透明的、符合国际水准的管理和服务，对于专家作用的有效发挥将起到极大的帮助作用。在打造信息支持平台的过程中还应注意的一点，即在公共管理过程中针对故意隐瞒相关重大信息的事件，应当建立起直接责任人员和主管人员责任的追究制度，以尽可能减少信息的人为失真对专家参与作用的负面影响。

4.4 利益相关者

4.4.1 利益相关者的理论渊源及界定

利益相关者（stakeholder）一词最早出现在1708年的《牛津辞典》中，表示人们在某项活动中所下的赌注（stake）①，是由股东（stockholder）衍生而来的，其理论思想最早可以追溯到20世纪30年代。1929年，美国通用电气公司的一名经理在一次讲演中首先提出了“公司应对公司利益相关者负责”的观点。该经理认为，不仅股东，而且雇员、顾客和广大社会公众都在公司中有一种利益，而公司的经理们有义务保护这种利益。② 1963年，“利益相关者”一词正式出现于斯坦福研究中心（现称SRI公司）内部备忘录中的一篇管理论文，被定义为“没有它们的支持，组织就不可能生存的团体”③。1965年，美国学者安索夫（Ansoff）最早将利益相关者一词引入管理学界和经济学界，认为“要制定理想的企业目标，必须综合平衡考虑企业的诸多利益相关

① 贾生华，陈宏辉. 利益相关者的界定方法述评[J]. 外国经济与管理. 2002，(5).

② 刘俊海. 公司的社会责任［M］. 北京：法律出版社，1999：35.

③ ［美］R. 爱德华. 弗里曼. 战略管理：利益相关者方法［M］. 王彦华，梁豪，译，上海：上海译文出版社，2006：30-44.

者之间相互冲突的索取权，他们可能包括管理人员、工人、股东、供应商和顾客”。在此基础上，1985年约瑟夫·斯蒂格利茨提出了多重委托代理理论，也即“利益相关者”理论。该理论认为公司有多个利益相关者。在这个理论中，公司决策被描述成多个利益相关者合力的结果，公司的目标不是追求价值最大化，而是满足利益相关者的不同需求。利益相关者论点形成一个独立的理论分支则是得益于瑞安曼和安索夫的开创性研究，而后，弗里曼（Freeman）、克拉克逊（Clarkson）、布莱尔（Blair）、米切尔（Mitchell）等学者的共同努力使得利益相关者理论形成了比较完善的理论框架。迄今为止，利益相关者理念已被管理学界、法学界等领域学者和组织广泛接受，并不断得到发展。

尽管“利益相关者”被使用的频率越来越高，然而，人们对利益相关者的含义仍存在较大的分歧。米切尔等人将近30种“利益相关者”的概念归纳为27种，大致可以分为2个层次：广义上的“利益相关者”以弗里曼的定义最为典型，认为“企业利益相关者是指那些能影响企业目标实现或被企业目标的实现所影响的个人或群体”。因此，股东、债权人、雇员、供应商、消费者、政府部门、相关的社会组织和社会团体、企业所在的社区、环境、周边的社会成员等全都纳入此范畴。在狭义上定义利益相关者，以克拉克逊的表述最具代表性，认为“利益相关者在企业中投入了一些实物资本、人力资本、财务资本或一些有价值的东西，并由此而承担了某些形式的风险，或者说，他们因企业活动而承受风险”。该定义排除了政府部门、社会组织及社会团体、社会成员等。

从本质上说，公共管理就是以政府为核心的公共组织运用公共权力，依法管理社会公共事务、提供公共物品和公共服务的活动，是一种利益相关者的集体选择过程，即与社会公共事务、公共物品和公共服务的需求和满足存在着直接或间接利益关联的个人和组织之间的合作互动过程，其中的利益相关者包括：政府、非政府组织、市场组织、社会自治组织及公民等。当然，由于社会公共事务、公共物品和公共服务的多样性，公共管理利益相关者的外延也有所差异。鉴于本书在前面的章节中对政府、非政府组织、市场组织、社会自治组织、公民、官僚、专家等公共管理的利益相关者已作详述，由于公共管理利益相关者的范围非常宽泛，以列举方法无法详尽，因此，在此所描绘的公共管理利益相关者主要是指除政府、非政府组织、市场组织、社会自治组织、公民、官僚、专家等之外的，与特定社会公共事务、公共物品和公共服务的需求和满足有直接或间接利益关系的人。

4.4.2 利益相关者的作用及其活动方式

根据利益相关者理论主要奠基人物弗里曼的阐述，创立和发展利益相关者理论的目的，在于通过引入“利益相关者”这一概念重新扫描和理解外部环境及其变化，并通过利益相关者管理适应外部环境变化的形式及其要求，最终目的则是帮助人们“将外部变化转变为内部变化”，解除变化导致的不确定风险，确保组织战略和组织管理的有效性①。考察利益相关者理论的发展过程，“利益相关者影响”（stakeholder influence）、“利益相关者参与”（stakeholder participation）和“利益相关者共同治理”（stakeholder co-governance）这三个概念②的次第出现和发展，正好体现了公共管理中利益相关者的角色，即作为公共管理活动主体的重要构成因素之一，利益相关者是公共管理活动的影响者、参与者和共同治理者。

（1）利益相关者影响公共管理。利益相关者影响公共管理活动的方式有很多，根据西方有关理论，主要形式有：第一，游说活动。游说活动是利益相关者通过向政府官员或国会议员进言，说明他们反对某项公共政策的原因，指出政府如果坚持这一政策可能有什么困难和不良后果，然后建议政府采取别的做法，并强调这些做法的好处。③ 在美国，“院外游说活动早已成为我们民主政府中的一个必要的组成部分，人民有权向政府提出申诉，院外活动正是这种权力的制度表现。”④ 利益相关者作为公共物品的消费者和公共服务的对象，往往会按照“经济人”利益最大化的原则，通过游说的方式影响政府公共管理活动。第二，通过大众传播媒介影响公共管理。大众传播媒介包括报纸、电视、电台、杂志、书籍和网络等，它能够以很小的代价，最少的失真度把信息传递给不计其数的人。在现代社会中，大众传播媒介是民众重要的消息来源，也是向公共管理者表达意愿和要求的重要手段。采取这种手段试图影响公共政

① ［美］弗里曼. 战略管理—利益相关者方法［M］. 王彦华，梁豪，译，上海：上海译文出版社，2006：13-15.

② 王身余. 从“影响”、“参与”到“共同治理”［J］. 湘潭大学学报，2008（6）：28.

③ 陈振明. 政治学——概念、理论和方法［M］. 北京：中国社会科学出版社，1999：258.

④ Senate Report No. 875，toaccompany S. 2136，Senate Foreign Relations Committee，88th Cong2 Sess. Feb. 21，1964. p. 4.

策的利益相关者，其目的主要在于制造公众舆论，从而“确定公共政策的基本范围和方向”①，影响公共政策。尤其是当今社会，随着科学技术的进步，公共舆论借助发达的传媒已经渗入到社会的各个角落，利益相关者也越来越懂得如何运用大众传播媒介来影响政府的公共管理活动。第三，通过和平示威、停止合作，甚至是集体暴力行为来影响公共管理。游行示威、罢工以及各种非暴力等对政府管理施加压力是表达利益的方法之一，但他们通常是一种非常规的利益表达方式，目的在于宣传示威者的不平或关切，唤起领导人或公众的注意，从而影响政府的决策行为。然而，当合法途径对政府的管理活动无法产生影响时，有的利益相关者往往会采取极端的暴力方式来影响政府公共管理活动。当然除此之外，有些利益相关者还会采取利用私人关系、直接行贿等手段来影响公共管理，而这种影响是全方位的。

（2）利益相关者参与公共管理。20世纪70年代中期，美国经济学家蒂尔有评论道：“我们原本只是认为利益相关者的观点会作为外因影响公司的战略决策和管理，但变化已经表明我们今天正在从利益相关者迈向利益相关者参与。”② 事实上，随着人们对利益相关者影响研究与认识的日益深入和利益相关者的实际影响不断扩大，利益相关者参与公共管理已是必然趋势。利益相关者参与通常是指这样一套程序，借助这套程序利益相关者得以对影响他们的决策、活动与资源施加影响并分享控制权。③ 尤其是信息社会的到来，实际上进一步削弱了行政专家的知识和信息优势：专业知识和各类信息的散布变得更为便利，而无法为少数人所垄断；利益相关者有了更为便捷的相互交流和组织的技术手段，往往利用自己所能获得的信息，作出独立于专家的判断。知识和信息优势地位的削弱，直接导致了专家权威地位的削弱，即便是在专家拿手的专业知识领域，现在也有可能遭到公众的质疑。正因为如此，利益相关者参与才被引入现代公共管理过程，分享对于公共管理决策的影响力，而这也成为另一种增强公共管理合法性的机制。利益相关者的参与对于现代公共管理过程意义重大：第一，利益相关者的参与，使得公共管理能够在一定程度上反映他们的

---

① ［美］詹姆斯·安德森．公共决策［M］．北京：华夏出版社，1990：95．

② Dill W. Public Participation in Corporate Planning：Strategic Management in Kibitzer's Word. Long Range Planning，1975（1）．pp. 57-63.

③ World Bank. World Bank Participation Sourcebook，Washington D. C.；World Bank，1996. p. 3.

偏好，提高公共管理的可接受性。第二，利益相关者的参与有利于弥补专家在知识和信息上的不足，以便提高公共管理的质量。由于“参与”总是在某种既定主体主导之下的参与，充其量只能分享而不能主导、只能触及部分而不能掌控全局。实际上，参与总是与对参与主体的资格限制、参与事务的范围限制、参与过程的程序限制等形形色色的控制或限制相联系，是一种“受控的”和“受限的”的活动；参与式管理的实质，多数时候乃是“改良式的自主管理决策”①。

（3）利益相关者共同治理。在公共管理中，利益相关者共同治理与利益相关者影响和利益相关者参与有着根本性的差异，它视利益相关者为公共治理的平等主体，强调了公共治理主体的多元性与相对独立性，即各利益相关者之间不能完全替代，并在合作的基础上表现出一种动态的博弈关系。在发达国家，利益相关者共同治理已经成为公共治理的重要模式，取得了丰富的成果和经验。目前我国在推进公共管理改革等方面出台了许多政策措施，也注意到了发挥政府之外参与主体的作用，但效果还不尽如人意，基于利益相关者的共同治理模式基本上还没有形成。这是因为：共同治理模式是建立在公众广泛参与的基础之上的，而在我国公共管理中的公众参与仍然存在诸多问题，如由于一些客观历史原因，我国公众的民主意识有待提高，导致公众参与的动力不足；另外由于相关法制不健全，公众参与途径不多也不畅，影响了公众参与的效果。另一方面，公共管理中利益相关者的治理意识和治理责任没有得到充分的重视。特定公共问题的利益相关者的数量和质量难以满足我国公共管理事务的需求，其作用还有待于进一步发挥。因此，为了积极发挥公共管理中利益相关者共同治理的作用，首先，在权力结构方面，除了政府之外，各种利益相关者都应在公共管理或公共治理的结构中同时拥有权力、能力和责任，形成一种权力、能力与责任相匹配的共同治理结构。其次，在技术支持层面上，应充分利用网络与信息技术，实现信息在网络中的高度共享，有效克服各利益相关者之间协调上的困难。最后，在组织体制方面，应建立起包括多元利益相关者在内的网络化组织结构，以提高组织整体的反应能力，从而在很大程度上降低公共治理的成本。

---

① ［美］托马斯．公共决策中的公民参与：公共管理者的新技能与新策略［M］．孙柏瑛，等，译．北京：中国人民大学出版社，2004：35.

关键概念

公共管理中的个体　　公民　　官僚　　专家　　利益相关者

思考题

1. 公共管理中的个体包括哪些角色，其作用如何？
2. 公民概念的历史演变过程如何？
3. 官僚的产生和特征怎样？
4. 专家如何影响公共管理过程？
5. 利益相关者如何参与和影响公共管理？

第5章 公共管理体制

由于每个国家的文化传统、制度路径、地理环境等不同，每个国家采取的管理体制也有所不同，具体何种体制是最好的也没有定论，每种体制都有它的适用范围，都有它的可取性和可行性，关键是看当地的各种环境是不是适宜。“橘生淮南则为橘，生于淮北则为枳。”① 所以，任何对于体制的套用和移植都是不明智的做法。李光耀在谈到选择公共管理体制的时候指出：“没有人可以忽视一个社会的历史、文化和背景。”

5.1 公共管理体制的类型

公共管理体制的划分有着多种类别，由于区分的理论基础和标准不同导致了体制划分的不同，真是“仁者见仁，智者见智”。但总的来说，任何一种划分都有着它特有的立论基础。

5.1.1 理论基础

1. 自由主义

自由主义是一种以自由作为主要价值目标的一系列思想流派的集合。更广泛地说，自由主义追求保护个人自由的社会以法律限制政府对权力的运用、保障自由贸易的观念、支持私人

① 晏子春秋·杂下之十.

企业的自由市场和透明的政治制度以保障少数人的权利。自由主义主张开放而公平的选举制度，使所有公民都有相等的权利担任政务。自由主义反对许多早期的主流政治架构，例如君权神授、世袭制度。自由主义主张保护人的生命的权利、自由的权利、财产的权利。在许多国家，“现代”的自由主义者从原本的古典自由主义里脱离出来，主张政府应该借由抽取税赋以提供人们最小数量的物质福利。自由主义在启蒙时代生根，已经深入人心。

政治自由主义主张个人为社会和法律的基础，社会和制度的存在便是为了推进个人的目标，而不会偏袒拥有较高社会地位者。大宪章便是一份宣告了个人权利的地位甚至高于君主特权的政治文件。在政治上自由主义强调统治者与被统治者间的社会契约，在契约下公民制定法律并同意加以遵守。这是根基于相信个人会采取对他们自身最有利的行动上。政治自由主义给予所有成人公民选举权，无论性别、种族或经济状况。政治自由主义强调法治并支持自由民主制。

2. 权威主义

权威主义主张在公共管理之中必须要有权威，否则这个社会就是一盘散沙，无法统一。权威主义有多样化的实现形式。目前被人们所广泛应用的最有说服力的权威主义的实现形式，当首推马克斯·韦伯所提出的权威的 3 个理想模式：（1）传统的权威。它建立在这样一种信仰之上，即认为替那些行使权威的人提供地位和权力是神圣不可侵犯的传统，由于统治者的家族一直是进行统治的，所以他们便是公正、正确而且应该得到拥护的。在被统治者看来，时间、前例以及权威的传统都赋予统治者以合法地位，从而构成该权威模式的合法性原则。（2）超凡魅力的权威（也译成“克里斯马的权威”）。它以领袖个人的特质和吸引力为基础，军事领袖、武士首领、深得民心的党派首脑以及宗教的创立者就是这样的人物。他们多自封为领袖，并且由于他们异乎寻常与几乎超凡脱俗地适用于运用权威的资格而迫使人们产生信仰。这种模式的合法性原则为英雄的业绩、领袖的气质与风范以及他们的神奇轶事。（3）法律和理性权威。该权威赖以存在的信念是对于标准统治法规的模式以及那些上升到权威地位的人物的权利，相信其具有合法性，而这些人正是按照这些统治法规来发布命令的，合法建立起来的法律、制度、程序以及由其规定的职位是使人们服从的合法性原则。韦伯认为这种模式可算作现代文明的基石，并构成了他的官僚制度理论的基础。无独有偶，著名经济学家约翰希克斯在其宏著《经济史理论》中，把人类社会形态划分为习俗经济、指令经济和市场经济三种形式，我们认为，这三种社会形态便分别是以上述三种形式的权威为维系其运行的基础的。

3. 保守主义

反对在政府和社会制度上的激进变革，这种形式的保守主义其实是反意识形态的，因为其强调程序（稳定而不急躁的改革）高过特定结果（任何形式的理想政府）。对于经典保守主义而言，只要改变是经由正当的法治程序，而非经由革命或突然的变动，那么不管最后的政府是属于右派或左派都是正当的。

4. 无政府主义

英语中的无政府主义“Anarchism”源于希腊语单词“avapxia”，本意是没有统治者。所以被翻译成中文时，根据这一最基本的特征译成“无政府主义”。也有文献音译为“安那其主义”。无政府主义的基本立场是反对包括政府在内的一切统治和权威，提倡个体之间的自助关系，关注个体的自由和平等；它的政治诉求是消除政府以及社会上或经济上的任何独裁统治关系。对大多数无政府主义者而言，“无政府”一词并不代表混乱、虚无或道德沦丧的状态，而是一种由自由的个体自愿结合、互助、自治、反独裁主义的和谐社会。

5. 公民社会理论

国家虽然具有执行的特征，但国家的本质是为社会提供服务或行使公共职能。就国家与社会的分野问题而言，如果能够主张将国家与社会分离且在一定程度上处于对立状态的意见看作是一种共识的话，那么，所谓市民社会理论便是这样一种学说，“市民社会理念于近一二十年间的复兴与拓深，几近形成一股可以被称之为全球性的‘市民社会思潮’”，① 总结这些年来关于国家与市民社会的研究，主要有两种代表性的学说：恶性对抗说与良性互动说。

恶性对抗说是指社会与国家的分野一经产生便处于对立、对抗之中，其发展演变往往表现为国家与社会之间持续不休的激烈对抗，国家总是意图扩大自

① 邓正来，亚历山大．国家与市民社会：一种社会理论的研究路径［M］．北京：中央编译出版社，1999：1．

己的机构和权力而干预社会，社会则以其自身的努力反抗国家的过度干预和过分的权力。其结果或者是国家强大而鲸吞了社会，或者是多元化且充分发展的社会有效地限制着国家的权力。无论结局如何，整个历史进程就是在国家与社会之间的对抗中发展的；所谓良性互动说，是指在国家与社会的划分基础上，二者会在复杂互动中形成相互平衡的关系，国家既承认社会的独立性并为之提供制度性的法律保障，同时又对之进行必要的干预和调节。而市民社会既有制衡国家的力量以使自己免遭国家的超常干预和侵犯，同时又经由发展起来的多元利益集团而表达自己的政治要求，成为建立民主政治的强大动力和保障民主的坚实基础。基于这两种理论之外还有一种折中的理论，这种理论认为，无论是恶性对抗还是良性互动，共同的关键都是建立在国家与社会的两分法基础之上的，其缺陷在于将国家与社会看作是相互分离的实体，这样一种划分太过于人为化了，真正的现实情况是国家在社会中，即国家与社会是统一的，因而是不可分离的，但这种统一也不是铁板式的一块，两者存在一个动态的博弈，存在着复杂的互动，不可能也不应当将这种复杂的关系视为两个实体之间的分离与斗争。

5.1.2　公共管理的模式

美国著名政治学家、行政学家 B. 盖伊·彼得斯博士在《政府未来的治理模式》一书中指出，根据现在的研究，政府未来可能采取的模式有以下几种：(1) 市场模式政府。政府完全市场化运行，遵循市场规律。这种理论认为只有市场化才能提高政府的效率。事实上并不存在一个单一的市场模式，它只是一种对自由竞争优越性以及对一个理想化的交换与激励模式的基本看法。(2) 参与型政府。提高政府部门的参与很难说是一个全新的概念。事实上，对公共部门来讲，它早已是行政改革的主题之一。参与式政府意在强化组织内员工的参与意识并在公共组织中创造一种更强烈的参与气氛。(3) 弹性化政府。彼得斯认为就基本层面而言，弹性化政府是指政府有应变能力，能够有效回应新的挑战。更准确的理解认为，弹性化是指政府及其机构有能力根据环境的变化制定相应的政策，而不是用固定的方式回应新的挑战。(4) 解制型政府。解制模式则认为公务员大多是由具有奉献精神和有才干的人所组成的，他们愿意为公众提供尽可能好的服务。这个观点认为，如果能够放弃一些假定存在的控制措施，那么在这种情况下，即使保留了许多事后控制措施，但系统仍可能运行良好。

其他还有一些分类。不同学者也对公共管理体制作过独到的划分，由于其分类标准不同，得出的结果也不尽相同。基于绩效的不同，可以分为高成本政府与高效率政府，基于目标的不同可以分为企业型政府与服务型政府，基于统治方式的不同可以分为统治型政府、专制型政府、管理型政府，基于政府行为的不同可以分为审批型政府和服务型政府等。

本书立足于当代公民社会理论，从国家与社会的关联角度来划分公共管理体制，之所以如此划分是因为政府与社会其实是一个事物的两个方面，有时候对立，有时候统一，但更多的是对立之中的统一，统一之中的对立。根据国家与社会的强弱关系，我们可以把政府管理模式分为四大类。当政府非常强势到淹没了社会的时候，可以把这种“强政府小社会”管理模式叫作权威模式，当社会比较强势到“大社会小政府”的时候，就可以看作是地方治理模式，当政府较强、社会较弱，但两者并不排斥、通力合作的时候可以把它视为政府社会合作模式，当政府、社会“双强”，社会会通过自己的组织来参与公共事务的管理，并且这种组织的力量非常强大，甚至可以影响到国家政策的制定和执行，这种管理体制我们称之为政府社会分治模式。这四种分类见表 5-1。

表 5-1　　四种模式的区分

	权威模式	合作模式	分治模式	地方治理模式
价值理念	控制、稳定	稳定、分权	分权，社会治理	分权，地方治理
政策手段	控制，上令下达	协商谈判	社团影响	民主治理
权力分配格局	集权，横向纵向均无分权倾向	横向稍有分权，上较大，下较小	横向分权，政府、社会分权	纵向分权，中央、地方分权
社会效果	效率比较高，但合法性程度低	效率一般，合法性比较高	效率一般，合法性较高	效率高，合法性高

5.2　政府权威模式

政府权威模式有着天然的文化基础和路径依赖，受到大部分人认可，因而历时弥久却依然是当今普遍流行的一种政府管理模式。

5.2.1　理论基础

黑格尔指出，市民社会充斥着自私和残酷，由于没有制度的约束，社会最终成为一个"私利的战场"，市民社会的这一特性决定了它不仅不能克服自身的缺陷，而且往往趋于使其偶然的和谐及多元性遭到破坏，市民社会一部分的兴旺和发展，还会影响或阻碍其他部分的发展。所以，市民社会是独立的，但却是不自足的。①

基于以上的理由，黑格尔认为，市民社会虽说外在于国家而存在，但却不可避免地具有一种自我削弱的趋势，其根本要害在于市民社会本身无力克服自身的溃垮，亦无力消除其自身内部的利益冲突，所以，它必须诉诸一个外在于其上的公共机构，即国家来进行统一的管理。黑格尔认为，如果没有国家，那么市民社会只会陷于无政府状态无力自拔，所以，在黑格尔看来，国家是高于社会之上的，国家不是手段而是目的，国家是社会的超越。这种观念还可以追溯到马基雅维利的《君主论》，在他看来，国家或政府有其自身的理由或压倒一切的权力来维护自己的地位，抵御来自内部或外部的反抗。除此之外，霍布斯的《利维坦》也阐述了相似的观点，这些理论奠定了政府权威模式的理论基础。

5.2.2　权威模式的特点与内容

权威主义模式按照奥德尼尔看来具有以下几个特点：（1）国家的主要社会基础是上层资本家；（2）在制度层面上，国家是专门从事压制的人和力图使经济"正常化"的人组成的组织体；（3）权威主义国家是将原来活跃在政治舞台上的民众部门在政治上排除并严格控制的体制；（4）政治排除与压制市民权，破坏民主制度，政府严格禁止民众作为阶级提出任何要求；（5）在经济上向少数大企业倾斜，并依靠这些大企业积累资本，另一方面，国家也排

① 邓正来. 市民社会理论的研究［M］. 北京：中国政法大学出版社，2002：39.

除民众的经济参与，并因此而继续拉大经济差距；（6）政府使经济越来越国家化；（7）将民众的正义要求视为不合理、非成熟的要求，予以排除；（8）切断民众以民主方式接近政府的途径，政府只向大规模组织体开放。①

政府权威模式可以归纳为5个方面：（1）权力结构非常不均衡。在权威主义政治体制中，行政权力占据优势。在实际政治过程中，竞争原理被排除在政治过程之外，统治权力与责任性不相称，最高统治者的地位和权限被强化。（2）统治机器发达，监督机制退化，政府统治往往变得准军事化和准司法化，其主要功能是维持体制。（3）行政机构的从属性。在政府权威主义模式中，国家官僚制隶属于统治势力而丧失政治中立，成为统治势力的统治工具。（4）国家的自主性凌驾于社会之上。国家在与社会的关系中，具有很高的自主性和中心性。这是因为，以合作主义原理为依托，由国家组织并统御整个社会。权威主义体制无法依靠国民自发的参与和动员而获得支持。（5）意识形态趋向于一元化。政府权威主义体制通常将思想理念分成两个极端，并追求思想和理念在整个社会的一元化。也就是说，禁止思想自由，不允许对国家政策的批评和不同意见，并严格区分拥护和反对体制。②

优点：政府权威模式一般有严格的上下级秩序，下级必须服从上级的政治指令，上级控制着下级的资源分配和人事升迁，因而政令通畅，能够节约交易成本和组织成本，能完成民主制在社会动荡下的不能实现的整合，保持社会有序运转。简单说来，就是：强有力，高效率。

缺点：（1）权威主义政治并不推行和兜售顽固的意识形态。由于缺乏意识形态指导，政治当局并不热衷于勾画国家和社会的远景式蓝图，其政策具有极强的实用主义色彩，眼前的政治稳定具有压倒一切的重要性。（2）权威主义政治可能会带来令人瞩目的经济增长。但由于政府对言论的控制，以及对反对意见的压制，为经济增长所付出的各种代价几乎不可能得到合理的估算。因此，经济增长总是伴随触目惊心的资源浪费和环境恶化，经济发展的可持续性将越来越成问题。（3）权威主义统治下，包括财产权在内的个人权利无法得到有效的保护，以经济发展的名义侵害民众权益的现象随处可见。政治权力对市场的肆意干涉，也常常使财富的分配，无法达到一个政权存续所必需的公平水准。（4）尽管权威主义政权总是期望通过经济的发展来解决各种社会问题，

① 赵虎吉. 比较政治学［M］. 广州：中山大学出版社，2002：273-274.

② 赵虎吉. 比较政治学［M］. 广州：中山大学出版社，2002：293-294.

但实际情况却是，经济发展引发的问题似乎远多于其所能解决的问题。各种社会问题的不断积累，最终将超出权威主义政治所能承受的限度，并导致社会政治秩序的崩溃。（5）在权威主义政治中，政府权威主要源于政治强人的权威，政治强人的权威则源于其极为独特的经历。这种独特经历主要是政治强人对政权产生所作的贡献，如率领国民获得民族独立、赢得国内战争，或者成功地发动一场军事政变，等等。

5.2.3 东亚模式

东亚国家在现代化过程中的权威主义意识形态，一般都具有民族主义、集体主义和本国的市场现代化目标的导向性这三个基本特征，并以这三者作为权威政体的合法性的基础。这些国家在其现代化过程中一般均强调国家与集体的价值高于个人与社团的利益与价值，并往往通过对本民族原有的价值体系的转化和改造来凝聚社会人心，以强化对国家利益和集体利益的认同。为了某种理由和国家的现代化目标，社会成员和受治者必须服从现存政治秩序和权威者的意志。而权威政权为了某种国家的利益和目标，有权向社会成员强制地规定义务，在必要时权威者可以以国家的名义向受治者强制地执行这种义务。

在中央与地方的关系上，中央政府的权力较为强大，而地方政府的权力则较为弱小；作为政治输出的国家决策主要是通过自上而下的权威方式来实现，而较少地是通过自主的社会个体的横向的契约方式来实现，这种情况只是到了经济变迁导致的社会分殊化和人际关系的契约化达到相当程度以后才发生。

东亚国家的大多数是一种强势政权，与其他发展中国家的权威主义政权相比，例如与拉丁美洲的考迪诺主义和军事权威主义政权相比，以及与南亚地区的一些权威主义政权相比，东亚地区的权威政治形态相对而言显然具有更多的“硬政权”类型的特点。更具体地看，东亚权威政治对社会、经济和政治生活的有效调控能力，恰恰填补了传统规范的约束力退出以后，新的市场化力量和契约法制力量一时来不及形成而出现的“规范场”的空间，从而防止了现代化进程中的“失范综合征”的蔓延。在这种环境条件下，以市场为导向的内源性的规范力量，得以有序地发展和增长，这种规范力量的发育成熟，便可以水到渠成地、逐步地取代原先由权威政治实行的社会经济和政治调控功能。这样，人们就可以发现，在东亚各国和地区从传统社会向现代社会的过渡过程中，始终存在着某种规范社会的整合功效。这就使得现代化可以在一个相对有序的“规范场”中渐进地推进。由此可见，并非所有的权威政权都能有效地履行在发展中国家推进现代化的功能。众所周知，拉丁美洲的军人政权与贝隆式的民粹主义政治力量大半个世纪以来一直处于两极振荡的不稳定状态，而这种不稳定状态恰恰正是失范综合征的明显反应。南亚与拉美许多军人政权的腐败、低效、发展战略的不确定恰与东亚形成鲜明对比。

东亚模式在经济上基本上都具有如下的几个特征：（1）政府调节市场，弥补市场的不足，以实现资源分配的帕雷托最优。虽然东亚的很多企业都是私有的，但东亚国家普遍采用的是政府主导模式，只有政府对市场的引导才能弥补市场的不足。（2）政府运用权力干预企业投资。（3）牢牢控制企业政策的制定权，以确保政府对整个经济发展的整体性规划和导向。（4）政府直接占有重要的生产资料，充分发挥国有企业在工业化中的重要作用。

综上所述可知，政府权威模式容易导致国家的合法性基础薄弱。由于国家的自主性只是相对的，不是绝对的，国家如果完全独立于社会之上，民众不能以通畅的渠道参与到政治中来，同时也意味着政府得不到民众的认同，缺乏合法性基础，因而是不稳定的。除此之外，由于外部无法对其施加有效的影响，而内部的权力分配有时候不均衡，所以极易导致统治阶级内部的政治紧张，争权夺利政治混乱。权威政治的最大缺陷是，它既不可复制，也不可传承。权威递减规律使新的政治继承人不断面临权威供应不足的问题。没有持续的权威供应，权威主义政治当然就难以为继。权威主义政治的失败，将使国家进入下一轮“社会政治动荡——新权威确立”的周期性循环。

5.3 政府社会合作模式

随着经济与社会的发展，更主要的是随着社会自治与民主意识的提高，权威主义政府的弊端日渐显现，合法性危机也日渐凸显，政府只能放弃一些既得的权力，与社会进行管理上的合作。

5.3.1 理论基础

为什么会出现政府社会合作模式？这是民主政治发展的必然。因为在现代西方世界，国家的边界已经得到了很好的界定，这包括传统的“守夜人”职能，如维护法律秩序，抵御外来威胁和基本的医疗卫生和安全措施。这些职能虽然重要，但在大多数国家政府中，这些传统功能占用公共雇员和公共支出的比重越来越小，大部分公共人力资源和财政资源被用于提供直接服务和进行财政支持。在我们的时代，国家最重要的角色就是成为一名服务提供者或资金提供方，这是代理机构出现的一个首要因素。

政府社会合作模式既起因于实践的需要，是对这种“政府失灵”的防范、纠正和弥补，同时在理论上也符合马克思关于国家与社会关系的基本思想，是与国家权力回归社会的基本历史趋势相一致的。马克思认为，社会是第一位的，国家是第二位的，社会是目的，国家只是为社会服务的手段，随着社会的不断进步和不断完善，国家应该从凌驾于社会之上逐步地回归于社会，直到最终消亡。因此社会主义国家的政府应该具有高度的历史自觉性、主动地实行政府管理社会化改革，逐步地把政府权力交还给社会，交还给人民，政府社会合作模式就是在这样一种理论背景下产生的。

从理论上讲，政府社会合作模式起源于西方合作主义。合作主义又经常被译作“社团主义”、“统合主义”。合作主义强调合作，主张对分化的权力进行制度化的整合，强调国家和社会团体的制度化合作，国家和利益团体的关系是互动合作、相互支持的。政府对社会的介入是适当性选择，它能够起到强制的平衡作用。其政治结果是达到整合性均衡。即通过国家主导下的国家与社会的合作达到社会的相对均衡、有序和协调。

5.3.2 政府社会合作模式的特点与内容

在现代国家，政治公共领域和社会公共领域的区分使公共秩序在性质上区分为国家和社会两个层面，从而使公民参与也形成社会和国家两个层面。国家层面的政治参与是与国家政权和政府组成密切相关的参与，主要是，公民在政治参与过程中，运用政治权利选择利益代表者成为公共权力的代理行使者；或者自己竞争公共职位，通过履行职务的行为来影响公共权力的运作；或者基于知情权而对涉及相关利益的法律、制度和政策进行意见和建议的表达、质询、问责等，直接对国家权力形成制约。

管理从来都是少数人的事，对于大多数公民来说，主要是以普通公民的身份来参与国家事务，并不享有直接的决策权。但任何决策都是在社会中执行的，公民对国家权力的制约除上述政治参与方式外，还可以体现为对决策积极执行、消极对待或是采取各种方式进行抵制。因此，国家层面的政治参与虽表现形式是多样的，却无一例外都以信息公开为前提，特别是制度建设领域信息渠道的畅通无疑为公民积极参与和切身利益相关的国家制度的建设提供了平台，这也是将公民的政治参与纳入秩序范畴的极重要的形式。

国家层面的政治参与可以是个体的，也可以是组织的。尤其对于利益多元、多变的现代社会而言，引导政治参与按照一定的组织化形式来进行，有利于政府将不同的利益群体予以分类，便于在梳理不同群体利益诉求的基础上调整相关政策。也正因为如此，现代政治的重要特征就是政党政治。传统的政治学研究认为，组织参与、综合不同利益、充当社会力量和政府之间的桥梁是政党的功能。但政党只是聚集利益的一种组织方式。有一些群体或一部分公民的利益表达只能选择政党之外的组织化渠道。一旦采取政党之外的组织化渠道，除了以营利为目的而必然选择走向市场组织，公民们就在社会领域有着广阔的选择空间，于是，我们也就进入政治参与的社会层面。

社会层面的政治参与往往是与政权没有直接关联但与社会公共事务管理相关的参与。这些政治参与往往在一定领域或地域内构建与该领域或地域相适应的秩序框架，并在该框架内为成员的利益需求提供满足的途径。社会层面的政治参与应建立在自治基础上，可以分为两大类：一类是我们常说的基层治理，包括农村的村民自治和城市的社区自治；一类是公民们基于不同的爱好或利益而组织起来的各种社会团体和互助组织。

就基层治理而言，政治参与由于涉及治理机构的产生和村庄或社区范围内公共事务的管理，以及不同于政府自上而下纵向治理的指挥性特点，基层治理成为一个可以从政治权利的行使、基层民主建设、社会治理等多角度予以考察的事物。在我国，村庄或社区所涉及的地域较小、人数较少，而且公共事务与居住在村庄或社区的公民直接相关，所以，在村庄或社区内，基本的参与单元是公民个体或家庭。基层治理中的政治参与主要体现在三个方面：第一，产生行使村庄或社区公共权力的治理机构，主要的参与途径是选举投票。第二，管理日常重大事务，主要的参与途径是对重大事务进行讨论，发表意见，进行表决。第三，对治理机构进行监督，例如定期审核账目、公开最低保障的标准和名单等。

就社会团体和互助组织方面的参与而言，一般首先体现为公民行使结社自由这一公民权利在相近利益、需求、爱好等基础上进行自我组织。其次，公民在自组织过程中行使政治权利产生社会团体组织的治理结构和内部权力配置机制。一般来说，公民结成的社会团体可以根据利益导向分为互益性组织和公益性组织。互益性组织以满足组织成员的利益为追求，入退自由，如行业协会、残疾人互助会等，但边界相对严格，要想成为其成员需要履行严格的程序。公益性组织如各种环保组织，其边界相对松散，成为其成员的程序具有相当的开放性。

各种社会组织不仅在公共领域满足人们的交往需要和特定的利益需求，在一定程度上满足人们的归属感和共同体荣誉感，而且能够通过引导人们对日常社团活动的参与塑造人们对程序、制度的信任，从而强化人们对参与和行使权利方式的认知。在特定的社会条件下，公民自组织起来的社团也能够以组织化的形式突破社会层面的政治参与，对国家政策甚至政府组成施加影响。社会层面的政治参与和国家层面的政治参与之间的区分并不绝对，随着条件变化前者可以演变为后者。

在理论上，社会组织的兴起在一定意义上说明人们的认同感和归属感多元化，民族国家作为凝聚人们的认同和归属的实体不是唯一的。但如果引导得当，各种社会团体也会有助于民族国家所号召的认同，并在市场经济的竞争压力和国家领域的政治控制之外，形成一个降低社会张力和加强公共话题讨论的社会领域，形成公民参与在社会层面的发育和繁荣。从这个角度看，社团组织的兴起实际上意味着公民自我教育的兴起和对与自身相关的一定范围内的事务的关心。这对处于转型期的我国来说，尤其对公民素质的养成具有切实的教育功能。不仅如此，这还与国家通过学校、宣传等对公民素质进行的正面灌输形成了补充。因此，政府在这方面的因势利导不仅能够节省国家开支，而且能够运用相应的制度设计权力和执行权力对社团组织发展的原则、活动方式、税收政策等进行规制和监督，进而使公民社会朝着与国家所体现的公共利益相一致的方向发展。由此可见，与个体的政治参与相比，社团这种组织化的参与无论在社会层面还是在国家层面，都是对公共治理有益的。

毫无疑问，国家层面的政治参与构成公共权力的制约机制的重要部分，而社会层面的政治参与也构成社会制衡机制的重要部分。这两个层面的政治参与按照符合公共秩序目标和个体全面发展的方向发展，就构成有序政治参与的完整内容，在这种广泛的参与之中，政府与社会建立了一种合作的治理模式。

5.3.3　北欧模式①

（1）在公共事业中引入竞争。北欧原来政府管制作用非常大，1990 年前，公用事业比如电信、电力、铁路交通以及邮政等处于国有垄断状态，某些非自

① 参见中国（海南）改革发展研究院，政府转型：中国改革下一步［M］．北京：中国经济出版社，2005：362-379.

然垄断的行业也受到国家直接管制，如银行、出租车。但随着经济与民主的发展，北欧各国在公共事业领域引入市场机制，强化竞争，目的就是在国有企业中完善企业治理结构，提高公共服务的效率和质量，以更好地促进国有企业适应新的形势和环境。北欧国家在公共事业领域的理念是民营化、市场化、分散化，让社会参与到公共事业管理之中来。

（2）注重社会和谐，非常重视民间社会与政党政府的关系。北欧国家没有阶级的概念，收入差距很小，中等收入群体占总人口的80%，农村与城市一样富足，在北欧国家，中央、地方及各种力量与组织之间，许多问题通过协商达成一致。①中央层面的协商。每年就第二年的立法，公共开支框架、税收等进行协商。②中央政府与地方政府之间的协商。每年一月开始，到四月结束，就许多方面事务进行协商，如公共支出的流向、教育、医疗方面的分配比例等。③地方政府与劳动力市场利益组织，每年就公共服务人员的工资和条件进行商定。④政府、雇员、雇主三大社会主体互相制衡，通过签订社会契约，就社会福利问题，明确政府、雇员雇主三大主体之间的制衡关系。

（3）民间社会与政党合作管理。民间社会充分发展，是北欧国家社会长期稳定的重要基石。在北欧，工会、雇主协会、商会等民间组织发达活跃，它们既独立于国家政权之外，又能够进入政治过程，对公共决策产生重要影响。民间组织在市场经济中发挥着独特的政治和经济功能，营造了政府与社会之间的对话、沟通、协调和协作机制。他们认为，这有利于实现社会自律和自治，稳定社会，缓解矛盾，节省政治成本；有利于对国家公共权力形成制约，有效防止腐败；也有利于提高执政党的执政能力和长期执政。对北欧国家的政党政治颇有研究的丹麦哥本哈根大学政治系主任 Lars Bille 认为，发展民间社会，是社会稳定和政党长期执政的重要保障。民间社会所形成的社会与政党、政府的对话和协调机制，使经常性的矛盾得以暴露、沟通，并加以化解，有利于避免大的突发危机的产生。他指出，如果前苏联有发达的民间社会，前苏联和苏共就不会在顷刻间解体、崩溃。北欧的民间社会建设以法制建设为基础，法制建设的关键必须以宪法建设为起点，一切权力的来源是以宪法为代表的社会契约，淡化以政党作为国家“公权”的来源。

（4）北欧国家的工会等团体威信很高。在北欧，很多社会团体非常有号召力，因为它不是官办的行政性或半行政性组织，而是工人的自由结社，切实代表、反映、维护着工人的利益，并受法律的保护。①与雇主协会协商或抗衡，就增加工人工资或改善工作条件进行对话。②在工人被解雇、待遇不公平等劳资纠纷案件中发挥重要作用。工会有权派代表出席法庭，支持被解雇的雇员，甚至在法庭外组织声援，直至组织罢工。③加入工会的工人一旦失业，除享受国家规定的救济金外，工会自身还将给予补贴。④影响劳工立法。如瑞典在工会的积极参与下，政府已颁布了一系列有利于劳工的法律，其中有工作环境法，就业保险法，车间工会代表法，公司董事会代表法等。除此之外，工会还在很大程度上影响北欧的政党政治，工会是政党与民众之间的重要桥梁，影响着政党的执政与否。

（5）政府在实施公共服务方面的“社会分担化”趋势。针对越来越严峻的挑战及其负担，北欧国家积极培育和发展公民社会，让更多的力量来参与公共服务。这里说的公共组织与公民社会，主要是指非政府组织，包括工会组织、雇主组织以及用户委员会、各种志愿者组织和协会等，逐步扩大社会自治的力度，他们主张这些组织参与公共服务政策的制定、执行和监督工作。

政府社会合作模式是政治走向民主无可避免的趋势，因为传统的权威主义导致了政治的僵化、合法性程度的低下，政治趋向于动荡和瓦解。所以，不管是出于自身统治的安全还是为了社会的稳定发展，权威主义都必须主动或被动地向政府社会合作模式过渡。政府社会合作是权威主义政治向民主政治过渡的中间政治，也比较容易得到民众的支持和认可，具有相对于权威政治更高的合法性基础，但这种合作往往存在政府与社会权限难以明确区分的弊端，两者经常会有冲突，以至于一些事情由于权限不明确而推诿延宕，得不到有效的治理，政府与社会组织相互争夺权力的事情也时有发生，难以避免。

5.4　政府社会分治模式

随着社会的自我成长，社会日渐独立，并在很大程度开始与政府分立开来，这不是政府在衰亡，而是民主在发展，不是社会对政府的背离，而是政治对社会的回归。

5.4.1　理论基础

基于政府与社会的合约之上的一种更高层次的分权。这种理论认为政府应该越小越好，社会应该越大越好，政府与社会的权限应该有明确的划分，政府只能管政府的事情，任何跨越边界管理活动都属于不正当的，反之亦然。政府与社会分立模式产生的背景是：随着经济、社会的发展，人们的权利意识更加彰显，社会发展也越来越充分，由于社会的发展越充分，公共事务也越来越细化，所以，政府管理其他事务就越来越力不从心，与此同时，社会与公民参与管理的能力却越来越发达，意识和积极性越来越高，他们无论是从自身利益出发还是基于一种公共利益的角度都越来越希望进入公共事务的管理之中。

5.4.2 内容及特点

政府社会分治模式下的政治文化一般比较开明，民众大都具有相对高的政治素质、自由主义比较深入人心，人们对权力不再像在权威主义模式里那样既害怕又崇拜，而是宁愿保持一种独立于权力之外的自由，并从制度设计上对于政府权力进行防止和限制。

政府社会分立模式一般具有以下几个特征：(1) 社会占据强势地位；(2) 社会发展程度比较高；(3) 国家制度相对民主，政府开始从统治机构变成治理机构，为社会服务。

一般来说，实行政府社会模式的国度往往经济文化都比较发达。社会团体组织，社区组织都比较完善，由于社会自己治理能力的提升，政府压力相对较小。社会通过自己的自治为政府减轻了任务与责任，但与此同时又为政府增加了合法性基础。

当然，这种模式也存在着一些自身难以避免的问题，比如由于信息掌握的不全面很难掌握全局，每个小社会作出的“理性选择”很有可能带来整体的“非理性结果”，导致社会的混乱；在这种模式里面，由于社会强大到可以遮住政府大光芒，所以政府的权力很难影响到市民，在权力传承的时候也会消耗更多的能量，也就是说在这种模式里面，政府权能弱化，很难做到政令通畅，政府行政成本增加，效率降低。

5.4.3 美国模式

在美国，社会组织非常发达，并且已经和政府分治天下，美国社会的各种社团、自治机构、志愿组织，或者非政府组织扮演着重要的社会治理功能。利益集团在美国政治生活中占有着重要的地位。美国的利益集团不仅数量大，种类多，而且其活动范围十分广泛，对美国现实政治生活的方方面面有着很大的影响。美国是一个特别热衷于组织团体的民族，有人甚至认为，在美国，对各种问题的决策是由政府、政党和利益集团共同作出的。利益集团已成为美国政治权力结构中的重要组成部分。

利益集团是美国公民政治参与的一种重要形式和渠道，在吸纳公民参与政治、沟通公民与政府之间的联系方面起着重要作用，尤其是 20 世纪 60 年代以来，随着利益集团的迅速发展和传统政党的衰落，利益集团这种政治参与形式有着越来越明显的重要意义。在今天，不了解利益集团的活动情况，也就无从了解美国的政治体制，无法了解美国实际的政治决策过程。

1. 美国社团组织的分类

美国社会团体组织种类很多，大致可以分为：

（1）利益集团的类型。如企业利益集团、美国商会、自由职业者利益集团、农业利益集团。具体的有美国大豆协会、美国牧牛人协会、全国小麦种植协会等。

（2）非经济利益集团。比如绿色环保组织、宗教性团体如全国教会理事会、美国天主教会议；老年人团体如美国退休人员协会、全国退休教师联合会；族裔或民族、种族团体如：全国有色人种协进会、美国犹太人委员会、日本裔美国公民联盟；退伍军人组织如：美国军团、美国残疾退伍军人组织；性别组织如全国商业和职业妇女俱乐部联盟、家庭主妇协会、男人权利联合会。

2. 社会组织参与公共管理的途径与方法

社会组织主要通过以下集中方法来进行公共事务管理：（1）基层游说活动；（2）教育大众的游说：广告宣传；散布研究报告；公布议员的投票记录等；（3）抗议和示威；（4）结盟游说。

3. 美国社会组织的资金来源

社团组织尤其是非营利民间组织的行政开支问题在美国一直备受争议，由于民间组织本身没有任何经济来源，运行资金全部来自于政府、基金会、个人的捐助。如今，民间组织在项目执行上的资金已经趋于合理化，但是行政资金的多少、如何分配问题已趋于白热化。

美国印第安纳大学的公益机构中心曾经作了一个调查，发现美国很多基金会在为民间组织提供项目捐款的同时，也为其提供日常费用。在以前，基金会一般不会捐赠资金或捐赠极少的资金给民间组织的日常行政支出。尽管数额不大，多数基金会还是愿意提供专项行政资金给民间组织。在受调查中，69% 的基金会为民间组织提供专项行政资金；50%的基金会愿意支持民间组织的所有业务开支；30%的基金会表示对所捐资金的支出没有限制。一些大型基金会甚至每年会提供数百万美元专门用于民间组织的行政支出。

政府社会分治模式主要强调的是政府与社会的横向分权，主张社会团体广泛参与社会公共事务，它与政府社会合作模式的不同在于政府社会模式强调政府作用，社会管理只是对政府管理的补充，而政府社会分治模式则强调社会的独立自治，强调社会自身的功能，而且，这两种模式里面社会的成长规模也是有区别的，政府社会合作模式中社会的成长受到一定的限制，而政府社会分治模式中社会已经发展壮大到自发自立自觉的程度了。

5.5 地方治理模式

社会与民主的发展必然导致地方的自治，治理理论是公民社会发展的产物，它蕴含着一种新的、与统治有着根本区别的公共管理思想，但又不是“无政府主义”，地方治理理论构建了一个政府、市场和地方公民社会三足鼎立共同对公共事务进行处理的体系。地方治理模式与政府社会分治模式不同点在于，地方治理强调地方政府的治理，是区别于中央政府而言的。政府社会分治模式是横向的政府与社会分权模式，地方治理模式是纵向的中央—地方分权模式。

5.5.1 理论基础

1. “治理”概念

关于治理这个概念存在很多的界定，全球治理委员会的定义具有很大的代表性和权威性。该委员会在1995年发表了一份《我们的全球伙伴关系》的研究报告，并在该报告中对治理作出了如下的解释：治理是各种公共的或私人的个人和机构管理其共同事务的诸多方式的总和，是使相互冲突的或不同的利益得以调和并且采取联合行动的持续的过程。既包括有权迫使人们服从的正式制度和规则，也包括各种人们同意或认为符合其利益的非正式的制度安排。一般来说，治理包含有以下几个特征：不是一整套规则，也不是一种活动，而是一个过程；治理过程的基础不是控制，而是协调；既涉及公共部门也包括私人部门，不是一种正式的制度，而是一个动态的互动。①

关于治理的定义有很多，全球治理理论的主要创始人之一詹姆斯·N. 罗西瑙（James N. Rosenau）将治理定义为“一系列活动领域里的管理机制，它们虽未得到正式授权，却能有效发挥作用”。② 联合国开发署（UNDP，1996）将治理定义为“行使政治、经济和行政权力来管理国家事务”，认为治理有三个领域和组成部门，分别是国家（包括政治和政府机构）、私人部门和公民社会③。全球治理委员会在 1995 年发表的题为《我们的全球伙伴关系》的研究报告中，对治理作出了如下界定：“治理是各种公共的或私人的个人和机构管理其共同事务的诸多方式的总和。”它是使相互冲突的或不同的利益得以调和并且采取联合行动的持续的过程。它有四个特征：治理不是一整套规则，也不是一种活动，而是一个过程；治理过程的基础不是控制，而是协调；治理既涉及公共部门，也包括私人部门；治理不是一种正式的制度，而是持续的互动。④ 星野昭吉认为，“治理是个人与权力机关、社会与私人之间管理共同事务多种方式的总和。它是一个不断持续的过程，在这个过程中，冲突与对立的利益得到协调，人们之间相互合作”。⑤

2. 治理与管理的区分

过勇认为：“首先，治理是一种公共管理的总体模式，涉及政治事务、经济事务、社会事务等社会生活各个领域，是各种公共事务管理方式的综合；其次，治理与统治的最大区别在于，其行为主体既可以是公共机构，也可以是私人部门、公民社会，甚至是个人；再次，治理的制度可以是正式的，也可以是非正式的。”“治理的核心思想在于多主体（公共部门、私人部门、公民社会组织）对公共事务的共同参与，它代表一种与统治不同的新的公共管理思想。”⑥ 俞可平

① 参见全球治理委员会. 我们的全球伙伴关系［M］. 牛津：牛津大学出版社，1995：2-3.

② 俞可平. 治理与善治［M］. 北京：社会科学文献出版社，2000：2.

③ UNDP（1996）. Concepts of Governance and Sustainable Human Development，9-10。

④ 俞可平. 治理与善治［M］. 北京：社会科学文献出版社，2000：4.

⑤ ［日］星野昭吉. 全球政治学——全球化过程中的变动、冲突、治理与和平［M]. 刘小林、张胜军，译. 北京：新华出版社，2000：279.

⑥ 过勇. 治理：一种新的公共管理思想［C］//中国国情分析研究报告. 2003（18）：2.

认为，治理不同于统治，其区别在于：①治理的主体可以是除政府以外的其他组织，而统治的主体必须是政府；②政府统治权力是自上而下的，而治理则是上下互动的管理过程。① 综合上述观点，统治与治理的区别参见表5-2：

表5-2　　统治和治理的区别

	统　治	治　理
主体	单元（政府）	多元（政府、社会组织、国际组织、私人机构），多中心、分散化
权力运行	单向（自上而下）	双向（上下互动）
运作过程	命令——服从	民主协商
目标的确立	政府单方主导	共同认同
公共产品的供给	政府主导的单方行为	互相合作的多方行为
责任	政府独立承担	多主体共同承担
价值观念	政府友好	市场友好

从表5-2可以看出，首先，从主体来看，统治的主体是具有权威的社会公共机构（主要是政府），而治理的主体既可以是公共机构，也可以是私人机构，还可以是公共机构和私人机构的合作。其次，从权力运行的方向来看，统治的权力运行方向是自上而下的，它运用政府的政治权威，通过发号施令、制定政策和实施政策，对社会公共事务实行单向的管理。与此不同，治理则是一个上下互动的管理过程，它主要通过合作、协商、伙伴关系、确立共同的目标等方式实施对公共事务的管理。治理的实质是建立在市场原则、公共利益和认同之上的合作，它所拥有的管理机制主要不依靠政府的权威，而是合作网络的权威，其权力向度是多元的、相互的，而不是单一的和自上而下的。

相对于传统的统治与管理而言，治理最大的区别就是权力运行的向度不一

① 俞可平．治理与善治［M］．北京：社会科学文献出版社，2000.

样，统治或管理是自上而下的，治理是上下互动的管理模式。相对于统治与管理权力向度的单一性，治理的权力向度是多元的，方式也呈现出多元化色彩，并且更具有人性化特色。

总之，治理理论是公民社会发展的产物，它蕴含着一种新的、与统治有着根本区别的公共管理思想，构建了一个政府、市场和公民社会三足鼎立共同对公共事务进行处理的体系。治理为公民参与社会事务提供了一个良好的渠道，促进了民主，也增强了政府的责任。公共管理改革的方向就是从以政府为中心的"统治"逐步实现以多主体共同参与为特征的"治理"。

5.5.2　治理模式的特点

泰勒（Taylor）总结过公民社会治理的特征，在他看来，公民社会治理至少有以下几个层次的内容：（1）最基本意义的公民社会：当存在着不受到国家力量支配的民间团体时，这就是公民社会了；（2）较严格意义的公民社会：当不受国家支配的公民团体、社会完全可以自我建设及自我协调时，才是公民社会；（3）作为对第二重意义的补充，我们可以说，当这些民间团体能够有效地影响国家政策的方向时，这就是公民社会了。①

随着经济的发展，社会在经济上获得了一定的独立性和自主性，自我服务、自我管理的地方组织有了较大发展，并且可以承担起越来越多的以前由政府承担的管理职能。另外，网络技术的发展、信息时代的到来，也为地方治理提供了必要的物质手段。地方治理的发展，意味着社会将逐步地从国家的怀抱中挣脱出来，形成一个相对独立的，不受国家任意干涉的领域。

5.5.3　德国模式②

1. 德国地方治理概述

与瑞典的地方分权型单一制国家、法国的中央集权单一制国家不同，德国是一个联邦制国家，州与地方政府一般具有高度自治权。德国政府分为三级：联邦、16 个州以及 8000 多个地方政府。在地方政府中，乡镇是德国最基层的

① 张静．法团主义［M］．北京：中国社会科学出版社，2005：10.

② 参见祝灵君"德国地方政府的组织模式与特点"，http：//www. china. com. cn/chinese/zhuanti/xxsb/858831. htm

地方自治单位，它不是州政府的下属行政单位，而是县下属的自治政府。德国《基本法》规定，在州、县（市）和乡（镇）必须设立经普遍、直接、自由、平等和秘密选举产生的机构代表人民。这种代表机构在乡（镇）一级被称为乡（镇）民大会。由于多种原因，德国各州的乡镇自治体制与其他欧洲伙伴有所不同，主要有以下模式与特点。

从决策权与执行权分配的模式上看，一是乡镇议会+乡镇总监的模式。这种体制主要分布在德国北部，主要特征是：选民直接选举乡镇议会；乡镇议会选举议会的各个工作委员会，选举乡镇长，选举或任命乡镇总监；乡镇长只是议会主席和乡镇礼仪上的代表。乡镇总监是行政首长，具体行政事务由乡镇总监负责。这种组织体制类似于欧美许多国家的市镇经理制。二是乡镇长、乡镇议会互相制约的模式。这种体制主要分布在德国南部，主要特征是：乡镇议会和乡镇长都是由选民直接选举产生；乡镇议会选举的各个工作委员会，控制一些乡镇事务；选民选出的乡镇长是乡镇议会的当然主席，同时又是行政机构的首脑。乡镇长领导乡镇议会，乡镇议会通过的决定由以乡镇长为首脑的行政机构负责执行。三是乡镇长双重领导角色模式。这种体制主要分布在莱茵河流域，主要特征是：选民直接选举乡镇议会；乡镇议会选举议会的各个工作委员会选举乡镇长；乡镇长既是乡镇议会的主席，又是乡镇行政的首脑，既领导乡镇议会，又领导乡镇行政机构。四是乡镇议会制约乡镇长模式。这种体制模式在全德各个地方都有，主要特点是：选民选举乡镇议会；由议会选举议会的各个工作委员会，选举乡镇长并监督行政工作；乡镇长只是乡镇行政事务的首脑，并不是乡镇议会的领导人，只负责乡镇行政事务，不领导和主持乡镇议会。

从财政体制模式上看，乡镇财政收入的来源有以下几条途径：一是联邦财政补贴。每年联邦政府向州政府分配一批资金，州政府再将其中的一部分给乡镇政府；二是乡镇政府与州政府分享税收。各乡镇分享的数量因纳税人的多少而不同，总体上，纳税人交纳到州政府各种税款的15%要回到纳税人所在的地方政府，被地方政府分享；三是乡镇自行征收的税。各州的法律规定，市、镇可以向市民征收消费税、娱乐税、饮料税、养狗税、第二居所税、狩猎税，等等。对于市、镇的征税，市民不能进行诉讼，当然，市、镇征税的底线，是不能让当地居民破产。四是借债；五是出租房屋、土地等收入；六是社会捐款。

2. 德国模式的特点

特点一：成熟的地方政府并不需要引起联邦政府和全社会更多的关注。与英、法等国的地方政府相比，德国的地方政府处于一个并不引人注目的地位，不仅德国的政治学家对它没有产生过浓厚的兴趣，媒体也缺乏对地方的报道，即使联邦政府在解决重要的地方政府问题时，也通常把地方政府的问题列在其解决问题的议程中较为次要的位置。形成这种现象是因为联邦、州与地方政府都有明确的权力划分，地方形成了高度自治，有自己寻求解决问题的习惯。同时，强大的经济给地方政府强大的财力支持，以及政党政治因素影响的弱化，缓解了各政党之间的政策矛盾，从而缓解了中央与地方之间的矛盾。

特点二：德国乡镇政府的地方自治有悠久的历史，甚至可以追溯到中世纪自由城邦的特权。近代，地方自治得益于冯·史坦因男爵的改革，尤其是1808 年的普鲁士城镇法的颁布使地方自治有了很大的发展。德国宪法更明确保证了城市、县和乡镇的自治权，各市、县、乡镇在法定范围内，可以独立处理各种地方事务。由于中央和地方的权能清晰、职责分明，地方政府往往在上级政府对本地区作出重大决策时，行使否决权，这是地方政府拥有的一项不可忽视的重要权力。包括乡镇在内的地方政府拥有否决权非常重要，既可以消除上级的无端干预，也是维持地方稳定、保护地方利益的一个重要因素。

特点三：联邦与州、州与州之间的“政治交织”或者“合作型的联邦制”促进了地方政府之间的合作与交流。这种合作是建立在自愿与平衡的基础上的。既在财政领域取得平衡，消除社会差距，也在政党冲突与矛盾之中取得平衡，维持社会生活、社会稳定以及经济的发展。财政上的合作既体现在乡镇政府能够派代表参与联邦政府共同制定中央与地方的统一财政预算，也表现为乡镇与州一级政府之间存在“垂直财政平衡”，即各乡镇既可以通过得到州政府补贴的方式来缩小乡镇政府之间在经济发展水平之间的差异，也可以通过在乡镇政府之间财政帮扶来达到共同发展的目的；政治上的合作既体现在全国范围内成立的联邦调解委员会，以调解州与州政府之间、州与地方政府之间的冲突，也体现在各地方政府之间在制定与实施重大决策上的协同一致、互相配合。

特点四：自治有原则，实行无规定。在德国，虽然联邦《基本法》第 28 条专门规定：“必须保证各乡在法律范围内拥有独立负责地处理地方性事务的权限。”但由于联邦基本法只规定了地方自治的原则，而具体的规定只能依赖于各州的宪法和有关法律作出。这种制度安排的结果是，一方面，各州的法律规定为乡镇行使自治职权，提供了一个具体的依据，同时，又由于各州立法不同，从而也使乡镇实际享有的自治权力有所不同。

地方治理模式是随着民主的第三波浪潮而发展起来的一种新型治理模式，这种模式合法性程度往往比较高，由于关注的往往是某个具体地域的公共事务，因而更能调动当地居民的积极性，决策的正确性也比较高，更能促进或维持当地的政治稳定，但也有一定的局限性，比如，中央权力集中比较困难，政令很难通畅下达，整个国家机构趋于涣散，还存在地方过于强大从而脱离中央或违背中央政府的指令的潜在危险，所以，除非本国政治文化发达，民众政治意识比较高的国家能够采用这个模式，其他国家很难移植这种模式。但从民主政治发展的态势来讲，实行地方治理又是大势所趋。

事物的发展都有一个从不稳定到稳定的过程,国家与社会的关系也是如此。当前,政府管理改革的目的主要是打破传统的社会过度国家化的状态,使其向社会化方向变革,从而实现政府管理的模式转换,建立起与经济发展相适应的政府管理新模式。这就是从集权型政府走向民主型政府;从全能政府走向有限政府;从经济建设型政府走向社会建设型政府;从管制型政府走向服务型政府。

值得一提的是,政府管理模式改革是一个长期的过程,我们既要始终坚持社会化、民主化的方向,又要防止改革中的急躁冒进,不切实际地把政府职能一下子全部推给社会,从而导致因社会无力承受而引发社会问题,落入“无政府主义”的陷阱,因此,我们在纠正政府“错位”与“越位”的同时,还应警惕和防止政府“缺位”,努力提高政府管理能力,积极进行“补位”,从而实现政府与社会的互动,形成“历史的合力”,推动政府与社会的和谐发展。

关键概念

服务型政府　管理　治理　地方治理　自由主义
权威主义　无政府主义

思考题

1. 公共管理体制的分类有哪几种？
2. 公共管理体制的理论基础有哪些？
3. 相比较之下，你认为哪种模式比较适合我们国家的国情？为什么？
4. 治理与管理有何异同？

第二篇　要素与手段

第6章 公共管理的决策

公共管理活动包括了管理决策、计划、执行、协调、监控等一系列过程，而在这一系列过程中，决策则是至关重要的环节。决策关系到管理活动的所有内容，几乎所有管理工作都涉及决策。要么是重大的、战略性的长期决策，要么是次要的、策略性的短期决策，决定着公共管理活动的长期计划、目标、方案、步骤，以及各种具体的管理方法和技术。可以说，决策决定了公共管理活动的水平和质量。

6.1 决策的内涵

决策活动古已有之。“决策”作为古典概念，在我国最早可见于秦汉。在古希腊，决策概念，往往被视为国家政府的重要职能，如亚里士多德在讨论政府形式及其政策的相互关系时，就阐述了这样的观点。作为现代管理术语，“决策”源于美国“Decision-making”（意指“作出决定”）。

《现代科学技术词典》认为：所谓决策，是指在几个可能的方案中作一选择。《哈佛管理丛书——企业管理百科全书》认为：决策是指思考“对策”，以解决目前或未来问题之用脑行为。《美国现代经济词典》则认为：决策是指公司或政府在确定其政策或选择实施现行政策的有效方法时所进行的一套活动，其中包括搜集必要的信息以对某一建议作出判断，以及分析可以达到预定目的的各种可供选择的方法等活动。西蒙对“决策”作了最广义的理解，他把“抉择”和“决策”看作是两个可以互替的术语。西蒙认为，所谓决策既指行为者有意向的、精心的和理智的选择，也指某种毫无深思熟虑的反射行为。或者说，决策是指有意或无意的选择①。

国外学术界对决策的研究，观点纷呈，派别林立，难得统一。伊斯顿和拉斯维尔将决策概念带到互动、正式和非正式关系的层面上；西蒙从理性、非理性的心理层面考察决策；林德布罗姆又加上了渐进主义的解释；阿利森则将决策附着于官僚体系及其政治动作的模式。此外，还有人从组织理论、行为科学、多元主义、结构—功能主义等观点出发对决策概念进行解释。

从公共管理学意义上，我们认为，决策即公共决策是指公共组织（国家、行政管理机构和社会团体等）针对公共问题，为了维护和实现公共利益及有效地提供公共物品所作的行为设计和选择。

6.2 决策的要素

赫伯特·A. 西蒙认为，决策的两大基石是事实要素和价值要素，它们影响着政策目标的确定、政策手段的选择和政策执行的效果。理性决策可以被视为由事实前提和价值前提推出的结论。

西蒙进一步明确了价值与事实的含义。价值是人的主观评判，系指应当如何而言，不管其是否带有必然性；事实是客观存在的，不管其是否含有推断色彩。在政策分析中，对于事实要素的分析一般采用事实命题或者事实判断的形式进行。西蒙认为，在决策中，就决策包含最终目标的实现而言，我们把它称作“事实判断”。换句话说，在政策目标已经确定的情况下，为了实现政策目标而对采用何种政策手段所作的判断，就是事实判断。事实判断是对客观事物是什么以及怎么样的描述。客观的事实判断有助于更好地实现政策目标。在政策分析中，对价值要素的分析一般采用价值命题或者价值判断的形式进行。价值判断是指研究理想的、善的、美好的事物应该、应当、必须怎么样。赫伯特·A. 西蒙认为：“就决策导向最终目标的选取而言，我们把决策称为“价值判断”。换言之，政策分析中的价值判断是指应当选取

① ［美］赫伯特·A. 西蒙. 管理行为［M］. 杨砾，韩春立等，译，北京：北京经济学院出版社，1988：5-6.

何种价值作为决策的最终目标，亦即政策目标应当如何确定①。

赫伯特·A. 西蒙还认为对事实要素与价值要素的区别不仅是必要的，而且还有非常根本性的意义。只有区分事实要素与价值要素才能正确认识价值的本质。第一，事实因素可以通过检验来确定其真伪，而价值因素则不能判定其真伪；第二，事实因素可以用正确或错误来进行描述，而价值因素可以用好或坏进行判定；第三，价值因素不能完全转化为事实因素，也就是说无法从价值命题来推导出事实命题，但是完全可以从事实命题推导出价值命题来；第四，对于公共决策来说，由于决策包含着价值因素，所以我们不能在客观上说决策正确与否，而只能就其所包含的事实因素来说其是否正确②。

6.3　决策的模式

公共决策是公共管理的核心环节，甚至可以说决策贯穿于公共管理的所有环节。受到不同要素的影响，遵循不同的路径，决策有着多重模式。根据各种理论的研究成果，比较典型的模式有以下几种：理性主义决策模式、有限理性决策模式、渐进主义决策模式、“垃圾桶”模型等。

6.3.1　理性主义决策模式

理性主义决策即确立特定的目标并寻找确保达到目标的最满意方法，它试图促使行政人员以最有效率、最经济、最具效能的方式作出理性的决策。理性主义决策模式是建立在“经济人”假设基础上，追求利益最大化。

1. 理性主义决策模式的条件

理性主义决策模式所要求的最优选择应具备如下条件：（1）把决策行为视为整体行为，而非群体行为。（2）决策者具有绝对理性。表现在他们具有完备的知识和信息，能穷尽备选方案并预测所有结果。（3）决策目标单一、明确和绝对。（4）决策者在决策过程中具备一以贯之的价值偏好。（5）决策过程中不考虑时间和其他政策资源的消耗。

---

① 王骚，王达梅．政策分析中事实要素与价值要素探析［J］．天津行政学院学报，2007，（2）：32.

② 孟凡民．公共决策中的理性：价值问题研究[J]．中国行政管理，2006，(7)：98.

2. 理性主义决策模式的具体步骤

（1）确定决策目标，根据社会问题的状况设计出合适的解决问题所预期达到的目标；（2）提出备选方案，邀请专业人士和利益相关者参加共同拟订解决问题的方案；（3）对这些方案及其结果进行比较分析，决策者和专家一起共同选择，比较，淘汰不恰当的方案，筛选出合理的方案；（4）通过排序选择最优方案，决策者最终作出审慎的决定，选择出最后的方案作为定案。

3. 理性主义决策模式的缺陷

理性主义决策模式强调了用最佳的手段、通过规范的程序来达成理性的政策和既定的目标。然而在实际中，由于受到知识、能力、经验、资源、时空以及其他环境的限制，决策者并不具有完全的理性及认识能力，也无法对相关信息作完全详尽的了解，也难以对错综复杂、彼此冲突的政策方案进行完全理性的“价值中立”的比较、权衡和选择。具体来说，理性决策的缺陷不在于它的逻辑体系上，而在于其公理假设上，即“经济人”假设不符合现实的情况：（1）决策者的目标不是单一的、明确的和绝对的，而是多元的、模糊的和相对的；（2）决策者并不是绝对理性的“经济人”，而是有限理性的“行政人”，其掌握信息和处理信息的能力都是有限的；（3）决策者并没有一套明确的、完全一致的偏好体系，实际中往往难以明确表达价值偏好，甚至还会出现前后矛盾的现象；（4）决策者受到时间、人力、物力等资源的限制。

4. 对理性主义决策模式的批评

正是由于上述障碍，理性主义决策模式在理论上的完美性在实践中是难以实现的，因而理性模式不具有可操作性，常常不能作出最优化的决策。在历史与现实中，理性模式都遭到了大量的批评。尼古拉斯·亨利认为理性主义存在以下不足：（1）理性主义者常常忽视了小企业家的作用。（2）理性主义的途径对行政组织所呈现的复杂现实生活而言太过机械化了。（3）理性主义作出的预测经常是错误的，或者当出现了大量的证据表明可以作出某一预测时，它却不能作出预测。（4）理性主义者常努力开发大规模且全面的计划，结果到头来，这些计划所花的经费，远超过它能替投资者或是纳税人所能省下来的钱。① 也许对这

① ［美］尼古拉斯·亨利．公共行政与公共事务［M］．北京：中国人民大学出版社，2002：533.

种模式最有名的批判者要数美国行为主义科学家西蒙，他是唯一获得诺贝尔奖的公共管理专业的学者。在西蒙看来，经济学家给“经济人”赋予了一种全智全能的荒谬理性，然而生活在现实世界中的人并不是一个完全理性的人，而只是一个具有有限理性的人。他指出：“理性指的是一种行为方式，是指在给定条件和约束的程度内适于达到给定目标的行为方式。“这些条件和约束使得：第一，按照理性主义的要求，行为主体应具备关于每种抉择的后果的完备知识和预见。而事实上，对后果的了解总是零碎的。第二，由于后果产生于未来，在给它们赋予价值时，就必须凭想像来弥补其时所缺少的体验。然而，对价值的预见不可能是完整的。第三，按照理性的要求，行为主体要在全部备选行为中进行选择。但对真实行为而言，人们只能得到全部可能行为方案中很少的几个。① 总之，理性模型的不足表现在三个方面：首先，在目标与手段的关系上，理性模型假定决策者先建立起清晰的目标，然后确定最有效的手段，这并不完全符合客观事实；其次，对复杂问题作决策时，决策者必然承受时间压力，信息的获取要耗费成本，决策者的知识和理性都有限制；再次，理性决策模型的成本效益分析遇到了政策成效往往难以用单一的指标来衡量的障碍。从根本上说，理性决策模型的最大弊病是它忽略了公共政策的制定本质上是一个政治过程，看不到政策是在目标、价值、利益、偏好的冲突与协调中产生的。因此，理性决策模型的方法论含义只局限在分析技术的层面上，通常只有技术辅助的意义②。

尽管理性主义决策模式遭到了广泛的批评，但是理性模式在政策分析中仍然很重要。托马斯·R. 戴伊认为，理性模型有助于界定理性所面临的障碍，有助于提出问题。③ 另一位美国政策学者詹姆斯·E·安德森认为，“或许最著名的而且也是被更多的人所接受的决策理论模式是全面理性模式”。④

---

① ［美］赫伯特·A. 西蒙. 管理行为［M］. 杨砾，韩春立等，译. 北京：北京经济学院出版社，1988：79.

② 郭巍青. 政策制定的方法论：理性主义与反理性主义［J］. 中山大学学报：社会科学版. 2003：（2）：41.

③ Dye，Thomas. 2002. Understanding Public Policy（10th ed.）. Englewood Cliffs，N. J：Preneice-Hall. p. 16.

④ Anderson，James E. 1984. Public Policy-Making（3rd ed.）. Orlando，Florida：Holt，Rinehart and Winston，Inc. p. 8.

6.3.2 有限理性决策模式

20世纪40年代，在批评带有浓重理想主义色彩的全面理性决策模式的基础上，赫伯特·西蒙提出了开创性的、为决策者所倚重的“有限理性决策模式”。

1. 从完全理性的“经济人”到有限理性的“管理人”

西蒙的“管理人”范畴是在批判微观经济学关于“经济人”范畴的基础上建立起来的。在西蒙以前，微观经济学家把人的行为抽象为经济人的行为，认为经济人在决策时所面对的事务、环境都是早已确定好了的。因此，经济人必然具有可供选择的全部方案，他只需进行最大或最优抉择。但西蒙认为，由于受到价值观、信息沟通、效率准则、认知能力等因素的影响，人们在决策时所表现出的是有限理性，而非全面理性。由此，西蒙建立了管理人的模式。他认为，与“经济人”相比较，“管理人”有2个根本转变：（1）经济人最优——从为他所用的一切备选方案当中，择其最优者。经济人的堂弟——管理人，则寻求满意——寻找一个令人满意的或“足够好的”行动程序。（2）经济人同“真实世界”的一切复杂事物打交道。而管理人则认为，他自己头脑所感知的世界，是对纷繁的真实世界作过重大简化处理后所得到的一个模型。因此，他在作抉择时所利用的，是一幅简单的图景，也就是只包含他认为是最要紧、最关键的因素的一幅图景。管理人的这两个特征意义何在呢？首先，因为他寻求满意非最优，所以，他不用先考虑一切可能的备选行动方案，也用不着确认存在着全部备选行动方案，便可以进行选择。其次，由于他把世界看成近乎空旷的，不考虑所有事物之间的一切相互联系，所以，管理人能用相对简单的经验方法来制定政策。① 西蒙认为，组织通过其决策过程代替了个人自己的判断，一旦这种情况发生，传统实用取向的“经济人”就会被更现代、更制度化的“管理人”所代替。管理人最为显著的特征，在于组织的影响力不仅使他做一些具体的事情，而且还使他习惯于同他人合作以完成组织目标。他培养了一种合作的习惯。

虽然，“管理人”不能达到“经济人”的理想状态，但是并不意味着他放

① ［美］赫伯特·A. 西蒙. 管理行为［M］. 杨砾，韩春立等，译. 北京：北京经济学院出版社，1988：20-21.

弃最优，而在现有条件下达到他所能达到的最好状态。对此，罗伯特·B.登哈特作了以下几点说明：第一，虽然“管理人”只具有“有限理性”，但他仍然必须寻求理性的（有效率的）组织行动。第二，“管理人”与“经济人”的基本计算理性仍然是一样：尽可能地追求效用最大化。第三，为了消除人类非理性的负面影响，组织要将其理性标准——通过用组织的决策逻辑前提代替个人的决策前提，或者用按规则作出的决策和标准的操作程序来规范个人的行为——强加于个人。① 在这一点上，威廉·N.邓恩也持相同观点。他指出，西蒙的理论虽然是对全面理性决策理论的质疑，却并不赞同非理性或不理性的行为。在他看来，如果我们用“理性”这个词指在考虑获取信息的成本的选择过程中运用理性，“满意行为”可以是完全理性的。事实上，可以把这种行为定义为这样一种理性选择：它试图使有价值的结果最大化，但同时意识到受信息成本的限制。邓恩把这种行为称为“有限理性最大化”。

2. 有限理性决策模式的主要观点

第一，管理人或组织经常寻求可能相互冲突的目标。

第二，对于决策者来说，实现政策目标的政策方案并不是事先既定的，因而他必须设计政策方案选项。

第三，在此阶段中，与决策环境的复杂性相比，决策者智能的局限性即已暴露无遗，并使其无法考量所有政策方案选项。

第四，其局限性同样妨碍决策者对政策方案结果的考量，决策者因此就使用一些启发式程序。

第五，决策者最终采用一种满意策略，而不是最优策略，即寻求足够好的方案或者满意的方案。

3. 有限理性决策模式的决策步骤

西蒙认为，以往的决策理论着重研究决策结果的合理性，而很少注意决策过程本身。实际上，决策并不仅仅是最后时刻的事情，而是整个决策过程。西蒙提出整个决策过程可分为如下主要步骤：（1）确定需要解决的问题或所要定出的目标。（2）决定最低标准或水准，使所有被接受的方案都能符合这一

① ［美］罗伯特·B.登哈特.公共组织理论［M］.北京：中国人民大学出版社，2002：88.

标准。(3) 选择一个可行的方案。(4) 评估这一方案。(5) 决定这一方案是否已符合所确定的最低标准。(6) 如果此方案无法接受，再检查其他方案，并要注意通过评估过程。(7) 如果这一方案是可行的，即开始行动。(8) 执行之后，评定此方案的难易程度，并将资料作为提高或降低所定最低标准的参考。以上8个步骤可归类为4个阶段：(1) 为第一阶段，即“情报活动”，找出制定决策的理由；(2)、(3) 为第二阶段，即“设计活动”，找到可能的行动方案；(4)、(5)、(6)、(7) 为第三阶段，即“抉择活动”，在各种备选方案中进行选择；(8) 为第四阶段，即“审查活动”，对已进行的选择方案实施和评价。①

4. “有限理性”理论的革命性意义

“有限理性”和“令人满意的准则”这两个决策理论的基本命题是西蒙的《管理行为》一书以及他的整个理论对经济学、管理学所作的最主要的贡献。西蒙教授的管理理论否定了古典管理理论的基本假定，并开创了管理决策理论的新局面，带来了管理哲学上的革命，这种革命主要表现在以下两个方面：(1) 关于理性概念上的革命。人是不存在全知全能的理性的，或者说，人的理性是有限的，我们只能在一定条件下谈论人的理性，亦即谈论理性时必须对理性加以限制。实质性的理性只是人类理性长河中的极点，人类只能通过合理的过程一步一步丰富和拓展人类理性，这是一个不断追求和探索的过程，只能把本质合理性作为一种极限，从合理逼近这种理性的过程和方法上进行研究，才是积极的理性态度。(2) 理论和方法上的革命。完全理性论由于其基本假定不合实际，其理性概念的偏颇，引致其对决策过程的描述失实，从而只能作为几种特定情境下的规范理论。相反，西蒙的“有限理性”论则能够解释更多的选择实例，符合更多的实际情况，能较好地描述人们现实的选择过程，因此可作为一种较为符合实际的描述理论。与此同时，这种描述还昭示，合理的方案搜索过程和方法，有益于高效高质地达成满意的选择结果，从而引导人们注重对环境结构和搜索方法的研究，形成一种不断拓展人类智力的形式主义式理论体系。正是基于这种考虑，西蒙将其科学研究集中于问题的环境结构分析和不同环境结构下追求满意解决的科学方法探索上，从而不仅在优良结构问题解决方面为运筹学、统计决策理论的应用和发展作出了重大贡献，而且开拓了

① ［韩］朴贞子，金炯烈．政策形成论［M］．济南：山东人民出版社，2005：101.

不良结构问题解决研究的领域，发展了解决问题的独特思维方法，并在认知科学、人工智能等领域，特别是在经济社会领域作出了重大贡献。

6.3.3　渐进主义决策模式

20 世纪 60 年代以前，在西方行政学的决策研究领域中占主导地位的一直是理性决策模式，尽管西蒙等人对传统的纯粹理性决策模式进行了改进并进而提出了他的有限理性决策模式，但是他终归没有跳出理性主义决策模式的框架，然而，理性主义决策模式在实际运用中面临着种种困难。在这种背景下，出现了一些新的决策模式试图弥补理性决策模式之不足，其中有一种决策模式产生了极大的反响，并一直被视为西方国家行政决策的基本模式，这就是美国著名政治学家和经济学家林德布洛姆提出的渐进主义决策模式。

渐进主义者认为，检验一项好政策的唯一方式，就是看是否一致同意该政策。在这种意义上，代表性和回应性压倒了效率、经济与效能，而成为手段选择时主要考虑的价值。有学者指出，这并不是说渐进模式不认为效率、经济与效能等价值无关紧要，只是这些价值不是最重要的。在渐进模式时，一个低干预、高成本的方案可能比更经济和有效的方案更能被采纳。①

1. 渐进主义决策模式形成的过程

林德布洛姆渐进决策理论雏形最早可见于1953 年他与达尔合著的《政治、经济和福利》一书。在这本书中，林德布洛姆提出社会政治过程有四种基本形态即价格体系、层级体系、多元体制和议价体制。② 从价格体系角度上看，价格不可能单方面决策；从层级体系角度看，除最高层外，其他层次也无法单方面作决定；从多元体系看，决定是各政治权力中心互动的结果；从议价的角度看，决定又是双方妥协的产物。这样，决策是彼此间相互作用的结果，无一方可以单独作决策。因此，在政治上要作出决策，聪明的方法是在相关人士取得共识的基础上作决定，才能兼顾各方面的情况。他称之为“渐进主义”。林德布洛姆认为，渐进主义作为一种社会行动的方法，只是在几个相差甚微的方

① ［美］戴维·H. 罗森布鲁姆，罗伯特·S. 克拉夫丘克. 公共行政学：管理、政治和法律的途径［M］. 北京：中国人民大学出版社，2002：351.

② ［美］林德布洛姆、达尔. 政治、经济和福利［M］. 芝加哥：芝加哥大学出版社，1955：82-85；171-368.

案中，比较其得失，采取其中较好的方案。此方案或只对现状作相当微小的调适，或虽作较大的调适，但以其后果在现实中可以掌握为限。在林德布洛姆看来，这种渐进主义的行动方法，有助于人们检视其所作的抉择正确与否，不至于冒险。

1959年，林德布洛姆在《"渐进调适"的科学》一文中，进一步批评了传统的政策分析模式即全面理性模式，并且阐述了他的连续有限比较模式（即"渐进调适"模式）。林德布洛姆认为，这种决策模式：（1）不依赖理论作为政策制定的指导原则；（2）注重社会上既有的政策，在此政策的前提下，进行边际调整和创新；（3）着重分析涉及政策制定的几个重要变量，其余的因素都被排除；（4）目的与手段，价值与事实在决策中交互为用，相互混淆，不作明确的区分。①

1963年，在《决策的策略》一书中，林德布洛姆将他的政策分析模型称为"断续渐进主义"，而传统的理性决策模式则被他称为"全面分析"，这种分析的含义是："小心和完善地对所有可能的行动途径及这些途径的可能结果进行研究，并且用价值观对这些结果加以评估，在各种不同的行动途径中作出选择。"而断续渐进主义的特点则是只作因时间差距进行边际的选择，只考虑有限的政策方案和有限的行动后果，只在于调适目标、重新检查资料、作连续不断的补救性的分析评估及社会片段分析。

到此，林德布洛姆的"渐进调适"模式已基本定型，并且产生了很大的影响，与此同时也遭到了激烈的批评。针对来自各方面的批评意见，林德布洛姆后来又发表了一系列论著加以反驳，并且改正、扩展、完善了他的"渐进调适"的科学，尤其是1979年他在美国《公共行政学评论》上发表了《尚未达成，仍需调适》一文，对自己的理论进行系统地辩护和补充。他区分了渐进政治、渐进分析、党派相互调适等概念，补充了"党派相互调适"和社会组织等方面的内容，他特别对渐进分析的层次进行了划分，即划分为简单的渐进分析、断续的渐进分析和策略分析三个层次。林德布洛姆还认为，渐进分析的这三个层次是相互联系着的：简单的渐进分析是断续渐进分析的一个组成部分，而断续渐进分析又是"策略分析"的一种。显然，《尚未达成，仍需调适》是林德布洛姆对他的渐进决策模式较系统的表述。

① 黄新华．渐进调适——林德布洛姆的政治决策模式探析［J］．福建学刊，1997（4）：75.

2. 渐近主义决策模式的主要内容

政策学家詹姆斯·E. 安德森（James E. Anderson）将渐进主义的决策观作了如下概述：（1）目的或目标的选择，对为实现目标所采取的行动进行经验的分析，两者是互相交织，密不可分的关系。（2）决策者只考虑解决问题的种种可供选择方案的一部分，这些方案同现行的政策只有量上（程度上）的差异。（3）对每一可供选择的方案来说，决策者只对其可能产生的某些"重要"后果进行评价。（4）决策者所面临的问题经常被重新界定。渐进主义允许对目的—手段和手段—目的进行无限地调整，从而使问题比较容易得到处理。（5）处理问题的决定和解决问题的正确方法并不是唯一的。考察一个决策的优劣并不要求各种各样的分析者一致认为这一决策是不是达成既定目标的最有效手段，而是看他们是否直截了当地一致同意这一决策。（6）渐进的决策形成，从本质上来说是补救性的。它更多地是为了改革当今具体的社会弊病，而不是为了提出未来社会的目标。①

3. 渐进主义决策模式的特点

渐进主义决策模式具有如下特点②：

其一，实用主义的政策价值观。渐进主义将公共政策看作是政府过去行为的延续，只是作一些增量性的改动。这实际上是一种基于现实、追求实用的断续的渐进主义。林德布洛姆认为，"政策的制定是根据过去的经验，经过逐渐变迁的过程，而获得的共同一致的政策"。也就是说，决策过程只是决策者基于过去的经验而对现行政策稍加修改而已，这种实用主义的政策价值观也是与渐进政治相适应的。

其二，注重政策稳定的政策风格。渐进决策看上去似乎行动缓慢，但它积少成多，实际速度往往大于一次大的变革。渐进决策并不是不要求变革，而是要求这种变革必须从现状出发，通过一点点的变化，逐渐达到根本变革的目的。同时，渐进决策步子虽小，但却可以保证决策过程的稳定性，达到稳中求变。政策上的巨大变革是不足取的，因为往往欲速则不达。

① ［美］詹姆斯·安德森．公共决策［M］．唐亮，译．北京：华夏出版社，1990：15-16.

② 钱再见．现代公共政策学［M］．南京：南京师范大学出版社，2007：115-116.

其三，倚重政策调整为政策工具。决策者保留原有政策的实质，以现行政策为基础进行调整，这既是由决策技术上的困难造成的，同时也是由现行政策的沉淀资本所决定的。

4. 渐进主义决策模式应遵循的原则及推行的原因

在林德布洛姆看来，渐进决策需要遵循以下 3 个基本原则：

（1）按部就班原则。林德布洛姆认为，决策过程只不过是决策者基于过去的经验对现行决策稍加修改而已。他把决策过程视为一个按部就班的过程，注意到了决策过程的连续性。

（2）积小变而为大变的原则。虽然渐进决策过程看上去似乎行动缓慢，但是，林德布洛姆认为，这种渐进的过程可以由微小变化的积累形成大的变化，其实际的变化速度要大于一次大的变革。在他看来，渐进决策要求变革现实是通过一点一点的变化，逐步实现根本变革的目的。

（3）稳中求变原则。为什么决策过程要按部就班和积小变为大变呢？林德布洛姆认为，其原因就在于要保证决策过程的连续性。在他看来，政策上的大起大落是不可取的，欲速则不达，那样势必会危害到社会的稳定，为了保证决策过程的稳定性，就要在保持稳定的前提下，通过一系列小变达到大变之目的。

林德布洛姆不仅提出了渐进决策的基本原则，而且还进一步分析了推行渐进决策的原因。在他看来，政策分析之所以不能进行理性化的周密分析，而要采用渐进分析，是因为决策与政策的制定必然要受到政治、技术和现行计划的制约，它们决定着决策必然成为渐进过程，他分别从上述这三个方面对推行渐进决策的原因作了分析。

首先，他认为，决策的渐进性是由政治的一致性所决定的。在西方国家，尤其是在美国，政治上推行多党制，决策必然要受到多个党派的影响，必然成为各个党派折中调和的产物，或者说，决策主体是多元的。然而，各个政党和政治领袖对基本政策的看法往往是一致的，因此，政治总是朝着一个统一的目标逐渐前进。各个政党之间虽然也有矛盾和斗争，但是由于其阶级利益的一致性，所以其政治利益常常也是一致的。一般来说，不会因为政党之间的矛盾和斗争而导致政治的剧烈变化。因此，林德布洛姆断言，西方国家所推行的实质上是一种渐进的政治，各个政党在竞选时仅仅对每项政策提出渐进的修改。政党自身的政策也是渐进地改变的，与此相一致，政府的决策过程必然是一个渐进的决策过程。

其次，他认为，决策的渐进性也是由技术上的困难造成的。在他看来，进行任何一项决策必然要与时间、信息等因素相关，而决策的正确程度则直接受制于决策者对决策备选方案及其后果等信息的了解程度，决策者对决策备选方案及其后果了解得越深入、透彻，决策正确的可能性就越大，反之亦然。然而，决策者并没有足够的时间和智慧或者其他手段了解所有的决策备选方案，洞悉每一项决策备选方案的后果，或者说，决策者在技术上不可能对决策的所有备选方案都做到深入、透彻的了解。因此，林德布洛姆认为，决策者不可能等到对决策的每一个备选方案及其后果都深入、透彻地了解后再作决策，而必须在有所了解的基础上作决策，然后边执行边修正。这就是他所谓决策过程中的"修修补补"。

最后，他认为，决策的渐进性是由现行计划的连续性所决定的。在他看来，任何一项新的决策都不得不考虑原有决策的影响，因为原来决策已造成了一个既成事实，这就是现行计划，而现行计划可能已经投下了巨大的资本和精力，这就在一定程度上排斥了巨变，否则便会带来一系列组织结构、心理倾向、行为习惯的震荡和财政困难。因此，林德布洛姆指出，为了保证现行计划的连续性，决策过程也只能是渐进的。①

5. 对渐进主义决策模式的评价

较之于理性模式，渐进模式可能是对通常是怎样作公共政策决策的准确描述，但是批评家们已经发现它所表现出的研究思路方面的几个错误。第一，它因缺乏任何一种目标倾向而遭到严厉的批判。正如福里斯特所说，渐进主义"会使我们反复跨越结合部，然而却不知自己正走向何方"。第二，人们批判这种模式具有内在的保守性，因为人们猜测，它缺乏大规模变化和革新。第三，渐进模式是不民主的，因为它在某种程度上把决策限制在一群特选的高级政策决策者当中讨价还价。第四，通过阻止系统分析和计划，破坏寻求有希望的新选择的需要，它可能引起短视的决策，从而在短期里会给社会带来不利的后果。② 有学者

---

① 丁煌．林德布洛姆的渐进决策理论［J］．国际技术经济研究，1998，（3）：24-25.

② ［美］迈克尔·豪利特，M. 拉米什．公共政策研究：政策循环与政策子系统［M］．庞诗等，译．上海：生活·读书·新知三联书店，2006：249-250.

对渐进模式在分析方面的狭隘性进行了批判。如德罗认为，林德布洛姆的渐进主义模式只有在具备如下3方面条件时才能有效：（1）现行政策的执行结果是基本满意的；（2）所面临问题的性质相对稳定；（3）解决问题所需的资源能够持续获得。反之，则至少在3种情况下渐进主义是不适宜的：（1）现行政策已经明显的不能令人满意，因而仅仅作出调整是没有意义的；（2）由于所面临的需要政府作出回应的问题可能变化太快或太大，基于过去经验的政策已不足以指导将来的行动；（3）解决问题所需的资源可能在扩展，因而存在某些有重要意义的新机会，但是这些情况很有可能为渐进主义的决策方式所忽略。① 还有学者指出，渐进途径在代表性和回应性上具有明显的优点，但它的局限也同样明显。（1）它的保守性使得对于政府而言难以深入、有效地了解社会；多元主义倾向于自我膨胀。（2）渐进模式的另一个问题是依赖小幅度的连续改变政策，最后却可能导致不愿见到的或不可预料的结果。（3）渐进模式的相关局限在于其政策制定上形成循环。由于没有明确的目标或全面的计划，会使行政人员重复过去的程序和组织安排，即使在早期，意识到缺陷而进行修正之时也是这样。（4）渐进模式的决策方式并不符合那些试图改变社会，或是承担重大风险的基础性决策。②

林德布洛姆认为，渐进决策的长处首先在于适合了民主政治的需要。因为枝节的调整，而不作根本动摇有助于维持民主政治的存在和稳定。其次，渐进决策每次只向前进一点，不行则停，这样的稳扎稳打不至于太冒险，也易于把错误带来的损失降到最低程度。再次，渐进决策看上去行动缓慢，但积小变为大变。步子虽小，只要步子很快，其对现状改革的速度并不亚于一次大的变革。政策上大起大落的变化是不可取的，往往欲速则不达，还会危及系统的稳定。林德布洛姆对那些信奉渐进方式的决策者作了如下的赞美："按部就班、修修补补的渐进主义者或安于现状者或许看来不像个英雄人物，但他却是个正在同他清醒地认识到对他来说是硕大无朋的宇宙进行勇敢角逐的足智多谋的问题解决者。"我国学者黄健荣认为，尽管渐进主义的模式受到来自多方面的批评，由于它所具有的种种突出的可以使人认同的优点，它已经成为决策理论的

① Y. . Dror. Muddling Through: "Science" or "Inertia"? [J]. Public Administration Review, 1964, (20): 153-157.

② ［美］戴维·H. 罗森布鲁姆，罗伯特·S. 克拉夫丘克：公共行政学：管理、政治和法律的途径［M］. 北京：中国人民大学出版社，2002：353-354.

主要模式之一，对于“政策应该如何制定”以改善决策过程的挑战具有重要意义。它的主要长处可见于如下四个方面：减少了对决策议题、决策议题中难题以及解决方案作全盘重新考虑的必要性和期待，从而使创制新政策和新计划所需的智量投入最小化；减少决策过程中因政策变更较大和较快以致可能引发的矛盾和冲突；较有连续性的政策更易于在政策适用范围中被认可和接受；减少决策失误的风险①。

6.3.4　“垃圾桶”模型

“垃圾桶”模型这个概念是由迈克尔·D. 科恩（Michael D. Cohen）、詹姆斯·G. 马奇（James G. Mareh）、约翰·P. 奥尔森（Johan P. Olsen）三位学者于 20 世纪 70 年代初期提出来的，用于描述组织机关在目标模糊、决策技术不明确及决策者偏好不确定的模糊决策情境之下的决策行为，所以，它不是含糊的比喻，而是清晰的决策理论模型。该模型问世以来，得到西方学者广泛的关注，不少学者用它来描述现实组织决策过程，其中，最成功的当属约翰·W. 金登用其来解释美国联邦政策的决策过程。与国外学术界对这一模型的关注相对照，国内学术界似乎还不够重视它。这主要表现在，系统译介及研究“垃圾桶”模型的学术成果还比较少，而且既有的研究也只把它简单地理解为一种反理性主义的声音。

1. “垃圾桶”模型的主要内容

传统组织理论认为，组织是一个科层结构、层级节制、秩序井然的决策环境，许多事件与活动都可以通过手段与目标的连锁关系加以排列澄清，而后通过问题的分析规划理清因果，借由果断的行动获得预期的结果。

与此相反，科恩等人认为，组织的决策程序是无序的，问题、偏好与解决方案之间并没有一致的逻辑推演关系。因此，组织的决策过程表现为一种“组织化的无序”（organized anarehies）。这种组织决策过程具有如下 3 个特征：

（1）模糊偏好（Problematic preference）。即组织的决策者对于解决问题的偏好缺乏一致和明确的界定。要么决策者的偏好是模糊的，要么他的偏好会随着时间的不同而有所变化。或者是存在几个决策者，而他们的偏好是不一致

---

① 黄健荣．决策理论中的理性主义与渐进主义及其适用性［J］．南京大学学报，2002（1）：59.

的。因此，组织并非一种结构严谨的体系，而是一种松散的、能够容纳各种理念的结合体。组织的决策者是透过行动来表达政策偏好，而非以政策偏好为基础来采取行动。

（2）不清晰的技术（Unclear technology）。组织参与者并不了解整体的决策过程，对如何达成目标的手段或方法并不清楚。组织成员往往只知道与自身职责相关的业务，对整个组织的运作充其量只有一些很基本和粗浅的认识。成员需要去尝试错误，从经验中去学习，甚至要在面对危机时摸索和思考解决的办法。也即是说，人们很难理解和解释决策过程的"输入"和"输出"之间的关联。

（3）流动参与（Fluid participation）。组织决策的第三个特征是在政策形成的过程中，参与决策人员具有相当程度的流动性，也就是说，参与决策者可能前后完全不同。组织决策像一个舞台，参与者自由地进出于这个舞台。不同部门的决策者在不同的时间对不同的政策议题有着不同程度的参与。即使是同一政策议题，他们的参与亦因时、因地而异，因而显现出流动性参与的特点。

科恩等人认为，与理性选择理论的观点比较，符合上述条件的这些组织可以被描述为一种"宽松的观念的集合"（loose collection of ideas）。在这个"组织化的无序"状态中，要达成组织的决策，往往需要问题、解决方案、参与者和决策机会这四个各自独立、互不相干的因素。

其中，问题可能产生于组织内部，也可能产生于组织之外。而组织决策的参与者则自由进出于决策场域，他们在不同问题和解决方案上的参与程度各不相同。同时，组织决策的参与者可能随身携带着自己所喜好的问题或解决方案。但这些问题和解决方案要结合成为一种政策决定，还必须具备合适的决策机会。马奇和奥尔森将这种决策机会看作是"由参与者将各种各样的问题和解决方案倾倒于其中的"垃圾桶"。

来自组织内部的所有信息都被倾倒进垃圾桶，这些信息不仅仅包括与组织现时面临的问题有关的信息，也包括同一时间里，其他产生于个人日程或者计划方案的信息。同时，组织也趋向于产生许多决策方案，但这些方案常常由于缺乏适当的可行性而丢进"垃圾桶"。前述的四种因素就在这个处于"组织化的无序"状态下的垃圾桶里随机配对，最后形成产出。

科恩等人提出的垃圾桶决策模式关注到决策过程中的一些模糊和不可预测的决策情况。在他们看来，作出决定是一个高度模糊和不可预测的过程，有什么样的政策产出，取决于垃圾桶摆放的位置，取决于当下会产生什么样的垃圾，也取决于可获得的垃圾桶的混合，取决于垃圾被收集和移走的速度。从这个角度看，垃圾桶模型不但否认了理性模型所追求的完全理性的目标，甚至也否认了渐进主义决策模型所允许的有限理性。

2. “垃圾桶”模型述评

垃圾桶模型的最大特点，就是它将政策制定和决策描述为一个零碎的、偶然的和高度流动的过程，正由于此它遭到了许多学者的围攻。有人认为，尽管它能比较精彩地描述政策制定过程，但是无法指导政策制定。它并不能提供具体的方法去预测选择机会将在什么情况下出现。它更多的是一种隐喻，是一种叙事，是以反理性主义的“语法”作为后设基础而讲述的关于决策的故事。① 龚虹波认为，垃圾桶模式存在以下两个缺陷：（1）最致命的是理论因果解释力的下降；（2）理论与现象相符的可能性受到质疑。② 我国台湾学者丘昌泰认为，垃圾模型所指的仅仅是公共政策中的某部分的病态，并非是常态现象。③

但是，也应该看到，对于政策过程的研究来说，垃圾桶决策模式也具有重要贡献。首先，在方法论上，它将政策分析深刻地嵌入组织分析与制度分析之中，提供了一个视野广阔的研究战略和有很强的生成能力的分析框架。其次，从政策制定的实践角度，它提供了一个容纳各种方案、意见的更大的空间。再次，与渐进调适方法比较而言，它补充了渐进主义对于非渐进决策的解释力的不足，更有助于我们理解政策实践中为何许多政策问题仍然无法获得完美的解决。④

6.4　决策的条件与功能

任何公共决策都不是在真空中产生的，需要一定的社会和自然条件。只有在充足的社会和自然条件保障下，决策才能顺利产生。同样决策总是会对社会和自然产生反作用，这种作用可以称为决策的功能。

① 郭巍青．政策制定的方法论：理性主义与反理性主义［J］．中山大学学报：社会科学版，2003，（2）：43.

② 龚虹波．“垃圾桶”模型述评——兼谈其对公共政策研究的启示［J］．理论探讨，2005，（6）106-107.

③ 丘昌泰．公共政策：当代政策科学理论之研究［M］．台湾：巨流图书公司，1999：236.

④ 张才新，夏伟明．垃圾桶决策模式：反理性主义的声音[J]. 探求，2004，(1)：38.

6.4.1 决策的条件

1. 权威

西蒙在《管理行为》一书中，对“权威”的定义，在本质上是同巴纳德的定义相同的。巴纳德认为，“只要组织中有人允许由他人提供的决策前提来指导自己的决策，我们就认为这是组织中的权威行使现象①”。西蒙认为，“只要一个下级人员将自己的行为置于上级决策的指导下，不对该项决策的是非曲直进行自主审查，我们就说，那个下级人员接受了权威②”。因此，西蒙把“权威”定义为指导他人行动决策的制定权。它是“上级人员”和“下级人员”两者之间的一种关系。上级人员制定并传达决策，同时预料下级人员接受这些决策。下级人员则预料上级下达这种决策，并靠它们决策自己的行动。权威的独特性质在于，它并不追求让下级信服，而只求下级顺从。所以，西蒙提醒读者留心“不要过于狭隘地解释‘权威’一词”。西蒙进一步指出权威有3种功能：(1) 它加强了行使权威的那些人的个人责任。(2) 它保证了决策制定工作中的专门知识和专门技能的利用。(3) 它有助于活动的协调。③当然，权威并不是无限度的，它有一个被下级接受的范围。接受范围的大小，取决于让权威生效的保障手段，如共同目标、习惯、引导等正面的和中性的诱导因素。如果把上级与下级的关系比作公共汽车的司机与乘客之间的关系，那么就开车的方向而言，乘客只给司机留下了较小的自由选择权。

2. 信息沟通

信息沟通是指一个组织成员向另一个成员传递决策前提的过程④。信息沟通对组织来说是绝对必要的。因为，如果没有信息沟通，集体就无法影响个人行为了。组织中的信息沟通是一个双向过程：它既包含向决策中心传递命令、

---

① ［美］赫伯特·A. 西蒙. 管理行为［M］. 杨砾，韩春立等，译. 北京：北京经济学院出版社，1988：12.

② ［美］赫伯特·A. 西蒙. 管理行为［M］. 杨砾，韩春立等，译. 北京：北京经济学院出版社，1988：13.

③ ［美］赫伯特·A. 西蒙. 管理行为［M］. 杨砾，韩春立等，译. 北京：北京经济学院出版社，1988：132.

④ ［美］赫伯特·A. 西蒙. 管理行为［M］. 杨砾，韩春立等，译. 北京：北京经济学院出版社，1988：149.

建议和情报，也包含把决策从决策中心传递到组织的其他部分。此外，信息沟通是一个向上沟通，向下沟通，并最终遍布组织的过程。

组织中的每个具体的个人，都拥有与他必须制定的具体决策有关的信息。分配和安排决策制定职能的一个相当简单的办法，就是给每个组织成员指定他拥有有关信息的那些决策任务。但是，这种作法存在着一个根本上的困难，那就是，单独的一个人，是不具备制定一项具体决策所需的全部有关的信息的。所以最好的办法是，把决策分解为决策前提，并把这些前提分配给各个组织成员，那就必须建立一个信息沟通过程，以便通过这一过程，将这些前提从各个拥有者那里，传递到能将它们组合起来并加以传递的决策中心，然后再传递给必须执行决策的那些人。一般而言，组织包括正式信息沟通系统和非正式信息沟通系统，非正式信息沟通系统是正式信息沟通系统的补充。

3. 效率准则

效率准则是组织决策制定过程中的一个很重要的因素。因为管理者有权处理的资源、投入，是相当有限的。管理者的职能，并不是建立一个空想的完善计划。他的职能是通过有效利用现有的有限资源，力争最大程度地实现组织目标。效率准则指的是，在所用资源一定的情况下，选择能产生最大效益的备选方案。① 效率准则关注用最省钱的办法，去达到预期目的。至于要达到什么样的目的，效率准则是不关心的；它在价值问题上是完全中性的。所以，效率准则，在非工商组织中的应用，要比它在工商组织中的应用更复杂。因为掌握这些组织命运的人们并不仅仅是出于盈利动机，他们还关心公众利益或雇员福利问题。因此，为了使效率准则能够在非工商组织中应用，西蒙对效率概念进行了扩充。西蒙进一步指出，只有当资源数量和组织目标已经给定时，效率才成为管理决策的一个控制因素。而在资源、目标和费用皆为可变因素情况下，组织决策不能单纯建立在效率方面的思考之上。

4. 组织认同

西蒙认为，一个人在作决策时对备选方案的评价，如果是以这些方案给群体造成的后果为依据的，我们就说那个人与那个特定群体认同了。认同过程，就是个人以组织目标去代替个人目的，使前者成为其制定组织决策时所用的价

① ［美］赫伯特·A. 西蒙. 管理决策新科学［M］. 杨砾，韩春立等，译. 北京：中国社会科学出版社，1982：173.

值指南的过程。

通过认同作用，有组织的社会便迫使个人接受了社会价值图式，以此取代个人动机。社会所造成的认同模式，可以导致社会价值与组织价值之间的一致性，在这种情况下，组织结构对社会是有利的。

认同现象，在管理上不仅发挥着重要作用，而且也给管理工作带来了一些不良影响，主要是它妨碍了组织成员在必须权衡他所认同的有限价值与其他价值时，作出正确决策的能力。因此，我们必须认真设计组织结构，以便把认同所造成的决策偏差减少到最低限度。在这方面，西蒙作了两个方面努力：（1）专业化分工。职能专业化要取得成功，其部分条件是不允许有职能认同范围外的价值结论。因为这种结论的存在会给决策带来严重偏见。（2）安排决策制定职能。它应遵循这样的基本原则，那就是：每项决策必须被安排在组织这样的地方，使它们在那里依照效率观点来作出，而不是从合适的观点出发来作出。这样，面临社会价值与组织价值之间抉择的管理者，当他把组织目标放在更大的社会目标之前考虑时，或多或少会产生一种内疚感，于是，管理者会把对较小组织的忠诚，转变为对较大组织的忠诚，把比较狭隘的目标，转变为比较远大的目标。

6.4.2 公共决策的功能

公共政策与公共管理是密切相关的。公共管理的运行活动包括计划、组织、指挥、控制、协调等，多个功能环节的实施都有赖于公共政策的决策和执行。所以，西蒙说："管理就是决策。"① 根据阶段理论，公共政策主要分为决策、执行及评估三个分阶段，因此，决策不仅是公共政策过程的基础，也为实现公共管理上述功能活动提供了一个平台。

（1）公共决策是公共管理的起点。整个公共政策过程构成公共管理的重要路径。政策问题的产生、议程设定、政策规划、政策执行、政策评估的过程是一项公共决策的系统工程。通过这些过程，公共组织与外部环境（政策对象与政策环境）之间进行信息交换与互动，不断地进行政策输入与输出、再输入、再输出的循环。依据这一路径，公共管理领域中的目标在公共政策过程中的不同阶段被分解为具体的管理目标，形成操作性的管理活动，以实现公共利益。公共决策较之于公共管理过程，是首要的环节，是起点；没有政策，就没有目标明确和卓有成效的执行以及评估活动。

---

① ［美］赫伯特·A. 西蒙. 管理决策新科学［M］. 杨砾，韩春立等，译. 北京：中国社会科学出版社，1982：3.

（2）公共决策是公共管理履行各项功能的基础。公共管理有计划、组织、指挥、控制和协调等各项基本功能。计划，就是对如何实现决策目标和任务作出安排，制订系统有序的行为步骤；组织，就是为实现决策目标而对一些机构和人员重新组合，或成立新的管理机构；指挥，就是建立一个统一有效的指挥系统，领导和指导执行组织的工作，有效地实施计划；控制，就是监督检查，对公共管理活动中的各种行为加以控制，使管理活动沿着预定的方向推进；协调，就是改善和调整各个执行机构、人员和各项活动之间的关系，使各自之间分工合作、密切配合，减少相互之间的重复、矛盾和摩擦。所有这些功能环节都是以公共决策为基础的。

（3）公共决策贯穿公共管理过程的始终。公共决策不仅为公共管理的展开提供了起点，而且公共管理的其他环节也包含着决策活动，从而构成了行政决策。在现代社会，两者的边界已很难明确区分，公共决策和行政决策已经渗入公共管理的细节之中。如在公共管理过程中一旦由于实际环境的变化出现与预期相偏离的情况，某一方案的执行过程要及时进行纠正。这本身就是再决策的过程。从这个意义上说，公共管理的实际运行是一系列公共决策的结果。

（4）决策是公共管理活动能否取得成效的关键。公共管理的全过程都需要正确的决策，没有正确的决策，任何公共管理都是无效的。决策是公共管理的灵魂，只有科学有效的决策才能保证科学的公共管理。

关键概念

决策　　价值要素　　事实要素　　全面理性　　有限理性
渐进主义　　垃圾桶模式权威　　信息沟通　　效率准则
组织认同

思考题

1. 有限理性决策理论有何意义？
2. 林德布洛姆提出的渐进决策模式具有哪些特征？
3. 如何评价“垃圾桶”模型决策模式？
4. 如何理解决策的条件？
5. 如何看待决策在公共管理中的功能？

第7章 公共管理的协作

公共管理不仅仅是政府部门单一主体参与和实施的行动过程，而且是结合了多元要素和多重力量共同参与、协作，从而群策群力展开的。这是现代社会民主观念深入人心、公民精神普及、知识化时代快速发展的共同结果。传统时代的管理与被管理者对立的关系早已过时，新的服务理念之上形成的平等互动的服务与被服务的关系逐渐将其取而代之。在这一过程中，公共管理的协作成为一个关键的要素，协作不仅是公共管理是否有效的关键因子，也是衡量公共管理是否文明、是否具有高附加值的创造性的标志之一。

7.1 公共管理协作的内涵

协作，或者称合作，对于它的定义，美国管理学家达霖·格里姆赛提出了合作五要素说。其五要素包括：参与者、关系、资源、相互责任、连续性①。这五个要素指明了管理协作所涉及的管理参与者及其相互关系，协作中需要配置的资源，管理者之间的相互责任，以及管理中相互关系存在的连续性。这一五要素的定义比较简明地概括了管理协作的核心要旨。据此，我们可以将管理协作概括为管理过程中不同参与者凭借其资源构建起相互支持和相互承担责任的依赖关系，而且这一关

① ［英］达霖·格里姆赛，［澳］莫文·K. 刘易斯. 公私合作伙伴关系［M］. 北京：中国人民大学出版社，2008.

系只有保持一定的连续性才能称为合作，否则合作将会终止。

按照相关研究成果，协作可以分成不同的类型。社会协作是超越血缘家庭关系的陌生人之间的共同合作，从其根本性质来看，可以分成三种类型：（1）避免霍布斯状态、实现矫正正义的“共处共生型合作”，其合作过程是“平等—合作—融合—和谐”。其理论基础是卢梭的社会契约理论，通过共同的契约规范人类的行为，实现和平共处；（2）互通有无的“互惠互利型合作”，其目的是保障人类互通有无，实现交换正义，达到交换双方的互惠互利，其基本过程是“互需—互补—互惠—互利”。理论基础是斯密的民商契约理论，通过共同民商契约来实现合作交易。（3）共同提高福利水平、实现分配正义的“共创共享型合作”，它保障了人们交换之后消费物品的公正性，以实现人们通过共创、共建等生产活动而对收益的共享，基本过程是“共生—共创—共识—共享”①。（详见表 7-1）

表 7-1　　三种合作类型比较及所需的制度安排

	共处共生型合作	互惠互利型合作	共创共享型合作
合作目的	避免霍布斯状态，实现矫正正义	互通有无实现交换正义	共同提高福利水平实现分配正义
合作过程	平等—合作—融合—和谐	互需—互补—互惠—互利	共生—共创—共识—共享
作用范围	共用资源域	交换域	组织域
组织形式演变	从赔偿制度开始，村落共识—庄园—封建领地—民族国家	从礼品交换开始，集市贸易—工商城市—国内市场—国际市场	从邻里互济开始，互济组织—自治组织—公益组织—政府提供基本福利

① 席恒，雷晓康．和谐社会的制度基础与公共管理的基本任务——基于合作收益的分析框架［J］．西北大学学报：哲学社会科学版，2008（5）．

续表

	共处共生型合作	互惠互利型合作	共创共享型合作
理论基础	卢梭的社会契约理论	斯密的民商契约理论	哈贝马斯的商谈民主理论
制度安排	降低防范成本	降低交易成本	保障收益公平地分享
社会管理机制	认同与共识机制 公共秩序维护机制 社会预警机制 应急处理机制	信息共享机制 监督约束机制 政府的宏观机制	公众参与机制 诉求表达机制 利益协调分配机制 社会救济机制

以上三种类型的划分实际上与人类三种领域的生活密切相关，第一种合作与人类政治生活领域有关，其基本逻辑符合政治竞争的轨迹，最终建立的组织形式也是通过政治权力形成的民族国家。第二种合作与人类经济生活领域有关，其基本逻辑符合基于人类交换活动而演变的市场经济的发展，最终形成的组织形态是一体化的国内和国际市场。第三种合作与人类社会生活领域有关，其基本逻辑符合社会活动的基本要求，最终的组织形式也是社会性公益组织。这一分类较为恰当地反映了人类基本生活中普遍存在的协作形式，无论是政治经济还是社会生活，都离不开协作。没有协作，人类集群就无法形成稳定的组织形式，也无法延续和发展集群生活模式，只能长期处于原子式的个体单打独斗的无政府状态中。

公共管理中的协作具体指在人类公共管理活动过程中，不同主体之间互相支持、帮助、依赖和形成合力的结构关系。它不同于一般的社会和经济性合作，主要是围绕公共利益和公共目标而开展的群体与个体之间的合力性关系。由于公共管理活动的普遍性，所以可以说，公共管理的协作分布在所有的层次和所有的领域，几乎所有的公共管理行为都需要协作。或者换一句话说，协作决定了公共管理的效果和接受度。公共管理的协作可以分成许多类型，从目前前沿的研究来看，最受关注的公共管理协作的类型包括政府部门的垂直协作、政府部门的横向合作、政府与市场的公私伙伴关系以及不同地域的跨地区合作等。以下各节分别阐述这些不同类型的公共管理合作。

7.2 垂直协作

垂直协作是针对政府部门特有的鲜明的庞大的金字塔形垂直等级体系而言的合作形式。这在一般的社会性组织中表现并不明显，因为很少一个组织有政府部门那么庞大的组织规模和垂直的等级层次。垂直协作对政府来说是一个至关重要的问题，协作的效果直接决定了政府部门的执行效率。所谓垂直协作是指政府部门纵向层级之间，为了更好地实施来自高层的行政意志，而调动不同层级的资源、协调不同层级的关系、推动不同层级之间的互动，以达到形成共同的合力，取得政策实施效果的行为。

7.2.1 垂直协作产生的原因

政府部门垂直协作的需要来自其内部的特殊责任机制。所谓责任机制是指公共机构对其所享有的公共权力的分配以及相应责任划分的内在机理、逻辑线路和实施过程。政府部门内部的特殊责任机制是指政府部门的责任经过两次细分而形成的独特的责任行使的模式。第一次是政治责任机制，这是在选民和代表之间的责任委托与行使的机制，产生了负责行使主要责任，向选民负责的政治决策机构，及立法机关。第二次是在政治机构和行政机构之间的责任委托机制，行政机构受到政治机构的委托行使其决策的执行权，向政治机构负责。

此处所言的内部特殊的责任机制就是指第二种行政责任。行政机构的内部责任所赖以履行的组织形式必须是纵向构建的层级制组织，通过纵向层级组织，实行层层命令和层级监控，从而保证政治决策能够一级一级地准确实施。但是，这种机制在长期运行过程中也显示出其明显的弊端，这一弊端正遭到了人们的强烈批判。有学者将其弊端总结为三个方面：第一，它是一种范围较窄的责任。这种责任机制是下级向上级单向承诺的，其负责范围也受制于单线式的纵向层级组织。第二，这种责任机制是对错误而不是对成就负责的。其目标是回避错误，因此鼓励逃避风险。第三，它是一种命令者与执行者责任分离的机制，命令者负责，但不执行，而执行者执行却不负责①。这种弊端普遍存在

① ［澳］欧文. E. 休斯. 公共管理导论［M］. 北京：中国人民大学出版社，2001：272.

于行政机构中，所以导致行政机构经常出现命令与执行得不到统一的后果，尽管高层领导者努力推行某项公共政策，但是基层执行者却并不热心，推卸其责任，阳奉阴违，使得政策执行效果无法达到预定的目标。执行官僚还因为害怕承担责任，拼命躲避风险，避免错误，不会主动负责，导致大量政策被积压、拖延或者耽误，从而也影响了高层政策的实施效果。

为了克服这种弊端，加强行政机构内部的沟通和协作是必要的方法。如何让行政机构内部的责任机制改变这种不足，只有针对其产生的原因对症下药，才能有效地解决其问题。行政机构责任机制的不顺畅和低效，不是因为责任的不明晰，而是出于纵向层级的结构关系，这种纵向分布的责任机制容易出现责任断裂现象，所以只有加强沟通和协作，才能弥补这一断裂的鸿沟，保证决策高层和基层执行者之间达成共识，有效合作，从而共同推动政策的实施。垂直机构的协作关系到其责任机制能否顺利实施，其政策目标能否顺利实现的重要问题，所以在垂直机构之间，准确认识和明晰确定协作关系和协作方式成为行政机构的另一个重要问题。

7.2.2 垂直协作的内容

垂直协作也叫纵向协作，垂直协作的主要内容涉及政府内部管理的所有方面，即垂直协作包括政府内部管理的全部过程和全部内容。只要政府等级体系需要完成既定的政策，那么就需要一种从上到下或者从下到上的协作管理，来顺利执行各项政策。否则，任何政策的执行都难以取得预期的效果。垂直协作是政府内部管理的必然保障，贯穿在各项公共管理活动过程之中。具体来看，垂直协作的内容包括：信息沟通、项目调整与组织整合。

按照美国学者的观点，纵向协作的活动包括寻求信息和项目调整两大内容。这两点的确是政府机构内部纵向协作的主要内容。按照相关观点，纵向协作管理中的一个最普遍的活动是州与联邦政府联系以获得项目和资金信息①。美国联邦政府掌握了大量的公共财政资金，这些财政资金以各种项目的形式向不同州、县甚至社区发放，以实现联邦政府推动社会总体发展的目标。而这一政治背景成为了各个州争取获得联邦资金和开展地方项目的前提。这一过程即需要有效的垂直协作。州必须了解该项目的要求、资金的额度、资金审批的程

① ［美］罗伯特·阿格拉诺夫，迈克尔·麦圭尔．协作性公共管理：地方政府新战略［M］．北京：北京大学出版社，2007：67.

序，并通过组织专业人士投入到项目设计，加强与咨询委员会等在内的许多联邦机构的沟通，从而实现其财政目的。利用信息资源的另一个重要目标是寻找行政管理解释并达到相互理解。较高层级的政府有其目的和需要，通常是维持法定项目目标和财政的完整性。而对项目方针的曲解经常是地方管理者缺乏经验的结果，因此，简单便捷的协作性联系和咨询能够使昂贵的合同条款或者看起来不能改变的规章制度和标准变成一个机会①。

城市纵向协作活动的第二种类型包括“通过要求获得一些不明显违背标准、规定或者方针，但是却与上级管理者和地方管理者工作目标相一致的地方不对称的待遇或者项目调整，从而寻找执行中的行动自由。寻求调整方案的活动包括要求终止或者改变项目规定或者规章制度，把其项目重新界定为一个模式或者试验，或者变严格的服从为更多的灵活性和更加的绩效”②。这一类型可以概括为项目调整。之所以要进行项目调整的垂直协调，是因为无论从高层还是基层都不一定能够确保某个政策项目能够准确地预测政策实施过程中的环境不确定性和各种变化可能性，所以随着环境的变化，各种不确定因素的出现和未知条件的产生，项目总需要进行不断的调整。项目调整是政策执行过程的必然环节，是保证项目实施效果的前提条件。无论是高层决策者还是基层执行者都需要对这一问题进行多方面和多层次的沟通协作，才能有效地保证政策在不断调整和变革中实现既定目标。这种协作需要有一种制度化的沟通和协作平台，高层和基层需要建立一种机制化的沟通渠道，保证沟通协作的便捷开展和有效施行。这一沟通协作机制包括信息的沟通机制、资源的调配机制、监督管理的反馈机制等。通过这些机制的健全和完善，针对项目调整的垂直协作可以真正建立和发挥作用。

垂直协作的第三种方式是组织整合。所谓组织整合是指政府机构内部利用其垂直管理的模式调整组织关系，梳理上下级之间的职权，加强上下级之间的合作与沟通，从而达到上下一致、团结合作的状态。组织整合是比较常用的协作方式，其表现方式包括：机构重组、增加派出机构等。如果政府机构面临社会环境的变化，下决心改变既有的垂直组织，必须对既有的组织机构进行合

① ［美］罗伯特·阿格拉诺夫，迈克尔·麦圭尔．协作性公共管理：地方政府新战略［M］．北京：北京大学出版社，2007：68.

② ［美］罗伯特·阿格拉诺夫，迈克尔·麦圭尔．协作性公共管理：地方政府新战略［M］．北京：北京大学出版社，2007：70.

并、裁撤等重组活动，通过这样的重组来使得政府组织更加统一职能，强化上下一致的管理能力。例如在土地管理问题上，通过加强中央与地方土地管理部门的垂直性合作，强化土地管理的宏观调控职能，从中央到地方都成立相关的国土资源管理局，实行垂直管理和地方管理双向管理，从而保证在国土资源管理方面的协作性和统一性，更好地加强土地资源的保护和管理。而增加派出机构是加强垂直协作的一种重要方式，垂直合作的一个重要保证就是从上到下都有相关的负责的组织机构，如果缺少这样的相应机构，那么垂直合作的困难就非常明显，某些方面的具体职能就难以落实。通过设立派出机构，以这种灵活的组织形式来实施某方面的职能，能够确保政府有效行使一定的职责。这方面的例子非常多，我国政府不同的部门都普遍使用了这种组织形式，设立派出机构来保障中央和上级政府的职能能够在地方和基层很好地落实。当然，这种形式的组织也存在一定的问题，派出机构一旦设立极容易固化成一级政府组织，其官僚化和机构化问题变得越来越严重，反而加重了政府的负担，减弱了政府的工作效率。所以，既要加强垂直机构的协作，又要克服机构膨胀和僵化的问题是政府组织变得需要考虑的两个重要方面。

7.3 部门合作

部门合作是政府合作的又一个重要内容。如果垂直合作是指政府纵向等级结构间保证命令统一、有效履行职能，防止层级阻碍政策执行采取的必需措施的话，那么部门合作则是指横向组织职能部门之间为了防止出现沟通与合作不灵问题而采取的加强部门联系、整合部门力量、团结部门成员、统一政策目标的必要环节。

7.3.1 部门合作的原因

部门合作的根本原因在于政府组织形式的横向部门分化必然与客观事实的不可分割性之间存在无法弥补的隔阂。任何政府一旦形成一定的规模就必然会走向分工合作的道路，分工就意味着按照不同的职能建立横向的部门，不同的部门分别履行不同的职能，分工负责才能理清职能，明确职责，保证政府机构高效率地执行相关的政策。目前全世界的政府都基本上按照部门分工建立起政府组织，分别履行着国内外的各种政治、经济、军事和文化等方面的职责。甚至在一些国家呈现出越来越专业化和部门分化的趋势，全球的政府都随着政府部门分化的加剧，而不断扩增政府规模，走向了大政府的道路。当然，政府的部门设置也不是一成不变的，随着社会经济形势的变化，有些政府部门由于不适应时代的要求而被裁撤、重组，有些政府部门又因为时代的需要而被强化、扩增。但是不管怎样的变化，政府部门分化趋势从来没有改变，一直是政府的常态形式。

但是，摆在世人面前的问题是部门分化的政府组织形式一方面提高了政府的工作效率，但是也制造了新的问题，即政府部门权力和职能分化之后留下的隔离与空白，以及与客观现实完整性之间的冲突和鸿沟。部门设置是按照权力分化和任务分工来执行的，但是这种权力和职责的分割并不符合客观实际的完整性要求。不同的部门一旦设立之后必然按照部门的规则，从部门的立场出发，实现其目标。但是这种分化成许多部门的目标之和并不等同于解决客观现实问题的总体性目标，部门之间形成的分割和鸿沟导致部门之间目标的重叠、冲突和消耗，以至于总体性目标总是不能得到最好的实现。而另一个更重要的问题是部门一旦设立之后，利益因素的介入常常会形成部门利益。为了保护部门利益，部门内的成员常常会不惜牺牲总体利益。这是部门鸿沟和冲突形成的又一个现实的原因。现实生活中，我们经常发现，为了追求和保护自身的利益，某些政府部门不仅不能恰当地履行其法定的职责，甚至用公共资金谋取自身小部门利益，将公共目标遗忘或者抛弃。

基于这些客观原因，部门之间必然要建立一种合作机制，让最开始被分开和割裂的权力重新整合起来，使其能够发挥更加完整和有效的职能。只有通过建立合作机制，一方面，部门之间才能够互相沟通和协作，实现部门权力行使的整合与共赢；另一方面，部门才能够互相监督，形成共同促进式的合作关系，防止部门利益对公共目标的侵蚀，保证部门更好地执行其公共权力。

7.3.2　部门合作的内容

部门合作的方式和内容可以包括两个方面：一方面是部门内设合作性机制，自主地在部门内履行合作和沟通的职能，另一方面是在部门外设置协调机制，进行跨部门协调。

部门内设合作性机制是指在部门内部特别设立与其他主要相关部门进行沟通和协作的机构，以帮助部门在履行各项职能的过程中与其他部门能够展开恰当的沟通，以取得其他部门的支持和合作，从而保障部门职能能够顺利地执行。这种横向的沟通机构不具备强制性权力，只有进行沟通和联络的功能，通过与相关部门日常性的沟通，架设合作渠道，从而保证涉及其他部门的职权能够合理和顺畅地执行。例如在农业部门内部设立外联部，以加强与其密切相关的水利、林业等部门的联系与沟通，这样可以确保让其他部门了解本部门的工作，并取得其他部门的认可和支持。当然，这种部门内设的合作性机制的功能只能是辅助性的，在重大的问题面前，尤其是当部门之间遇到利益冲突时，这种内设合作机制的效能是难以发挥更大的作用的。

在重大问题面前，尤其是当部门之间发生利益冲突，出现部门鸿沟和裂痕的时候，就需要另一种重要的协调与合作机制，即部门外部设置的跨部门协调机制。跨部门协调是部门合作的重要内容，是在不同部门之外，设置高于双方的第三方协调部门，以其更高级的权威来履行合作与协调职能。这种机构的设置是迫于现实要求而进行的，如果没有这种机构，部门鸿沟难以得到化解，必然会严重影响公共部门的职能发挥，损害公共机构的合法性和恰当形象。当然，这种协调机构的设置也会导致机构重叠，资源浪费，甚至出现权力交错和纠缠，不利于公共目标的顺利实现。但是，不管如何，既然存在部门分立的现实就必须要建立跨部门协调机制，否则部门分离和部门鸿沟问题将无法解决。

例如，英国政府很早就提出建立合作政府的概念，这一概念的提出就是为了应付官僚组织的部门主义缺陷问题。合作政府的英文是“Joined-Up Government”，是前英国首相布莱尔提出的概念，其目的就包括了建立部门间协作机制，以克服部门主义问题。当然，英国政府很早就开始运作合作政府的建设了。1951—1953年，丘吉尔在自己与各个部委之间建立了三个协调监管的管理层，从而将各个部委联合起来，防止部门主义。此后，威尔逊政府创建了一个社会政策的联合途径（the Joint Approach on Social Policy，JASP），并于1968年创立了一个超级部（super-department）——健康与社会安全部，以此来整合政府的社会服务功能。到1970年爱德华·希思上台后发表了《重构中央政府》的白皮书，将一些小部门进行合并，希望能够建立一个广泛的、具有战略性的政府部门，以此来克服部门主义。在此白皮书的指导下，他成立了两个超级部：环境部与贸易工业部，同时建立了中央政策审查参谋机构（the Central Policy Review Staff，CPRS），这个参谋机构主要研究一些跨部门的问题，如能源问题、英国的发动机工业以及种族问题，这一做法给布莱尔很大的启示。这个参谋机构有助于将各个部门联合起来，能够确保部门新的政策和意见得到深入研究①。

当然在克服部门鸿沟和部门冲突的政府改革过程中，一些国家都掀起了所谓的大部制改革运动。大部制改革实际上也是按照政府跨部门协调机制的思路来执行的，大部制改革就是将过去分成许多小部门的，碎化的部门职能进行整合，将小部门合并重组形成更大职能的部门，以此来加强部门之间的合作与协调。例如我国政府将人事部门与社会保障部门整合起来设立人力资源与社会保障部门，将过去分属于两个大的部门的人事管理与社会保障工作整合在一起。这样有助于克服过去分属两大部门的部门鸿沟和冲突问题，将密切相关的社会保障与人力资源管理工作更好地协调起来。这种做法有点像将部门之间的合作问题转化成部门内部的合作问题。这种转化固然能够帮助化解部门合作障碍，但是并不能完全克服部门合作困难，毕竟大部制仍然是部门化的体制，只要存在部门制度，就存在部门间的合作困难。所以，在积极构建大部制的同时，建立有效的跨部门协调机制仍然是必要的。

近期流行的与部门协作密切相关的理论是整体政府理论。整合理论认为，整合（integrating）是整体政府最本质的内涵，这种整合既包括行政系统内部各部门之间基于业务流程所形成的政务协同，也包括政府作为整体在公共服务供给层面与非营利组织、企业或社区之间合作所形成的公私合作与伙伴关系。这样，不仅使行政系统的组织结构和各种资源得到了整合，打破了部门界限（boundaryless government）而使部门成为了流程上的节点，实现了跨部门的网络化政务协同与无缝（seamless），而且还使各种主体提供的公共服务及其提供途径得到了整合。整体政府的内涵为我们探索整体政府的构建途径和实现公共治理提供了理论指导，实现从金字塔组织结构向扁平化的网络状组织结构转变。从组织结构的角度看整体政府是一种新型的组织设计或结构重组，它强调打破部门界限，打破分割管理模式中分散化、功能分割、各自为政的管理和服务方式，强调将专业分工、层级节制的金字塔组织结构转变为以流程为中心的由多个工作团队或节点组合而成的扁平化网状结构，由此形成了联合岬（join-edupness）。在此基础上，通过以跨部门业务协同为特征的流程再造，实现业务整合，通过政府部门内部业务处理流程再造，改变各职能管理机构重叠、中间层次多的状况，使每项职能只有一个职能机构管理，做到机构不重叠、业务

① 曾令发. 合作政府：后新公共管理时代英国政府改革模式探析［J］. 国家行政学院学报. 2008（2）.

不重复。通过跨部门业务流程再造，构建跨越多个职能部门边界的业务流程，把处理同一个业务所涉及的各个部门整合在一个流程上，使完成该项业务所涉及的各个职能部门所需要的各个功能环节和机构的人员以及各种资源整合成为一个完整的业务处理流程，打破部门界限实现跨部门的网络化协同办公。通过社会服务流程再造，实现政府部门与公众沟通的电子化和网上办公，实现为公众的无缝化、整体化服务①。

整体政府理论为部门协作提供了一个很好的理论模式，也指明了部门协作的逻辑方向。部门分化之后的政府面临如何重新整合的问题，通过整体政府理论的探究，部分地阐明了未来部门主义改革的基本路径，这是实践中需要进一步予以验证和发展的课题。

7.4 公私伙伴关系

公私伙伴关系是公共管理协作的第三种重要方式，又称 PPP（Public-Private Partnerships）机制。它不同于政府内部的垂直合作与部门合作，它是政府与社会、私人机构之间的合作。正是因为合作主体的不同，所以合作机制和途径都不同于前两种合作方式。按照前文提到的英国合作政府的概念，合作政府也包含了除部门协调之外的更大范围的合作，其中即包含了公私伙伴关系。布莱尔是希望在第三条道路思想指引下，超越传统的官僚体制与新公共管理模式，寻求政府管理的第三条道路，他试图通过建立一个跨组织的、将整个社会治理机构联合起来的治理结构，包括中央与地方政府、公共组织、私人组织以及志愿者团体，通过将这些机构联合起来实施整体战略，最后建成一个无缝隙的、以公民为中心的政府②。

1. 建立公私伙伴关系的原因

公私伙伴关系的提出并不是追求特定的社会时髦，而是社会发展的必然要求。它的提出有着复杂的社会背景，是历史和现实发展的自然结果。它包含了经济、社会、政治和价值观念诸方面因素的作用过程，正是人类社会进入 21

① 蔡立辉，龚鸣．整体政府：分割模式的一场管理革命［J］．学术研究．2010（5）．

② 曾令发．合作政府：后新公共管理时代英国政府改革模式探析［J］．国家行政学院学报．2008（2）．

世纪以来更加复杂的要素综合性作用才形成了更加普遍和更加深入的合作性思维和政府愿景。具体说来，有以下几个方面的原因：

（1）经济发展过程中私人资本自我保护和社会介入的要求

自由市场的资本主义发展大力推动了个人创造力和对资本占有能力的发展，使得越来越多的个人享有自己所希望的资本和资源，这毫无疑问给个人带来了更多的机会和能量，也给国家和公共机构带来了新的压力。具有越来越大的能量的个人不满足于只享有资本的快乐，而是希望通过自己的努力，建立个人共同体，更有效地保护自己的财富，创建更加有保障的社会制度。因此，在私人资本的快速发展过程中，私人资本就会加大进入公共机构的力度和加快社会介入的脚步。私人资本可以通过给政治选举活动捐赠资金、向公共工程直接投入资金或者组织有影响力的经济、社会和媒体机构来影响公共机构的行动。在这些活动过程中，私人资本因此和公共机构建立了各种联系渠道，也形成了类似公私伙伴关系的形态。积极的私人资本介入是保证公共机构保持活力的重要条件，它既为公共机构提供了丰富的资金和资源，也给公共机构行使自己的权力和职责形成了压力，激励公共机构更加有效和公平地提供公共服务。

（2）社会发展过程中NGO组织压力和介入的结果

随着社会发展的水平不断提高，越来越多的非政府组织（NGO）出现在全世界各个地区。NGO是不同地区的公众根据自我的需要，追求特殊的理念和目标而自发建立的不需要政府授权和认可的社会性组织。公众不仅可以通过私人资本来影响社会，更主要的是加入NGO组织，可以通过组织的力量来影响政府机关，保护自己的利益。NGO的目标包含了社会生活的方方面面，包括生态环境保护、人权、经济安全、社会公平、社会照顾、社区建设、国际和平等。只要人们觉得自己有义务完成某方面的职责，就能够自由地建立社会性机构，通过组织力量来进行社会宣传、募集资金、干扰政治、执行政策，从而实现其共同目标。在NGO长期发展的过程中，政府越来越认识到NGO的存在价值，因此一方面接纳了NGO的存在，并主动建立与NGO的常态联系，另一方面，给予NGO更多的空间，让其深度参与到公共管理和公共政策的过程当中。这种关系自然促进了NGO组织和政府机构伙伴关系的形成。

（3）政府面对越来越复杂的社会问题寻求援助和突破的选择

经济社会的高度发展不仅仅带给了人类社会更丰富的机会和更充裕的物质生活，也带来了越来越复杂的社会问题。这些问题考验着政府的智慧和能力。面对这些高度复杂的社会问题，政府仅仅依靠自己单方面的力量完全不能应对并进行有效的处理，政府必须从社会中寻求更多的援助，从而求得突破。复杂的社会问题不仅是涉及面积极广泛，几乎遍及到生活的各个方面，而且越来越深度关联，任何想从某个方面来试图解决这些问题的人都无法真正处理这些问题。最典型的例子就是生态环境危机问题。生态环境危机是资本主义寻求大规模生产和技术对自然物质大范围的改造所带来的，它已经不是某个地方或者某个层面的问题，而是整个地球共同面对的，关系到地球地表下的资源和大气层中的空气等所有层面的共有危机。如何应对这一危机，仅仅依靠政府的力量是完全不够的。政府可以制定相关的保护环境的公共政策，但是如果没有全体公民的合作，没有更多的社会性组织的积极介入，单单一种不良的生活习惯问题就会影响这一政策的执行成效。普通居民日常生活的浪费和垃圾处理行为习惯也是环境破坏的重要原因。所以说，当今世界不再是某个国家和政府的世界，而是全体地球居民的共有家园。只有建立良好的公民合作机制，地球的安全和美好前途才能得到保证，否则地球将陷入前所未有的生存和发展危机中。这正是政府权威主义转向社会合作主义的重要原因。

(4) 平等、公民参与和合作共赢等价值观念大范围普及的成果

公私伙伴关系形成的另一个重要原因是平等、公民参与和合作共赢等普世价值的普及。当今世界，人类已经从民粹主义意识形态进入到民族平等的价值观系统，从威权主义政治进入到公民参与的政治，从单边利益模式进入到合作共赢的格局。这种价值观念的变迁帮助人类更好地认识到地球居民共同生存的重要性和构建新型关系的必要性。旧有的主权国家之内的价值越来越显示出其狭隘性和滞后性，已经无法适应新时代人类的生存和发展需要。如果不变更思维方式，积极建立新型合作共赢的伙伴关系，人类社会将会陷入到互相内斗的漩涡，无法继续前行。无论是民族关系，还是一国之内的公民关系，都必须建立一种平等的、合作的、前瞻的关系，公民不是被动的接受者，而是主动的参与者，公民必须在更广泛的公共事业中发挥积极主动的作用，只有这样，新型的伙伴式的公民社会才能形成，才能给未来发展作好有效的铺垫。

2. 公私伙伴关系的内容

公私伙伴关系的形成是立体的、复合的，它包含了多方面的合作关系，其中有政府与企业的合作，政府与 NGO 的合作等。

(1) 政府与企业的合作

政府与企业的合作是公私伙伴关系的一个重要组成部分。作为私人力量的重要代表，企业或者说民营化力量是社会活力的重要来源，同样也是公共事业得到发展的保证。政府不能全权代理和管理公共事务，必须要一个强大的民营化力量积极参与到社会管理中，才能保证社会秩序的维持和繁荣。美国著名民营化理论家萨瓦斯的研究表明，民营化力量受到多重要素的推动，这些要素包括现实压力、经济推动力、意识形态动力、商业动力和平民主义等（详见表 7-2)。这些要素分别从现实环境的强大压力、政府意识形态的变革、商业发展的效率和效益推动以及平民主义价值观对更多公民和私人力量潜在参与意识的激活等方面推动着民营化经济的发展，同时也创造了一种与公共机构共同处理公共事务的新型合作伙伴关系。

表 7-2　　**民营化的推动力量①**

推动力量	追求目标	理由
现实压力	更好的政府	审慎的民营化会导致成本收益高于公共服务
经济推动力	减少对政府的依赖	由于经济的日益富裕，人们能够自己提供各种服务，因而更乐于接受民营化
意识形态动力	更少政府干预	政府规模和权力过大，对公众生活干预过多，对民主构成了威胁。政府的政治决策较市场决策更不值得信赖，民营化可以减少政府的作用
商业动力	更多商业机会	政府开支是经济的重要组成部分，其中的更大份额应该转向私营企业。运用私营部门，国有企业和国有资产可以得到更好的利用
平民主义	更好的社会	公众应该拥有更多的公共服务选择权，他们应该被赋予确认和满足共同需求的权力，减少对高高在上的官僚机构的依赖，更多依靠家庭、邻里、教会、种族和自愿团体，从而树立社区感

① ［美］E. S. 萨瓦斯. 民营化与公私部门的伙伴关系［M］. 北京：中国人民大学出版社，2002：5.

政府与企业的合作关系存在多重形式。如果将政府公营和民营作为一个连续体的两端，一端是完全公营，另一端是完全民营，而在这个连续体中间就会出现许多不同类型的兼有公私合作内容的公共服务模式。这些模式从产权、经营方式、经营过程、最终结果等方面分别呈现出不同的特征。在连续体的两端是产权明晰和管理明晰的经营方式，即产权与管理权完全属于政府的政府部门和产权与管理权完全属于私人资本的建设—拥有—经营的民营化。在这两个端点中间都没有纯粹的产权归属和管理权归属，要么是产权属公有，而管理权部分或者全部民营，要么是产权属私有，而管理权和监督权部分或者全部公有。具体来说，有以下几种类型：国有企业、服务外包、运营—维护—外包、合作组织、租赁—建设—经营、建设—转让—经营、建设—经营—转让、外围建设、购买—建设—经营等（详见表 7-3）。国有企业是比较典型的合作类型，其产权全部或者部分国有，但是其管理却大多采用市场化和商业化模式，运用现代管理模式来运用国有企业，这样才能保证其效益。服务外包是将公共部门的部分服务内容转包给私营机构，让私营机构来提供服务。除了特定的服务内容，大多数内容的管理都还要接受公共机构的监督。运营维护外包是指公共基础设施领域将其经营和维护工作委托民营部门完成，民营部门对基础设施的经营和维护承担全部责任，但不需要承担资本上的风险。合作组织主要是指非盈利性的志愿者组织与政府部门合作承担一定的公共服务工作。

比较常见的类型是租赁—建设—经营（lease-build-operate，LBO）、建设—转让—经营（build-transfer-operate，BTO）和建设—经营—转让（build-operate-transfer，BOT）。LBO 模式下，民营企业被授予长期的租赁合同，利用自己的资金来进行投入、建设和经营，获得所取得的回报。但是必须向政府缴纳一定的租金。这种形式比较常见，可以保证公共设施的效益，同时也不会减少政府的收益。BTO 模式下民营经济首先取得了基础设施的建设权，利用自己的资金来建设公共设施，但是其所有权马上转让给政府，并不为民营机构所有。接下来政府再继续签订较长期合同将该项设施外包给企业经营。企业可以运用向使用者收费的方式来获取回报。但对其的监管权属于政府。到了一定合同期限，政府将收回经营权。BOT 模式是指政府授权民营机构一定权力对某项基础设施进行投入建设，并接着运营，其收入基本上归民营机构所有。但是政府与民营机构签订一定期限的合同，到期限之后，政府将收回产权和管理权。

表7-3　**公私合作类型连续体①**

政府部门	国有企业	服务外包	运营维护外包	合作组织	租赁建设经营	建设转让经营	建设经营转让	外围建设	购买建设经营	建设拥有经营

完全公营←————————————————————→完全民营

政府与企业的合作除了以上一些类型外，还有一些较常用的模式，例如托管制、特许权经营制、政府采购制等。所谓托管制是指政府所拥有的公有财产在所有权不变的情况下，将公共服务的一部分经营权，通过招投标的方式委托给非公共部门经营管理。例如目前中国一部分城市（如南京市）正在试行公立医院的“药房托管”改革实验即这种类型。药房托管的基本做法是公立医院药房的财产关系不变，药房职工的劳动关系和身份不变，药房的监管主体不变，由非公共部门进行投标，中标后负责药房的经营管理工作，集中采购、集中配送、集中结算，所得收益按一定的“扣率”与医院分享。这样做，有利于帮助被托管单位提高药房管理水平，同时降低医院药品价格“虚高”成分，减轻患者的费用。今后，其他公共服务领域也可以实行这种制度，这种模式是将公有产权与市场化经营结合的有益尝试。

特许权经营制，实质上是托管制的延伸，它是由私营部门和政府签订合同，在一定合同期限内，非公共部门经营和管理公共服务部门，获得收益，并承担商业风险以及相应的维护性投资的责任。除了前面所谈的BOT模式以外，还有TOT（Transfer-Operate-Transfer）模式和BOO模式。TOT模式为经营权有偿转让，政府将其投资形成的公共服务资产的经营权，以特许经营的方式，在一定期限内出让给非公共部门，由其进行经营管理并获得收益，期满后，非公共部门将保持完好的公共服务资产“归还”给政府部门。这实际上是政府以财产的运营收益换取非公共部门的经营服务。BOO（Build-Operate-Own）方式，其与BOT方式的区别，是在合同期满后，由非公共部门继续占有和保留所投资财产。

① ［美］E. S. 萨瓦斯. 民营化与公私部门的伙伴关系［M］. 北京：中国人民大学出版社，2002：254.

政府采购制是政府以“合同”的形式，向市场直接购买物资，或者将公共基础设施和公共服务的生产和经营权转交给有资格的民营机构来承担，在转交过程中，政府将通过招投标机制进行最优化的购买（也称外包），以节约公共资金，提高公共资金的利用效益。目前，政府采购制已经是非常普通的政府管理公共项目的模式，并且积累了丰富的经验，在提高公共资金的效率和防止公共资金浪费与贪污方面也发挥了积极的作用。政府采购制运用非常广泛，不单单一些日常的基础设施领域被大范围使用，一些西方国家甚至是国防物资的生产与购买都采用政府采购的方式。关于这一节的内容本书第十一章会详细介绍。

（2）政府与 NGO 的合作

政府与 NGO 的合作也是公私伙伴关系的重要部分。NGO 组织并非是政府发动组建的，而是社会自发成立的，由公民根据特定的目标自发组成的组织。政府与 NGO 的合作是政府面临越来越复杂的社会问题不得不选择的一种路径，只有通过与遍布社会生活各个领域的 NGO 组织展开合作，政府才能在更广泛的社会领域得到社会力量的支持，并发挥其调控作用。NGO 组织具有强大的社会组织能力，它不依赖强权也不依赖金钱，却能够发挥重要的社会秩序调控的作用，所以在未来社会发展中，这一组织形式将扮演越来越重要的角色。

萨瓦斯在其著作中也阐明这一问题，他指出：“这些社团（NGO）中存在着许多中间机构，它们介于私域中的个人和公域中的庞大机构之间。但这些地方性中间机构的核心功能却日益全国化、集中化、政府化。现在，随着政府能够解决社会问题这一信念的日渐衰落和幻想的破灭，中间组织的价值被重新发现，并被视为未来的希望。政治领袖日益认识到非集中化的意义、家庭和社区价值的力量以及基于信仰的组织的优越性。”① 在这里，萨瓦斯实际上指出了 NGO 组织的性质，即介于公域和私域之间，地方化，但是却具有全国性，凭借其中间价值发挥全国性的影响。这种组织更多地依赖社会道德、社区价值、宗教信仰的力量，通过价值感召来影响社会，组织社会，维持社会秩序，推动社会繁荣。萨瓦斯所概括的美国的情况实际上恰恰是 NGO 组织大发展的结果。美国拥有几十万个社团，这些社团大多是 NGO 组织，他们在社会生活尤其是

① ［美］E. S. 萨瓦斯. 民营化与公私部门的伙伴关系［M］. 北京：中国人民大学出版社，2002：348.

社区生活中发挥着极其重大的作用。

NGO组织享有其他两类组织所不具备的优势。政府组织规模庞大，但是结构僵化，政治性强，政治利益常常会取代真正的公共利益。而私人组织尽管灵活、责任明晰，但是受制于其私人性质，往往会忽略公共利益，成为社会公共利益的对手和损害者。只有NGO组织才能不依赖政治强权和资本力量发挥社会组织作用，NGO组织依赖的是一种精神力量，即志愿者的公共精神。加入NGO组织的人大多数是志愿者角色，志愿者精神是NGO组织的灵魂。依靠这一精神，NGO组织发挥着强大的感召力，发挥着重要的组织作用。NGO组织在慈善领域、社会公平领域、弱势群体的保护和照顾领域、公共利益的保护方面均发挥着显著的作用。成为当今社会不可忽视的重要力量。NGO组织还享有成本优势。不像其他两类组织，NGO组织的志愿者精神不需要高额的经济成本来维持，而强调利他和服务精神的志愿者服务节约了大量的组织和运行成本，这些成本反过来被运用到服务当中，成为最有效的服务方式。NGO组织还具有所谓的贴合优势，所谓贴合优势是指NGO组织贴近社会生活，能够为普通公民提供最可靠、最便捷、最有效的服务。每个志愿者既是服务者又是享受服务的顾客。在志愿者精神的共同组织下，社区居民都能够得到最恰当的服务和照顾。这种优势是高高在上的政府官僚机构和斤斤计较的私营部门所完全不具备的。依靠这一优势，NGO组织成为地方社区居民最喜欢的公共组织形式。

政府与NGO组织之间合作有哪些形式呢?具体来讲，这种合作主要包括以下几种类型：联盟型合作、基金会主导的合作、基于资源优势与专业服务的合作、强强合作等。所谓联盟型合作是指不同的NGO组织形成一个跨地域、甚至跨国际的大型联盟，组织和推动全球性的公共服务和公共活动。其中，政府主要是扮演推动者或者合作者的角色。目前，全球性的联盟型合作主要集中在环境保护、人权保护、制止贩毒等领域，这些全球性的联盟组织发挥着重要的全球合作维护秩序的作用。联盟型合作一般基于共同的目标，将同一类型的NGO组织联结起来，形成更大的某方面社会职能的网络型组织。它的功能在某方面甚至超越了既有的主权国家和其他类型的国际组织，成为世界性合作的新形式。基金会主导的合作是指NGO组织依赖于某个或者某些专门的基金会，依靠基金会提供的资金展开相关的社会服务活动。政府主要是对基金会的管理和制度化进行规范，并积极推动基金会的成长，通过越来越多的民间基金会来激励更多的NGO组织和社会服务得到发展。基于资源优势和专业服务的合作是指政府和 NGO 组织之间基于某种资源优势地位和专业服务的特长而形成的合作形式，一些 NGO 组织可能是根据某种资源优势特色而建立起来的组织形式，或者是根据某方面的专业服务功能而组建的，政府可以通过各种形式，或者服务外包，或者合作组织等形式来与这类 NGO 组织之间形成合作性的关系，共同提供某方面的服务。例如政府与律师协会或者会计师协会等组织的合作即为这种类型。

所谓强强合作既指政府与成规模的 NGO 组织之间进行通力合作，也指成规模的 NGO 组织之间展开通力合作，还包括 NGO 组织和有影响的企业之间开展合作。强强合作是一个宽泛的说法，实际上意指在政府组织、大型的 NGO 组织和企业之间必须建立横向的密切的联系与合作，这是未来社会发展的必然要求。只有在不同领域的代表性组织之间形成网络型的联系和合作关系，未来社会才能得到真正有效的治理，才能激励社会生活中的各个要素自主自由地发展，形成有活力的生活境况。当今社会政府越来越依赖 NGO 组织，NGO 组织的草根性、代表性、贴合性不是为政府提供控制社会的手段，而是帮助政府更好地了解社会和与社会展开平等的合作关系，通过 NGO 组织建立各种桥梁，形成网络化的高度联结的社会形态。企业也不单单是私人利益的创造者和追逐者，而是越来越积极地参与到社会公共事务中来，为社会提供更多的资源和帮助，和政府与 NGO 组织一起推动社会的良性变革。政府的权威、NGO 的精神、企业的资金三者通过这种网络得到最好的结合，更有效地为社会提供各种便捷、有效、适应的服务。有关 NGO 组织的详细内容本书在第三章已经予以专门的介绍。

7.5 跨区域协作

跨区域协作是公共管理协作中的一个关键部分。它是指一个国家共同体之内按照天然的地理边界和行政区划而分开的不同地域的管理机构和社会组织之间所存在和持续开展的共同处理社会问题，制定相关政策和合作应对未来发展挑战的关系。我们知道，除了政府内部的垂直分工和部门分工，在任何国家都面临一个集中化和地方化的矛盾问题。地方化一方面可以适应地方的利益需要，灵活处理不同的问题，但是却给公共管理带来了地方分割的困境，成为制约地方发展，影响地方公平的重要原因。因此，如何处理跨区域协作问题成为考验地方政府乃至中央政府治理能力的关键问题。

1. 跨区域协作的原因

跨区域协作的原因主要在于区域管理之间的鸿沟。这一鸿沟不仅严重影响了整个民族国家的政策统一执行和国家利益的整合与维护，而且还严重影响了地方之间的合作、共赢，有些地方甚至出现所谓的地方恶性竞争、地方保护主义等其他不良症状。概括来说，区域管理中的鸿沟主要有以下几个方面的表现：

（1）政策认识和利益不一致形成政策认知方面的鸿沟。不是所有的地方政府对来自中央国家的政策都有着相同的认识，政策认识受到不同地域政策接受度、官员的认知文化和水平、地方利益的局限等要素的制约，所以在这方面极容易形成政策认知鸿沟。一些地方对中央政策高度支持，而另一些地方认为中央政策对本地不利而出现高度的抵制。这样的差异导致在不同地域的政府采取不同的行动来对付中央的压力。

（2）固定的地理疆域形成的客观的鸿沟。地方之间固定存在的地理疆域，包括山脉、河流甚至海洋界限也常常导致区域管理的鸿沟。这些天然形成的屏障会给地方治理带来客观的困难，无论是高山的天然阻隔，还是河流的分割，或者海洋的遥远距离，都给地方政府治理带来极大的困难。较少的人力面对难以逾越的地理障碍让这种鸿沟总是或多或少存在着。这也是跨区域协作治理往往在地理疆域复杂多变的区域更急迫需要的原因。人们需要有更多的技术和资金投入来克服这种天然障碍，促进地方政府和人民之间的联合与协作，形成更加有效的社会合作与经济发展策略。

（3）相对封闭的管理体制导致区域管理鸿沟的产生。如果一个国家采取的是从上到下的垂直型管理体制，这种相对封闭的体制极容易导致区域管理鸿沟在几乎所有地区出现。这是因为这种管理体制是高度自我中心的，其责任机制主要是从上到下的，地方政府需要向中央政府负责，自然在地方政府与横向的社会和其他政府之间形成一种隔离，导致区域管理鸿沟出现。封闭的管理体制不仅不关心横向的利益照顾，而且还难以形成横向合作与交流的能动机构，所以无论在主观意识还是客观能力上都影响了区域协作治理的发展。这也是当今中国甚至是全球都遇到的普遍的管理难题。

2. 跨区域协作的内容

跨区域协作包括许多内容，涉及区域之间的协作体制、协作策略、协作模式等方面。当今社会，各国和各地的政府都在认真思考和探索跨区域协作的方法，并创造性地形成了很多值得普遍借鉴的模式，这些经验包含了深厚的管理智慧，下面将分别进行概括性介绍：

（1）区域协作性治理体制

区域协作是立足于封闭分割性的地方管理体制基础之上的，是为了应对封闭分割性管理体制所带来的管理鸿沟问题而出现的。所以如何从管理体制入手来克服区域鸿沟问题就成为关键所在。在大多数国家地方区域都享有较高的自治权，不同地方的管理机构都与相邻的地方政府之间无隶属或者法理上的必要关联，所以除了代表国家主权的中央政府之外，没有其他权威性的机构能够及时应对存在不同地方政府之间的矛盾与鸿沟问题。因此，如何建立这种机构，并能够发挥积极的效用就成为各国政府都在积极探索的问题。

在中央政府之下、地方政府之上建立一套调控和协作性机制究竟该如何着手？大概有两个方向可以选择，一个是再建立一套实体性管理机构，另一个是不建立实体性机构，只通过具体有效的途径和策略来促进地方政府的协作。两种方法人们都尝试过，并没有任何一种方法是十全十美的。前者虽然立竿见影，效果明显，但是却容易导致政府机构叠床架屋、机构膨胀，反而不利于政府效率的提高；后者虽然不会出现类似的问题，但是却不能发挥长期的效果，无法形成可持续性的足够依赖的管理手段。

面对这一问题，美国政府采取的是大都市区治理的模式。实践证明，这一模式相对比较有效，通过将不同城市和地域的管理空间扩大，减少过多的管理机构和过细的管理地域，增加大都市管理的协调能力。这种模式比较有效地应对了城市化高速发展带来的大都市的治理需要。大都市的发展需要周边地域的大力支持，以大都市为中心，将周边地域纳入到大都市管理范围，形成以大都市为中心的辐射性的地区管理体制可以更好地配置资源，处理大都市存在的问题，推动地区的社会总体进步。但是，大都市区治理模式也不是万能的。如何在大都市治理中既有效地处理大都市区的问题，又能照顾大都市区周边地区的利益，保证两者的平衡是这一模式的难点。大都市区的发展容易威胁到周边地区的利益，将都市问题周边扩展和推卸，这与大都市区治理的初衷是相违背的。人们需要一种既能够协调区域利益，又能够保证地区平衡的新模式。因此，在美国又出现了所谓的新区域主义。

新区域主义是当代美国大都市区治理的一种新思路，它是对过去大都市区治理的方向性转型。新区域主义不再仅仅关注大都市区的治理结构，而是进一步强调整个区域的治理过程，强调区域内部各个主体的自主治理和深度协作，而不仅仅是政府单方面的权威管理。这不仅是因为全球化和网络化时代大都市区治理自我变革的需要，而且因为这一模式变革有助于解决大都市区所面临的现实困境。因为传统的大都市区治理并没有很好地控制大都市容易滋生的社会问题，相反，甚至出现了大都市问题的蔓延和扩张。新区域主义恰恰是为了应对这一问题，尤其是应对传统模式协作不足和缺乏深度的社会合作而产生的。新区域主义主张吸纳各种社会力量，开展更加民主化的、自治化的、大范围协作和过程合作的区域治理。新区域主义是在大都市区形成的，以跨地方公共事务治理与协作网络为基础组合而成的治理制度。它主要针对区域内各地方共同面对的制约区域持续发展的问题，如森林、河流流域生态环境退化等，或者为了规划区域内产业布局和经济增长方式，而建立区域内互惠、合作和共同发展的网络体系。参与区域治理的主体力量来源于大都市区不同层次政府间、地方公民团体间或各地方政府与私营间形成的社会网络，它们组建成区域治理的协作性或合作性组织，采取多种形式来解决区域性公共问题。虽然新区域主义也受到各种各样的批评，但人们的基本共识是：在许多大都市区，地方政府间合作、政府与非政府间的协作正在持续和扩展①。

新区域主义是美国大都市区管理模式的革新，这也为全球区域协作管理提供了有益的借鉴和思考。未来的社会，地区管理不应该再是封闭的隔离的管理，而应该是充分开放、充分信任和充分协作的治理。重要的是，这种治理模式不仅仅是以管理者为中心的，而是以社会自治性主体为中心的。这样的管理结构才能够在不同地区搭建起有效的沟通平台和合作框架。这种平等主义和平民主义的合作框架是新区域主义的灵魂，也是未来全球地域治理革新的方向。

（2）政府间法律与协议

跨区域协作的第二个重要问题，也是第二种重要选择是如何在地域之间或者说政府之间建立有效的法律和协议来保障地区协作的有效开展。在政府间的协作网络中，各政府主体是主节点，而政府间协议和契约则是串联线，它们一起构成了区域内多主体联合治理的多元图谱。通过协商，政府间形成一致性的公共服务标准和公共服务协议，可以化解政府间僵化的界限，将不同地方的政策建议融合为共识，使不同主体间的协作得以实现。在同一法律法规框架和标

① 张紧跟．新区域主义：美国大都市区治理的新思路［J］．中山大学学报：社会科学版，2010（1）．

准下，区域内公共服务将得到有效整合，各个政府主体都将遵守共同的规则，受制于共同约定的条款。这样保证各个地方政府和地方治理在共同的利益标准下有序操作。

在一些发达国家如美国，为保障和规范政府间公共管理与服务协作行为，相关法律已设置得相当完善并运转得相当成熟。地方政府在设定了彼此合作的互惠与诱因结构之后，遵照市场化、协作制的概念操作，制定各种政府间的合力管理协议（joint-power agreements）、协调与咨询机制（mechanism for co-ordination and consultation），用以整合各个政府主体，共同参与决策、监督或管理，形成多元治理格局，从而构建起政府彼此间合作的政策网络。在美国，各个州之间形成了成熟的州际协议。州际协会在协调州际关系，平衡州际利益中发挥着重要的作用。一般来说，美国州际协议分为四种类型：州级边界协议；州际分配或发展协议；州际规制协议；州际再分配协议。州际协议的主要功能包括：第一，构建跨州统一法律制度框架，促进州际协作行动的制度化；第二，构建州际协作性管理机制，推动跨州公共事务管理的区域化；第三，在一定程度上摆脱科层控制，增强州际区域治理的自主化①。在共同遵守相关协议条款的关系下，不同州的利益得到较好的保护，同时州际关系也得到较好的维持，形成合作共赢的结构。州际协议虽然没有强大的法律约束力，但是在慢慢形成的惯例中，在长期遵守的文化规范约束下，它们已经在平衡州际利益和关系方面发挥着不可忽略的重要作用。

随着我国市场经济体制的发展和完善，为保障地方政府在公共服务领域积极开展有效的协作治理，也必须借鉴美国的经验，鼓励不同政府之间及时制定、完善相关法律、法规，签订协议条款，以有效的制度安排促进政府间合作和区域间协调发展。具体来说，包括以下几个方面：一是基于发挥中央和地方两个积极性，从法律上规定中央与地方政府事务管理范围和相应拥有的权力，制定“中央与地方关系法”，用它来规范、界定和保障中央和地方权力的调整界限及其运作过程，明确规定中央与地方政府的权限，为地方政府间合作治理的顺利进行奠定必要的制度结构基础；二是及时制定有关区域协调发展促进的法律法规，修订相关法律文件，依法保障中央关于区域协调的总体布局、合理分工、配套政策、目标责任的监督实施，激励地方政府积极推动区域协调的发

① 吕志奎．州际协议：美国的区域协作性公共管理机制［J］．学术研究．2009（5）．

展；三是为地方政府间的利益补偿平衡机制确立明确的法律规范，制定“地方财政法”，同时在“预算法”中清楚地阐明政策目标、原则、各方义务、规模、信息公开以及其他事项①。通过明确法律法规，积极推动地方协议，可以保证地方政府间关系踏上稳定有序的轨道，同时促进地方利益的有效平衡和共同发展。

（3）政府间项目协作

政府间项目协作方式是一种最常见的政策工具。它能使政府间公共服务的协作模型有效运作，是政府间提供协作性公共服务的适宜操作方式和有效途径。我们知道，跨地域性的公共服务具有复合性、动态性、非常规性等特质，总是会出现各种新情况、新问题，因此，这种问题的供给方式不宜简单遵循固定、分割的行政区域范围内公共服务供应的固有模式。而应该基于项目导向的政府间公共服务协作供给模式。这对地方政府来说，可以在战略上按照项目管理的内在要求对公共服务进行安排和管理，把涉及跨地域性的公共服务归结为一个个独立的协作项目并逐一破解，分计划、按步骤、有重点地满足社会公共需求，因此能够最大可能地满足社会公共需求。

政府间项目合作的公共服务协作模式可以在政府间构筑多个政策通道，促进地区间基本公共服务水平的均等化。这种方式往往针对难以由单个政府主体自我解决的某一具体区域性公共问题。一般来说，可通过地方政府及相关职能部门就某一方面的事项在协调后签订协议，以此来推动相互合作，例如针对流动人口的公共服务、跨地区的基础设施建设、河流湖泊整治工程等。政府间公共服务协作过程中，较发达地区的地方政府应主动提出并设置一些公共服务项目合作议题，通过建立起一系列合作项目和长效协作机制，切实帮助欠发达地区改善基本公共服务状况。在今后的工作中，发达地区在加强与欠发达地区经济、技术等项目合作的同时，还要进一步加强公共服务领域的协作与支持，特别要关注义务教育、基本医疗卫生保障、防灾救灾等基础性公共服务领域②。例如 2007 年以来，国家民政部（MCA）与亚洲基金会（TAF）共同实施了“灾害管理公共合作项目”，该项目旨在通过举办提高

① 周望：“打造协作性公共服务：中国政府间关系发展中的新策略”，中国改革论坛网：http：//www. chinareform. org. cn/gov/service/Practice/201004/t20100422_ 8430. htm.

② 周望：“打造协作性公共服务：中国政府间关系发展中的新策略”，中国改革论坛网：http：//www. chinareform. org. cn/gov/service/Practice/201004/t20100422_ 8430. htm.

公众减灾意识研讨会、企业和民间组织参加的防灾减灾知识培训班、社区层面的救灾演练等活动，促进政府、企业、社区和民间组织之间的协作，建立一个基于社区层面的防灾减灾协作模式①。总之，项目协作是未来政府间合作应该着重思考和认真对待的问题，它是一种常态的、立竿见影的合作内容，也是考验地方政府之间合作是否有效的可见指标。只有在合理的体制下，不断推动成功的项目协作，为地方社会提供有益的公共服务，才能真正说明地方协作取得了一定的成功。

（4）政府间财政转移支付

横向财政转移支付是为实现基本公共服务水平均等化的一种财政工具。建立横向转移支付制度，缩小政府间基本公共服务水平的差距，是协作性公共服务得以成功实现的核心环节。我国政府目前开展了不同地区的对口支援等举措，虽然能部分发挥横向转移支付的效用，但还不是严格意义上的横向转移支付制度，不能与这些地区间内在的产业分工和经济与生态交换发生密切联系，不能形成制度化规范化的支持和扶助机制。只有通过健全横向转移支付制度，才能达成政府间多个方面公共服务的相互支持和协调发展，实现基本公共服务水平均等化的战略目标。另外，通过再分配手段来实现地区间的成本分摊和利益共享，建立一种地区间的稳定的横向均衡机制，不但可以遏制政府间差距尤其是公共服务水平差距的拉大，同时还能获得实现生产要素的双向流动、区域统一市场的形成、地区的可持续发展等衍生效益。

当然，建立基于政府间利益补偿的横向转移支付制度，既需要一些特定地区如空间相邻的地区、流域在产业间达成共识并采取集体行动，更需要中央政府在宏观层面上作好协调和配套的制度供给工作。而地方政府则应主动作好三方面的安排：一是树立“谁受益谁补偿”的利益共享观念，改变狭隘的地区观念；二是确立明晰的产权，明确各种区域资源、环境产权的归属，从而为建立以市场交换为基础的横向转移支付制度提供基础保障；三是成立相对完善的组织来进行调节，并通过预算的手段加以平衡。即根据地方间利益转移的程度和地方财力的强弱，由中央财政对省级财政，省级财政对县级财政，在科学测算的基础上，从获益地区提取部分财力补偿受损地区，从而构筑一个稳定的省与省之间和县与县之间的横向转移支付体系，保证地方政府间跨区域合作治理

① 黄煌，王玉海，潘谊，孙燕娜. 社区综合减灾防灾管理公共合作的经验与启示——民政部与亚洲基金会灾害管理合作项目的尝试［J］. 城市与减灾. 2010（3）.

的顺利进行①。

政府间财政转移支付是地区协作和协调的关键，无论是体制建设，还是手段实施，都需要一个稳定和有效的财政模式的支撑。只有在建立健全相应的财政转移支付制度的基础上，区域协作才能更加有效地开展和推进，才能在共同发展中实现最大程度的共赢。

关键概念

协作　垂直协作　部门合作　部门鸿沟　跨区域合作
公私伙伴关系

思考题

1. 协作的内涵和特征是什么？
2. 为什么公共管理需要协作？
3. 公共管理协作的主要类型和方法有哪些？
4. 公共管理协作的未来发展趋势是什么？
5. 跨区域协作主要有哪些现有的方式和途径？

① 周望："打造协作性公共服务：中国政府间关系发展中的新策略"，中国改革论坛网：http：//www. chinareform. org. cn/gov/service/Practice/201004/t20100422_ 8430. htm.

第8章 公共管理的责任

责任是公共管理的核心问题，是建构公共管理伦理学的关键概念。从公共管理的产生和根本目的来看，公共管理组织及其成员必须向其权力的终极委托者——公民负责。公共管理责任主要包括公共管理者对公共管理组织体系的责任、对公民认同的宪法和法律的责任、对公民代表的责任和对公民直接需求的责任，但归根结底是对公民的责任。它既表现为公民对公共管理职责和义务的要求，也表现为公民对公共管理价值与伦理的要求。公共管理责任的实现，需要外部客观责任机制的保障和公共管理主体对责任的认知与履行。公共管理责任之间有时会发生冲突，这时公共管理者的主观责任选择便是责任落实中的关键因素。

8.1 公共管理责任的内涵

8.1.1 公共管理责任的内涵

在市场领域、社会领域和公共领域，责任是等级制关系、委托—代理关系或权利义务关系中的一个基本范畴。“责任制最基本的含义是以其他人或团体名义行动的人要对其他人或团体汇报并对他们承担责任。”“以确保被授权人的行为最终符合所有者的期望。”①

① ［澳］欧文·E. 休斯. 公共管理导论［M］. 北京：中国人民大学出版社，2001：265.

在市场领域，围绕利润最大化目标，委托人与代理人之间建立了比较清晰的责任关系。现代公司是建立在所有权与经营权分离基础上的，公司管理的目标就是要实现公司所有者即股东的利益。在公司运营中，生产工人对管理者负责，管理者对董事会负责，董事会对股东负责，从而形成了一条从生产工人到管理部门再到董事会最终到股东的责任线。另外，公司面临着市场竞争、管制与风险，如公司股票价格的波动、评估机构对公司投资与借款计划的监控、公司面临被接管与并购的威胁、公司随时可能发生的债务危机、客户可能不满而转向竞争者等，使得管理者和普通工人工作的稳定性和报酬取决于本人和公司的绩效，这种激励机制促使管理者和工人努力改善其绩效，追求公司利润的最大化。

在社会领域，围绕某些社会权利与义务的实现，相关主体之间存在着一种责任关系。在家庭中，父母要承担对未成年子女的抚养、教育责任，家中成员有照料无劳动能力者、病者和老人的责任。孤儿院、孤老院、残障院等社会福利机构承担着对无力自我保障者的社会救助责任，各种社会志愿者也在履行着各种各样的社会责任。虽然法律对家人之间相互照料的义务、对社会福利机构和志愿者组织的活动进行了规定，但是，这些责任不是以家庭、社会福利机构、志愿者组织同国家之间存在严格的委托代理关系为前提的，而是产生于自然的权利义务关系或主动的责任承担，在西方语境中，也可以说产生于一种更高层次的委托代理关系，即上帝对人的责任委托。并且，在社会组织内部，组织成员与组织之间，各个机构之间也形成了一定的责任关系。

在公共领域，根据人民主权理论，公民和政府之间是一种委托、代理关系，政府必须对公民的利益负责。责任机制是使公共管理体系向政治体系负责，代表和回应民众利益，从而保持其民主特性的关键机制。在 20 世纪“行政国家”出现后，这一点显得尤为重要。在“行政国家”中，“公共部门使用了庞大的社会资源；公共行政管理者在当代政府运作过程中发挥着重要的作用；他们总体上处于政治的核心地位；国家通过行政行为来解决其面临的问题并达成目标”①，并且政府还可以通过强制并最终诉诸警察和武装力量来执行其职权。因此，维护公民权利，对“行政国家”进行控制，强化政府对民众的责任，便是现代民主政治的重要内容。

① ［美］戴维·H. 罗森布鲁姆，罗伯特·S. 克拉夫丘克. 公共行政学：管理、政治和法律的途径［M］. 北京：中国人民大学出版社，2002：50.

8.1.2 公共管理责任系统的构成

公共管理责任有其内在的构成要件，借助法律视角分析，这些要件就是使其成立的基本条件，主要包括公共管理责任必须由公共管理行为产生、必须得到国家法律的认可、公共管理行为产生了特定后果、国家全部或部分承担责任。从系统角度看，公共管理责任是一个由多种要素构成并相互作用而形成的系统，这些要素主要包括责任主体、责任对象、责任内容、责任标准、责任行为、责任保障机制等。

责任主体是指公共管理责任的承担者，它明确了由谁负责。具体来讲它是指从事公共管理活动、提供公共产品，对公共利益承担责任的组织或个体，主要包括政府组织及其成员、公共企业和从事公共活动的非政府组织。另外，民营组织接受政府的委托、合同或与政府合作生产公共产品、承担公共职能的行为，可以视为“国家行为”，并要承担相应的公共责任。① 公共组织中的个体，一般基于外部环境对其职责和义务的规定而成为责任主体，但有时外部环境对其并无某种责任的明确要求，只是由于自己对这种责任的主观认知和承担而成为这种责任的主体。

责任对象是指公共管理责任的提出者，它明确了向谁负责。公共管理的最终责任对象是民众，但民众作为一个整体，只能通过自己意志的代表，由民选官员、代议机构、宪法与法律、司法机构、民众舆论对公共管理主体提出责任要求；另外，部分民众通过利益集团与公民组织，公民个体通过参与公共管理过程，对公共管理者提出责任要求。所以，公共管理在实际运作过程中责任对象是多元的，它们主要包括民选官员、代议机构、宪法与法律、司法机构、民众舆论、公民个体、公民组织、利益集团等。在旧管理主义时期，公共行政主要通过代议机构、民选官员等中介向民众负责；在新公共管理时期，更加突出公共管理直接向公民负责。

责任内容是指责任主体向责任对象承担哪些责任。显然，这由责任主体与责任对象的具体关系而定。公民以不同的角色与政府接触，与之形成各种角色关系，相应使政府承担不同的责任。公民作为政府的“顾客”，要求政府向公民高效、公平地提供某些利益与服务；作为“被规制者”，公民要求政府颁布

---

① ［美］戴维·H. 罗森布鲁姆，罗伯特·S. 克拉夫丘克. 公共行政学：管理、政治和法律的途径［M］. 北京：中国人民大学出版社，2002：545.

人人平等的法律，并督促公民服从；公民作为“参与者”，要求政府开放透明，提供渠道与途径让公民表达意见、参与公共管理过程；作为“诉讼当事人”，公民与政府发生法律诉讼时，要求政府通过司法程序确认自己的行为是否正当，是否侵犯了公民的权利，并接受司法判定；作为“街区碰撞者”，公民与警察和政府其他机构面对面时，要求后者保持理性与克制，并对自己的行为负责。①

责任标准是判断责任主体的行为是否负责任的衡量尺度。责任标准有具体标准，也有抽象的价值标准。具体标准一般包含在法律规定、职责要求和具体工作任务之中，价值标准是责任对象或责任主体对公共管理品质和价值的要求。由于责任对象和责任内容不同，责任的价值标准之间可能存在一定的冲突，这是责任实现机制中最令人困扰的问题。传统管理视角强调公共管理中立、理性化、组织内部的忠诚和一致性，强调避免出现错误；新公共管理强调顾客导向和绩效，强调经济、效率、效益与效能；政治体系要求公共管理具有回应性、代表性、参与性和责任性；宪政与法律要求公共管理不能侵犯被统治者同意基础之上的合法性、公民社会多元性、自由、财产权、正当法律程序、平等保护、重视个体、保护隐私权、平等等。② 管理、政治与法律途径各自所要求的价值标准有时是相互冲突的，一般而言，宪法对公共管理责任提出的价值标准要高于其他标准，要在尊重宪法确立的标准基础上，以服务公民利益标准为依据，在各种价值标准间选择和平衡。

责任保障机制是保障责任主体实现责任的各种条件集。公共管理主体应当具有履行职责所需的基本权利和一般权利，基本权利主要包括人格保障权、身份保障权、职务保障权，一般权利包括公务使用请求权、行使职务了解权、执行公务保障权、公共管理裁量权、自由申辩权、确认事实权。③ 公共管理主体履行责任还需要能力、素质保证，以及外在激励、监督、控制和责任追究机制的保障。总之，责任实现需要内部保障和外部控制的协调与配合。内部保障主要通过公务员对高水准的技术知识、职业能力和向公众负责的内在追求来实

① ［澳］欧文·E. 休斯. 公共管理导论［M］. 北京：中国人民大学出版社，2001：268.

② ［美］戴维·H. 罗森布鲁姆，罗伯特·S. 克拉夫丘克. 公共行政学：管理、政治和法律的途径［M］. 北京：中国人民大学出版社，2002：567-580.

③ 李金龙，唐皇凤. 公共管理学基础［M］. 上海：上海人民出版社，2008：451.

现，外部控制主要包括法律、道德和组织的控制①。

责任行为是公共管理责任实现的途径。公共管理行为不一定是责任行为，责任保障机制的目的就是要产生对公共利益负责的公共管理行为。公共管理组织的责任行为是具有合法性的国家行为，对应不同的责任对象，它有不同的内容与要求。公共管理个体的责任行为，除了向责任对象负责的行为外，还包括对官僚组织的责任行为，它既可能来源于客观责任的正式要求，也可能来自于主观责任的激励，它的产生是个人道德品质、组织结构、组织文化和社会期待等多重因素保障的结果②。

8.1.3 公共管理责任的特点

公共管理责任是在公共权力的委托、代理过程中产生的，因此，与市场或社会领域中的责任比较起来，它有一些自身的特点。

公共管理责任是权利和义务的统一。责任是一种权利。作为公民的受托人，公共管理主体独享运用公共权力、履行职责的权利，因此，可以主动、积极地承担责任。但是，公共管理责任归根到底是委托人从外部赋予公共管理主体的任务，是它无法回避或推卸的外在要求，其履行状况的评价权利也是掌握在委托人手中，因此，责任也是一种不得不为之的义务。

公共管理责任是主观性和客观性的统一。首先，它是主观责任和客观责任的统一。主观责任来源于公共管理者的认知，客观责任来源于委托人的明确赋予，二者有一定的区别；但是，主观责任的终极来源是委托人潜在或明确要求的客观责任，客观责任也只有得到公共管理者的主观认知才能被承担，得到其认同并转化为主观责任才能有效实现。其次，公民赋予公共管理的责任部分是客观、明确的，部分是主观、模糊的，但公共管理者不能视而不见，并且它可能会不断明确化、客观化，并最终成为政策和法律的内容。最后，公共管理责任不仅包括客观物质性的成分，还包括民众对公平、正义等价值的要求，公共管理要按照这些价值的要求行动，并推动社会努力实现这些和其他重要的价值。

---

① [美] 特里·L. 库珀. 行政伦理学：实现行政责任的途径 [M]. 北京：中国人民大学出版社，2001：121.

② [美] 特里·L. 库珀. 行政伦理学：实现行政责任的途径 [M]. 北京：中国人民大学出版社，2001：169.

公共管理责任有特定的构成要素。公共管理责任是随着公共权力而产生的，与市场和社会领域的责任相比，有其特定的责任主体、责任对象、责任内容、责任标准、责任行为和责任实现机制。这种特定的构成体现了公共管理责任的政治性、公共性和复杂性特征。

公共管理责任是公共权力有效运行和监控的基础。权力意味着责任，没有责任的权力就会沦为暴政的工具；责任的赋予使公共权力运行有明确的目标、内容和标准，成为服务民众的手段。然而，公共权力运行要达到这种状态，就不能只依靠公共管理者道德品质、事业抱负的内在激励，还需要外部的监督制约。责任的明确和责任机制的建立，为公共权力监督和失职追究提供了客观依据，保障了公共管理责任的实现。

8.2　公共管理责任的类型

公共管理责任是一个复杂的集合体，从不同的角度它可以划分为不同的类型。从责任对象角度，它包括对官僚体系的责任、对宪法与法律的责任、对政治人物的责任、对民众的责任。从责任内容来看，公共管理责任可分为政治责任、经济责任、社会责任、文化责任与生态责任。库珀从其与责任主体关系的角度，将其分为主观责任与客观责任。①

主观责任是指公共管理者自愿为某种事务承担的责任，它根植于对忠诚、良知、认同的信仰，是公共管理者职业道德和价值观的反映。公共管理者经过长期社会化形成了自己的价值观，并在价值观基础上形成信念，在信念指导下形成态度，在态度作用下产生行为，所以价值观是主观责任产生的根源、动力与支撑。由价值观引发的主观责任由认知过程（建立在实践经验基础上）、情感过程（由感情引起的）和行为过程（行为方面的）三种成分构成，它是公共管理者在对职业角色的客观责任、职业角色与公民之间的关系思考、体验过程中建构起来的一套价值观和原则。公共管理者在主观责任的引导下具体地、有个性地、独特地对总的客观性角色定义作出回应，并形成一种内部控制机制，保持内心信仰、情感和态度的连续性、稳定性，以一种相对可预测的方式形成自由裁量权，公众也因此对公共管理者产生信任。

① ［美］特里·L. 库珀. 行政伦理学：实现行政责任的途径［M］. 北京：中国人民大学出版社，2001：62.

客观责任是外部环境加在公共管理者身上的职责与义务。首先，公共管理者须对上级和下级负责。科层制是正式的责任结构和工具，是使法律一般意图接近于具体程序和服务的手段，它保证了公务员行为与公民意志的一致，公务员被科层制限制在自由裁量权范围内。下层官员有责任忠诚于上层官员，服从上层官员的指令，做好本职工作，并向其提供信息。上层官员要对下属的行为负责，要经常给下属提供清楚的、可接受的行为准则、完成工作所需的资源，并解决下属由于权力限制或政治原因不能解决的问题。所以，为了达成共同的目标任务，上下级之间既有等级分明的职责分工，又有相互协作。其次，对法律和立法者负责是公共管理者的基本责任。法律规定了公共管理者的角色和职责，并保证了其角色的稳定性与持续性；另外，立法者制定了大部分代表民意的公共政策。因此，公共管理者尊重宪法和部门法，排除自身偏好的干扰，依法履行职责和执行公共政策，为公众利益而不是自己私利服务是一种基本义务。最后，对公民负责是公共管理者的根本义务。公共管理者是公民的受托人，要以是否符合公共利益为标准来衡量其行为是否负责任的行为。虽然对公共利益的理解存在多样性，但是它始终摆在公共管理者面前，提醒他们少考虑自己的利益，多听取公民的意见，洞察、理解和权衡公民的喜好、要求和其他利益，通过履行职责，或在现存法律框架内改变计划，或向立法机构建议新的立法，对公民的要求及时作出回应。

主观责任和客观责任之间的关系比较复杂。任何一种合理的客观责任，如果责任主体确立了相应的主观责任，它就会得到强化、超越，并在一种主动、积极的状态下实现；相反，如果缺乏主观责任的支撑，客观责任的落实便可能是消极过程，甚至遭到责任主体的抵制。不合理的客观责任，有可能得到不合理的主观责任的支持，但也有可能得到合理的主观责任的抗拒。另外，客观责任是合理的，但是主观责任意识到其他客观责任的存在，并且，这些客观责任之间存在着冲突，这时责任主体需要对各种客观责任的价值标准进行排序从而作出选择，或向上级反映这种冲突以求得问题的解决。

8.3 公共管理责任机制

公共管理责任实现需要公共管理者主观素质条件、内在权利保障和外在控制体系作为支撑。但是，在不同政治体制下，在公共管理发展的不同历史时期，公共管理责任实现机制的具体构成表现出较大的差异性，理论上也存在着各种探讨与争论。

欧文·E. 休斯认为公共管理责任实现有两个条件和两种途径。从结构角度看，公共管理责任实现必须满足两个条件：第一，政府行为必须以法律为依据，这些法律不仅对公民适用，而且适用于政府自身。第二，对政府的每项行为要确定负有责任的专人，这样公民能够在政府中找到对每项具体行为承担责任的人。缺乏这两个条件，责任机制将无从建立，政府将为所欲为，潜在的腐败现象将到处发生。从历史的角度看，公共管理责任实现有传统管理途径和新公共管理途径。传统管理途径包括官僚体系内部上下级间相互负责、整个官僚体系向民选官员负责、民选官员通过选举向民众负责的机制，新公共管理途径在此基础上还建立了以绩效评估为主要手段的公共管理者直接向作为顾客的民众负责的机制、政府对公共服务合同外包与民营化后果负责的机制。①

罗森布鲁姆等人认为公共管理责任实现有政治、管理与法律三种途径。传统公共管理认为主要通过科层体制内部的忠诚和监控，以及公务员对民选官员的负责来落实公共责任，新公共管理认为组织信任建设和绩效管理能保证责任的实现；公共管理的政治途径强调通过立法监督、预算控制、职位轮换、加强代表性和公共参与、不当行为公开、建设阳光政府、剔除公务员本身与所任职务间的利益冲突等外部监督来保证责任实现；法律途径认为法院应当确立一套政体价值作为公共行政的准绳，并通过公共行政司法化促使公共管理履行国家赋予的责任。②

尼古拉斯·亨利认为应当建立正义指导公共管理决策的机制。在他看来，公共管理向公共利益负责的行政责任途径和组织人本主义途径都缺乏明确、清晰的伦理框架指导。行政责任途径主要有内部控制、外部控制和内外控制结合三种观点。组织人本主义认为，行政责任途径缺乏有效的道德和哲学导引可供公共管理者在制定决策时加以利用，公共管理要以人为本，以人道的方式对待公民和组织成员，通过学习创造信任、开放和自尊的条件，这既是组织本身追求的目标，也是带来更高组织效率、实现公共利益的根本途径。尼古拉斯·亨利认为，组织人本主义依然缺乏清晰的伦理框架为公共管理决策提供伦理选择

① ［澳］欧文·E. 休斯. 公共管理导论［M］. 北京：中国人民大学出版社，2001：268-282.

② ［美］戴维·H. 罗森布鲁姆，罗伯特·S. 克拉夫丘克. 公共行政学：管理、政治和法律的途径［M］. 北京：中国人民大学出版社，2002：567-580.

的参考。他批评直觉主义、完美主义和功利主义关于公共利益的思考没有充分考虑社会弱者群体的利益。功利主义把整体利益，即社会的净收益放在首位，而不顾社会上最穷困成员的利益；完美主义主张精英才是最有价值的群体，在社会价值结构中不必考虑最穷困的成员；直觉主义是指公共管理者凭借基本正确的直觉偶尔保护最穷困成员的利益。因此，他认为应当建立罗尔斯主张的正义，即以公平为核心的伦理框架来指导公共管理决策，保护处于不利地位的群体成员的利益。①

关于公共利益的哲学和伦理观念确实是公共管理责任确定及其实现机制建构过程中的关键因素，但是我们可以把这一思考放在主观责任建构和内部控制的视野之内。因此，如库珀主张的，公共管理责任机制主要有内部控制、外部控制、内部控制与外部控制结合三种观点，并且，从现实来看应当采取内部控制与外部控制相结合的方式。②

8.3.1 内部控制

这种观点认为公共管理者对公共利益和宪政价值的认同，及其道德修养、职业道德和职业水准能够保证其行为维护和实现公众的利益。弗雷德里克指出，负责任的行为除了需要外部控制因素以外，还需要一种心理因素，责任不能用“对某些人或某个人负责”这样的字眼来表达，责任是一种“道德的或宗教的”责任以及一种理想化的政治责任。约翰·M. 高斯认为，一种重要的责任叫内部审查，它是公务员个体意识到对其职业负责的标准和理念。弗雷茨·莫尔斯坦·马克斯认为司法补救、行政责任以及全部纪律约束手段都很难用来替代责任感。人不能是责任的唯命是从者，而只能是责任的培养者。人呵护责任的根基、激励责任的生长并给它提供适宜的气候条件。

公共管理的政治特性决定了内部控制是必需的。首先，公共管理卷入了政治性决策，这要求其承担相应的主观责任。政治和行政不能完全分开，公共管理者具有政治性特征，经常卷入政策决策，建立在政治、行政分离基础上的官僚制不能确保负责任的公共管理决策和行动，政府活动的复杂性使公共管理者

① [美] 尼古拉斯·亨利. 公共行政与公共事务 [M]. 北京：中国人民大学出版社，2002：697-710.

② [美] 特里·L. 库珀. 行政伦理学：实现行政责任的途径 [M]. 北京：中国人民大学出版社，2001：122-123.

不可能将所有活动推给民选官员审查，公共管理者必须在自己价值观引导下决策和行动，在制度的辅助性保障作用外，通过对技术知识和公众情感做出反应来承担自己的责任。

其次，公共管理者自由裁量权的运用需要主观责任的引导。公共管理是运用自由裁量权将立法机构制定的法律适用于具体情况的过程，而自由裁量权的运用具有立法决策的政治属性。弗雷茨·莫尔斯坦·马克斯分析了这种现象，认为法律是通过行政人员转化为一系列具体指令来执行的，这些指令虽然以法律条文为依据，但它们是一种区别于法律本身的创造性法案，这种创造性是行政人员自由裁量权运用的结果，法律对这种创造性没有具体的规定，这时公共管理者需要依靠内在价值观和责任意识对自由裁量行为进行约束，使之服务于公众利益，这时外部控制只能是一种弱控制。

再次，公共管理者直接回应、满足公民的需要，要求其具备一种公众情感。在行政国家中，公民越来越依赖政府提供的各种保障才能正常生活与工作，政府与公民之间的接触急剧增多，公民越来越习惯直接与公共管理者打交道，作为顾客直接求助于公共管理者。因此，公共管理者必须适应这种社会趋势，以委托人为导向，以公众和公众问题而不是政府制度为关注焦点，时时体察、理解民众的需要，不仅根据既定的东西来进行活动，还应当根据对公民需求的预期来从事公共管理活动。

最后，面对公共利益认知的政治性分歧，公共管理者需要建立自己的伦理系统指导决策和行动。公共利益认知的哲学分歧，是公共管理决策和责任认知出现分歧的根本原因。片面的公共利益哲学观念或对公共利益的错误理解，会导致扭曲公共利益的政策和行动，一些重大人类事件和难以数计的具体决策证实了这一点。关于公共利益的哲学观念，有直觉主义、完美主义、功利主义以及罗尔斯的正义理论，公共管理者不一定对这些理论的深奥体系有完整的了解，但是对它们的核心观点要有一定的理解并进行选择，建构起符合公民利益的价值观，从而指导自己的行动。尤金·德沃林和罗伯特·西蒙斯认为“勇气”、“尊重人类价值”和“正直”是公共管理者最为重要的品质。① 这些品质和内在价值系统，使公共管理者对公共利益能够形成自己的理解、判断，从而控制着公共管理活动的根本价值指向。

---

① ［美］特里·L. 库珀. 行政伦理学：实现行政责任的途径［M］. 北京：中国人民大学出版社，2001：145.

内部控制在相应的人性基础上是可行的。关于人类本性有两种观点：一种相信人类能够以集体建构的方式行为，另一种认为人类是自我建构的动物，只会以自私的方式行为。内部控制论者坚持前一种观点，他们往往援引马斯洛的层次需要理论，对人类本性持积极的看法。马斯洛认为追求自我实现的人比那些不太健康的人更可能负责任地行动；因此，通过鼓励公共管理者寻求自我实现，寻求完善自己的价值系统，能够确保他们从事负责任的活动。

内部控制的实现是一个公共管理伦理形成、伦理选择以及伦理实践的过程。伦理形成是内部控制的基础。公共管理者在长期社会化形成的价值观基础上，通过对公共管理伦理的学习、思考可以形成一定的职业伦理观。美国公共行政学会专门出版了一本行政伦理方面的小册子，提供了公共行政“与法律的关系”、“责任与职责”、“公民权与责任”、“利益冲突”和“检举活动”等方面的背景知识，并列出了一系列自问自答的问题，即公共行政人员应该对自己、同事和公众负责的问题。这本册子可以供公共管理者个人学习用，也可以作为会议上集体讨论、教育训练或公共管理者普遍学习的材料。通过学习、讨论和反思有助于公共管理者以职业价值观和道德水平的形式培养内部控制力。①

8.3.2 外部控制

这种观点认为外部监督是确保公共管理与公共利益相一致的主要手段，这些外部监督主要有：立法监督、公民参与公共政策制定、设置政府监察员、官僚体制分权化、公开官僚信息、行政决策的司法审查、政体价值或法律和法制传统的制约等。②

美国学者芬纳早在1936年就认为，行政人员的责任就是服从外部政治控制，就是要为选举出来的公众代表负责，通过教育和技术标准等形成的内在价值观控制只能起到辅助作用，只有法律和制度控制才能产生负责任的行政行为，制度控制是指科层制内部规定与纪律的控制，主要有事业前途、加薪、提升、荣誉表彰和退休养老金等方法。缺乏这种控制，公共管理者就会出现不履

① ［美］特里·L. 库珀. 行政伦理学：实现行政责任的途径［M］. 北京：中国人民大学出版社，2001：147.

② ［美］尼古拉斯·亨利. 公共行政与公共事务［M］. 北京：中国人民大学出版社，2002：697.

行责任和义务、渎职和越权履行等行为。维克托·汤普森认为，公共组织是规定了角色和规则的公众的工具，而官员是根据合同约定义务实现组织和公众目的的工具。公共管理者要处理的是工具主义理性问题，即采用何种手段有效实现既定的目的，至于目的本身的合理性问题由政治家来决定；公共组织及其行政人员要高度依赖法律、立法监督和官僚等级制度等外部因素的控制，才能保持工具主义理性，实现公众的目的。①

外部控制的形式比较丰富。学者们从不同的角度对外部控制形式进行了思考。库珀认为外部控制可以分为直接针对个体的途径和塑造组织环境的途径，前者主要包括法律和道德规范两种方式，② 后者包括组织制度、组织文化与社会期待等形式。③ 归纳起来，外部控制主要有：立法控制、政治控制、行政控制、社会控制和司法控制等形式。

8.3.3 立法控制

立法控制是公共管理责任实现的主要外部保障机制，它主要通过三个方面的法律控制保证政府依法行政、服务公民，这是公民对政府和公共管理者的最低要求，是公民诉诸宪法和法律保护自己免受或反抗政府非法侵扰的基本保障。一是在宪法基础上，通过完善相关法律和制定行政法规对公共管理体制、权限、职责、义务与程序等进行明确规定，在法律上确定公共管理主体的身份、角色、职能与行为方式。二是制定关于具体政策问题的法案，使公共管理者在处理这一问题时既有法律依据，又受到这种法律的具体制约。这一点在美国等西方国家显得更为突出，任何一个大的政策问题只有国会以法案形式通过，政府才能执行政策。比如，美国政府只能按照国会通过的年度预算法案来进行预算开支，这种法律形式的预算控制可以有效防止政府滥用纳税人的钱。三是通过伦理立法，防止公共管理者利用公职追求非法私利。伦理立法关注的焦点集中在利益冲突、处理离职后的行为、组织工作以外的收入、财政收入报告等问题上。美国十分重视伦理立法，1853—1864 年，美国通过了第一部利

---

① ［美］特里·L. 库珀. 行政伦理学：实现行政责任的途径［M］. 北京：中国人民大学出版社，2001：126-129.

② ［美］特里·L. 库珀. 行政伦理学：实现行政责任的途径［M］. 北京：中国人民大学出版社，2001：130.

③ ［美］特里·L. 库珀. 行政伦理学：实现行政责任的途径［M］. 北京：中国人民大学出版社，2001：169.

益冲突法案；1872 年制定了“离职后民事法案”，其主要规定被后来相关法案沿用；1917 年国会通过了“组织外收入法案”；1963 年通过了“新伦理法案”；1965 年林登·约翰逊签署了“联邦总统道德令”；1978 年卡特总统签署了“1978 年政府伦理法案”，并在 1979 年、1982 年、1988 年得到数次修改；1989 年国会通过并由乔治·布什总统签署了“1989 年政府伦理改革法案”。① 伦理立法并不能取代道德自律，但是它使公共管理者在面临利益诱因时能清楚地作出行为选择，而不必如道德判断时那样处于一种模糊或矛盾的心理状态，从而有助于其保持负责任的行为。

8.3.4 政治控制

主要指政治体系对公共管理非立法途径的控制。罗森布鲁姆和克拉夫丘克认为行政责任机制的政治途径包括一般立法监督、预算控制、职位轮换、代表性和公共参与、“走向公开”、“阳光下的政府”、利益冲突等形式。② 由于公民不包括在狭义的政治体系之中，而属于公民社会的一部分，所以上面的代表性和公共参与、“阳光下的政府”可以归为社会控制的两种方式；另外，预算控制是立法机构监督的一种。归纳起来，政治控制主要包括：立法机构监督、职位轮换、公开政府内部弊端、政治官员负责制、利益回避等形式。

立法机构监督是指由立法机构及其委员会、立法机构成员及其办公人员、其他具有立法职能的机构如美国联邦总审计局和国会预算办公室对行政机构进行的监督，监督手段主要包括听取报告、调查、听证、质询、对最高行政首长投不信任票或要求罢免等。预算控制是这种监督的重要内容，如美国国会被称为政府的“看门狗”，除了通过年度预算法案或专项预算法案来规范政府活动内容和财政支出外，还通过总审计局、召开听证会或直接涉入行政决策过程等微观管理来监督政府的财政开支。

职位轮换是控制行政部门的重要手段。对行政首长和高级文官在政府机关内部不同岗位之间，或政府内外之间进行职位轮换，可以保证高级官员对政治体系的忠诚，更加自觉接受政治体系的指令和监督，可以防止高级官员在任职

---

① ［美］特里·L. 库珀. 行政伦理学：实现行政责任的途径［M］. 北京：中国人民大学出版社，2001：130-133.

② ［美］戴维·H. 罗森布鲁姆，罗伯特·S. 克拉夫丘克. 公共行政学：管理、政治和法律的途径［M］. 北京：中国人民大学出版社，2002：575-579.

机构和地区形成错综复杂的利益关系，或局限于局部利益从而扭曲或曲解公共利益，可以帮助高级官员开阔视野、提高能力，从而更好地为公共利益服务。

公开政府内部弊端是指政府及时向公众或其代表公开政府内部的失职、腐败和不道德行为，并且相关责任人要公开道歉、或引咎辞职或受到政治与司法处理。这种机制既是政治控制机制，也具有社会控制的性质，在体制上要求设置检举揭发接受机构、途径与保护措施，以及相关信息公开发布制度与责任追究机制。揭露、公开政府内部的弊端，既加大了政府责任行政的压力，也加大了政府内部腐败的风险。

政治官员负责制是指官僚组织整体上接受政治官员的指令和指导并向其负责，而政治官员向公民或议会负责的机制。这种传统的责任实现方式，在新公共管理时期依然重要，因为官僚制还是整个公共管理体制的核心组织架构。在议会制国家，部长为所属部门的行为向议会负责，并因重大部门失误而引咎辞职；在总统制国家，部门首长对所属部门的行为向总统负责，总统向公民和议会负责。政治官员为所属部门向公民、议会承担责任，是保证政治官员及其所属部门负责任的重要机制。

利益回避是指在公共管理者个人利益与所任职务或工作服务的公共利益之间存在冲突时，要回避这个职务或工作，从而避免其利用职务或工作损害公共利益以维护个人利益。比如某公共管理者负责城市建设征地工作，如果自己或亲属在某块应征地中有房产，他就应当回避这块地的征地工作。利益回避在有些国家已经通过伦理立法进行了法律上的规定，在没有这种立法的国家，这方面的要求是控制公共管理者徇私，并促使他对公职形成物质利益上的依赖关系，从而对公职尽责的重要措施。

8.3.5　行政控制

这主要是公共组织内部通过制度、组织文化和道德规范对公共管理者行为的控制，也可以称为组织控制。组织是个人道德品性、价值观和身份的重要塑造者，组织可能有利于个体负责任的道德观念形成，但也可能会压制其成长，安东尼·唐斯研究发现，公共组织可能会形成一种官僚意识形态，公共管理者会因此扭曲对公共利益的判断。① 所以，“负责任行为的关键就是既不能忽视

① ［美］戴维·H. 罗森布鲁姆，罗伯特·S. 克拉夫丘克. 公共行政学：管理、政治和法律的途径［M］. 北京：中国人民大学出版社，2002：555.

个人也不能忽视组织制度”①，要营造好的组织环境激发公共管理者负责任地行动。

制度、组织文化和道德规范是组织建构的三个要素。官僚制始终是公共管理及其责任控制的组织基础。新公共管理运动虽然对官僚制有种种批评，并努力调整其制度结构与组织文化，但是无法从根本上颠覆和抛弃官僚体制的制度架构。传统行政主要通过科层制安排对各级官僚进行责任控制：清楚界定与分配各级官员的权力与责任、下级对上级有严格的从属关系、限定组织控制幅度、鼓励部属对组织和长官忠诚、依靠正式纪律查察制度确保责任与服从、重视财务规范化、拥有雇员绩效和内部审计制度。② 新公共管理要求官僚体制具有灵活性和内部民主性，更加重视结果和绩效管理，强调组织内部分权、合作与意见多样性；但是，传统的科层制结构、人事制度、激励制度、监察制度、薪酬制度和退休养老金制度等很难发生根本性变革，依然是新公共管理责任实现的重要制度基础。

组织文化是与正规制度并存并对公共管理者具有很大影响力的组织习惯、传统。它可能与组织希望的核心价值观一致，鼓励公共管理者从事有道德的行为，也可能与组织目标和正规制度相背离，怂恿不道德的行为。领导在组织文化塑造中居于重要地位，“领导关注什么，领导对重大突发事件和组织危机是如何处理的，领导特意提供的角色模范，领导分配报酬和地位的标准，领导招聘、选举、提升、辞退以及交流的标准，这些都是组织文化，包括组织伦理准则的首要塑造者”③。所以，领导应始终注意自己是组织中的伦理角色模范，做到言行一致，组织成员进行伦理训练，并奖赏组织中的道德行为，以塑造负责任的组织文化。

道德规范是公共组织的伦理法规，是公共管理者的行为准则。它表现了公共组织的理想、道德要求和义务，通过组织内部的社会化可能成为组织文化的核心成分，但也可能无法内化为公共管理者的价值观和组织文化的有机成分，因为组织文化是部分公共管理者内心认同、行为上习惯性表现出来的东西。它

① ［美］特里·L. 库珀. 行政伦理学：实现行政责任的途径［M］. 北京：中国人民大学出版社，2001：163.

② ［美］戴维·H. 罗森布鲁姆，罗伯特·S. 克拉夫丘克. 公共行政学：管理、政治和法律的途径［M］. 北京：中国人民大学出版社，2002：567-575.

③ ［美］特里·L. 库珀. 行政伦理学：实现行政责任的途径［M］. 北京：中国人民大学出版社，2001：170.

也不同于伦理立法，通常陈述比较简单，“没有伦理立法那样的精确具体的限制，所涵盖的行为类型范围也比前者更为广阔。这些伦理法规因约束力和运行机制的不同而存在很大的差异。许多法规只是职业同行的权威观点，缺乏正规的途径强制性地实行其规定”①。公共组织一般会制定或采用某种伦理戒律，对公共管理者形成一种简化适用的外部道德制约，推动他们形成自己的职业价值观。

8.3.6　社会控制

这主要是指公共管理主体在透明、开放的基础上接受公民参与、公众期待、大众媒体、公民社团和利益集团的监督与控制，从而承担起对公民社会和公共利益的责任。建设“阳光下的政府”是公民社会控制政府的基础。美国最高大法官路易·斯布兰代斯有一句著名的判词“阳光是最好的消毒剂；而电灯则是最有效的警察”②。政府行政通过公开听证和会议制度、信息自由传播制度等各种形式公开，公民社会才能获得政府行政资料与信息，才能有效参与和监督政府的活动，确保政府行政责任的实现和较高的伦理水准。

公民参与既是公共管理的基本责任，也是控制公共管理的重要方式。在新公共管理时代，公民不再满足于仅由代议者和官僚机构替自己治理社会的传统做法，而是要求参与到政府治理之中。按照马克思的理论，公共管理处于日益从社会中独立出来但又要回归社会的张力之中，公民参与是公共管理回归社会、恢复其社会属性的主要表现，越是层级较低的公共管理，这种回归的动力就越大，公民参与治理和要求自治的愿望越强烈。所以，公共管理的责任和价值目标之一就是推动公民参与政治和治理。公民参与除了满足公民的政治需求外，还能对公共管理过程进行观察、监督，向政府表达利益诉求和关于公共事务的观点，促使行政官员听取公众意见，准确把握公民个性化需要和公共利益的要求。

公众期待是公共管理者对公民负责的主要压力之一。公众期待是社会期待的一部分，是指人们对政府工作者的希望和要求，③ 但在这里它不包括公民参

---

① ［美］特里·L. 库珀. 行政伦理学：实现行政责任的途径［M］. 北京：中国人民大学出版社，2001：133-134.

② ［美］戴维·H. 罗森布鲁姆，罗伯特·S. 克拉夫丘克. 公共行政学：管理、政治和法律的途径［M］. 北京：中国人民大学出版社，2002：578.

③ ［美］特里·L. 库珀. 行政伦理学：实现行政责任的途径［M］. 北京：中国人民大学出版社，2001：175.

与，以及体现公民意志的法律和政策。它主要通过公众情绪、公共舆论、社会抗议、社会运动、集会与请愿、民意调查报告、选民投票率和对政党的支持率等形式表现出来，它可能是温和的，也可能是激进的，并能影响到政府的合法性。公共管理者只有敏锐捕捉和顺从民意，才能保持合法性并有所作为。

大众媒体是公民自由表达与公共意见形成的重要平台，从而成为政府和公民社会沟通的渠道、公民社会制约和监督政府的重要力量。大众媒体可以看作是公民参与和表达社会期待的重要形式，但是它有自身的独立性，其所有者和从业者有自己的价值观和立场，从某种意义上它可以塑造公众的偏好与感情。大众媒体作用很复杂，很多学者批评它造成了公众的不参与、对公共事务一无所知以及对政府不信任，但作为公民社会的代言人、政府信息公开的平台和公共问题的独立调查者，大众媒体依然扮演着公民论坛、公民参与的推动者、政治权力监督者三大政治职能。①

公民社团和利益集团是公民参与、监督公共管理的组织力量。受到合理控制的自治组织是社会自治的重要形式和民主政体健康运作的社会基础，“它们对于民主程序自身的运行，对于使政府的高压统治最小化、对于政治自由、对于人类福祉也是必需的”②。公民社团和利益团体对政府的影响与控制主要体现在四个方面：一是它们向政府表达和显示了某些利益的存在，阻止政府决策时对公众利益的忽视和片面理解。二是它们提供信息和咨询服务，影响和限制公共管理决策。三是与代议机构等政治主体沟通，通过它们对公共管理主体施加控制。四是参与社会运动或组织集体行动，向政治体系和公共管理机构提出要求和形成压力。当然，公民社团和利益集团对公共管理的影响与控制不一定都是积极的，当狭隘的团体利益成为它们行动的目标，而公共管理主体又不能保持自身的独立性甚至被它们俘虏时，公共管理决策就会偏离为公共利益负责的方向。

8.3.7 司法控制

司法控制是促使公共管理主体对公众和宪法负责的最后手段。“当行政部

① ［美］皮帕·诺里斯．新政府沟通——后工业社会的政治沟通［M］．上海：上海交通大学出版社，2005：3-9.

② ［美］罗伯特·A．达尔．多元主义民主的困境——自治与控制［M］．长春：吉林人民出版社，2006：1.

门实施法律需要协助时，当一项争端发生在非行政者的权限所能解决时，或者当行政者在工作过程中有侵犯公民的合法权益时，这时候便需要司法的介入。"① 在西方国家，司法控制主要有法律解释、违宪审查和司法裁决等形式。

法律解释使司法机构以行使部分立法决策职能的方式对公共管理者进行法律控制。公共管理必须受到已有法律、立法和司法部门相关的法律解释以及先前司法判例的制约与控制；并且，行政机构在法律具体适用过程中，如果遇到法律规定过于笼统、模糊甚至存在疏漏，立法机构又来不及进行法律修改或解释时，就只能依靠司法机构的法律解释及时提供行为指导。

违宪审查是指司法机构对公共管理行为及其所依据的法律、法规是否违宪进行的审查。违宪行为可以发生在行政主体之间，也经常表现为行政主体由于违宪行为或运用不恰当的法律侵犯了公民权利。在美国，联邦最高法院在某些具体案例审理中进行违宪审查，而不是抽象地对法律、法规进行违宪审查。经过审查的法律、法规如果被宣布违宪就失去法律效力，相应的行政行为也就失去合法性。因此，违宪审查就是要促使公共管理受到宪法和"良法"的规制，尽力避免侵犯公民的宪政权利，就是要"刻意确立一套政体价值，以使公共行政官员据以作为行为的准绳，才能履行国家赋予的责任"②。

司法裁决是通过司法审判进一步明确和落实公共管理责任的法律途径。当公共管理主体之间、公共管理主体与公民或其他法人之间发生它们无力解决的争端时，司法部门对这些争端进行法律裁决，明确争端各方的权利与义务，厘定公共管理主体的责任并督促其落实，保护相关方的权利与利益。当公共管理主体侵犯国家、公民和法人的利益时，司法机构通过审判认定公共管理主体侵权或腐败行为的法律事实和性质，确定其承担的法律后果，并通过法律主张和责任追究保护公民和法人的权利，或挽回国家、公民和法人受损的利益，或给予利益受损的公民和法人以国家赔偿；违宪审查是司法裁决的特殊内容。公共管理活动涉及的权利、利益矛盾日益错综复杂，不可避免地导致公共行政活动司法化，包括行政责任确定的法律化、法院对行政更多的司法审查和司法裁决行政责任纠纷的增多，这些构成了公共管理的法律控制系统，目的就是要保证公共管理者履行对国家和宪政的责任，并"建立一种权利网络以使公众免遭

---

① 黎民. 公共管理学［M］. 北京：高等教育出版社，2003：195.

②［美］戴维·H. 罗森布鲁姆、罗伯特·S. 克拉夫丘克. 公共行政学：管理、政治和法律的途径［M］. 北京：中国人民大学出版社，2002：579.

武断的、变化无常的、有害的或歧视性行政行为的侵害。它同样致力于确保行政机关公平施政，保证公民在受到伤害时，有救济的途径”①。

外部控制有其相应的人性和理论基础。外部控制论总体上对人性持消极看法，认为缺乏制度、法律、利益、文化、舆论等外部力量的监督制约，人就可能规避责任甚至滥用权力。当然，外部控制一般并不否认内在道德情感的塑造有利于公共责任的实现，而是认为内部控制只能作为责任实现的辅助手段，如新公共管理虽然强调要以人为本，信任和依靠下属，给下属放权，让其承担责任，但它主要还是依靠外部控制来保证责任的实现。另外，不同的外部控制途径，其理论基础是不同的。政治控制和社会控制的理论前提是人民主权理论，以及由此引出的公民及其组织、代议者（包括机构）与公共管理主体之间的委托—代理关系假设；司法控制主要建立在司法、行政权分离和法治主义的理论基础上；行政控制的主要理论基础包括科层制理论、组织行为理论、旧管理理论和新公共管理理论。

8.3.8 负责任的公共管理行为

内部控制和外部控制都有利有弊,② 单纯的内部控制或外部控制都不能保证公共管理者高效、负责地履行职责，现实状况也证实了这点。

内部控制对公共管理责任实现的利主要表现在：首先，公共管理职业价值观总是能够在决策和管理过程中起作用。当上级监督、法律与纪律等外部制约因素不存在或作用较弱时，公共管理者的职业道德仍在发挥作用，并驱动他为公民利益积极行动。其次，内部控制有助于产生一个更负责任和更具创新性的官僚制度。它能防止公共管理者在处理具体问题时采用片面的、有损公共利益的办法，能使公共管理者抵制、揭发体制内的官僚主义做法，更有勇气、信心处理各种复杂或突发问题，而不是推诿、回避责任。再次，公共管理者的内在品质能够提高公共管理效率和在民众中的可信度。一项调查表明，在美国544个人口5万以上的城市中，“负责任冒险”的市政经理与“冒险企业家”相比，其治理的城市诉讼案件较少，政府债券评定等级更好，更可能利用最新技

① ［美］戴维·H. 罗森布鲁姆、罗伯特·S. 克拉夫丘克. 公共行政学：管理、政治和法律的途径［M］. 北京：中国人民大学出版社，2002：506.

② ［美］特里·L. 库珀. 行政伦理学：实现行政责任的途径［M］. 北京：中国人民大学出版社，2001：148.

术改善生产率；并且，比起后者，“负责任冒险”的市政经理伦理水平、教育水平和职业水平更高，更具有责任感和回应性。因此，内部控制能够使公共组织更有效。① 最后，内部控制有助于公共管理者个人价值观的实现。公共管理责任不仅包括对民众利益的责任，还包括对公共管理者自身合理价值观实现的责任，内部控制是公共管理者实现自身价值观和“内部福利”的重要实践途径。

内部控制也存在一些弊病。首先，多元化社会存在着多样化群体和价值观，在公共管理者应当采取哪一种价值观的问题上很难达成共识。其次，内部控制也不是完全可靠的。价值观是内在与私密的，公众无法审查、支配其价值观；因此，单纯的内部控制不能保证公共管理者不会在与公共利益相悖的个人价值观指导下，以满足自我利益的方式处理具体问题。再次，对抗性价值观之间可能存在着冲突。如在建造钢铁厂问题上，环境保护与公众就业两种价值的矛盾可能使公共管理者左右为难、不知所措，这时内部控制表现出一种无效性。

外部控制也有利有弊。每种外部控制形式既有其有效性，也有其缺陷。库珀考察了伦理立法和伦理法规的利弊。他认为伦理立法有确认公共事务管理权必须最终来源于法律、制裁公共管理越权行为、具有惩戒与教育功能等作用，但它存在对具体问题缺乏确切指导、实施比较难、导致不信任的组织文化等方面的弊端。伦理法规的利主要有：生动表达职业团体的理想、道德规范和义务，为组织成员树立至高的道德偶像；针对典型的职业问题提供更为简化实用的道德和行为要求；提供某种机制帮助组织澄清和内化自己的职业价值观；其弊主要表现为过于抽象、模糊和高尚，难以指导具体问题的解决。②

各种外部控制形式有着共同的利与弊。其利主要表现在：使公共管理责任的落实有比较明确的依据与外在压力；能够防止公共管理主体滥用权力谋私；能够强化公共管理主体的内在控制；其弊主要表现在：缺乏系统的公共利益哲学对公共管理主体责任认知的牵引作用；忽视公共管理者道德人格发展的价

① ［美］尼古拉斯·亨利．公共行政与公共事务［M］．北京：中国人民大学出版社，2002：718.

② ［美］特里·L．库珀．行政伦理学：实现行政责任的途径［M］．北京：中国人民大学出版社，2001：163.

值，及其形成的内在控制和激励机制对责任实现的巨大作用；无法完全保障自由裁量权的公正行使；可能阻碍相互信任的组织文化的形成。

总之，单纯依靠内部控制可能导致公共权力的失控，而外部控制成本较高，没有内部控制的协助很难保证公共管理行为的高效、负责。因此，从内、外控制的利弊以及人的信念、品质和能力多样性存在的实际出发，内、外控制必须综合使用、相互补充，才更有可能产生负责任的公共管理行为。库珀认为，由个人道德品质所表现出来的内部控制必须在总体上与组织结构、组织文化和社会期待相一致，这是设计符合道德规范行为的环境支持的关键因素。①参照他对负责任行为构成要素的论述，结合上面对内部控制和外部控制的分析，我们可以为负责任的公共管理行为建构一个内、外控制结合的模型，如表8-1所示：

表8-1　　负责任的公共管理行为控制模型

来源 途径	内部	外部
正式的	行政控制	立法机构 法院
非正式的	职业规范 主要管理者 公共利益 道德	利益集团 公民参与 大众传媒

8.4　公共管理责任实现的困境与选择

虽然责任保障机制能够最大限度地促使公共管理者负责任的行为，但是当公共管理者面临多种责任之间的冲突，或者公共管理系统抵制监控的力量比较顽固时，责任实现就面临着某种困境，这时公共管理者的主观责任选择和监控机制的进一步完善，是保证责任落实的关键。

① ［美］特里·L.库珀.行政伦理学：实现行政责任的途径［M］.北京：中国人民大学出版社，2001：156.

8.4.1 责任冲突

多元社会中利益的多元化和公共管理者自身角色的多元化，使得责任冲突成为公共管理者必须经常面对而又左右为难的问题；有效化解责任冲突，公共管理责任才能以最符合正义的方式得到落实。责任冲突的表现比较复杂，当组织目标与公众利益基本一致时，责任冲突主要有三种表现：权力冲突、角色冲突与利益冲突。当组织目标与公共利益不一致时，可能会发生公共管理者对公民负责与忠诚于组织之间的冲突①。

权力冲突是指不同的权力资源带来的不同的客观责任之间的冲突。不同权力对公共管理者的行为要求可能是不相容的，面对这些反映客观责任的权力冲突，公共管理者必须澄清自己的主观责任并考虑更为广阔和更为基本的客观责任。公共管理者无法逃避冲突，只能求助于自己的信仰、价值观和原则来确定介入哪一种冲突、哪一种措施最可取以及如何才能证明自己的做法是正当的。

角色冲突可能发生在内部角色与外部角色之间，或内部角色之间，其根源是角色所包含的价值观是不相容或互相排斥的。内部角色与外部角色的冲突，表现为内部角色要求对组织及其力图实现的某种公共利益负责，外部角色要求对另外的某种公共利益负责，而两种公共利益实现方式之间存在着冲突，这时就需要凭着主观责任确定哪一种公共利益更为根本，或采取两全其美的方式保证两种公共利益都能最大限度地实现。内部角色之间的冲突，主要表现之一是管理者对上和对下角色之间的冲突。在科层制中，上级应当承担对下级的责任，下级把管理者当作利益代言人，能将他们的要求向上传递，还希望管理者能公正对待他们，这些要求使管理者很看重同事的忠诚与信任。而上级则要求管理者忠诚、合作、保持权威与具有整体利益观点，能够运用权威将上级命令传达和执行下去，维护整个组织的利益。当两种要求在某些问题上产生冲突时，管理者就必须在两种责任之间平衡，尽力取得上下级的理解、支持，但又不违背基本的原则和自己的主观责任认知。

利益冲突是指公共管理者个人利益与其作为一个公共官员的义务之间的冲突，表现为公共角色与私人利益之间的冲突、客观责任与个人可能利益之间的冲突，其主要形式有“贿赂、权力兜售、信息兜售、财政交易、馈赠与消遣、

---

① ［美］特里·L. 库珀. 行政伦理学：实现行政责任的途径［M］. 北京：中国人民大学出版社，2001：86，183.

组织外就业、未来就业、处理亲戚问题”①，如果公共管理者偏重个人利益一方，这些潜在的利益冲突就表现为某种腐败或不恰当的行为。公共管理者为了自己和组织的信誉，不仅要避免这种冲突的发生，而且要看上去与之无关，避免和处理利益冲突的方法除了加强伦理立法外，最典型方式就是从决策权中退出，公开资产和社会关系，或者弃权。

公共管理者还可能与不道德的上级或组织之间发生冲突。公共管理者如果具备对公民负责的道德自觉，面对不道德的上级或组织，除了在组织内部进行斗争外，很可能会选择检举或辞职。但是，很多公共管理者迫于对检举者进行报复的政治压力、在组织中安分守己的团队合作伦理、作为代理人只对权威负责的角色转换等因素的影响，最后选择了妥协与顺从。② 面对组织压力，要让公共管理者能够坚守和运用道德良知，勇敢承担责任，一方面需要通过对检举行为的组织救济和工作场所权利立法等外部制度与法律保障，另一方面要培养超越组织忠诚的个人伦理意识，保持其伦理自主性。

8.4.2 监控困境

由于公共管理体系或政治体系存在着一些抵制或消解监控的力量，公共管理责任实现虽然有多种外部控制和保障方式，但仍面临着一些困难。罗森布鲁姆主要以美国为背景，认为美国和其他国家建立完善的责任制度仍然面临下列无法突破的监控困境。③

专业知识、技术和信息的增长。公共管理者拥有特殊的专业知识与便捷的信息获取途径，这种优势使监督者无法深入了解和监督他们的工作。

专职地位的优越性。虽然新公共管理运动提出弹性化雇用制，但目前大多数公共管理者仍然是全职工作人员，因此，非专职的外部监督者无法观察与掌握公共管理者所做的一切。

人事制度的保护。人事制度对有过错的公共管理者提供了某种保护，因为对过错的惩处过程相当繁复且耗时，一些情节轻微的腐败行为可能倾向不处

① ［美］特里·L. 库珀. 行政伦理学：实现行政责任的途径［M］. 北京：中国人民大学出版社，2001：112.

② ［美］特里·L. 库珀. 行政伦理学：实现行政责任的途径［M］. 北京：中国人民大学出版社，2001：188-194.

③ ［美］戴维·H. 罗森布鲁姆、罗伯特·S. 克拉夫丘克. 公共行政学：管理、政治和法律的途径［M］. 北京：中国人民大学出版社，2002：564-567.

罚。一般行政法规的误用，只要不引起公众关注就不会被深入追究，或最后不了了之。另外，反泄密和互相保护的组织传统，使得公共管理者不太愿意揭发同事的错误。

反制的法则。反制的法则使得官僚体制控制官僚体制。唐斯认为，决策者或高层官员愈是致力于控制部属的行为，部属就会愈致力于付出更大的心力去规避或反制这些控制。

协调的问题。主要是某些责任的实现需要立法、行政与司法相互间的协调，但这种协调往往比较困难。在美国，三权分立与共享机制使得行政部门的责任实现需要依赖立法部门的参与，而两个部门的职责、角色、动机与利害关系不同，如果两个部门之间缺乏协调，责任问题很难达成共识。

政治领导的缺乏。这一点主要指美国的政治现实未能为行政官员提供强有力的政治领导。美国政党组织涣散，选举活动不能为行政部门传达清晰的指导，使行政部门的政治方向不确定；并且政务官任期较短，又加上人事制度的保护，使得常任的事务官员不愿转变其对公共利益和本机构利益的看法，因此，很多政务官抱怨对事务官进行改革困难重重。

机构结构与功能的分裂。公共机构不断分化，但权责没有相应分清，或根本就不可能完全分清，导致部门间权责重叠，行政责任的归属不易厘清，具体指出某一特定行政活动的责任主体较难，公共机构某些部门可以非常容易淡化自己的失职，或将责任转嫁到其他机构身上。

公共管理规模与范围的庞大。现代社会治理的复杂化，使得公共管理的规模与范围前所未有地扩大，即使借助现代科技手段的帮助，也无法准确了解公共机构的钱、人力、管制、规则等问题的来龙去脉，常规审计手段也根本无法查出一些隐藏很深的严重问题。

第三部门的管理。政府采用外包等手段把公共事务以契约形式交给私营部门完成，或者政府与私营机构合作提供公共产品，这时很难界定双方的责任，相关的监督控制也不容易。

事实上，这些困境大多在其他国家也不同程度地存在，并使得公共管理的监督、控制面临着一些无法完全逾越的障碍；因此，各国公共管理中依然存在着比较严重的渎职、腐败现象，反腐败的任务依然艰巨。

可以看出，在公共管理责任实现中，责任冲突导致的是内部控制的困境，即公共管理者主观责任选择的艰难；监控困境事实上是外部控制的困境，它造成公共管理责任落实的外部保障机制无法发挥其最大效应。面对双重困境，除了继续加大内部控制和外部控制的力度外，别无良法以保证公共管理责任的实现。

关键概念

责任　公共责任系统　主观责任　客观责任　内部控制　外部控制　政治控制　司法控制　行政控制　社会控制　责任冲突

思考题

1. 公共管理责任是如何产生的？它的构成包括哪些要素？
2. 如何理解主观责任和客观责任？二者是什么样的关系？
3. 如何理解内部控制与外部控制？外部控制有哪些形式？
4. 公共管理责任实现过程中有哪些困境？

第 9 章 公共管理与社会政策

以社会政策作为研究对象的社会政策学既是一个相对独立的研究领域，又是公共管理研究的一个重要的主题或分支，因此，社会政策在公共管理过程中占有重要的地位；而将社会政策放到公共管理的大背景中去考察，有利于进一步拓宽社会政策研究的视野，深化研究的主题，并形成新的知识体系，从而更好地为公共管理实践服务。本章将探讨社会政策的若干问题。

9.1 社会政策的内涵

社会政策是一个具有广泛性和普遍性运用的概念，但又是一个缺乏公认定义的概念。要想弄清楚社会政策的内涵，就不得不对国内外关于社会政策的定义进行一一梳理。

9.1.1 社会政策概念的演进过程

社会政策是历史的产物，回顾和剖析这种演进过程是必要的。

1. 社会政策的缘起

任何政策的产生，总是为了解决该国在当时所出现的问题，从社会政策产生的背景来看，也是如此。从最早发生工业革命的英国来看，工业革命促进了社会的变迁，但也带来了诸如失业和贫困等问题。为此，政府作出诸多努力：1834 年英国出台了《济贫法修正案》，设立了全国性的济贫法委员会监督该系统的工作，并将教区分组，形成济贫法联合会，取得了空前的但是有限的成功；1835 年的《市政法》塑造了当时的地方政府体系，督促地方当局解决自己辖区的问题；1908 年的《老年人养老金法案》和 1911 年的《国家保险法案》中采用的保险原则对社会政策的发展产生了重要影响，等等。但实际问题的解决，则主要依靠慈善组织，如 1869 年，伦敦成立了世界上第一个慈善组织协会；1884 年，英国牛津大学讲师巴纳特在伦敦创设了世界上第一所社区服务中心，称为汤恩比馆，并由此带动了 19 世纪末到 20 世纪初席卷欧美各国的社区改良运动，成为最初的社会个案工作，开创了以民间组织力量直接解决社会问题的行动目标和策略，但是这些慈善组织之间因缺乏联系和协调而未能很好地解决上述社会问题。

一般认为，社会政策的定义最早出现在 19 世纪末的德国。当时的德国存在比较尖锐的矛盾，社会收入分配不公加剧，贫困人口增加。一批经济学家为了研究当时尚处于市场经济初期的德国经济，避免本国的经济利益和经济发展在自由放任的市场竞争中受到损害，强调用历史的方法，成立了社会政策学会。在学会成立的预备会议上，休谟勒提出社会政策学会的性质不是讨论主义，而是要深入问题的中心，把握当时最重要的改良事项。作为当时社会政策学会的骨干成员之一的瓦格纳则在 1891 年发表的论文中把社会政策界定为"运用立法和行政的手段，以争取公平为目的，清除分配过程中的各种弊害的国家政策"，该定义更多地强调国家对社会的控制，而不是公民福利的提升。

2. 社会政策发展时期

从 20 世纪 20 年代到 70 年代初期，社会政策持续发展，特别是从第二次世界大战结束到整个 20 世纪 60 年代，经济持续增长支持了各国的高福利政策，成为社会政策发展的黄金时期。概括这个时期的社会政策研究，特征如下：

一是深受费边福利国家主义、凯恩斯的国家干预经济理论、贝弗里奇的思想三种理论的影响，其中费边福利国家主义的影响最深，是该阶段有关社会政策学术研究和政治争论的主题。费边福利国家主义认为为了解决社会问题和需求，国家和政府应该承担提供社会福利和社会服务的重任，应该通过政策干预为市民提供那些市场无法满足的援助和保护；还提出要改善政府的服务质量，缩小与私营部门的差距，使社会服务不因公私差别而出现两种不同的标准，导致社会分化。凯恩斯的国家干预经济理论认为为了解决有效需求不足的问题，应放弃经济自由主义，代之以国家干预的方针和政策。贝弗里奇认为为了消除贫困、疾苦、肮脏、无知和懒散五大社会病害，政府应该通过国民收入再分配的形式，组织实施社会保障措施，建立涵盖每个公民的"从摇篮到坟墓"的社会保障体系。

二是社会政策研究范围逐渐扩展。最早马歇尔（T. H. Marshall）将政府行为等同于"社会"，认为社会政策是与政府有关的政策；蒂特姆斯（R. M. Titmuss）拓宽了社会政策的主体，认为社会福利（直接的公共服务和直接由现金给付）只是社会政策的"冰山一角"，还应包括财政福利（具有明确社会目标的特别减税和退税措施，从而增加净可支配收入）和职业福利（指与就业或缴费记录有关的由企业提供的各种内部福利，可以以现金或实物形式支付，常常由政府依法强制实施）。瑞恩（Martin Rein）对社会政策的研究范围也是十分宽泛的，认为包括对人类健康或收入公平化有贡献的所有活动。艾特里迪斯（D. S. Iatridis）也认为社会政策作为一个领域，是与整个社会的基本状况及其发展、人类与环境的关系问题以及个人的福利相联系的，是改变基本的社会关系和社会形象，改进全体人民、社会阶级和个人生活条件与生活方式的共同的工具。

三是逐渐拓宽了社会政策的目标。蒂特姆斯将社会政策与社会需求联系起来，强调关注的是一系列社会需求，以及在稀缺的条件下通过人类组织来满足的一些人类需求。瑞恩指出社会政策不仅是为了满足人类社会需求，还有其他的目标。艾特里迪斯认为社会政策满足的需求不仅仅是基本的物质生活需求，而且包括社会关系、社会参与、精神需求等多方面的满足。

四是开始思考社会政策与经济政策的关系并取得一定成就。马歇尔认为社会政策从属于经济政策，社会政策主要运用政治力量去取代、补充或改变经济系统的运行，以便弥补经济系统的不足。蒂特姆斯则对经济政策与社会政策的区别与联系进行了全面检讨：他认为经济政策与社会政策构成元素是相互交织的，经济政策与社会政策相互依赖和相互补充。所有国家的政府不能完全根据经济来考虑有关目的与手段的核心政治问题，经济政策不应该主导社会政策；社会政策必须放在广阔的政治及地理架构之内分析。

五是开始了社会政策的分类研究并取得了一定成果。华伦斯基（H. L. Wilenky）和莱博（C. N. Lebeaux）在1958年根据国家在社会福利国家中承担的功能，区分为两种类型的社会福利制度。蒂特姆斯在此基础上提出三种模型，分别称为社会政策的剩余福利模型、社会政策的工业成就模型和社会政策的制度性再分配模型。

3. 社会政策改革时期

进入20世纪70年代中期以后，西方工业化国家便先后陷入了经济发展速度普遍减缓、失业率居高不下、通货膨胀的梦魇挥之不去以及人口老龄化等困境，如西欧的“福利国家危机”和美国的“福利困境”等。

为了摆脱困境，从20世纪80年代开始，西方国家兴起新公共管理运动，把市场机制和企业管理的理念运用到政府管理和公共服务之中，这一改革影响着社会政策领域的改革。社会政策领域的改革主要表现是缩减政府福利支出、公共服务机构的私有化、公私机构的合作、社会福利的使用者付费制度、在福利供给中引入竞争机制、提出工作福利概念等。如英国在布莱尔执政时奉行所谓的“第二代福利”，鼓励公共服务机构和私人开展合作。美国在1996年8月签署的《社会福利改革法案》，重点就是弱化联邦政府在社会保障体制中的主导作用，使联邦政府的职能逐渐从直接责任者转变为决策者和监督者；提高政府福利机构的私有化程度，使社会福利的财政来源朝着私营化和分散化方向发展。

学术界对社会政策的研究也发生了转变：

其一，加强政府在社会政策领域的作用，同时让家庭和市场发挥更大的作用。政府要拓宽干预范围和加强干预力度（包括干预市场及社会），促进公民在资源、地位及权力分配上的平等。原因在于以资源分配为导向的政府干预虽然可以解决贫穷问题，但如果社会政策所分配的社会资源只是集中于社会消费层次，它针对的分配结果可能只是基本需要的满足，而不包括社会参与的实现，不一定实现社会平等。在此基础上，要引入市场竞争机制，让市场发挥更大的作用。

其二，开始从生产投入的角度来认识社会政策的作用。传统社会政策是非生产性的，研究的焦点主要集中在社会福利领域，政策操作主要关注社会福利产品的再分配。随着学科自身发展和相关社会理论的出现，社会政策学科行动取向渐渐显露，生产与投资开始被纳入学科视野，认为社会政策既有再分配的功能，也有社会投资的功能，因而社会政策也是生产力要素之一，表现为国家干预环节的前移，不仅前移到收入，还前移到资产环节（见图9-1）。目的是通过影响人们的资产而提升他们获得收入、实物和服务的能力，以保障人们的生活需要。

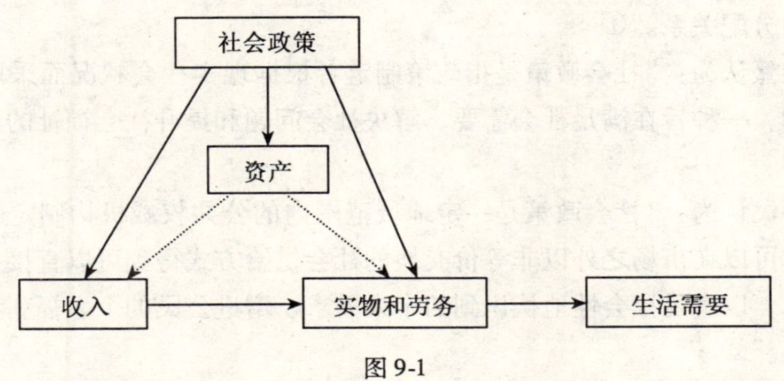

图 9-1

（资料来源：杨团，葛道顺. 社会政策评论. 北京：社会科学文献出版社，2007：217.）

其三，将社会政策的功能与国家的可持续发展、与社会群体的价值观念和社会影响力联系在一起。过去，社会政策的功能或目标主要是社会稳定或社会公平，而现在则越来越多地与全球化形势下一个国家的可持续发展的战略和手段联系在一起，努力探讨在经济上和道德上都能够被接受的、能够满足多元化的社会需求的社会政策。

其四，分类研究取得了重大进展。代表人物是埃斯平-安德森（Costa Esping-Andersen）。在他的代表作《福利资本主义的三个世界》中将福利国家分为自由型（如美国）、保守型或合作型（即法团主义，如德国）和社会民主型（如瑞典）。并在其著作《后工业经济的社会基础》一书中将此三分法更趋完善。此后其他学者还有四分法、五分法和无限分法等。

9.1.2　社会政策的定义

虽然我国政府及社会介入福利安排之行动的历史源远流长，特别是新中国成立以后，政府对于社会福利的安排更是备加努力，但受诸多因素影响，我国很长一段时间一直没有采用“社会政策”这一概念，更谈不上社会政策的研究与教育。不过，近年来社会政策越来越受到国家的重视，学者们也开始讨论构建中国社会政策的研究框架，其中必然涉及社会政策的定义。

杨团认为：“社会政策，是指以社会公平为核心价值，以促进社会和谐与人的可持续发展为基本目的，以政府和其他公共机构为主角，主要运用立法

（立法倡导）或者制定行事规则的制度化手段，推动各类资源尤其是公共资源的合理配置，通过组织和提供社会公共物品与公共服务的方式，调整社会现行的生产与分配关系。"①

黄晨熹认为："社会政策是指政策制定者根据现实社会状况而采取的一种社会行动，一种旨在满足社会需要、解决社会问题和提升社会福祉的集体干预策略。"②

杨伟民认为："社会政策是一定地域范围内的公共权威机构制定的，使个人或家庭可以在市场之外以非等价交换的社会供给方式得到可以直接支配或使用的资源，以满足社会性地认识到的个人需求、增进公民的个人福利和社会福利的政策。"③

李秉勤认为："从广义上讲，社会政策研究的是国家与其公民福利之间的关系"。④

从上文国内外学者们的定义中我们可以总结出一些共识性的内容。

一是社会政策的主体。任何政策都有特定的主体，上文中大部分学者认为社会政策的主体是国家或政府，但也有学者指出，国家和政府并非社会政策的唯一主体，还可能包括其他组织。

二是社会政策的对象。大多数学者认为社会政策的对象是个人或家庭，或全体社会成员，但也有观点认为，由于社会政策旨在更加公平地分配各种资源，因此社会政策主要是为特别的群体服务，如长者、儿童、残障人士等。

三是社会政策目标取向。一定的政策总是要实现一定的目标，具有明确的方向性；同时，政策又在特定的历史时期内起作用，具有时效性。上文中的学者们对社会政策的目标具有较大的认同，主要包括：促进社会和谐，满足社会需要，解决社会问题，增进公民的个人福利和社会福利，改善社会环境，实现社会均衡发展等；不过，也有学者以笼统的"社会公共目标"来简单概括。

四是社会政策的表现形式。国家或政府在社会政策中承担主体责任，那么社会政策的实施自然以国家的立法和行政干预为主要手段，带有强制性，体现

---

① 杨团．中国社会政策演进、焦点与建构［J］．学习与实践：2006（11）：79.

② 黄晨熹．社会政策［M］．上海：华东理工大学出版社，2008：27.

③ 杨伟民．社会政策导论［M］．北京：中国人民大学出版社，2004：53.

④ 李秉勤．英国社会政策的研究、教学及其对中国的借鉴意义［J］．社会学研究．2000（4）：63.

在表现形式上，社会政策就是“一系列行为准则、法令和条例的总称”。

五是社会政策是一个活动过程。包括政策制定、执行、评估、监控、终结等。是“根据现实社会状况而采取的一种社会行动”或“一种公共性的行动过程”。

这些共同点基本能揭示社会政策的内涵，由此可以得出社会政策的定义：政府和其他社会力量在特定时期为了达到满足社会需要，解决社会问题，增进公民的个人福利和社会福利，实现社会均衡发展的目标而采取的一种公共性的行动过程，是以国家的立法和行政干预为主要方式而制定和实施的一系列的行为准则、措施、法令的总称。

9.1.3　社会政策与公共政策的关系

公共政策与社会政策这两个概念经常在社会科学领域中使用，但对于二者的关系，却难以达成一致。凡认为“社会”和“公共”只是相对于“私人事务”、“私人领域”而言，那么二者是等同的，没有实质区别，只是西方国家概念形成过程和使用习惯不同而已；凡认为“社会”只是针对某一特定的生活领域或个人而言，那么公共政策包含社会政策；假如“社会”是最广泛意义的，那么社会政策就涉及了社会生活的所有领域，那么社会政策就包含公共政策；也有观点认为社会政策与公共政策是两个并行不悖但又相互交叉的学科领域，二者既有共同关注的领域，又有各自为政的范畴。

目前国内大多数学者都认同最后一种观点，下面在此基础上对二者关系进行剖析。首先用图示（见图 9-2）表示二者关系：

二者都是相对于“私人事务”、“私人领域”而言的，总是关注有影响的社会性、公共性的问题，以解决社会问题为目的；都是国家、政府对社会经济生活的干预方式；行政机关无论对于公共政策还是社会政策来说都是非常重要的行动主体，在政策制定与执行中起着主导作用；在政策制定与执行过程中，充斥着行政机关、利益集团、大众传媒、公民、立法机关、司法机关等多种主体围绕利益的博弈，总会以科学知识和相关技术来保证它们的科学性；二者最终都会增进社会的整体福利和个人福利。

二者又是相互区别的，主要体现在政策的缘起与发展、政策主体、政策的目的等方面。

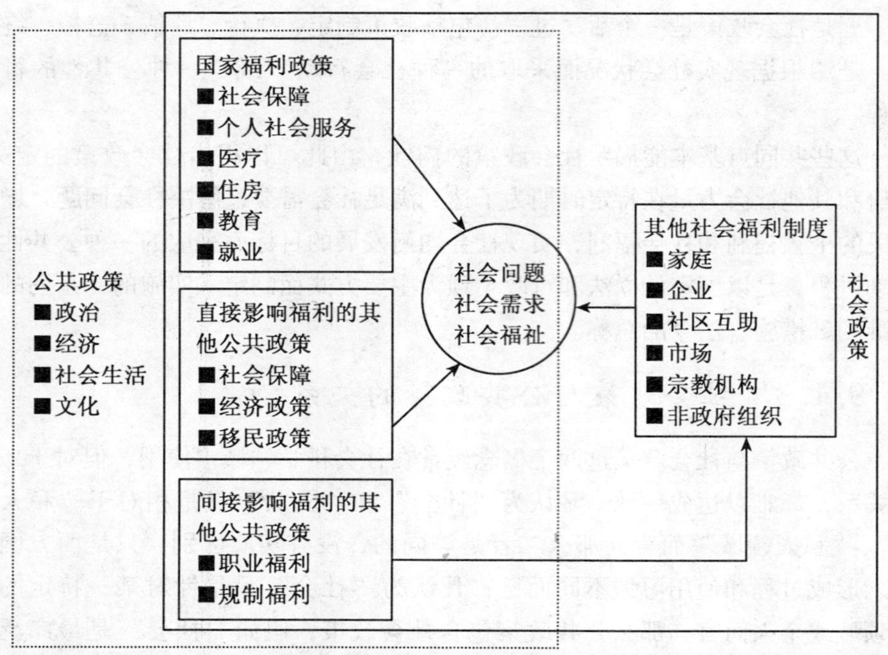

图 9-2　社会政策与公共政策的关系

（资料来源：黄晨熹．社会政策［M］．上海：华东理工大学出版社，2008：17.）

从政策的缘起和发展来看，公共政策早于社会政策。从国家诞生之日开始，政府就为解决公共问题、维护公共利益、维持公共秩序等而制定公共政策。当然，从国家产生开始，也会有社会问题，政府也会制定相应的政策，这就是最早的社会政策；但是，社会政策作为国家的制度性设置，却出现在工业革命之后。

从政策主体看，除了行政机关对二者是重合的，二者的其他行动主体有着非常明显的差异。一般来说，公共政策的主体一般应包括：立法机关、行政机关、司法机关、政党、利益集团、公民等，更多地加入了政治利益和国家权威的因素，表现为国家性、政府性、权威性；而社会政策的主体还包括社会中各类组织、群体和个人，多是社会福利性质的组织主导，其非营利性、公益性、非政府性明显。

从政策的目标来看，也存在较大的差异。公共政策是为了社会公共利益，基本目标更加侧重于从整体上改善社会环境，在其执行过程中会影响到个人的利益，最终结果也会使个体社会成员受益，但它们一般很少以改善某个人或某个群体的境况为目标。社会政策则更多是直接面向个人和群体，其直接的目标就是为了解决社会中个人和群体所面临的各种困难，通过解决个人和群体的问题而促进社会的整合与发展。

9.2　社会政策的类型

社会政策所涉及的范围十分广泛，内容异常丰富，表现形式也多种多样。按照不同的标准和依据，可以对社会政策进行不同类别的划分。在社会政策研究中，不同的分类方法便于从不同的角度来考察各种社会政策，各有其意义。

9.2.1　几种典型的分类模型

1. 蒂特姆斯的分类模式

华伦斯基和莱博，他们在 1958 年根据国家在社会福利国家中承担的功能，区分为两种类型的社会福利制度：一种是剩余型社会福利，另一种是制度型社会福利。并认为当时的美国是剩余型的社会福利，以后每个国家都会发展成为制度型社会福利。

受二分法分类模式影响，蒂特姆斯认为各国的社会政策以三种不同的福利模型为基础。他们是：制度化的再分配模型、工业成就型模型和剩余模型。可以从政府介入的程度、优先考虑的事项、政策对象等角度概括如下（见表 9-1）。

表 9-1

	剩余模型	制度化的再分配模型	工业成就型模型
政府介入的程度	政府只对市场和家庭不能满足的需求进行干预	政府从一开始就通过构建一套完整的制度来为人民提供各种所需要的服务	政府根据生产效率和工作表现满足需求

续表

	剩余模型	制度化的再分配模型	工业成就型模型
优先考虑的事项	市场自由的价值占主导地位，私人的供给受到偏爱	首先考虑社会需求，其次再关心经济效益	首先关心经济的成功，但也认为满足社会需求是必要的
政策对象	真正贫困的群体	具有公民身份的所有的社会成员	对象被看作是由于经济原因得到支持的潜在的生产力资源

2. 艾斯平-安德森的分类模型

艾斯平-安德森在他的著作《福利资本主义的三个世界》中以经济合作与发展组织中的18个国家为研究对象，通过对这些国家在养老金等方面基本特征的分析，提出两个划分标准：一是劳动力的商品化程度，另一个是福利国家形成的社会阶层化结构。

根据劳动力的商品化程度大体可以将18个国家分为三种（见表9-2）：一种是把给付资格界定在可证实的而且是不幸的需求上，这通常起源于济贫法的传统，以一定严格程度的财产调查作为提供社会救助的条件；第二种是以工作表现为基础提供福利，这来源于德国社会保险的传统，后来传播到整个欧洲大陆，把福利供给与劳动力市场中的地位和交费情况相结合；第三种是依据普遍主义的公民权利原则的安排，给付资格既不论需求的程度，也不论工作表现，福利给付的界定主要看一个人是否该国的公民或者长期居住者。但是实际上没有一个国家恰好符合其中的一种类型，表明实际上每个国家的社会福利制度都是复杂的混合体。

表 9-2　　福利国家非商品化综合排序（1980 年）

国家	去商品化分数
澳大利亚	13.0
美国	13.8
新西兰	17.1
加拿大	22.0
爱尔兰	23.3
英国	23.4
意大利	24.1
日本	27.1
法国	27.5
德国	27.7
芬兰	29.2
瑞士	29.8
奥地利	31.1
比利时	32.4
荷兰	32.4
丹麦	38.1
挪威	38.3
瑞典	39.1
平均数	27.2
标准差	7.7

（资料来源：艾斯平-安德森. 福利资本主义的三个世界［M］. 郑秉文，译. 北京：法律出版社，2003：58.）

他还认为所有的福利国家都会涉及社会阶层化的过程，但是由于保守主义、自由主义、社会主义的原则在不同的国家已经形成不同的政治文化，并制度化了，结果形成一些不同的体制，显著近似于我们在分析商品化程度时所发现的体制。为了验证这一判断，他同样用一些定量化的指标对 18 个工业国家的状况进行了分析。综合计算的结果表明各个国家类聚的状况与以商品化程度为标准的分类状况基本一致。（见表 9-3）

表9-3 根据保守主义、自由主义和社会主义体制特征对福利国家的分组
（括号中是累计指数）

强弱程度	保守主义的程度	自由主义的程度	社会主义的程度
强	奥地利 (8) 比利时 (8) 法 国 (8) 德 国 (8) 意大利 (8)	澳大利亚 (10) 加拿大 (12) 日 本 (10) 瑞 士 (12) 美 国 (12)	丹 麦 (8) 芬 兰 (6) 荷 兰 (6) 挪 威 (8) 瑞 典 (8)
中	芬 兰 (6) 爱尔兰 (4) 日 本 (4) 荷 兰 (4) 挪 威 (4)	丹 麦 (6) 法 国 (8) 德 国 (6) 意大利 (8) 荷 兰 (8) 英 国 (6)	澳大利亚 (4) 比利时 (4) 加拿大 (4) 德 国 (4) 新西兰 (4) 瑞 士 (4) 英 国 (4)
弱	澳大利亚 (0) 加拿大 (2) 丹 麦 (2) 新西兰 (2) 瑞 典 (0) 瑞 士 (0) 英 国 (0) 美 国 (0)	奥地利 (4) 比利时 (4) 芬 兰 (4) 爱尔兰 (2) 新西兰 (2) 挪 威 (0) 瑞 典 (0)	奥地利 (2) 法 国 (2) 爱尔兰 (2) 意大利 (0) 日 本 (2) 美 国 (0)

（资料来源：艾斯平-安德森. 福利资本主义的三个世界［M］. 郑秉文，译. 北京：法律出版社，2003：85.）

综上，无论是依据商品化的程度，还是根据福利国家形塑的社会阶层化结构，可以把它们的福利模式和社会政策划分为：（1）自由主义的福利国家。由于没有专制主义的历史和缺乏工人阶级的动员，因此国家使用广泛的经济状况调查，只提供有限的社会保险津贴，鼓励私人保险的发展。（2）保守的组合主义的福利国家。有天主教的保守主义传统，在其国家的政治历史中有专制主义的倾向，有利于社会保险。但是收入再分配维持在低水平，按照职业和地

位的区别来建立社会福利给付体系。（3）社会民主的改良主义的福利国家。有强有力的工人阶级的动员，并且影响到了社会民主党。工人阶级、农民和新的中产阶级结成联盟。实行广泛的社会福利补贴和深入再分配制度，以及通过劳动力市场援助失业的制度。

3. 四分法

卡斯尔斯（F. Castles）和米切尔（D. Mitchell）提出四个福利资本主义体制，与艾斯平-安德森一样，他们也选择了 18 个 OECD 样板国家，并大幅度调整参数，将诸如房产等财产转化成 GDP，并将转移支付和津贴给付的平等程度作为重要参数予以交叉列表，从而将福利国家分为四类：第一类是“转移支出低/津贴给付平等”类型的国家，对应于自由主义模式，第二类是“转移支出高/津贴给付平等程度低”类型的国家，对应于保守主义模式，第三类是“转移支出高/津贴给付平等”类型的国家，对应于民主主义模式，第四类是“转移支出低/津贴给付平等程度高”类型的国家。后来卡斯尔斯在《公共政策比较》中明确将南欧一些国家划入第四种类型，还发现这种分法与其文化分类是一致的。但是四分法存在一种困境，那就是无法将日本和瑞士纳入任何一种类型中；且他的四分法与艾斯平-安德森的三分法有诸多相似之处。

尽管如此，将南欧独立出来的四分法在欧洲的影响很大，有的学者将南欧独立称为“拉丁模式”。（见表 9-4）

表 9-4　**福利资本主义体制模式**

体制类型	代表国家	失业保险的覆盖率	积极劳动力市场政策的地位	劳动力市场政策的目的	理论基础
斯堪的纳维亚模式	北欧国家如瑞典、丹麦	全面的	占据中心地位	社会一体化的充分就业	公正平等的凯恩斯干预主义
合作主义模式	中欧国家如德国、法国	变化的	相对中心地位	减少公共部门的压力	社会团结的国家中心主义

续表

体制类型	代表国家	失业保险的覆盖率	积极劳动力市场政策的地位	劳动力市场政策的目的	理论基础
自由主义模式	大西洋国家如英国、爱尔兰	很弱的	强烈地予以反对	尽量支持商业发展	讲究效率，对市场不干预的自由主义
拉丁模式	南欧国家如意大利、葡萄牙	很不完整的	地位很弱	避免使用福利制度	强调公民社会

（资料来源：艾斯平-安德森．福利资本主义的三个世界［M］．郑秉文，译．北京：法律出版社，2003：356.）

9.2.2 社会政策的具体类型

1. 依据政府介入程度和范围划分

依据政府介入程度和范围，划分为剩余型社会政策、制度型社会政策和发展型社会政策。

剩余型社会政策可以理解为只关注那些真正贫困的群体的社会政策。在面对社会问题时，国家或政府首先让家庭、社区、民间组织和市场机制发挥作用，只有市场或家庭的作用缺失而造成社会成员的生活困难时才会向特定的人提供社会福利，而且是暂时的。也就是说，政府的社会政策在提供各种社会服务和满足人民需要方面的作用应该是补缺性的。

制度型社会政策可以理解为主张政府从一开始就通过构建一套完整的制度来为人民提供各种所需要的服务。在面对社会问题时，国家或政府以与劳动力市场相关的个人（及其家庭）权利为基础，通过谈判明确国家和雇主责任，从而形成国家制度。在当代社会中，国家（政府）的社会政策具有其他制度和机构所不可替代的功能，通过制度化的社会政策体系可以更好地满足人民的各种需要，并且能够更好地防止和解决社会问题，并在社会分配和整个社会生活中更好地体现公平的原则。

发展型社会政策拓展了上述社会政策所关注的领域。一是使政策主体多元化，使社会政策超越了由各国政府提供社会服务这一狭义的概念，将公民个人、家庭、社会力量和政府整合，共同合作解决问题。二是拓展社会政策的客体，将更为广泛的国计民生问题包含在内，更关注那些最基本的问题，如就业来源和就业稳定性、社会援助的制度安排、决定着民众福祉的过程和结构等。三是将社会政策目标和经济政策的目标直接联系起来，认为社会发展和经济发展构成一个铜板的两面，没有经济发展，就谈不上社会发展；而如果缺乏作为整体人口的社会福利改善，经济发展也是没有意义的。

2. 依据社会政策的层次划分

所谓社会政策的层次是就社会政策的纵向关系而言的。这种分类也存在多种方式：一是按社会政策制定和实施主体的隶属关系来划分，可以分为中央社会政策、地方社会政策和基层社会政策；二是按社会政策适用的空间范围来划分，则有全国社会政策、区域社会政策和部门社会政策；三是按社会政策问题涵盖的范围、社会政策制定主体的地位、社会政策发挥效用的空间、社会政策权威性的程度等为参考因素，可将社会政策划分为总社会政策、基本社会政策与具体社会政策等层次类别。前两种层次划分标准明了，通俗易懂；但也有其缺点，即这两种划分将社会政策主体与社会政策空间分割开来了，还带有明显的表面性。第三种层次划分则把社会政策主体标准与社会政策空间标准结合起来，克服了前两种缺点，在此选用第三种划分方式。

总社会政策是一个国家或地区带有全局性、根本性、原则性，决定社会发展基本方向的社会政策。总社会政策居于社会政策体系的核心地位，统率其他政策，让这些政策形成结构有序的、功能互补的配套体系，表现出较强的总括性；总社会政策贯穿于特定历史时期的始终，规定着一个国家在一定时期社会发展的总体方向，为各级政府和政府部门解决社会问题指引了基本方向，确定了价值取向，具有较大的稳定性和较大的权威性。

基本社会政策是次于总社会政策而在社会生活的各个领域、部门或方面起主导作用的实质性社会政策。对一个国家来说，任何时期的基本社会政策都是连接总社会政策与具体社会政策的中间环节，它从属于总社会政策，又统率具体社会政策。

具体社会政策在社会政策的纵向结构中处在最低的层次上。它是在基本社会政策的指导下制定出来的，是基本社会政策的具体化；是将基本社会政策所规定的目标与任务付诸实施的工具与手段；是同具体时间和空间中的社会政策问题联系在一起的，它处在基层和公共管理的前沿位置上，因而是解决实际问题的依据。

3. 根据社会政策所涉及的领域划分

虽然不同历史时期，不同区域总会发生不同的社会问题，但是仍旧存在一些主要的、共同的社会问题。比如，人口问题、移民问题、种族问题、妇女儿童权益问题、就业问题、福利保障问题、老年问题、青少年犯罪问题、社会治安问题、毒品问题、自然灾害问题，等等。为了解决这些重大的、带有全局性的社会问题，就必须制定和实施相应的社会政策。依据涉及的领域不同，可将社会政策划分为社会保障政策、公共医疗卫生政策、公共住房政策、教育政策、劳动就业政策、社会服务政策等。

社会保障政策是指以国家或政府为主体，根据法律规定，通过国民收入再分配，对公民在暂时或永久失去劳动能力，以及由于各种原因发生生活困难时给予物质帮助，保障其基本生活的一种政策。在当代绝大多数国家中，社会保障政策都是政府社会政策体系中最基本、最重要的组成部分之一。社会保障政策又可以分为社会救济政策、社会保险政策、社会福利政策等。

公共医疗卫生政策包括两方面的内容，一是政府或其他组织开展的向社会提供预防性卫生服务方面采取的公共性行动，其中包括疾病控制、预防接种和卫生知识普及等方面；二是为社会成员提供医疗服务，如政府建立公立医院或补助私立医院，以免除或降低病人接受医疗的费用；政府投资促进医疗技术发展；政府向特殊困难者提供医疗救助等方面的政策。

公共住房政策是指由政府或其他组织以福利性的方式为社会成员提供公共住房或住房补贴的政策。由于现代都市生活中住房困难现象相当严重，许多城市居民，尤其是经济困难群体在住房方面的条件相当差，并且他们仅靠自己的努力难以解决这一难题，因此需要政府通过福利性的方式来帮助他们解决。在当今各国，住房政策也是政府社会政策体系中的重要方面。

教育政策是一种有目的的动态发展过程，是政党、政府等政治实体为实现一定历史时期的教育目的和任务而制定的行动依据和准则。由于教育对个人和社会发展都具有重要的意义，因此接受教育或发展教育事业既是社会成员个人的需求，也是整个社会的需求，从这个角度看，政府应该在教育事业发展方面承担责任；同时教育是一个高成本的过程。因此，各国普遍要求政府在教育方面加强公共投入，以便能够促进教育事业的发展，并更加公平地分配受教育机会。

劳动就业政策一般是指政府或其他组织为劳动者提供就业机会、合理地分配就业机会、解决失业问题和保护劳动者权利而采取的各种行动的总和。工业化社会以来，就业不足一直是困扰各国的难题之一，而劳动就业又是绝大多数个人或家庭的收入来源，是社会成员的基本需求与权利，所以各国普遍关注该问题，劳动就业政策也逐渐成为社会政策体系的核心内容。劳动就业政策一般包括改善劳动力供应方面的政策，改善劳动力需求方面的政策，失业保障、职业安全、工资和福利保障政策等。

社会服务政策指直接面向社会成员，尤其是社会中具有特殊需求的个人或群体而提供的福利性服务。社会服务包括的内容很多，既有针对普通居民的日常服务，也有针对某些特殊群体的专门化服务。在服务方式上，既有在社区中为居民提供的各种服务，也包括在各种机构中对某些特殊困难者的集中服务。迄今为止各国政府都尽力促进社会服务事业的发展，并鼓励民间机构或个人采取各种方法促进这一事业的发展。

除了上述主要内容之外，社会政策还包括其他一些政策行动领域。如有的国家将对越轨行为者的“行为矫治”也划入社会政策领域，另外有些研究者将家庭政策、社区发展政策等都纳入社会政策的范围。

9.3　社会政策的功能

事物的功能是指事物或方法所发挥的作用和效能，是事物内部结构要素间相互作用或事物整体与外界相互作用的结果。所谓政策功能，简单地说就是政策所能发挥的功效和作用，它通过政策的地位结构作用表现出来，它总是在与某种社会目标的联系中得到判定。研究社会政策的功能必须从其属性和基本功能两方面着手。

9.3.1　社会政策功能的属性

一般来说，社会政策的功能具有时空性、互补性和系统性等属性。

1. 社会政策功能的时空性

社会政策功能的时空性表现在两个方面：

其一，任何社会政策的功能总是同一定的时间、空间相关联的。每一项社会政策都是具体的，其制定、执行和终结，都离不开政策所处的环境。因此，社会政策功能的发挥必然受到一定时间、空间内的社会经济状况、体制条件、政治文化和国际环境、技术条件以及公众的实际需求等的制约。

其二，任何社会政策的功能都会随着时间的推移和空间的扩展而发生变化。一旦时空发生改变，社会政策的功能也会发生变化。如原先具有积极的正向功能的社会政策，随着时空的变化其效能就会逐渐丧失，乃至产生出消极的、反面的功能，这时就必须终止原有的社会政策，制定新的社会政策；又如由于时空的变化对社会政策进行了相应的调整，其功能也将发生变化；再如某项功能不是由单项社会政策单独承担的，而是由许多不同的社会政策和机构共同承担，随着时空的变化某些社会政策或机构变化，并将引起功能的变化。

2. 社会政策功能的互补性

社会政策功能的互补性具有两方面的含义：

其一，社会政策体系对社会生活所产生的功能在性质上具有互补性。主要表现为政策的前导性功能与其对现实的规范性功能的互补，政策的显性功能与其隐性功能的互补，政策的奖励性功能与其惩罚性功能的互补等。

其二，一个时期的社会政策功能在方向上具有互补性。在一定时空中，必然存在多方面的社会政策，任何一项具体的政策总是与其他处于同一个横切面上的政策相辅相成的，而与处在同一个纵切面上的政策又是相互衔接、承上启下的。

因此，在一定时空中实施的社会政策必然是互补的，如一定时期中的教育政策、卫生政策、人口政策等在功能上应当不是矛盾的，而是相辅相成的，它们所发挥出来的功能是互补的。反过来，如果几项政策的功能不是互补的，政策就会失去协调，甚至发生冲突，任何一个政策的功能都有可能被其他政策的作用所抵消。

3. 社会政策功能的系统性

以政府为首要主体所制定和实施的社会政策必然是系统性的。原因在于社会政策绝不是解决或处理某一方面、某一领域的公共问题，制定与实施的行为规范，社会政策要解决与协调的是社会公共领域中的整体性、综合性的问题；政府依靠社会政策这一手段要解决和处理的也绝不是哪一方面的职能，而是全方位的、整体的职能。如果政府制定和推行的社会政策是零碎的、分散的，它就无法去实现社会的整合，无法促进具有整体性质的公共领域的发展，也就无法从整体上维护社会公众的多方面的利益。

9.3.2　社会政策的基本功能

社会政策是为了一定的社会目标制定的，在实现这些社会目标的过程中，发挥着经济政策不可取代的功能和作用。当我们来认识社会政策的功能时，不仅要考察社会政策功能的具体属性，还有必要从宏观的社会运行和发展的角度来考察社会政策系统对社会生活的存在和运行所起的作用。从整体上说，社会政策系统对社会的存在、运行和发展起着导引、保障、协调、控制的基本功能。

1. 社会政策的导引功能

社会政策的导引功能是指社会政策引导社会中人们的行为或事物的发展朝着社会政策制定者所期望的方向发展。这主要是因为在现实社会中，社会行为方式、社会秩序、社会资源配置与社会发展之间存在一个环环相因的链条。处在链条开端的是社会行为主体因不同的利益诉求而产生的不同行为方式，然后形成不同类型的社会秩序，一定的社会秩序直接或间接地又会影响着社会资源在时间和空间上的配置，从而影响着社会发展的方向、速度；这些因素反过来又最终决定着社会行为主体的现实利益。因此，确保社会行为主体有合理的行为，是确保社会有合理的秩序、合理的资源配置和合理的社会发展的关键。

社会政策导引功能包含两方面的重要内容。一是借助于目标要素，确定行为方向。凡社会政策都有明确的目标，社会政策的制定与实施就是把整个社会生活由复杂的、多面的、相互冲突的、漫无目标的潮流，纳入明晰的、单面的、统一的、目标明确的轨道，使社会有序地发展。二是借助于价值要素，规范行为方向。凡是社会政策，不仅要告诉人们政府所提倡的社会政策为什么要这样做而不那样做，还要告诉人们社会政策的界限，指出什么是该做的，什么是不该做；更要告诉人们为达到社会政策的目标应当怎么做，怎样才能做得更好。

从其具体功能来看，既可以是直接的导引，对其调节对象的行为方向与行为准则产生影响，也可以是间接导引，对其非直接调节对象的行为产生制约与引导作用；既可以是正向导引，让其所发挥的作用与所调节的对象本来的发展方向一致；也可以是反向导引，使作用的方向与其所调节的对象本来的发展方向相反。

2. 社会政策的保障功能

社会政策的保障功能包括三个方面：

其一，保障公民权利，促进社会和谐。社会政策要解决的问题是与一定社会群体相联系的社会问题，但社会政策最终还是要落实到具体个人的身上。社会政策要保障公民权利，首先要满足公民最基本的需要，最基本的需要是人们生存和发展的起码的、最低的、必需的权利，是满足人们政治、思想、经济等方面起码的、最低的、基本需求的权利，即生存权、人身安全权、政治选举权等；社会政策要保障公民权利，还要不断增强公民的能力和提高公民的生活质量，满足其更高层次上的需要，更高层次上的需要是人生存和发展比较高级的权利，是满足人们政治、思想、经济等方面较高级的权利。

现在的社会是一个高风险的社会，以国家或政府为主导的社会力量，必须通过社会政策对社会有价值的资源进行再分配，从而有效防范自然灾害、失业、贫困、意外事故等对人的生存与发展造成的危害。社会政策不仅要被动地、消极地应对面临的社会问题和困难，更应积极主动地通过一定的培训、优惠政策等手段来增强公民自身的能力和信心，充分发挥公民自身的潜能。

其二，保护弱势群体，维护社会公正。市场经济一方面给经济增长带来巨大活力，另一方面也会出现许多不得不面对的问题，如社会的风险性加大，制造社会不平等和导致阶层分化的效应等。而随着不平等的加剧，必然出现弱势群体，最终导致社会排斥，即弱势群体的权益出于各种原因得不到有效保障，他们已有被排除在经济发展之外的趋势，在某种程度上与社会机体产生了断裂。这种断裂是全方位的，既包括即时的经济利益得不到实现，也包括政治权利和社会权利得不到回应。国家若不能集中力量对其生存状况和发展机会加以关注和改善，则随时可能酿成危机。

罗尔斯在其名作《正义论》中开宗明义说：“正义是社会制度的首要价值，正像真理思想体系的首要价值一样。”“作为人类活动的首要价值，真理和正义是不妥协的。”罗尔斯的这些著名论述，指出了正义是社会的首要价值。但是，公正毕竟只是制度安排的一种基本价值取向、一种基本的规则，它需要通过一定的载体方能在现实社会中体现出来。就社会层面而言，公正必须通过社会政策体系才能具体体现。正是从这个意义上讲，社会政策以其特有的价值理念，通过科学研究人们的公正需求和有效组织社会资源，在使社会公正由理想变为现实方面发挥了独特的作用。

其三，调整社会结构，保证分配合理。社会结构是指一个社会中各种社会力量之间所形成的相对稳定的关系，主要包括就业结构、人口结构、城乡结构、阶层结构等，其中阶层结构是最重要的核心结构，也是整个社会结构的整体反映。一个健康稳定的、现代化的社会阶层结构应该是两头小、中间大的橄榄形结构，见图 9-3（a）。

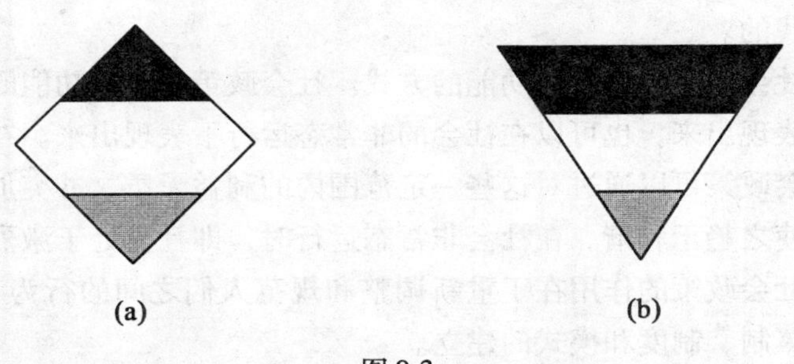

图 9-3

说明：图中黑色代表处于最高和较高社会等级的阶层所拥有的资源；白色代表处于中间等级位置社会的绝大部分成员所拥有的资源；灰色代表处于较低和最低社会等级的阶层所拥有的资源。

当社会阶层结构呈现头大脚小的倒三角形（见图 9-3（b））时，这种结构就是不合理的。要使不合理结构变成合理结构，基本条件就是建立比较完善的社会政策，保证全体社会成员都能够得到社会保障和取得较为公平的发展机会。就具体机制而言，社会政策通过以保障公民社会权利为目的的国民收入再分配和社会福利的提供，不仅在收入分配上缩小了差距，而且消除了因为工业化的社会风险所造成的社会成员之间在发展机会和发展条件上的不平等，使阶层结构渐趋合理。

3. 社会政策的协调功能

社会政策的协调功能表现在以下几个方面：

首先从社会政策协调功能的必要性来看。社会之所以需要运用政策进行协调，是因为国家的管理活动，其中有许多利益关系需要协调，是一个复杂的系统过程。只有有意识地去调节人与人、人与社会、人与事物、事物与事物之间的关系，才能保证国家的和谐发展。社会政策的产生就是很好的证明。社会政策产生于工业化、现代化发展带来的负面影响，即经济迅速发展过程中出现的一系列的不和谐社会因素，尤其是贫富两极分化带来的严重社会问题。为了化解社会矛盾，稳定社会局面，从政府的角度就出现了解决与协调这些不和谐社会因素的社会政策和使这种政策得以实施的有组织的行为，如1601年，英国政府颁布了伊丽莎白《济贫法》。

其次从社会政策协调功能的可能性看，社会活动之所以能进行协调乃是因为现实社会中的个人、群体和组织所具有的利益，不仅是客观的，而且是具有弹性和可替代的。

再次看社会政策发挥协调功能的方式。社会政策的协调功能既可以在社会常态运行下表现出来，也可以在社会的非常态运行下表现出来。在社会的常态运行下，社会政策可以通过对这些一定范围内的利益矛盾、冲突加以缓解、调和、协调，使之趋于和谐。在社会非常态运行时，即社会处于激烈变迁、较大转型时期，社会政策的作用在于重新调整和规范人们之间的行为和行为关系，以保证新的体制、制度和模式的建立。

4. 社会政策的控制功能

社会政策的控制功能是指政策对社会中人们的行为或事物的发展起到制约或促进作用。政策的出台都是为了解决一定的社会问题或是为了预防特定社会问题的发生；政策制定者在政策上对所希望发生的行为予以鼓励，对不希望发生的行为予以惩罚，从而达到对社会的控制。

社会政策的控制功能有直接控制与间接控制两类。一般地说，一项政策对于其控制的领域所起的作用是直接性的，而对于相关的领域，其作用则是间接的。比如作为基本国策的人口政策对于人口增长与优化有直接的调控作用，把我国的人口总量和增长率控制在一个与我国经济和社会发展水平相适应的水平上，对于产业结构的提高与优化，只有间接的作用。

社会政策发挥控制功能的方式，可分为平衡调控与非平衡调控两种。社会总是在各种利益平衡与突出重点的非平衡的状态交叉出现中发展的，因此政府在利用社会政策调控社会发展时，既可以使用平衡的方式也可以使用非平衡的方式来调控。

就社会政策调控的结果来说，有积极调控与消极调控两类。政府制定的政策在付诸实施后，其最终的效果可以是积极的，正面的；也可能是消极的，负面的。实施政策的控制功能应特别注重对“度”的把握，这就要求注重发挥信息反馈系统的作用，及时动作，适时调整控制的方向和力度，使政策保持在发挥积极作用的状态上。

9.4 社会政策的限度

要论述社会政策的限度，首先必须厘清限度的含义。限度一般有两层含义：一是从横向的视角理解，表示范围的极限，二是从纵向的视角理解，表示程度的极限。通俗地讲，限度就是局限性或有限性的意思。社会政策的限度是指社会政策相对于其他手段具有相对优越的效果的边界，既表现为社会政策所能及的范围，也表现为同一社会政策达到的程度。

认识到社会政策的限度，并找出制约其限度的因素，将有利于政府适当把握社会政策的范围和力度，避免社会政策的低效和失误。从理论上讲，当人们还未认识到各种因素对社会政策的限制时，它处于自在的认识阶段。当人们对制约社会政策限度的因素有清醒的认识时，各种限制因素就可以成为政府制定、实施社会政策时的自觉行为，从而有利于确定社会政策的范围，避免超越其范围或程度所造成的低效率或失败，进一步优化社会政策的功能，实现社会政策功能的最大化。

9.4.1 社会政策限度的集中表现

1. 社会政策的能力限度

社会政策的能力限度主要是指社会政策的能力边界。社会政策以达到满足社会需要，解决社会问题，增进公民的个人福利和社会福利，实现社会均衡发展为目标。

将社会政策放在国家政策系统中分析，国家政策系统包括经济政策、政治政策、社会政策等，社会政策是国家政策系统的一个子系统，它的能力总是有限的。从社会政策内部系统来分析，单项社会政策的功能是有限度的；同时，作为一个独立的系统，社会政策应当是一个有机的整体，社会保障政策、就业政策、教育政策、住房政策、公共卫生政策、社会服务政策等各子系统以及层次结构等方面都应处于协调契合的状态，如某一方面超越自身范围将会带来不良影响。

2. 社会政策的效率限度

政策效率是指政策结果与政策投入之间的比例关系。分析政策效率与政策结果的关系不难看出三种可能性：第一，得失相当，政策效率不显著；第二，得大于失，政策带来较好的政策效率；第三，得不偿失，投入大，政策收益小，此时政策也就无效率可言。很显然，“作为一项管理活动，对公共领域或公共事务的管理却必须遵守效率原则，因为效率是管理活动的实质。公共管理的效率原则要求如何有效地配置公共资源以最大化地实现公共目标”①。即第二种可能性就是我们的选择，而且应在得大于失的前提下，尽可能实现政策效率的最大化。

具体来说，在微观层次上，每个具体的社会政策行动都应该强调少投入、多产出。例如，我们的公共教育、公共医疗卫生就应该提高自身运行的效率。在宏观层次上，社会政策行动的效率涉及资源投入、资源分配与社会效益之间的关系，高效率的社会政策模式，应该是在资源投入量一定的情况下，通过更加合理的资源分配和制度安排而达到更好的社会效益，如在资源投入一定的情况下，更好地达到缓解贫困、提高人们的健康、提高受教育程度、维护社会稳定等目标。

那么怎样的效率范围才应是政策的合理选择呢？由于政策结果的复杂性，不管是从定性还是从定量，对政策效率作全面、系统的分析都是十分困难的。但是，不管怎样，政策的制定与实施应以一定的效率范围为限。

3. 社会政策的伦理限度

社会政策是国家意志的体现，当然无法回避也不应当回避社会政策中存在的伦理限度。

一是社会整体发展与个人发展需求之间的伦理矛盾。当社会政策的价值取向是国家利益至上时，就可能牺牲了个人的发展；而当政策倾向于个人发展时，从社会和国家的层面上看，政策的效率就会相对低下，因此社会政策内在地包含着社会整体与个人发展需求之间的伦理矛盾。如何处理这对矛盾，让它既能体现社会的要求，又能充分满足人自身发展的需要是个难题。

二是是否维持了社会公正。公正是社会政策的基本理念，但作为一个抽象

① 席恒. 公与私：公共事业运行机制研究［M］. 北京：商务印书馆，2003：20.

的价值理念和规则，社会公正只有通过社会政策这一具体的载体才能体现出来，才能在现实生活中得以实现。一旦社会政策偏离了社会公正，甚至牺牲弱势群体的权利来获得利益，社会政策的目标就偏离了自己的轨道，就不能实现社会的公平和可持续的发展，不能保证各个社会阶层和群体多赢共生、和谐相处。

9.4.2 影响社会政策限度的因素

社会政策过程一般包括社会政策的制定、执行、评估、监控和终结。社会政策的限度是在社会政策过程中表现出来的，尤其是在社会政策的制定和执行过程中。在此过程中，影响社会政策限度的因素有很多，本文将从社会政策本身、社会政策主体和社会政策环境3个角度来考察。

1. 社会政策本身的因素

（1）社会政策问题的特性

政策的限度首先是和所要解决的政策问题的类型和性质密切相关的，越复杂的问题，越难以把握其限度；政策所要规范的目标团体行为的种类越多，就越难以制定清楚明确的规则，用以约束政策对象的行为；政策问题所涉及的目标团体人数多少，会影响政策限度；政策问题需要目标团体行为调适量的大小，也影响到政策的限度。

（2）社会政策的正确性

政策的正确性是政策有效执行的根本前提。正确的政策符合社会发展的客观规律，代表人民根本利益，能够促进社会发展，给人民带来利益，能被执行者所认同，被政策对象所拥护，因而能得到有效的执行。反之，政策执行必然会在政策执行者对政策对象的消极应付和抵制中搁置。

2. 社会政策主体的因素

社会政策本质上就是行动，而任何一种行动或行为，都需要行为主体，即人。因此，要清楚政策执行中的影响因素，还必须考察人的行动，了解人们是怎样通过自身的行动选择来影响政策执行效果的。

（1）不同主体的利益需求产生的行为偏差

人的行动选择，总会不可避免地有着自身利益追求和行为价值倾向。正因为人们从事的一切社会活动都来源于一定的需要，利益成为了人类进行一切社会活动的终极原因，使得追逐利益成为最常见的一种人类行为。

我们按照政府、社会力量（包括家庭、非营利组织、社区等，下文统一简称“社会力量”）、个人这三类主要社会政策主体进行分析，看看他们在社会政策过程中是追求什么样的利益，以及他们之间可能存在的博弈对社会政策实现的影响。

政府是社会政策的制定者和执行者，代表着公共权力和公共利益。按照理想的设计来说，政府作为公共利益的承担者，在达到统一意见的过程中出现纷争与分歧是正常的，但是，现实却是，在分歧与斗争中，公共利益可能不再是政府所追求的主要目标，而把机构利益甚至个人利益作为追求目标。

社会力量是社会政策的执行者和参与者，代表相应的组织利益。虽然在社会政策的制定过程中，他们的影响力有限，但是在社会政策的实施阶段，他们的力量和利益需求则是任何政策都绕不过去的，从而在实际上决定着政策的效果，而这些组织追求的利益很有可能与社会政策所追求的公共利益并不一致，甚至存在着冲突。

个人作为社会政策的执行者和参与者，直接追求个人利益。社会政策协调和分配的公共利益是直接针对个人及其群体的，他们是社会政策所调整的数量最大的对象。但是，在社会政策中并非每个人的利益都能得以实现，政策的利益分配往往意味着一部分人得到利益的同时，另一部分人将失去利益或没有获得利益。所以，在相同的社会政策中，不同的群体和个人所得到或感受到的公共利益是不同的，他们把自身利益的得与失作为评价和对待社会政策的唯一标准，并在心理上产生积极或消极的反应。在这种情况下，他们对自我利益的追求可能会超过或冲淡公共利益。

总之，在社会政策过程中，三者各自都还带有自己的利益诉求，这些不同的利益都有自己合理的依据和生长的空间，这些利益彼此之间可能存在着博弈，还有可能这些利益本身就与某一政策所追求的公共目标不同，或者实现方式不同。而社会政策通常只以一种被认为是较好的方案来实现，政策过程中的利益冲突和矛盾随时会以各种方式表现出来，从而影响着公共目标的追求和实现，这是社会政策中难以避免的。

（2）政策主体的自身缺陷

首先，社会政策主体对社会问题、社会政策资源的认同，对社会政策的创新精神、工作态度是社会政策制定的重要条件所在。如果社会政策的制定者对某个社会问题抱着一种模棱两可的态度，或者害怕受到批评和反对，因而畏首畏尾，那么该社会问题就不能进入政策议程，更不能形成社会政策。

其次，社会政策主体的素质也必然影响和阻碍社会政策的执行。这主要表现在：一是政策执行者政治素质不高，对政策认识不够，无法把握政策本质，在执行过程中难以全面正确地执行政策；二是业务素质欠缺，对专业性、技术性很强的社会政策不能有效地贯彻执行，从而影响了社会政策的有效实施和政策作用的有效发挥。

3. 社会政策环境的因素

(1) 社会经济状况

社会经济状况是一国或地区公共决策最重要的依据。首先，社会经济状况是一国政府制定社会政策的基础，影响着社会政策的目标和方向。社会政策的制定与实施涉及资源的配置问题，一个国家社会经济状况如何，它处于何种发展阶段上，综合实力如何，这是一国政府制定社会政策首先要加以考虑的。社会经济状况有诸多衡量指标，在此仅以 GDP 作为一个衡量指标，以美国不同年份社会政策领域支出与 GDP 的比重作为例证（见表 9-5）；不同国家的政府，一个国家不同地区、不同层次的政府，只能依据本国、本地的资源状况、经济情况来制定适当的社会政策。任何一个政府都只能对社会资源的存量加以合理配置，而绝不可能进行超量配置，任何超越于社会经济状况的政策最终注定是要失败的。一国的社会政策完善程度与水准的高低一般与该国经济发展水平正相关，也有一些发达程度大致相同的国家和地区在社会政策类型和水准方面大相径庭，这主要是由各国、各地区政府在社会控制体系等方面的差别使然①。

其次，社会经济状况是社会政策运行的基本物质保障。社会政策的制定、执行和评估都要耗费一定人力、物力和财力，并需要一定的经济制度作为支撑，这些就构成了政策过程的成本。因此，政策制定必须基于社会经济状况允许的范围，并在保留一定余地的情况下进行。否则，如果超越社会经济状况，过多投入财力、物力，出现经济资源中的资本沉积，一旦环境形势有所变化，便难以向新的政策过渡，或在一定程度上排除了政策替代的机会。

---

① 郑秉文，史寒冰．东亚社会福利政策中公平与效率的问题——价值取向与政策效应［J］．辽宁大学学报，2002（2）．

表 9-5　　不同年份美国主要社会福利计划的政府开支（亿美元）

计　划	1950	1960	1965	1970	1975	1980	1985	1990	1995
社会保险支出	50	190	280	550	1230	2300	3700	5140	7050
占 GDP 的%	1.8	3.8	4.0	5.3	7.7	8.5	9.0	9.0	9.8
公共救助支出	20	40	60	160	410	730	980	1470	2540
占 GDP 的%	0.9	0.8	0.9	1.6	2.6	2.7	2.4	2.6	3.5
健康和医疗支出	20	40	60	100	170	270	390	620	860
占 GDP 的%	0.8	0.9	0.9	0.9	1.1	1.0	0.9	1.1	1.2
教育支出	70	180	280	510	810	1210	1720	2580	3660
占 GDP 的%	2.5	3.5	4.0	5.0	5.1	4.5	4.2	4.5	5.1
其他支出	70	70	90	140	270	420	540	680	950
占 GDP 的%	2.8	1.3	1.2	1.3	1.6	1.3	1.0	1.3	1.3
总计支出	240	520	770	1460	2890	4930	7320	10530	15050
占 GDP 的%	8.8	10.3	11.0	14.1	18.2	18.1	17.8	18.5	20.9

（资料来源：Neil Gilbet，Paul Terrell. 社会福利政策导论［M］. 黄晨熹等，译. 上海：华东理工大学出版社，2003：65.）

（2）社会控制体系

社会控制体系由政治体制、法律体制、经济体制、道德规范和风俗习惯等构成。总体上说，限制作用主要体现在两方面。一方面，在政策制定过程中起着十分重要的作用。社会控制体系习惯势力的大小和所占优势的程度，影响着人们对各种社会利益和社会问题的认识和表达以及这些利益和问题得到正确解决的机会；一项政策的确定，往往是在多个方案中选择的，选择的结果与社会控制手段体系密切相关。另一方面，社会控制体系制约着政策的执行。社会控制体系是否具有贯彻执行某一政策的能力，也直接影响到政策的执行。

具体来看，它们各自有其控制的范围，从而对社会政策予以限定。

政治体制是具有普遍约束力的社会控制手段，为社会政策规定了边界。现代社会政策多半是与政府有关，而政府的每一项活动都受到特定政治体制的影响。政治体制具体形式的不同影响着社会政策功能的定位和实现。政治体制可以细分为领导体制、组织体制、国家行政体制、干部人事体制等，其中影响最大的是国家行政体制。在国家行政体制下，行政机关各层次、各部门之间形成了一定的组织结构和相应的工作体制，这种结构和体制的联系形式、结构功能，以及实现方式，将对社会政策能力施加结构性和体制性制约。

法律体制是由国家制定或认可，依靠国家强制推行的社会规范体系，它具有强制性、稳定性和广泛性的特点。社会政策的制定应以法律为依据。国家法律对社会政策的制约表现在：一是规定了社会政策不能及的范围，二是界定了社会政策扩张的能力范围。对于法律作出规范的内容，社会政策的能力十分有限，这是由于法律明确了社会政策的范围，社会政策的能力要符合这个范围和权限的界定。

经济体制由经济基础决定并反映其要求，包括生产关系采取的具体形式、经济管理体制与方法、组织形式等。经济体制最重要之处在于对财产权利加以明确界定，并给予充分保护。这是人们从事经济活动的动力，是市场得以运行的前提，也是社会政策制定和运行的平台。

道德规范和风俗习惯是人们创造并认可的、为人们共同遵守的行为规则和价值标准，它具有认同性、广泛性、自觉性和非强制性的特点，它是人类长期共同生活规则的总结，有高度的稳定性和持久性。当社会处于变革、制度创新时期，社会政策的实施有时会与传统道德习惯相冲突，传统道德习惯也阻碍着社会政策的作用发挥，限制着社会政策的能力范围。

9.4.3　如何把握社会政策的限度

研究社会政策限度的一个重要现实意义就是帮助政府找到合适的社会政策的范畴，促进社会政策效果的发挥。具体来讲，把握社会政策限度框架可以从以下几个方面着手：

1. 从政策本身克服限制

首先，要准确认定政策问题，政策问题规定了整个社会政策的全过程，能否全面准确地界定政策问题，确认其范围、程度，认清问题产生的原因是整个政策过程成败的关键；其次要保证政策目标层次的一致性，政策目标的层次性来自于政策问题的性质、对政策问题的认识状态以及政策实现的现实条件，在制定政策目标时其层次性当然应与上述方面相一致。

2. 优化政策主体行为

首先，要深化对政策限度问题的认识。社会政策是有限度的，这种边界限制表明，政府有有为的领域，也有不为的领域，如果超过了这个边界，不仅政府的干预难以得到人们的普遍认可，并且这些干预可能超出政府的能力而难以实现；同时这一限度随着社会条件、政策资源、政策环境等方面的变化而变化。因此要把握政策的适当限度只有通过科学的方法进行研究，提高对政策限度问题的认识，从而提高决策的科学性。

其次，要调节好各种利益关系。在社会政策的制定中要了解不同群体的利益诉求，在对真实而多样的利益相关者的利益了解的基础上，进而进行合理的取舍；在社会政策的实施中要关注不同群体的利益得失，尽可能实现公共利益与私人利益的兼容，即使在某些情况下为了公共利益而不得不损害私人利益时，也要通过协商对话，平等交流，求同存异，取得共识，确保受损的私人利益能得到公平补偿。

再次，要提高政策执行主体的个人素质和执行能力。学习政策执行的专业知识和相关知识是政策执行主体提高业务水平和职业技能的基础；增强包括组织能力、协调能力、管理能力、人际交往能力、社会活动能力、语言表达能力、文字表达能力等在内的执行能力。

3. 优化政策环境

首先，要改善社会经济状况。经济基础是社会政策的基础，如果没有经济基础，社会政策就是无本之木，无源之水。所以只有经济发展，政府财政能力提高，社会投入增加，社会政策才能向前发展。

其次，要对社会控制体系进行改革。如果现有体系束缚社会政策的发展，就要找准要点，进行改革。可以由中央政府负责制定全国统一的社会政策体系，规定社会政策的基本原则和基本的行动规范，并且制定全国性的社会政策及社会福利事业发展规划；在社会政策行动各个领域的管理体制方面，根据不同的条件和要求而建立不同的体制；合理划定中央和地方政府对社会政策投入的比例。

关键概念

社会政策　　公共政策　　社会需求　　社会福利　　功能
限度

思考题

1. 什么是社会政策？
2. 简述社会政策概念的演进过程？
3. 公共政策与社会政策的关系如何？
4. 社会政策如何分类，各有什么特点？
5. 社会政策有哪些功能？
6. 如何理解社会政策的限度？

第10章 公共管理的法律基础

公共管理离不开法律的支持和监督，尤其是在当今的法治社会。在这一章，我们将讨论公共管理的法律基础问题。这一章并不是要介绍公共管理相关法律的具体内容，而是讨论与公共管理法律有关的一些关键问题，其中包括：公共管理法律的基本原则、公共管理的程序法、公共管理中的法律救济以及公共管理法律的意义等方面的内容。

10.1 公共管理法律的基本原则

随着政府职能的快速扩张，公共管理活动逐渐涉及社会生活的方方面面，而规范公共管理活动的具体法律也是名目繁多。但是，就现代政府公共管理的本质而言，政府的职能始终是为社会和公民提供安全、稳定的生活和工作环境，保障公民的基本权益。因此，众多法律条文有着共同的灵魂，也就是公共管理法律的基本原则。这一节，我们将简要介绍公共管理法律基本原则的含义、意义，以及它的具体内容。

10.1.1 公共管理法律的基本原则

什么是公共管理法律的基本原则？在回答这个问题前，我们先来比较几个相近的概念：规则、原则和基本原则。规则对社会关系的调整最为明确。在法律中，法律规则最能贴合具体的现实实践。原则对社会关系的调整具有较大的弹性，一般只具有质的规定性，很难像规则那样能进行具体操作，但原则对具体规则的制定和理解具有指导意义，并且只需少量的原则就能够实现对多项事务的调整。法的基本原则，则位于整个法律体系之上，对原则和规则具有根本的指导作用，作为整个法律体系的灵魂，对其他法律的建立和走向具有决定性意义。

因此，公共管理法律基本原则的含义可以概括为：融贯于公共管理法律规范之中，体现法治的精神，所有公共管理法律规范都必须遵循和贯彻的核心准则。指明公共管理法律基本原则有如下一些意义：

第一，对于公共管理法律体系自身而言，从小的方面来说，基本原则可以弥补法律的漏洞，从大的方面来说，基本原则能够对法律体系自身进行整合和引导。公共管理所涉及的领域非常复杂，立法不可能覆盖所有的社会生活的所有方面，也不能预知新生事物，因此公共部门在执法，司法机关在司法的过程中，不得不在基本原则的框架内对现有法律的纰漏甚至矛盾之处作与基本原则一致的理解、修改和弥补，以使原有的法律和新建立的法律体现一致的价值。

第二，对于公共管理的主体而言，基本原则对具体的公共管理行为具有指导意义。公共部门运用公共权力，贯彻法律意志，从这一意义上讲，公共管理行为是一种执法行为。但是成文的、刚性的法律条文毕竟不能自然而然地使公共管理回应社会需求、增进社会福祉。因此，公共部门一方面要无条件地遵从法律，另一方面又不可完全拘泥于法律，否则公共权力就成了法律的奴隶。从这一点来看，公共管理法律的基本原则对于公共管理行为的意义在于：它使公共部门在恪守法律的同时，真正懂得公共行政权力与法律的关系，从而作为法律的执行者实现其法律本身的价值。

第三，从对具体公共管理行为的监督来看，基本原则为我们判断其合法性提供了依据。这里所指的合法性，一方面是指管理行为要遵循法的具体规定，不与法律相抵触，这是狭义的合法性；另一方面，它也指在法律规定的范围内公共管理主体的自由裁量要合乎理性、合乎法律的精神，这是广义上的合法性。在法律规定过于笼统，或者尚未形成明确的、直接的行为规范的领域，公共行政法律的基本原则将会成为我们判断公共管理行为是否合法的主要依据。

由于法律基本原则也是在法律的完善过程中逐渐形成的，而中国的公共管理相关法律还在不断地制定和完善之中，因此，中国的公共管理法律基本原则也还在形成和确定的过程中。根据中国目前的公共管理法律，综合学术界各方面意见，我们将公共管理法律的基本原则归结为以下几条：有限权力原则、正当程序原则、责任行政原则、信赖保护原则、比例原则。①

10.1.2 有限权力原则

所谓有限权力原则，是指作为直接对社会加以调控的公共行政权力，其作用于社会事务的广度和深度都需要受到严格限制，包括受到宪法和相关实体法的限制，受到相对人权利的限制以及其他权力的限制。公共管理权力直接来源于法律的授权，权力授予的同时就意味着权力的限制，权力的行使不得超越法律设定的限度，越权无效。法律对公共管理的限制包括两个方面：一方面，法律有明文规定之处，公共权力须严格奉行，这是刚性的控制；另一方面，法律规定可以自由裁量，公共权力须在规定的限度内依据法律的基本精神合理裁量，这是弹性的控制。法律对公共管理权力的控制是首位的，但这并不排斥赋予其自由的空间。首先，公共权力不得侵犯公民的私人权利。公共管理权力在没有法定权限或者没有法定理由的情况下，不得对相对人权利构成侵害，也不得随意设定义务。其次，公共管理部门不得越权行使其他权力部门所享有的权力，如不得对犯罪公民判刑等。再次，公共管理权力的行使要受到其他权力的监督，如立法监督、司法审查等。

在法治社会，拥有至高无上地位的法律，是通过一系列民主机制，在民意充分表达的基础上形成和确立的，因此法律体现了人民的意志，法律是其维护人民自身权益的手段。公共部门制定公共政策，推行公共行政，其主旨在于通过执行法律实现公共利益的最大化。因此，公共行政权力直接受到法律的制约，并最终受到公民权利的制约。这就是公共管理权力之所以有限的原因。

10.1.3 正当程序原则

公共管理的程序，是指有关公共权力运行的方式、步骤、形式、时限和顺序；而所谓的正当程序原则，是指公共部门作出影响相对人权益的行为时，必须遵循正当的法律程序，包括事先告知、说明理由、听取申辩、提供救济途径，违反法定程序而作出的行为是无效的。

---

① 毛昭晖．公共行政的法律基础［M］．北京：中国人民大学出版社，2005：31．也有些学者将公共管理法律的基本原则归结为行政合法性原则和行政合理性原则，可参见朱新力，金伟峰，唐明良．行政法学［M］．北京：清华大学出版社，2005．

（2）相对人因行政机关的行政行为而获得的利益，应当受到保护。行政机关不能随意撤销自己的行政行为。一旦因撤销行政行为而给行政相对人造成损失，应当承担责任，否则行政机关将逐渐失去公众的信赖。

（3）如有第三人因为不知道行政行为有不合理之处而与行政相对人发生某种法律关系，由于行政机关对相对人授益行为而给第三人带来的利益，也应当受到保护。

（4）如果行政相对人怀有主观恶意，从行政机关取得授益行为而获得的利益则不受保护。

行政法中这些信赖保护的规则具体体现在行政许可制度上两个方面的内容：一方面是行政机关作出行政许可的决定给被许可人带来利益，行政机关不得随意撤销该项许可，遇有必须撤销行政许可的情形，行政机关在撤销许可时，如果被许可人基于信赖行政许可决定的合法性，投入人力、物力、财力开展了生产经营活动，因行政许可的撤销而产生的损害，行政机关应当予以赔偿。另一方面，被许可人以欺骗、贿赂等不正当手段取得行政许可，不受信赖保护原则保护。这种由于欺骗、贿赂等不正当手段取得行政许可，其行为本身就违反了信赖保护原则，被许可人由于取得行政许可而获得的利益自然不受保护。行政机关依法撤销被许可人取得的行政许可，即使对被许可人造成损害，也不应当予以赔偿。

公共管理法律中的信赖保护原则可以起到以下一些作用：

第一，有利于全面保护相对人的合法权益。信赖保护原则要求权力机关应保护相对人因信任公共管理主体的合法性、正当性、权威性而无过错参与其实施的授益性、合意性、指导性等行政行为所期望得到的合法和合理利益。这种观念涵盖了行政合法性原则、行政合理性原则保护行政相对人权益的要义，并突出了诚实信用原则所彰显的保护行政相对人可期望的合法或合理权益的内容。更有意义的是，该原则为立法者规制自由裁量权、维护行政相对人的合法权益提供了科学的思路；为公共管理主体采取严肃而负责任的态度行使公共权力阐明了要旨；为司法者立足公共利益的最大化这一最终目标，全面平衡公共利益与个体利益，确立了可行的准则。

第二，有利于营造“诚信政府”，改善人们与政府的关系，提高公共管理的效率。信赖保护原则侧重于保护无过错行政相对人对行政机关的信赖，并通过法律救济的方式，确保这种合法或合理利益的实现。该原则迫使公共管理主体对其行为严格负责，以此使公共管理主体真诚守信。公共管理主体与相对人之间不是对立的关系，而应该是信任与合作的关系。该原则有利于增强二者的信任与合作，减少行政活动中的冲突与磨擦，提高行政效率，才是现代行政的精神。

第三，有利于营造“责任政府”，规制公共权力。坚持依法行政信赖保护原则不但要求行政机关对违反法律规定的行为负责，还要求其对不合理的行为负责。此原则不仅规范和制约羁束性行政权力，还规范和制约自由裁量性行政权力，从而使公共管理主体对其行为全面负责，以消除不合法、不合理的特权，促使公共管理部门既在形式上、又在实质上依法行政。

10.1.6 比例原则

比例原则是指，公共管理部门行使职权时要兼顾管理目标的实现和对相对人权益的保护，如果对相对人权益造成不利影响，应使此不利影响限制在最小的范围和限度内。也就是说，管理目标的实现与相对人权益的不利影响之间应有适度的比例。实施公共权力的手段与行政目的间，应存在一定的比例关系，公共管理主体的具体行为除符合公共管理目的之外，不得超越必要范围，否则便属于滥用职权的违法行为。

比例原则具有以下功能：

第一，正义功能。比例原则要求公共管理主体在实施管理行为时，通过平衡公共利益与个人利益、公共秩序与个体义务，既实现法律的目标和宗旨，又使相对人的利益得到最大的保护，充分体现法律的正义价值。

第二，规制功能。公共管理主体的自由裁量权的正当行使，会极大提高管理效率，但若行使不当或被滥用，则会给社会公共利益或个人利益造成损害。比例原则要求公共管理主体在行使自由裁量权时进行仔细斟酌，以求得自由裁量恰到好处，实现法律赋予公共管理主体自由裁量权的真正价值，体现社会利益与个人利益的协调。

第三，节约功能。比例原则要求公共管理主体在实施管理行为时，要以最小的投入，收到最大的公共产出，并以最适当、最快捷的程序求得最高的效率。

第四，秩序功能。比例原则要求公共管理主体实施行政行为时以牺牲相对人最小权益为准，公共利益与私益并重，消除了相对人的不满情绪，增强了公民对政府的依赖，社会秩序自然稳定有序。

第五，保护功能。在行政立法层面上，立法者根据比例原则，对公共利益与个体利益寻求比例和平衡，避免过分追求行政目的而忽视个体利益的立法，从整体上保护公民利益。在行政执法层面上，比例原则控制或减少行政违法和自由裁量权的滥用，具体保护行政相对人的合法权益。

10.2　公共管理的程序法和实施

做任何工作都需要一定的方式、步骤、顺序，这就是行为的程序，如果不按正确的程序来做，将会影响我们工作的效率或妨碍我们达到预期的目标。同样，政府部门及相关组织在实施公共管理活动时，也必须按照正确的程序来进行。这不仅是因为正确的程序可以带来工作效率，更为重要的是，正确的程序是公共管理活动追求公平正义的保障。在当代社会，程序的正义往往比实质的正义更为重要。将公共管理活动的程序以法律的形式确立下来，就是公共管理的程序法。

10.2.1　公共管理程序法的含义

公共管理程序是指公共管理主体的行为在时间和空间上的表现形式，也就是公共管理行为所遵循的方式、步骤、顺序以及时限的总和。所谓公共管理行为的时间，是公共管理行为的步骤表现形式，包括行为方式的先后顺序，每一环节和每种方式及时间限制。所谓公共管理行为的空间，是指公共管理行为的方式，即构成行为过程的方法和形式，如口头形式、书面形式等。①

公共管理的程序又可以分为以下几类：抽象行政行为程序和具体行政行为程序；一般行政行为程序和特殊行政行为程序；内部行政程序和外部行政程序。为了实现公共管理的目的，实现公平与效率的统一，保护相对人的合法权益，公共管理程序法是以实现公共管理职能为目的而设立的，是调整公共管理法律关系主体在活动中的程序和法律规范的总称，也即是规范公共管理职权行使过程中公共管理主体以及相对人行使其法定权力（利），履行其法定义务时所要遵循的步骤、方式、顺序、时效等程序规则的法律规范总称。

公共管理程序法是公共管理实体法的内在精神，对具体规则的实现过程起到独立的约束作用。公共管理机关掌握巨大的权力，权力的行使必须公平而且有效率。要达到公平和效率的目的，在很大程度上取决于行政机关所使用的程

① 参见章剑生. 行政程序法基本理论［M］. 北京：法律出版社，2003：28.

序。现代公共管理的程序法具有下面几个作用。第一，规范、制约、监督和促进公共管理过程中权力的合理行使。第二，保障相对人的合法权益，规范相对人的参与程序，促进公共管理民主化。第三，通过权力和权利之间的沟通、协调、平衡，促进公共管理效率的提高。从本质上看，公共管理程序法律制度的构建是一个以公民程序性权利制约和抗衡行政实体权力的活动，这正是现代国家民主理念的重要表现，也是公共管理程序法的基本价值所在。

10.2.2 公共管理程序法的基本原则

公共管理程序法的基本原则是指贯穿于整个公共管理程序法的制定和实施过程中行政程序法律关系主体必须遵循的基本准则，它包括以下几点：第一，程序法定原则。程序法定原则是公共管理合法性原则在公共管理程序领域的具体化，是其他公共管理程序法基本原则的前提和基础。这一原则包括两方面的内容：一方面，公共管理程序法律关系主体在作出有关社会管理行为或参与有关行政行为时应遵循的步骤、方式、方法、顺序、时效程序时，必须明文加以规定；另一方面，法定程序必须得到严格遵守。

第二，程序合理性原则。程序合理性原则是指公共管理程序法律关系的主体，尤其是公共管理主体不得任意滥用程序权力，任何自由裁量的行为都必须具有正当的理由并接受法律的控制。它应当包含如下内容。（1）公共管理主体所选择的程序必须符合客观情况，具有可行性。（2）公共管理主体所选择的程序必须符合社会公共道德，具有合理性。（3）公共管理主体所选择的程序必须符合规律或常规，具有科学性。（4）公共管理主体所选择的程序应当符合社会一般的公平心态，具有公正性。

第三，程序公开原则。它包含如下内容：（1）法律公开。凡涉及相对人合法权利的一切法律必须向社会公开。任何人的合法权益不受非公开的法律的影响。公共管理主体依据未公开的法律所实施的行为对相对人不产生法律效力。相对人有权要求公共管理主体公开法律规定，有关政府机构和组织不得拒绝。（2）资讯公开。公共管理主体依据相对人的申请，应当及时、迅速地向其提供所需要的资料和有关档案，当然法律规定不得公开的内容除外。（3）行政决定公开。公共管理主体对相对人合法权益作出有影响的决定，必须向相对人公开，从而使相对人获得法律救济的权利和机会。（4）公共管理过程公开。过程公开并不是要求公共管理主体让相对人参与或了解整个行政过程，而是让行政相对人参与或者了解程序中几个对相对人的合法权益有决定性影响的步骤或阶段。其中听证是最重要的公开形式。

第四，参与原则。相对人参与原则是指公共管理主体在实施管理行为的过程中，除法律有特别规定的以外，相对人有权参与管理过程，并有权了解和被告知有关自己的权益，并对管理行为发表意见，而且有权要求行政主体对所发表的意见予以重视。参与原则的贯彻实施，使得相对人不再是公共管理活动中被动的受体，而成为积极主动的主体一方，其民主权利可以真正实现。

第五，程序效率原则。效率与正义一向是难以平衡的。一般而言，过分追求效率会影响程序正义，但即使设计完美的程序正义，如果实施它的成本过高的话，必然会由于经济原因剥夺了一些人利用此种程序的权利，或者这种高成本的程序不被理性的人们所选择。所以，程序效率原则就是要求对程序的收益和成本进行比较。最好的程序应当是收益最大（完全地体现正义原则）成本最小的程序。但在估计程序的经济收益时，必须考虑公平问题，而且往往道德的成本和收益是无法加以量化的。效率原则是公共管理程序在时间方面的一种表现。在每一个环节和整个过程中必须有一定的成本限制，但前提是在不损害相对人的合法权益和确保行政公正合理的情况下。比如，公共管理的相关法律中有时效制度、代理制度、不停止执行制度、简易程序和紧急程序等，这些具体的规定和制度都体现了程序的效率原则。

10.2.3　公共管理程序法的主要制度

公共管理程序法的主要制度是指在公共管理程序的各个阶段上具有相对的独立性，并起着联结各个阶段的桥梁作用，同时对公共管理程序又具有重要影响的规则体系。公共管理程序法中的主要制度的法律价值在于可以使公共管理程序法基本原则具体化，使得公共管理程序法可以真正地得到落实。我国虽然至今未制定统一的相关程序法典，但在《行政程序法试拟稿》第六稿中对程序的主要制度有所涉及，同时现代行政程序制度在有的单行法律、法规中也有所规定。公共管理程序法的主要制度有以下一些：

第一，信息公开制度。信息公开制度在我国大多数法律法规中没有具体规定，这使得当事人的咨询权无从落实，不利于公共权力的公正行使。法律法规不仅需要赋予当事人对涉及公共管理行为的具体情况的咨询权利和要求行政机关及其公务员提供咨询的义务，而且需要赋予相对人就信息公开享有行政救济权和司法审查权（除法律规定不得公开的信息，如个人隐私、国家秘密等)。

第二，告示制度。告示是指行政主体在作出行政决定后，应当书面或口头告知行政相对人不服从行政决定时，应当在什么时候，向什么机关，以什么方式表示不服，从而获得救济的一种法律制度。广义地理解告示制度是指行政主体在进行某项行政行为之前、之中、之后对行政相对人享有哪些权利，承担哪些义务，如何行使有关权利，履行有关义务等，负有以书面或口头形式告知相对人并加以指导的义务；若行政主体未履行该项义务而导致相对人丧失权利或未履行有关义务而遭受损害，则应承担相应法律责任的程序制度。

第三，听证制度。听证会起源于英美，是一种把司法审判的模式引入行政和立法程序的制度。听证会模拟司法审判，由意见相反的双方互相辩论，其结果通常对最后的处理有拘束力。具体来说，凡是在听证会上提出的意见，决策者必须在最后裁决中作出回应，否则相关行为可能因此而无效。后来被西方一些国家的行政程序法所吸收，用来在行政机关作出行政决定前，给利害关系人发表意见的机会。听证有广义和狭义之分：广义的听证是指行政机关在立法或制作行政决定的过程中征求有关利害关系人意见的活动；狭义的听证则仅指听证会，即行政机关为了合理、有效地制作和实施行政决定，公开举行由全部利害关系人参加的听证会以广泛地听取各方意见的活动，其目的在于通过公开、合理的程序形式将行政决定建立在合法适当的基础上，避免行政决定给公共管理相对一方带来不利或不公平的影响。凡是制定有行政程序法的国家都不同程度地采取了听证制度。

第四，回避制度。回避制度是一项有效的事前监督、保证具体公共管理行为公正的制度。行政回避是指行政机关工作人员在行使职权过程中，因其与所处理的事务有利害关系，为保证实体处理结果和程序进展的公正性，根据当事人的申请或行政机关工作人员的请求，有权依法终止其职务的行使并由他人代理的一种法律制度。回避制度作为一项程序法的主要制度，旨在保障公共管理主体在具体的管理中作出公平公正的行为。

第五，时效制度。在公共管理程序法中规定时效，有利于程序的法律关系主体在法定时间内及时行使权力（权利）并承担义务，从而有利于公共管理活动的顺利进行，有利于保护相对人的合法权益，也有利于提高公共管理的效率。时效制度是对公共管理主体的行政行为给予时间上的限制，以保证行政效率和有效保障当事人合法权益的程序制度。时效制度要求公共管理主体在实施具体行为，特别是直接涉及相对方合法权益的行为时，必须在法律规定的时间范围之内作出。比如，行政主体对相对方申请许可的审查时限、决定时限、送达时限，行政主体实施行政处罚时作出处罚决定时限、送达处罚决定书的时限、执行的时限等。行政主体的行政行为（包括作为和不作为）超过一定时间，均会产生相应法律后果。公共管理程序法中关于时效的规定，有利于公共管理主体在规定时间内及时行使权力并承担义务，从而有利于行政程序各个阶段、步骤的顺利进行，有利于提高工作效率、保护相对方的合法权益。

10.2.4　我国公共管理程序法的实施与完善

没有程序，就没有正义；在公共管理上，没有完善的程序法，就意味着公共权力的滥用。就目前我国公共管理的程序法而言，还存在着两个方面的问题。首先，我国在实施现有的程序法上，存在着诸多的问题；其次，公共管理程序法还不健全。

改革开放以后，我国陆续颁布了一系列的行政管理法律，其中也涉及了公共管理的程序问题。但是由于多方面的原因，程序法在具体的实施中遇到了很大的困难。在我国的行政执法实践中，行政执法部门存在“有法不依、执法不严、违法不究”的现象，突出表现在以下几个方面：

第一，不按规定向当事人公开办事程序。不少部门把行政程序视为其内部的工作手续，不对外公开；甚至有关公民或者组织要求查询时，采取不理睬、不配合的态度。第二，“法外解释”、“法外立法”的情况普遍存在。行政执法部门，对已有的法定程序往往随意地进行解释，或者另外制定“补充规定”，扩大自己的权力。老百姓按法律程序往往办不成事，或者要拖很长时间才能办成；被逼无奈只好“托关系、找熟人”，这势必带来行政执法的不公和腐败。第三，不履行法定的送审、报批程序，关关设卡，各行其是，造成局部行政执法的严重混乱。第四，“执法不严”。对于有些很明显、或者很严重的行政违法行为，只要有关系，什么程序都可以不要，“大事化小，小事化了”。第五，“违法不究”。这里主要指行政执法部门而言。客观而言，我国现有行政程序法对行政主体承担行政违法责任的规定就比较少。即便如此，对于违反程序法的行政主体按照法律追究责任的，也并不多见。

以上几个方面，是我国公共管理程序法在实施过程中所遇到的突出问题。这些问题严重地影响了公共管理的效率及公正性。程序法的制定相对容易，但要做到照章办事、严格实施，则并非易事。公共管理程序法的良好实施，依赖于多方面的条件。首先，它有赖于旧的观念的转变。政府公共部门要彻底地转变观念，将自身的角色从权力的拥有者转变为公共服务的提供者。其次，它有赖于整个社会、尤其是执法部门对程序法的重要性的认识。对政府公共部门而言，程序法并非是可有可无的东西；从某种角度来说，它比实体法更为重要。程序法保证了实体法以一种公正而有效的方式被执行。最后，它还有赖于有效的问责机制的建立。政府公共部门对程序法的实施，应该受到政府内部、社会以及司法部门的严格监督。而一旦出现违反程序法的行为，必须给予及时的纠正和惩罚。

目前，中国行政法律体系框架已经初步搭建。我国先后制定了《行政诉讼法》、《国家赔偿法》、《行政处罚法》、《行政复议法》和《行政许可法》，行政执法领域“无法可依”的状况已经基本改变，但迄今为止仍然欠缺一部带有行政基本法性质的行政程序法。应松年说，没有公正的程序，就没有公正的执法。当前绝大部分行政违法都与缺乏程序保障有关，甚至有些案件处理结果基本公正，但因为行政机关没有遵守基本的程序准则，当事人也认为不公正、不能接受而告状、上访。现行《行政处罚法》、《行政许可法》虽然对特定领域的行政程序作了规范，但这些规定比较零散、薄弱，因此，制定一部涵盖所有行政管理领域的统一的、法典性的行政程序法，已成当务之急。①

因此，就中国的公共管理程序法而言，一方面我们要抓现有程序法的落实；另一方面，我们也要加紧完善现有的公共管理程序法，尽早制定一部统一的、科学的公共管理程序法。

10.3 公共管理的法律救济

公共管理中的法律救济，是指在公共管理活动中，公民、法人或其他组织的合法权益受到政府部门或相关机构的不法侵犯时，通过法律的手段解决争议、矫正和制止具体行为、使受到的损害得到恢复和补救的法律制度。公共管理的法律救济是一项重要的法律制度，这些内容也决定了法律救济具有如下特征：法律救济是以行政争议的存在为前提的；法律救济的产生是因为行政相对人的合法权益受到了具体行政行为的不法侵犯；法律救济只能依申请而进行，并且救济的请求权只归属于行政相对人；法律救济的目的是对违法或不当的行政行为所造成的消极后果进行补救，以保护行政相对人的合法权益不受侵犯。

① 应松年．行政程序法立法研究［M］．北京：中国法制出版社，2001.

公共管理的法律救济在具体的实施中，可以大致划分出三种具体的形式：行政复议救济、行政诉讼救济、行政赔偿救济。下面我们分别加以阐述。

10.3.1　行政复议

行政复议，是指公民、法人或其他组织认为政府公共管理主体工作人员的具体行政行为侵犯了其合法权益，依法向特定的行政机关提出重新处理的申请，接受申请的行政机关依照法定程序对原具体行政行为的合法性和适当性进行审查，并作出相应决定性的法律救济活动。

1994 年 4 月 29 日，第九届人大常委会第九次会议审议通过了《中华人民共和国行政复议法》。该法是在 1990 年国务院颁布的《行政复议条例》基础上修改而成的。该法对行政复议的范围（申请和受理行政复议案件的范围）、行政复议的管辖（不同层级、不同职能的行政机关之间受理复议案件的分工）、行政复议机关和参加人以及行政复议程序（行政复议机关审理行政复议案件所遵循的步骤）都作了相应的规定。

行政复议应当遵循以下基本原则：

第一，合法、公正、公开、及时和便民原则。行政复议机关审查具体公共管理行为时，必须依据相应的法律和程序，做到公平、公正，行政复议中既要保障和监督公共管理主体依法行使职权，又要保护相对人的合法权益，不能偏向某一方。公开原则要求行政复议的依据、行政复议的程序及行政复议的结果都要公开，复议参加人有获得相关情报资料的权利。及时原则是指复议机关应当在法律许可的期限内，以效率为目标，及时完成复议案件的审理工作。任何复议行为均应在法定时限内完成，延长审理期限必须有法律根据。复议机关应在法律许可的范围内尽力为相对人进行行政复议活动提供方便，当然也应当保障被申请复议的有关机构和组织的合法权益。

第二，书面审查原则。行政诉讼是一种纯司法活动，它追求的是公平，甚至宁可牺牲效率也要追求公平。行政复议则是一种行政司法行为，它具有行政性，它不仅要追求公平，更要追求效率。因而行政复议就不可能像行政诉讼那样要经过严格的开庭辩论程序，只需要根据双方提供的书面材料就可以审理定案，以求实现行政效率。

第三，合法性和适当性审查原则。这一原则要求，行政复议机关在实施行政复议时，不仅应当审查具体行政行为的合法性，还要审查它的合理性。也就是说，不仅要审查具体的管理行为是否有法可依，还要审查具体的管理行为在自由裁量上是否超出了合理的范围。

10.3.2 行政诉讼

行政诉讼，是指相对人认为公共管理主体的具体行为侵犯其合法权益，依法诉诸人民法院，人民法院在双方当事人和其他诉讼参与人的参与下，对该行政争议进行受理、审理、裁判以及执行裁判等司法活动的总和。行政诉讼，也就是俗话所说的“民告官”，是一种非常重要的对不合法公共管理行为进行法律救济的途径。

1989 年《中华人民共和国行政诉讼法》的颁布，标志着中国行政法制建设进入了一个新的历史时期。行政诉讼法实施以来，行政诉讼的实践和理论都取得了十分显著的成就。根据现行的《行政诉讼法》，我国行政诉讼活动必须遵循以下几条基本原则：

第一，复议选择原则。它是指相对人在提起行政诉讼之前是否要经过行政复议，可由相对人选择确定。当然，法律、法规规定应当先向行政机关申请复议，对复议不服再向人民法院提起诉讼的，则是例外。

第二，诉讼不停止执行原则。该原则的含义是：原告提起行政诉讼，不影响被告具体行政行为的执行力，即行政主体在人民法院作出裁判之前，可以照旧执行原具体行政行为。但这一原则也有例外。我国现行的《行政诉讼法》第 44 条规定了三种例外的情况，在这些情况下，诉讼期间具体的行政行为应当停止执行。

第三，被告对被诉具体行政行为负有举证责任原则。在行政诉讼中，被告行政主体对作出的具体行政行为负有举证责任。被告应当在收到起诉状副本之日起 10 日内提交答辩状，并提供作出该具体行政行为的证据和所依据的规范性文件。

第四，具体行政行为合法性审查原则。在行政诉讼中，人民法院一般只对被诉具体行政行为的合法性进行审查。

第五，合议审理原则。由于行政案件以行政主体为被告，以行政权运用的合法性为审理的焦点，涉及问题都比较复杂，因此我国行政诉讼采取合议审理的方式。即，行政诉讼案件的审理，必须由审判员组成合议庭，或者由审判员、陪审员组织合议庭来进行。

第六，不适用调解原则。行政诉讼中既不能把调解作为行政诉讼的必经阶段，也不能把调解作为结案的一种方式。

第七，司法有限变更原则。该原则的基本含义是：人民法院对被诉具体行政行为原则上只能确认其合法与否，宣告其无效或撤销，但不能直接代替行政主体作出一个行政行为，或对该行政行为的内容加以改变。但对“显失公正”的行政处罚行为，人民法院有权以判决形式加以变更。

我国 1989 年颁布的《行政诉讼法》还对行政诉讼的范围（哪些具体行政行为属于行政诉讼的受案范围）、行政诉讼的管辖（人民法院受理第一审行政案件的分工）、行政诉讼参加人以及行政诉讼程序等方面的内容作了相应的规定。

行政复议和行政诉讼是行政法上两个基本的救济制度和纠纷解决机制，是公民、法人或者其他组织维护其合法权益的重要途径。二者在为行政相对人和利害关系人提供救济方面都发挥着十分重要的作用。它们有以下一些共同点。第一，都是因具体行政行为而引起；第二，都是以解决行政争议为直接目的；第三，都是以对具体行政行为的合法性审查为核心；以独立行使职权为保障；复议或诉讼均不停止具体行政行为的执行；第四，都不适用调解。

但是，行政复议和行政诉讼也有明显的区别。第一，性质不同。行政复议是一种行政行为；行政诉讼属于司法行为。行政诉讼是一种纯司法活动，它追求的是公平，甚至宁可牺牲效率也要追求公平。行政复议则是一种行政司法行为，它具有行政性，它不仅要追求公平，更要追求效率。因而行政复议就不可能像行政诉讼那样要经过严格的开庭辩论程序，只需要根据双方提供的书面材料就可以审理定案，以求实现行政效率。第二，受理机关不同。行政复议的受理机关一般是作出具体行政行为的行政机关所属的人民政府或其上一级主管部门。而受理行政诉讼的机关则是人民法院。第三，受理范围不同。人民法院所受理的行政案件，只是行政相对人或利害关系人认为行政机关的具体行政行为侵害其合法权益的案件。而复议机关所受理的则既有行政违法的案件，也可以有行政不当案件。凡是能够提起行政诉讼的行政争议，行政相对人都可以向行政机关申请复议，而法律规定行政复议裁决为终局决定的，当事人不得提起行政诉讼。第四，审查力度不同。人民法院一般情况下只审查具体行政行为的合法性而一般不审查其是否适当，复议机关不仅审查具体行政行为是否合法，而且还要审查其是否适当。第五，审理程序不同。人民法院审理行政案件实行的是两审终审，公开开庭审理。行政复议基本上实行一级复议，以书面复议为原则。较之诉讼程序，行政复议程序比较简便、灵活。

10.3.3 国家行政赔偿

国家行政赔偿，是指国家行政机关及其公务员在执行职务、行使国家行政权力的过程中，因行政违法行为给行政相对人造成的损害，由国家行政机关承担赔偿责任的救济制度。

在我国，行政赔偿的立法是一个逐渐完善的过程。关于行政赔偿的立法，1954 年宪法、1982 年宪法都有所规定。1989 年通过的《行政诉讼法》第 9 章专门规定了“侵权赔偿责任”，从而确立了行政赔偿诉讼的法律程序。《行政诉讼法》实施后，为了完善整个国家赔偿制度，全国人大常委会法制工作委员会组织有关专家成立起草小组。在总结经验的基础上，借鉴国外有关行政赔偿的规定，在广泛征求各方意见的基础上拟定了《国家赔偿法（草案)》。1994 年 5 月 12 日，第八届全国人大常委会第七次会议正式通过《国家赔偿法》。

根据《国家赔偿法》的规定，公民、法人或其他组织可以单独向赔偿义务机关提出损害赔偿，也可以在行政复议或行政诉讼过程中附带提出赔偿请求。

行政赔偿是行政侵权的直接法律后果，即行政主体违法行使行政职权，侵犯相对人合法权益造成损害，而依法必须承担的赔偿责任。首先，行政赔偿以行政侵权为前提和基础。一方面，行政赔偿以行政违法为前提，它是行政主体违法行使行政职权所引起的法律后果。如果没有违法行使职权的行为，行政赔偿责任不可能发生。实行违法责任的原则是我国行政赔偿制度以至整个国家赔偿制度的重要特点。另一方面，行政赔偿以侵犯相对人合法权益并造成损害为条件。即既要有违法行为，又要有损害事实。其次，行政赔偿以依法赔偿为原则。与民事赔偿不同，行政赔偿责任的承担严格实行依法承担的原则。即行政主体是否承担行政赔偿责任，以及如何承担行政赔偿责任，完全以国家赔偿法以及其他法律法规为依据。最后，行政赔偿以行政主体为赔偿义务机关。行政机关及其工作人员行使职权侵犯公民、法人和其他组织合法权益造成损害的，该行政机关为赔偿义务机关。因为行政机关工作人员代表行政机关行使职权，其行为引起的行政赔偿责任一概由行政机关承担。

在实行三权分立的国家，国家赔偿一般被划分为立法赔偿、行政赔偿和司法赔偿。在我国，国家赔偿分为行政赔偿和司法赔偿。应该注意，行政赔偿与司法赔偿和民事赔偿有很大的区别。行政赔偿和司法赔偿都属于国家赔偿的范畴，但行政赔偿由行政主体违法行使职权引起，司法赔偿则由行使侦查、检察、审判、监狱管理职权的司法机关违法行使职权而引起。民事赔偿是发生在平等主体之间的侵权行为引起的民事责任。另外，行政赔偿与行政补偿也不一样。行政补偿是指行政机关出于公共利益需要，依法行使公共权力造成相对人合法权益的损失，而对相对人依法予以弥补的法律制度。行政赔偿由违法行为引起，行政补偿则由合法行为引起，二者有本质的区别。

现行的《国家赔偿法》还对行政赔偿的范围、行政赔偿关系中的当事人、行政赔偿的程序、行政赔偿中的求偿（指行政赔偿义务机关赔偿损失后，依法对有故意或重大过失的工作人员或者组织承担部分或者全部赔偿费用的制度)、行政赔偿的方式、标准和费用作了相应的规定。

10.3.4　公共管理法律救济的意义

公共管理法律中所规定的几条救济途径具有以下一些意义：

（1）保护功能。保护相对人的合法权益的功能，这是法律救济最基本的功能，也是它最重要的意义。它的意义主要体现在以下几个方面。第一，法律救济制度有利于相对人用法律武器保护自己的合法权益。法律救济归根到底是一种救济手段，当相对人的合法权益遭到政府机关和相关组织的违法侵犯时，行政相对人可以通过各种途径寻求救济，获得保护。在所有的国家机关中，机构最大、人员最多、管理范围最广、与民众联系最密切的就是国家行政机关，因此，公共管理不当所造成的纠纷也最为普遍，相对人合法权益受到侵犯的情况难以避免。如果不对纠纷加以妥善处理，公民的权利就难以得到保证。第二，法律救济制度有利于提高全民的法律意识和民主意识。同时，法律和民主意识的提高又是健全我国法律救济制度的社会基础。由于我国长期的封建社会历史，官僚作风严重，而民众的自主意识也较为薄弱，也有“民不告官”的传统思想。第三，法律救济制度的建立和完善，有利于推动民主政治走向制度化、法律化，加快民主政治的建设进程。

（2）监控功能。公共管理的法律救济制度还发挥着监督公共管理主体依法行政的功能。依法行政是国家公共管理制度化、法律化的体现，是政治民主的体现，是现代国家的基本要求。通过法律救济，加强行政法律监督，防止行政专权，可以促进公共管理的法制化。目前，行政机关首先需要完成自身管理职能的转变（从监管型政府到服务型政府的转变）；随着党政职能的清晰和权力的下放，相关政府机关和组织的公共管理和服务职能将会得到充分的发挥。

法律救济的实践表明，人民法院监督行政机关的具体行政行为具有很大的意义，主要表现在：第一，人民法院通过审理各种行政案件。一方面纠正了行政机关的违法行为，有效地保护了行政相对人的合法权益；另一方面，也有力地支持了行政机关的合法行为，保证了行政机关行使职权，使其正确的决定能及时执行，维护了行政法律秩序，从而提高了行政效率。第二，它在克服官僚主义、改进工作作风、提高国家工作人员素质、抵制不正之风方面具有重要的作用。法律救济使行政行为受到广泛的、经济的监督，就可以有效地提高行政效率，加强依法行政。第三，法律救济制度的建立，对于加强廉政建设，保证和促进体制改革的顺利进行有重要的作用。法律救济制度的建立和完善，将进一步促进国家公务员树立法律责任的观念，加强对自己的约束，有利于廉政建设。

总的看来，法律救济制度的建立和完善，从行政复议、行政诉讼、行政赔偿三个角度对于保护公民、法人和其他组织的合法权益，维护和监督公共管理主体依法行使职权，促进公共管理的法制化，具有重要的意义①。

10.4 公共管理法律的意义及其启示

前面，我们分别介绍了公共管理的法律基础，即公共管理法律的基本原则、公共管理程序法以及公共管理的法律救济，并且也分别概括了它们在政府及其他组织的公共管理活动中的意义。然而，对于正处于政治变革时期的当今中国来说，强调公共管理的法律，意义绝不仅仅限于这些。中国正处于政治变革时期，中国的公共管理模式正在经历深刻的变化，而中国也在进行法治建设。强调公共管理的法律，不仅对公共管理变革本身，而且对中国的法治化进程都有重大的意义。

10.4.1 公共管理法律与公共管理法制化

近代以来，随着法治国家的观念在西方的兴起，随着国家行政权力的不断发展和扩大，公共管理与法律的关系变得日益紧密起来。在现代法治社会中，公共管理与法律的结合是必然的趋势，它是维护公民权利和实现公共利益的根

① 参见毛昭晖. 公共行政的法律基础［M］. 北京：中国人民大学出版社，2005：270.

本保障，是公共管理走向法制化管理的重要标志。

现代公共管理的根本目标，就是更有效地提供公共物品或公共服务，促进公共利益的最大化。① 如何保障公共管理者不偏离其根本目标、不以权谋私，而是致力于促进社会公共利益的实现，这就需要法律加以保障。正如美国著名学者奥斯特罗姆所说："在人类社会中，没有立宪秩序和法治，就不存在公共行政。"② 在现代法治社会中，法律的功能一方面是使公共部门受到严密的控制，体现出有限的特征；另一方面就是保障公共权力的正确运行，使公共部门能够增进社会公共利益，体现出高效的特征。

公共管理走向法制化是现代公共管理方式的重大变革，更是现代公共管理模式的一场深刻革命。建设法治国家，首先要建立法制政府，把公共管理纳入法制化轨道。法治通过预先制定的规则来划分政府和个人的权利范围，建立决策和解决纠纷的程序。通过这种方式，公共管理受到有效的约束。

公共管理受到法律的约束并不是所有时代的特征。在专制政体下，公共权力结构是行政权高于立法权和司法权，甚至立法权、司法权同时寓于行政权之中，形成行政专权和专横。在这种专制体制下，就不存在公共管理行为对法律的从属性特征。因此，公共管理对于法律的从属性是现代民主和法治社会的基本要求，任何公共管理行为都必须有法律根据，都必须根据体现人民意志和利益的法律办事。

强调公共管理的法律维度，对于我们国家尤其有重大的意义。中国的传统社会是一个人治的社会。中国没有三权分立的传统，封建时期的国家君主是一个集立法权行政权司法权于一身的统治者。君主的行政权力极度膨胀，得不到有效的制约。当然，在这样的国家政治体制之下，人民的公共利益无法得到有效的保障。中国历来就缺乏法治的传统。自新中国成立以来，局面有所改观，但离真正的公共管理法制化，还有相当的距离。因此，这也是现今中国公共管理的法律意识还比较薄弱的一个重要原因。

虽然我国已经建立起了一套行政法律、法规，尤其是在改革开放以后，但是它们还并不完善，有些法律无论是在实践中还是在学术界都遭到了争议。例

① 关于当代公共管理理论的转变，可参见黄健荣等. 公共管理新论［M］. 北京：社会科学文献出版社，18-23.

② ［美］埃莉诺 · 奥斯特罗姆. 公共事务的治理之道——集体行动治理的演进［M］. 余逊达，陈旭东，译. 上海：上海三联出版社，2000（21）

如，我国公共管理的程序法律规范虽然已经具有一定的规模，而且有相当部分体现了民主和法治的精神，但是从总体上讲我国的公共管理程序立法质量并不高。我国的行政诉讼法赋予法院的审查权力还不完善。现行的体制使得法院在审理行政诉讼案件时，缺乏必要的独立性。我国的行政赔偿制度存在诸多问题。诸如赔偿归责原则不够合理，赔偿范围过窄、请求赔偿和程序设置不合理、赔偿标准低且赔偿费用的管理与支付存在问题等，极大地限制了行政赔偿制度作用和功能的发挥。

我国已经把“依法治国，建设社会主义法治国家”确立为治国方略与目标，“依法治国必先依法行政”已经在公共管理领域达成广泛的共识。① 总的说来，我国公共管理法制化包括以下几方面的内容：

第一，要在法律层面上理顺公共管理的体制。政企分开，政府与市场、政府与社会的关系要基本理顺，政府的经济调节、市场监管、社会管理和公共服务职能要基本到位；中央政府和地方政府之间、政府各部门之间的职能和权限要进一步明确；行为规范、运转协调、公正透明、廉洁高效的公共管理体制要基本形成；权责明确、行为规范、监督有效、保障有力的行政执法体制要基本建立。

第二，公共管理主体要树立依法行政的法律意识。政府机关及其他公共管理机构工作人员，特别是各级领导干部依法行政、依法管理的观念要得到巩固，形成尊重法律、崇尚法律和遵守法律的法治氛围；依法行政的能力与依法行政实践相适应，善于运用法律手段管理经济、文化和社会事务，能够依法妥善处理各种社会矛盾。

第三，要确保现行公共管理法律的落实。法律、法规、规章要能够得到全面、正确的实施，法制统一，政令畅通，公民、法人和其他组织合法的权利和利益能够得到切实保障，违法行为能够得到及时纠正、制裁，经济社会秩序得到有效维护；科学化、民主化、规范化的行政决策机制和制度基本形成，人民群众的要求、意愿能够得到及时反映；政府提供的信息全面、准确、及时，制定的政策、发布的决定相对稳定，公共管理做到公开、公正、便民、高效、诚信。公共管理要严格依照法律以及相关的程序进行。

第四，公共管理法律的完善。政府提出法律议案、地方性法规草案，制定行政法规、规章和规范性文件等，能够符合宪法与法律规定的权限和程序，能

① 参见王乐夫编．公共管理学［M］．北京：中国人民大学出版社，2007：430.

够充分反映客观规律和广大人民的根本利益，能够为社会主义物质文明、政治文明和精神文明协调发展提供制度保障。要对现行不合理的行政法律、行政法规进行改革。

第五，要确保对公共管理的法律监督。公共管理部门的权力与责任必须紧密挂钩，与权力主体的利益彻底脱钩，进一步完善对公共管理进行监督的法律机制，同时加强政府内部的自律以及公民社会对政府绩效的监督。

10.4.2　公共管理法律对我国法制建设的启示

当然，公共管理的法制化对于整个国家的法制建设也有重大的意义。首先，正如前面所述，公共管理的法制化是我们国家法制建设最为重要的一步。其次，公共管理的法制化对于我国其他方面的法制化有重要的借鉴意义。

所谓“法治”，从它最基本的意义上来说，是指没有谁能够凌驾于法律之上，法律的地位至高无上。美国 18 世纪的政治学家的一句话最好地诠释了法治的意义：“在绝对专制政府中国王就是法律；而在自由国家中法律应该成为国王；除此之外，别无他物。”也就是说，在法治社会中，任何人、任何组织都应该处于法律的监控之下，尤其是拥有大量权力的政府和官员。在现代民主社会，法治这一理念有两层含义：第一，法律是调节社会生活的最高准则；第二，调节社会生活的法律应该通过民主的方式而制定，因而，它反映了普通民众的需求和利益。

公共管理的法制化既是法治国家的一部分，也是实现一个国家法制化最重要的一步。公共权力从产生起就具有双重性，它是一把双刃剑。公共权利运用得当，就可以创造安全、稳定的社会环境，为普通民众谋取福利；如果运用不当或滥用，就会为普通民众带来灾难。这就产生了对其加以约束的必要性问题。将公共权力列入裁判的范畴，强调法对公共权力的规范和约束，是现代公共管理的重要特点。在现在社会，只有公共管理严格按照法律行使权力，并为自己的所有违法行为承担责任，真正的法治社会才能形成。

结合公共管理法制化的内容，基于当前的现状和问题，我们认为中国的法治建设应该遵循以下路径：

第一，进一步完善现有法律，对有缺陷的法律进行改革；做到既对国外先进的经验有所借鉴，又要充分考虑到中国的特殊国情。新中国成立六十余年来，尤其是改革开放三十年来，我国出台、修订了一系列的法律。对不合理的法律进行了改革，对相关的法律空白进行了填补。但是，完善我国的法律体系并不是一朝一夕就能完成的，这需要一个长期积累、探索甚至是试错的过程。在法律的完善过程中，要充分保障公民的参与权，要充分体现公共的意志和利益。

第二，进一步加强对现有法律的实施和监督，真正做到有法可依、违法必究。越来越多的人认识到，中国的法治建设滞后，法律体系的不完善固然是一方面的原因，但更为重要的原因可能还在于执法不到位、监督不到位、违法行为得不到有效的追究和惩罚，尤其是涉及特权阶层。在这个过程中，对法律的实施情况进行有力的监督，是重要的保障。在这个过程中，既要充分发挥党内监督、政府内部监督以及司法监督，又要增加媒体、公众对政府的监督渠道，提高媒体、公众对政府的监督力度。

第三，进一步加强法治教育，逐渐在公民当中树立法治意识。从长远看，一个国家的法治化程度取决于这个国家国民的法治意识。由于种种历史和现实的原因，我国民众的法治意识普遍不高。而违背法治精神的特权意识、人治思想更是普遍存在于政府官员头脑之中。因此，开展长期而有效的法治教育，在社会中培养法治的氛围，对于我国实现建设法治社会的目标是一项基础性的且意义深远的工作。

关键概念

有限权力原则　　正当程序原则　　责任行政原则
信赖保护原则　　比例原则　　程序正义　　公共管理程序法
行政复议　　行政诉讼　　行政赔偿　　法治社会

思考题

1. 公共管理法律需要遵循哪些基本原则？
2. 公共管理的程序法对于公共管理有何意义？
3. 请搜集各方意见和观点，结合自己的理解，谈谈当今中国的公共管理法律应该作哪些方面的改革。

第11章 公共管理的经济手段

现代政府在公共管理中广泛采用经济管理手段，主要包括：政府综合运用财政政策、货币政策进行宏观经济调控；将市场机制引入公共物品的政府提供领域，提高公共物品的供给效率，实现公共利益最优；将商业化运作模式引入政府管理领域，实施招投标的竞争机制，通过公开公平竞争，降低成本，提高政府资源配置效率；将市场激励机制引入政府政策决策，通过市场信号引导厂商或个人的行为决策，使其在追求自身利益的同时，客观上实现资源最优配置和污染控制的目标。

11.1 宏观经济调控手段

公共管理中不仅仅可以运用一些既定的行政、法律、社会手段，经济手段更是其常用的工具，经济手段中又包括宏观经济调控手段和市场手段。在宏观经济调控手段中，财政政策、货币政策是其最重要的方式。这两者成为政府调控经济命脉，维持经济秩序的关键途径。

11.1.1 宏观经济调控政策的目标

宏观经济调控政策的目标主要有：稳定物价、充分就业、促进经济增长和平衡国际收支等。

1. 充分就业

充分就业是合乎法律规定条件、有能力工作的人都可以找到有报酬的工作。在经济生活中，一般存在四种失业：季节性失业、摩擦性失业、结构性失业、周期性失业。西方经济学认为，除需求不足造成的失业外，其他种种原团造成的失业是不可避免的。充分就业目标不意味着失业率等于零，通常认为4%以下的失业率即为充分就业。

2. 物价稳定

物价稳定一般指价格总水平的稳定。通货膨胀是一般价格水平持续上涨的现象，通货膨胀表示货币价值或实际购买力的降低；而通货紧缩是一般价格水平不断下降的现象，通货紧缩表示货币价值或实际购买力的增加。严重的通货膨胀和通货紧缩都会造成资源大量闲置浪费，人民生活水平下降，进而引发社会和政治问题。

3. 经济增长

经济增长是国民生产总值的增长必须保持合理的、较高的速度，不能停滞或下降。在实现经济增长过程中，可以通过引导劳动、资本、技术等各项生产要素的合理配置，起到有力的促进和推动作用。

4. 国际收支平衡

国际收支是一国与世界其他国家之间的以货币计量的全部经济往来（包括进口、出口、资本流进流出等），用国际收支平衡表记录和反映。所谓平衡国际收支目标，就是采取各种措施减少国际收支差额，使其趋于平衡。如果一国出现国际收支失衡，无论是顺差或逆差，对本国经济都会造成不利影响：长时期的巨额逆差会导致本国外汇储备急剧下降，并承受沉重的债务和利息负担；而长时期的巨额顺差，又会导致本国资源使用的浪费（部分外汇闲置），尤其是因大量购进外汇而增发本国货币，将会引起或加剧国内通货膨胀。相比之下，逆差的危害尤甚，因此，许多国家把国际收支平衡作为追求的目标，并把这一目标建立在经常性项目保持盈余的基础上。

11.1.2 财政政策

财政政策，是政府根据宏观经济规律的要求，为达到一定目标，而制定的指导财政工作的基本方针、准则和措施。

1. 财政政策的构成要素

财政政策一般由三个要素构成：财政政策目标、财政政策主体和财政政策工具。

（1）财政政策目标是通过财政政策的实施所要达到的目的或产生的效果，构成了财政政策的核心内容，如经济增长、价格稳定、充分就业、公平分配等。

（2）财政政策主体是财政政策的制定者和执行者，财政政策主体行为对财政政策的制定和执行具有决定性作用，直接影响财政政策的效果。

（3）财政政策工具是财政政策主体所选择的用以达到政策目标的手段和方法，主要包括税收、公债、经常支出、资本支出、转移支付、贴息等。

2. 财政政策的分类

财政政策主要有两类：

（1）自动稳定财政政策和相机抉择财政政策

以调节经济周期的作用为标准，财政政策可分为自动稳定的财政政策和相机抉择的财政政策。自动稳定的财政政策，指某些能够根据经济波动情况，自动发生稳定作用的政策，它不需要借助外力就可产生调控效果。相机抉择的财政政策，指某些财政政策本身没有自动稳定的作用，需要借助外力才能够对经济产生调节作用。该政策是政府根据当时的经济形势，相机采取的财政措施，达到消除通货膨胀或通货紧缩的效果，是政府有意识干预经济运行的。

（2）扩张性财政政策、紧缩性财政政策和中性财政政策

以调节国民经济总量的不同功能为标准，财政政策可分为扩张性财政政策、紧缩性财政政策和中性财政政策。扩张性财政政策，是通过财政分配活动来增加和刺激社会总需求的政策，主要通过减税、增支进而扩大赤字的方式实现。紧缩性财政政策，是通过财政分配活动来减少和抑制总需求的政策，主要通过增税、减支进而压缩赤字或增加盈余的方式实现。中性财政政策，是财政的分配活动对社会总需求的影响保持中性的政策，既不会产生扩张效应，也不会产生紧缩效应。

3. 财政政策的功能

财政政策作为宏观调控的重要手段，主要具有 4 种功能：

（1）导向功能

财政政策的导向功能，是通过调整物质利益，进而调节个人和企业经济行为，引导国民经济的运行。主要有两个方面表现：一是配合国民经济总体政策和各部门、各行业政策，提出明确的调节目标；二是财政政策不仅规定个人和企业的经济行为，而且通过利益机制，引导其经济行为。

（2）协调功能

财政政策的协调功能，是对社会经济发展过程中，出现的某些失衡状态的制约和调节能力，能够协调地区之间、行业之间、部门之间、阶层之间的利益关系。

（3）控制功能

财政政策的控制功能，是政府通过调节企业和居民的经济行为，有效控制宏观经济。如征收超额累进的个人所得税，能够防止两极分化。

（4）稳定功能

财政政策的稳定功能，是国家通过财政政策调节总支出水平，保证货币支出水平恒等于产出水平，实现国民经济的稳定发展，主要体现为实施反周期操作。

11.1.3 货币政策

1. 货币政策概念

狭义货币政策，是中央银行为实现既定的经济目标（稳定物价，经济增长，充分就业和国际收支平衡），运用各种工具调节货币供给和利率，进而影响宏观经济的方针和措施的总和。广义货币政策，是政府、中央银行和其他有关部门所有货币方面的相关规定和采取的影响金融变量的一切措施的总和。政府通过对国家的货币、信贷及银行体制的管理来实施货币政策。

2. 货币政策分类

货币政策分为两种：扩张性货币政策和紧缩性货币政策。扩张性货币政策，是通过提高货币供应增长速度来刺激总需求的政策，取得信贷更容易，利息率会降低。如果总需求与经济的生产能力相比很低时，可以使用扩张性的货币政策。

紧缩性货币政策，是通过削减货币供应的增长率来降低总需求水平的政策，取得信贷较为困难，利息率会提高。如果在通货膨胀较严重时，可以采用紧缩性的货币政策。货币政策包括紧缩性货币政策和扩张性货币政策，紧缩性货币政策是通过减少货币供应量达到紧缩经济的效果，扩张性货币政策是通过增加货币供应量达到扩张经济的效果。

货币供应量是货币政策调节的对象，也就是全社会总的购买力，具体表现为流通中的现金和银行的存款。流通中的现金与消费物价水平变动紧密相连，是最活跃的货币，流动性最强，是中央银行关注和调节的重要目标。

货币政策是涉及经济全局的宏观政策，与财政政策、投资政策、分配政策和外资政策等紧密相连，保持币值稳定必须实施综合配套措施。货币政策工具库主要包括公开市场业务、存款准备金、再贷款或贴现以及利率政策和汇率政策等。理论上可以分为数量工具和价格工具，价格工具主要包括利率或汇率水平的调整；数量工具内容更丰富，如公开市场业务的央行票据、准备金率调整等，主要调整货币的供应量。

3. 货币政策工具

货币政策工具，是中央银行为实现货币政策目标所运用的策略手段。中央银行的政策工具主要包括：一般性工具、选择性工具和补充性工具等。其中一般性工具有再贴现政策、存款准备金政策和公开市场业务。中央银行在一般性货币政策工具之外，还有选择性政策工具和其他政策工具，如直接信用控制和间接信用控制、消费者信用控制、证券信用控制、不动产信用控制、优惠利率等货币政策工具。

11.1.4　财政政策与货币政策协调配合

1. 货币政策与财政政策协调配合的方式

货币政策与财政政策协调配合的方式，主要包括以下 4 个方面：

（1）政策工具的协调配合。货币政策与财政政策的协调配合，还需要将国债发行与中央银行公开市场的反向操作结合起来。

（2）政策时效的协调配合。货币政策和财政政策的协调配合，是两种长短不同的政策时效的搭配。货币政策以微调为主，在启动经济增长方面明显滞后，然而在抑制经济过热、控制通货膨胀方面具有长期成效。财政政策以政策操作力度为特征，能够迅速启动投资、拉动经济增长，但容易导致过度赤字、经济过热和通货膨胀，所以，财政政策具有经济增长引擎的作用，只能进行短期调整，不能长期大量使用。

（3）政策功能的协调配合。货币政策与财政政策功能的协调配合还体现在“适当的或积极的货币政策”方面，应该以不违背商业银行的经营原则为前提，能够减少扩张性财政政策给商业银行带来的政策性贷款风险。财政政策的投资范围与货币政策的投资范围不应该完全重合。财政政策投资应该以基础性和公益性投资项目为主，而货币政策的投资应以竞争性投资项目为主，否则就会盲目投资，极大地浪费社会资源。

（4）调控主体、层次、方式的协调配合。货币政策权力高度集中，通常只包括两个层次，即宏观层面和中观层面。在宏观层面，货币政策通过对货币供应量、利率等因素的影响，直接调控社会总供求、就业、国民收入等宏观经济变量；在中观层面，信贷政策是根据国家产业政策发展需要，调整信贷资金存量和增量结构，优化产业结构和促进国民经济的协调发展。而财政政策通过多层次的政府，形成了多层次的调节体系，包括宏观、中观、微观三个层次。在宏观层面，国家通过预算、税率等影响宏观经济总量，影响社会总供求关系；在中观层面，主要通过财政的投资性支出和转移性支出等，调整产业结构和区域经济结构，促进经济公平和协调发展。在微观层面，通过财政补贴、转移性支付，影响居民和企业的行为。

2. 财政政策与货币政策协调配合的模式

（1）双“紧”的财政政策与货币政策。这种模式可以强烈地抑制总需求，控制通货膨胀；但容易造成经济萎缩。

（2）双“松”的财政政策与货币政策。这种模式可以强烈地刺激投资，促进经济增长；但通常会产生财政赤字、信用膨胀并诱发通货膨胀。

（3）“松”“紧”搭配的财政政策与货币政策。这种模式是经济调控中最常用的调节方式。应该根据客观经济状况，实施二者的“松”“紧”搭配。如，当经济增长速度适当，但出现财政赤字时，应该选择“松”财政与“紧”货币的搭配；当出现财政赤字并伴随经济增长停滞时，应该选择“紧”财政与“松”货币的搭配，实现启动经济、促进经济增长和防止出现通货膨胀的效果。

11.2　市场供应公共物品

对公共物品而言，由于存在隐藏偏好、缔约困难和“搭便车”问题，市场没有足够的激励去生产公共物品。当社会面对这种市场失灵时通常会有两种选择：第一：由政府征税来提供公共物品；第二，将公共物品转化为私人物品，由市场提供。公共物品政府提供的低效，让人们重新将目光投向了市场，通过理论分析和经验事实证明，在很多条件下，市场完全能够有效地提供公共物品。

11.2.1　市场供应公共物品的可能性和效率性

1. 非纯公共物品的存在及对公共物品概念的拓展

1965 年，布坎南认为纯粹的私人物品与纯粹的公共物品都不存在拥挤现象，而两者之间还存在一些公共物品，如果其消费超过一定界限就会产生拥挤现象，这种介于纯粹私人物品和纯粹公共物品之间的产品和服务就是“俱乐部物品”。1970 年，德姆塞茨通过对公共物品的“俱乐部”属性进一步探讨，认为在大多数条件下俱乐部物品都可以由私人提供。显然，俱乐部理论拓展了公共物品提供方式的选择空间，公共物品不仅可由政府提供也可由市场提供。一般情况下，纯粹公共物品由政府直接提供，而俱乐部物品则可由私人提供。

2. 政府提供公共物品的不完全性

政府和国有企业都有绩效不佳的相同表现形式，民营化的先驱萨瓦斯曾概括了公营企业和政府机构绩效不佳的 14 个症状。公营企业和政府机构的绩效低下客观地使公营部门寻求市场来提供公共产品，提高生产效率，满足人们对公共物品多样化、高质量的需求，为提高公共物品供给效率提供了一条思路。从主观的角度来看，政府也存在着内部动力，通过市场即民营化来提供公共物品，是解决各国财政负担的重要途径，也是解决某些公共物品低效运行的比较可靠的方式。这对各国经济生活产生了有益的影响，将公共物品领域称为行政方式和竞争方式共同调节的领域。

11.2.2 市场供应公共物品的条件分析

由于公共物品本身的特性，市场有效地供应公共物品需要一系列前提条件。

一是类别条件。私人供给的公共物品一般应是准公共物品。准公共物品的规模和范围一般较小，涉及的消费者数量有限，达成契约的交易成本较低，消费者容易根据一致性同意原则订立契约，自主地通过市场方式来提供，从而有利于公共物品的供给。纯公共物品一般具有规模大、成本高的特点，政府可利用其规模经济优势提供。私人不能提供纯公共物品，并非私人不能涉足这个领域，需要把某些纯公共物品的提供和生产进行区分。如某些国防物品可由私人生产，但由政府进行采购，实践证明，这种公共物品提供方式也是成功的。

二是技术条件。公共物品的消费必须存在排他性技术，这样才能进行收费，从而私人经营才可能收回成本乃至盈利，这即是戈尔丁提出的公共物品使用上的“选择性进入”方式，这时市场才有生产这种公共物品的激励。

三是产权条件。产权具有强制性的特点，只有强制性的产权才能保障产权所有者对产权的良好预期，从而由足够的激励来行使产权。因此，只有界定私人对某一公共物品的产权，并由一系列制度来保护产权的行使，私人才有提供该公共物品的动力。

11.2.3 市场供应公共物品的实现途径

1. 市场供应公共物品的范围限制与类型的识别

某些经营性的准公共物品可由私人筹资，市场或私人提供。准公共物品所提供的一些利益具有公共物品和私人物品的双重特征，准公共物品所提供的一部分利益，可以通过市场交换得到价值补偿，决定了私营企业进入公共物品供应的范围只能是准公共物品和服务。那些公共性一般、具备经营条件的货物和服务，例如，基础性设施类，公益性项目类，城市供水和固体废物收集类等，其中有的垄断性和规模经济性并不明显，私营企业可凭借实力提供；有的项目如石化、电子、汽车等，盈利前景好，但需要巨额投资，现阶段很难由私营企业独立承担，但随着经济体制改革、私营企业规模化、市场化程度的提高，私营资本的投入将会大大增加。

2. 市场供应公共物品的路径

由于公共物品本身的特点和政府提供公共物品的能力限制，政府自身提供公共物品存在一些难以克服的缺陷，因此，政府有必要通过改革，实现从提供和生产绝大部分公共物品到只提供纯粹公共物品或极少数公共物品的转变。

（1）进行产权改革。产权改革是通过对公共物品产权进行变更，完成物品性质的变化，如股份制改革。变革公共物品的产权，从根本上可以改变公共物品的提供方式，变革国有企业的产权使之成为股份制企业，有助于改变政府与企业的关系，收缩政府职能，减少企业对政府的依赖，提高市场活力和公共物品的生产效率。

（2）放松政府管制。过度的政府管制造成的垄断，会导致生产效率低下、企业缺乏活力、寻租增多等问题。放松管制是在市场机制可以发挥作用的行业，完全取消或部分取消对价格和市场进入的限制，引入竞争机制，降低公共产品价格，提高企业竞争活力，减少寻租腐败，提供更优的产品和服务。另外，还可以放松非营利组织进入公共物品领域的准入限制，提高纯公共物品供给效率。

（3）拓展公共物品提供方式。公共物品的具体提供与财政筹资是有区别的，政府进行财政筹资，可以由政府机构直接经营或提供公共物品，财政筹资并不排除由私人经营或提供公共物品。现实中，某些公共物品的提供既可由政府机构直接进行，也可由政府财政资金雇用的私人公司来进行。政府应该基于效率选择提供方式，如果一项任务通过政府的直接提供更有效率，就应采取政府提供；如果通过与私营公司签约提供的效率更高，则应采取私人提供。政府导入市场机制的公共物品提供方式主要有：

一是私人完全提供。即私人筹资和经营公共物品，主要针对资金规模不大、竞争性强的公共物品和服务，如私立学校、私立医院、私立福利院、基础设施领域的私营企业等。政府必须强化管理以保证其良好的竞争秩序，收费标准完全由市场供求关系和竞争情况调节。这既可以减轻政府监管及财政负担，又可满足消费者和投资者对公共物品的消费和投资需求。

二是公司伙伴关系——特许经营。在政府监管下，由私人资本通过投标取得政府特许的专利经营权，进行某项公共物品的生产与供给，主要包括电力、天然气、自来水、污水处理、电信、港口、机场、道路、桥梁及公共汽车等可收费的俱乐部物品。特许经营权不具有“终身制”，如果专营企业不能满足公共利益要求，政府有权终止其专营权，将专营权公开招标，选择更适合的经营商。政府通过这种方式提供公共物品，不仅能够促进经营机构不断改进技术，降低成本，提高社会效益，而且也确保经营者在政府许可范围内获得合理的利润；不但可以减轻政府的财政负担，而且可以充分利用社会资源发展公用事业，提高人们公共物品消费的质量。

三是公私合股。政府拥有全部或部分股权，法人团体进行商业经营，自负盈亏。这种供给方式主要是针对那些盈利率不高或预期收益不明、但投资巨大的公共物品，如地铁。采用这种方式供给公共物品，不仅可以及时解决巨额投资问题，而且通过这些机构同私人企业或机构竞争，可以提高公共物品的供给效率；同时，政府又可以尽早收回投资，把投资风险降到最低，还可以获得一些财政收入。这些公司实际上属于半官方性质的独立法人团体或法定机构，在尽可能降低经营成本的前提下，提高公共物品的质量。

四是公办私营。对于一部分公共教育、医疗补贴、某些科研项目、部分社会福利设施、基础设施等，政府可采取转移支付的方式，直接给需要照顾的对象进行财政补贴，由他们自由作出选择。

五是社区和使用者提供。当承担费用者就是主要受益人时，对于较小规模的基础设施，可以由使用者提供或社区自助安排，如村庄支线道路等。

（4）公共物品的投资主体多元化。事实证明，由政府独自提供全社会的所有公共物品非常少见。在市场经济条件下，在政府财政紧张的情况下，公共物品投资主体多元化是公共物品生产经营的发展趋势，不仅要吸收地方组织、企业集团的资金，还要鼓励私人企业进行投资，允许和鼓励民营企业生产和经营公共物品。

（5）建立有效的分权结构。推进从政府向市场、社会的分权，在政府、市场与社会之间构建多中心的公共物品提供生产的体制。用合同承包把政府推向市场，通过优惠政策鼓励私人参与中小学教育、社会保障、廉价住房建设；通过社区组织的自助、自我管理和志愿服务，鼓励社区建立养老院、残疾人福利中心，进行社会治安联防控制犯罪，倡导公共服务社区化；通过签约外包和服务购买合同等政府工具，使一些营利组织和非营利组织提供公共物品和服务。

（6）用企业精神改造政府。新公共管理理论认为公共部门与私人部门具有同质性，其差别是次要的。由于私人部门的管理效率高，公共部门正在借鉴企业管理中的一系列方法，对于提供公共物品和服务的政府部门，需要用企业的管理经验、方法与技术进行改造。有关战略规划、绩效评估、项目预算、顾客导向、产出控制、合同雇用制度等方法和技巧，逐渐被借鉴运用到公共部门。对于提供公共服务的政府部门和直接生产公共物品的公营企业，需要逐步把私营部门的管理方法和技术移植到政府部门，提高政府部门和公营企业的绩效。目前，政府部门尤其需要强调顾客导向和绩效评估，顾客导向制度促使服务的提供者对顾客负责，促进革新，让人们选择服务，减少浪费，创造更多公平的机会。另外，还要改变公共机构忽视投入产出效率问题，建立与时俱进的科学的政府绩效评估指标体系。

11.2.4　建立政府、市场、志愿组织的三方协调机制

在一定条件下，市场组织和非营利组织都能有效地提供公共物品，从而满足人们不断增长和多样化的公共物品需求。公共物品有效提供的理论和实践表明，在不完善的现实政府、不完善的现实市场和现实社会之间，应根据资源优化配置原则，努力寻求三者在公共物品供给领域的均衡点，构建政府、市场、志愿组织三方共同参与的公共物品供给的相互协调机制，以便有效地提供公共物品，实现公共利益最优①。

11.3　招投标与政府采购

提高公共管理效率，需要对传统的命令式公共管理机制进行改革，将市场竞争机制引入公共管理领域。招标投标是以竞争择优为基本属性的交易方式，将是推进上述改革任务的一个有效手段。

11.3.1　招标投标的竞争择优属性

招标投标最早产生于 18 世纪。1782 年，英国设立文具公用局作为专门负责政府部门办公用品采购的机构，开始通过公开招标进行政府部门及公用事业开支的采购活动，以保证采购行为便于公众监督与合理有效。1861 年，美国通过一项联邦法案，规定超过一定金额的联邦政府采购，都必须使用公开招标方式进行。经过 200 多年的发展，招标投标不仅是社会公共支出和政府采购的

---

① 吴伟. 公共物品有效提供的经济学分析［M］. 北京：经济科学出版社，2008：81-116.

最重要形式之一，而且在世界自由贸易和经济交往中，成了国际工程承包、货物贸易、技术引进、开放市场等方面的重要方式，在现代社会的经济活动中得到日益广泛的应用。

长期以来，我国政府机关基本是以审批方式进行投资决策。利用招标投标的公平竞争机制，能够充分发挥市场对资源的优化配置作用，引导生产要素的流动方向，并使政府的决策更加科学合理。由于招标投标成交方式的规范性与有组织性，使其成为市场经济体制中建立有序竞争的市场体系的重要内容；由于招标投标运作过程的公开、公平、公正及操作透明性，使其在政府采购、监督、公共投资支出中被普遍采用。政府通过招标投标等市场手段调配资源，能够从纷繁的行政审批事务中解脱出来，实现职能的转变。从 1994 年开始，我国对部分商品的出口配额进行有偿招标，克服了人为分配产生的许多弊端。近年来，国家对债券发行的承销、国家科研和新技术课题的承担、竞争型建设项目法人的选定，保障政府投资的水利、交通、能源、土地、城建项目和政府采购、医疗器械、药品采购等，都已采用招标投标的市场竞争机制。

11.3.2　政府采购

政府采购，是指在财政的监督下，政府及其所属机构为了开展日常政府活动或为公众提供公共产品的需要，为实现政府职能和公共利益使用公共资金获得货物、工程和服务的行为，是以法定的方式、方法和程序，对货物、工程或服务进行的采购。政府采购包括采购政策、采购程序、采购过程和采购管理等。

1. 政府采购的特征

一是采购资金来源的公共性。政府财政拨款和公共借款是政府采购的资金来源，资金的最终来源是纳税人交纳的税收和政府的公共服务收费。

二是采购主体的特定性。依靠国家财政资金运作的政府机关、事业单位、社会团体等公共机构是政府采购的主体。

三是采购活动的非营利性。政府采购通常表现为非商业性和非营利性购买行为。

四是采购行为的政策性。政府采购已经成为各国政府普遍使用的一种宏观经济调控手段。

五是政府采购规模的扩大或缩小、采购结构的变化，对社会经济发展、产业结构以及公众的生活环境将产生十分明显的影响。

六是采购活动管理的规范性。政府为了保证采购的公平、公开、公正和经济原则，都制定了系统的政府采购法律、法规，形成一整套完善的法律体系，严格规范政府采购活动。

七是采购对象的广泛性和复杂性。政府采购所涉及的对象，按照其性质可以分为三大类：货物、工程和服务。货物包括：原料、产品、设备、器具等各种物品。工程包括：新建、改建、扩建、修建、拆除、修缮或翻新构造物及其所属设备、改造自然环境等项目。服务是除了货物和工程以外的任何采购，如，专业服务、技术服务、维修、培训、劳力等。

2. 政府采购的主要职能

政府采购的基本目标是实现政府职能和社会公共利益。现代社会的政府采购和消费是一种颇具影响力的财政支出方式。通过政府采购，政府可以将宏观调控和微观经济行为结合起来，实现政府的重大政策目标。政府采购的职能目标主要有：

（1）加强政府支出管理和提高财政资金的使用效率。通过公开竞争，引入商业化运作模式，降低采购成本，有利于提高政府资金分配和使用的效率。

（2）强化宏观调控和调节国民经济运行。政府采购的规模、品种、频率影响财政支出的规模和结构，可以实现调控国民经济总量和结构、调节经济周期和熨平经济波动。政府可以通过采购储备物资来调节物价水平，稳定物价，保护生产者和消费者的利益。

（3）保护民族产业和促进国际经济交往。许多国家都要求政府采购优先购买本国产品，实现保护民族产业的目的。通过加入国际性或区域性组织的政府采购协议，为国内企业开辟新的国际市场。

（4）有利于国有资产的管理。能够保证财政部门全面掌握国有资产的情况，防止国有资产的流失、闲置和浪费。

3. 政府采购的基本方式

按采购方式的公开程度可以将政府采购的方式分为两大类：招标性采购和非招标性采购。其中，招标性采购是公开性较高的政府采购方式。

（1）招标性采购方式。招标性采购是指通过招标的方式，采购实体邀请所有的或一定范围的潜在的供应商参加投标，通过某种事先确定并公布的标准，从所有投标商中评选出中标供应商，并与之签订合同的一种采购方式。根据接受投标人的范围不同，招标性采购又可以分为：公开招标采购、选择性招标采购、限制性招标采购。其中，公开招标采购和选择性招标采购属于竞争性招标采购。第一，公开招标采购，指采购方通过公开程序，以招标公告的形式，邀请所有有兴趣的、不确定的供应商参加投标的采购方式。第二，选择性招标采购，指通过公开程序，只有通过资格审查的供应商才能参加后续招标；或通过公开程序，确定在一定期限内的特定采购项目候选供应商，作为后续采购活动的邀请对象。在确定有资格的供应商过程中，平等对待所有的供应商，尽可能邀请更多的供应商参加投标。第三，限制性招标采购，指不通过预先刊登公告程序，直接邀请一家或两家以上的供应商参加招标。该招标采购方式必须具备：公开招标或选择性招标后没有供应商参加投标、无合格标；提供商只有一家或几家无其他替代选择；出现了无法预见的紧急情况；向原供应商采购替换零配件；与原工程类似的后续工程，并在第一次招标文件已作规定的采购等。根据招标所经历的阶段不同，还可以将招标采购分为单阶段招标采购和两阶段招标采购。通过一次性招标，让投标商提交价格和商务的采购方式是单阶段招标采购。两阶段招标采购是对同一采购项目要进行两次招标。两阶段招标很少使用，采购大型的复杂或技术升级换代快的货物或特殊性质的土建工程时，才采用两阶段招标方式。

（2）非招标性采购方式。除招标采购方式以外的采购方式是非招标性采购方式，通常使用的方法主要有：询价采购、单一来源采购、竞争性谈判采购、自营工程等。第一，询价采购，即“货比三家”的采购方式，采购实体向有关供应商（通常不少于三家）发出询价单让其报价，在报价的基础上比较确定中标供应商的一种采购方式。第二，单一来源采购，即直接采购，指采购方在适当的条件下仅向单一供应商征求意见或报价的采购，是一种没有竞争的采购，使用条件比较严格。第三，竞争性谈判采购，指采购实体通过与多家供应商进行谈判，最后从中确定中标供应商的一种采购方式。第四，自营工程是土建项目中经常采用的一种采购方式，指采购实体不通过招标直接使用当地的施工队伍来承建土建工程。

（3）采购金额是确定采用招标性采购还是采用非招标性采购的重要标准之一。通常情况下，较大金额的竞争性采购项目，要求采用招标性采购方式，公开招标采购；较小金额的大量采购活动，则采用非招标性采购方式。

竞争性招标采购具有公开、公正、竞争、透明等优点，是较为理想的采购方式，但也存在明显的不足之处：采购周期太长，需要的文件非常繁琐，采购缺乏弹性，采购有可能造成设备规格多样化，影响标准化的实现。

竞争性招标采购是主要的采购方式，但实行竞争性招标采购方式的范围在缩小、比例在下降。同时，竞争性谈判采购既有竞争性招标采购方式的主要优势，能体现充分竞争，又能克服其缺点，在很多国家变得越来越流行，逐步占据主导地位。

4. 政府采购管理

（1）政府采购的基本程序。政府采购制度所规定的采购程序通常有以下几个阶段：第一，确定采购需求。由各采购实体提出采购需求，报财政部门审核，只有被财政部门列入年度采购计划的采购需求才能执行。从源头上控制盲目采购、重复采购等问题。第二，选择采购方式。必须根据采购的性质、数量、时间要求等因素，以公开、有效竞争和经济的目标为原则，选择恰当的采购方式。第三，签订采购合同。只能与具有向政府供货资格的供应商签订。第四，履行采购合同。合同执行阶段，采购实体和供应商都不得单方面修改合同条款，采购实体对合同执行的阶段性结果或最终结果要进行检验和评估。第五，效益评估。对已完成采购的项目，采购实体及有关管理、监督部门，需要对其运行情况及效果进行评估，检验项目运行效果。上述确定采购需要、选择采购方式、签订合同为合同形成阶段；履行采购合同、效益评估为合同管理阶段。合同形成阶段和合同管理阶段构成了整个采购过程。

（2）政府采购的法律体系。各国都制定了一系列有关政府采购的法律和规章，以加强对政府采购的管理，实现政府采购的政策目标。随着各国政府采购的范围和规模的不断扩大，法律规范更加具体广泛。直接与采购有关的法规有：政府采购法、招标投标法、合同采购法以及公共资金管理、救济等诸多法规、条例。此外，多边国际贸易协议或双边国际贸易协议的成员国，都在政府采购法律法规里明确规定，应遵守相应的国际性或区域性政府采购协议。

（3）政府采购的管理模式。根据集权与分权性质，政府采购的管理模式主要有三种类型：集中采购、分散采购和半集中采购。第一，集中采购模式。即政府的采购任务集中由一个部门负责，有利于合并采购需求、整合采购职能、取得规模效益、降低采购成本、保持采购政策和程序的连续性、方便管理、加强内部控制。第二，分散采购模式。即各个需求单位自行遵照采购法规开展采购活动。第三，半集中半分散的采购模式。即适度集中的采购模式，部门统一采购部分物品，需求单位自己采购部分物品。

（4）政府采购的组织管理。许多国家都设有专门的管理机构来管理和组织政府的采购活动，政府采购机构必须按照采购法规定的程序进行，并接受公共部门和公众的监督。政府采购机构通常由政府采购管理部门和采购运作部门组成，各国在财政部门内部还设置专门机构负责政府采购的管理和协调。政府采购中心，一般要由不同部门的人员组成，隶属于各级政府。政府采购中心主要负责：组织管理各级政府交办的货物、劳务和工程的采购事务；统一组织管理公共部门集中采购的货物商品等；承担由政府采购委员会委托的其他各项采购；对被授权部门或单位的采购活动进行备案和监督。中介机构是政府认可的具有独立行使政府采购资格的各种采购事务所，或经政府认可的有能力从事该项业务的其他机构，接受政府采购中心委托，主要通过招标或其他有效竞争方式，选择合格的供应商推荐给用户。同时，如果供应商提供商品（劳务）的质量或标书中规定的相关指标存在问题，中介机构会接受政府采购中心所反馈的投诉，并负责代表仲裁机构对供应商提出质疑乃至诉讼。

（5）政府采购的人员管理。政府采购是专业性很强的工作，各国政府要求采购官员不仅要懂政府采购的法规政策、多方面的专业知识，熟悉采购程序，掌握国内外市场情况、采购技巧，还要善于解决采购过程中出现的各种问题，等等。为了保证政府采购队伍的专业化、职业化，各国都非常重视采购官员的培训和管理。只有培训合格并在采购主管部门登记注册的官员才能上岗。有的国家还建立了规范的政府采购人员资格认证制度。很多国家制定了政府采购道德法典，规定了政府采购官员的行为准则，保障采购官员具有公正、诚实、忠诚的道德修养。

（6）质疑和申诉机制。政府采购过程中，供应商对某些采购环节产生质疑并进行申诉，许多国家制定了申诉程序、有效申诉时间、申诉处理机构、处罚措施等相关内容。设立质疑和申诉机制能够及时、有效、公正地解决政府采购活动中的争端，保障采购活动的正常开展。实践中，解决质疑和申诉问题的补偿机制主要包括：道歉、重新审查采购决定、取消采购决定、终止合同、重新招标、补偿损失、修正有关的采购规划或程序、暂停采购活动、惩罚相关责任人等。很多国家为了减少采购活动中的争端，还制定了内部或外部审计和监督程序。

（7）采购信息管理。采购信息管理主要包括两方面内容：采购需求信息的发布管理、采购情况信息的收集和管理。采购需求信息的发布管理，要求政府采购部门及其主管部门能够将有关的采购信息及时、公开、规范、无歧视地向供应商提供。通常将采购通告刊登在采购主管机构制定的公开发行的刊物上

(如政府采购公报、政府采购和资产处理公报等)，或专门的因特网网站上。采购情况信息的收集和管理，主要是指信息管理部门对大量庞杂的有关政府采购的记录信息进行收集、整理和分析。对政府采购的各项信息进行收集和处理，也是一种评估政府采购制度的手段①。

11.3.3　出让土地使用权的招标、拍卖和挂牌

随着工业化和城镇化的快速发展，土地的开发和使用大幅增加，政府的土地管理重要性日益凸显。土地使用权的出让方式主要包括：招标、拍卖和挂牌等。招标、拍卖和挂牌出让国有土地使用权应当遵循公开、公平、公正和诚实信用的原则。以招标、拍卖或者挂牌方式出让的土地用途主要包括：一是商业、旅游、娱乐和商品住宅等各类经营性用地；二是其他用途的土地供地计划公布后，同一宗地有两个以上的意向用地者。

1. 土地使用权招标

招标出让国有建设用地使用权（土地使用权招标)，是市、县人民政府国土资源行政主管部门（以下简称出让人）发布招标公告，邀请特定或者不特定的自然人、法人和其他组织，参加国有建设用地使用权投标，依据投标结果，确定国有建设用地使用权人的行为。

国有土地使用权投标的程序：(1) 投标人应在投标截止时间前将标书投入标箱。招标公告允许邮寄标书的，投标人可以邮寄，但出让人在投标截止时间前收到的有效；标书投入标箱后，不可撤回。投标人应对标书承担责任。(2) 出让人按照招标公告规定的时间、地点开标，应邀请所有投标人参加。由投标人或其推选的代表检查标箱的密封情况，当众开启标箱，宣布投标人名称、投标价格和投标文件的主要内容。如果投标人少于三人，出让人应依据规定重新招标。(3) 评标小组进行评审。评标小组为五人以上的单数，由出让人代表、有关专家组成。评标小组应根据招标文件确定的评标标准和方法，对投标文件进行评审。(4) 招标人根据评标结果，确定中标人。

2. 土地使用权拍卖

拍卖出让国有建设用地使用权（土地使用权拍卖)，是出让人发布拍卖公

① 郭小聪. 政府经济学［M］. 北京：中国人民大学出版社，2008：240-261.

告，由竞买人在指定时间、地点进行公开竞价，根据出价结果确定国有建设用地使用权人的行为。

国有土地使用权拍卖会的程序：(1) 主持人点算竞买人。(2) 主持人介绍拍卖宗地的位置、面积、用途、使用期限、规划要求和其他有关事项。(3) 主持人宣布起叫价和增价规则及增价幅度。没有底价的，应当明确提示。(4) 主持人报出起叫价。(5) 竞买人举牌应价或者报价。(6) 主持人确认该应价后继续竞价。(7) 主持人连续三次宣布同一应价而没有再应价的，主持人落槌表示成交。(8) 主持人宣布最高应价者为竞得人。

3. 土地使用权挂牌

挂牌出让国有建设用地使用权（土地使用权挂牌），是出让人发布挂牌公告，按公告规定的期限将拟出让宗地的交易条件，在指定的土地交易场所挂牌公布，接受竞买人的报价申请并更新挂牌价格，依据挂牌期限截止时的出价结果或者现场竞价结果，确定国有建设用地使用权人的行为。

国有土地使用权挂牌出让程序：(1) 在挂牌公告规定的挂牌起始日，出让人将挂牌宗地的位置、面积、用途、使用年限、规划要求、起始价、增价规则及增价幅度，在挂牌公告规定的土地交易场所挂牌公示。(2) 符合条件的竞买人填写报价单报价。(3) 出让人确认该报价后，更新显示挂牌价格。(4) 出让人继续接受新的报价。(5) 出让人在挂牌公告规定的挂牌截止时间确定竞买人。

4. 招标、拍卖和挂牌结果公布

招标、拍卖和挂牌活动结束后，出让人应在10个工作日内，在土地有形市场或者指定的场所、媒介，公布招标、拍卖和挂牌出让结果。出让人公布出让结果，不得向受让人收取费用。

11.3.4 药品招标采购

在国家卫生部、监察部等部门支持下，从2000年2月开始，进行药品集中招标采购试点工作。主要通过公开招标，将竞争机制引入医药管理领域，以竞价方式解决“药品价格过高”问题，实现医院药品采购过程的透明化。

1. 药品集中招标采购

国家对处方药品由政府统一招标，主要包括：药品的品牌、价格、规格、剂型等。在药品招标开始之前，各个投标商家应将招标的资料提交政府招标办公室，由招标办公室统一评定，然后决定中标。中标后的产品方可进入医院销售。县及县以上人民政府、国有企业（含国有控股企业）等所属的非营利性医疗机构，必须全部参加医疗机构药品集中招标采购活动。医疗机构药品集中招标采购以省或市（地）为组织单位，县（市）或单一医疗机构不得单独组织招标采购活动。

2. 药品集中招标采购的程序

（1）招标。招标采购是采购方根据已经确定的采购需求，提出招标采购项目的条件，向潜在的供应商或承包商发出投标邀请的行为。在招标阶段，采购机构应该完成：确定采购机构和采购需求，编制招标文件，确定标底，发布采购公告或发出投标邀请，进行投标资格预审，通知投标商参加投标并向其出售标书，组织召开标前会议等。

（2）投标。投标是投标人接到招标通知后，根据招标通知的要求填写招标文件，并将其送交采购机构的行为。在投标阶段，投标商应该完成：申请投标资格、购买标书、考察现场、办理投标保函、算标、编制和投送标书等。

（3）开标。开标是采购机构在预先规定的时间和地点，将投标人的投标文件正式启封揭晓的行为。在开标阶段，应由采购机构组织进行，但需邀请投标商代表参加。

（4）评标。评标是采购机构根据招标文件的要求，对所有的标书进行审查和评比的行为。在评标阶段，由采购机构组织进行。采购员应审查标书是否符合招标文件的要求和有关规定，组织人员对所有的标书进行比较和评审，最终评定并写出评标报告等。

（5）决标。又称授予合同，是采购机构决定中标人的行为。决标是采购机构的单独行为，但需由使用机构或其他人一起进行裁决。在决标阶段，采购机构应该：决定和通知中标人，向中标人发放授标意向书，通知所有未中标的退还投标保函等。

（6）授予合同。也称签订合同，是由招标人将合同授予中标人并由双方签署的行为。在授予合同阶段，首先双方确认对标书的内容，然后依据标书签订正式合同。签订合同后，为保证合同的履行，中标的供应商（或承包商）还应向采购人（或业主），提交一定形式的担保书（或担保金）。

11.4 公共管理的市场激励机制

公共管理的市场激励手段，通常“借助市场的力量”，鼓励通过市场信号引导人们或组织作出行为决策，而不是制定明确的控制标准和条款来约束其行动。使用者付费是主要的公共管理的市场激励手段，包括可交易的许可制度、排污收费、交通收费、公园收费等，如果能够进行很好的设计并加以实施，将促成厂商或个人在追求自身利益的同时，客观上实现公共产品提供的目标。

11.4.1 公共管理的市场激励特征

公共管理的市场激励与传统的“命令—控制”方法比较，有两个最为显著的特征：低成本高效率、技术革新及扩散的持续激励。

使用者付费是通过向使用者征收费用，可以为资源的经营与维护提供资金。例如，国家公园系统和其他联邦政府管理的娱乐区，从1951年起就得到合法的授权，可以对娱乐和门票收费，美国财政部从这些收入中提取税收，再由财政部对整体公园系统进行重新分配，用来支持对设施的利用开发。名目繁多的联邦娱乐与交通税收，可以被认为是向使用者征收费用。

理论上，在治理环境污染的过程中，“命令—控制”型的方法也可以实现成本最小化，不过需要对每个污染源制定不同的标准，要求政策制定者必须掌握每个厂商所面临执行成本的详细信息，但政府实际很难获取这样的信息。而如果采用市场导向的政策工具，无须政府去了解这些信息，也能高效率地将污染负担分配于各厂商。在污染治理领域，设计适当的公共管理的市场激励，能以最低的社会成本实现任一期望水平的污染削减。强烈刺激企业采用更为经济和成熟的污染控制技术，进行最大数量的污染削减，企业能从发现和采用低成本的污染控制方法（技术）中获得收益。

11.4.2 公共管理的市场激励理论基础

1. 使用者付费的受益原则

使用者付费能精确地体现谁受益、谁负担的受益原则，在公共管理领域获得了广泛的应用，例如，公路、公园等地方公共服务（或设施）的提供和使用。受益原则的基本思想是：公共服务的成本应尽可能精确地分摊到那些从中受益的人们身上。如果仅仅为某一特定辖区居民提供的公共服务（如垃圾收集），而用全国性税收来资助，由国家的全体纳税人负担，就会产生偏离受益原则的问题。

许多国家的中央政府通过高额的专项补助，资助其提供诸如公路和桥梁这类公共项目，在公共政策领域引起广泛的争议。从受益公平的角度来看，这显然是不公平的。相反，如果政府针对此类公共项目的特定受益者收费，就体现了公平性。与税收融资和其他财政融资方式相比，恰当的使用者付费能够精确地反映具体的受益情况，最佳地体现“谁受益谁负担”的原则，避免非受益者为受益者支付费用的不合理现象。

2. 使用者付费的自动筛选机制

在公共服务（或资源）总量有限的条件下，如果面临高峰期需求拥挤问题，最合理有效的办法是通过某种有效的机制，将有限的公共服务资源，优先分配到那些最能有效利用这些资源的人（通常也是付费意愿最强的人）身上。例如，在交通拥挤的条件下，如何能够辨认出最有效使用公路的人，使用者付费机制能够起到一种类似自动筛选机制的作用，很容易地将低效益使用者（对过路的边际评价低于过路的边际拥挤成本的人）排除在使用者范围之外；同时，让那些能最有效使用公路的人使用公路。类似的，如果政府免费供应桥梁、公园和其他基础设施，由于每个人都没有节约使用的合理动机，就会产生过度消费引起的低效率问题。

从经济效益角度来看，政府应该仅仅免费供应那些需求的价格弹性为零的公共服务。然而，现实生活中，几乎不存在需求价格弹性为零的物品（生活必需品需求价格弹性比较小）。这就是说，政府通过免费方式供应必需品的物品或公共服务，或者只象征性收取费用，将导致严重的浪费和低效率现象。恰当设计使用者付费制度，能够有效地将稀缺资源配置到最能有效利用这些资源的人身上，因为付费意愿本身就能够反映“最具利用潜力”的这类宝贵信息。

3. 使用者付费的偏好显示机制

合理的使用者付费可以作为揭示服务偏好的一种机制而发挥作用。公共物品有效供给的关键问题是偏好（需求信息和付费意愿）的揭示问题。对于公共服务而言，常规的机制是按照少数服从多数的原则设立投票表决；另一种机制是使用者付费，其作用机理类似于经济市场上的价格的高低能够显示私人物品偏好程度的信息。合理的使用者付费将服务成本直接分摊到受益者身上，促使公众更加关心政府服务的水平和质量，也促使政府更加重视公众对公共服务的需求和偏好，进而向公众提供更好的服务。

4. 使用者付费与服务成本的分配机制

有一些公共服务只能供成员有限的小群体受益，并且受益具有可测度性，就适合于采用使用者付费方式提供。受益的可测度性包括两方面的含义：一是可以清楚辨认出具体的受益者，能够与非受益者区分开来；二是可以准确计量出受益数量（例如自来水可以通过自来水表精确计量）。在同时满足以上两个条件的情况下，如果使用一般性税收为之融资就不恰当，因为这是一部分人（一般纳税人）为另一部分不相干的人（具体受益者）的消费付费。

一般情况下，政府提供的公共服务的成本包括三类：资本成本、运营成本和拥挤成本，应按照利益原则将所有这些成本分摊到受益者身上。受益包括一般受益与特定受益两种形式，一般受益源于服务的存在，特定受益源于服务被使用。因此，需要通过一般性税收方式，把资本成本分摊到一般受益者身上；通过使用者付费方式，把营运成本和拥挤成本分摊到特定受益者身上。

受益原则是合理分配公共服务成本的理论基础。受益原则要求根据受益情况把服务成本准确分配到那些受益者身上，合理分配服务成本要求清楚地界定受益的性质。公共服务或设施的运营成本，本质上是源于“使用”而产生的成本，应由那些因“使用”服务或设施而受益的人们负担。

微观经济学关于资源最优配置的基本原理表明，基于特定受益的服务定价（收费），应等于服务使用引起的边际（运营）成本。如果消费者认为公共服务和公共设施的提供是没有代价的，也就是说，消费者可以不付任何成本使用此类服务和设施，就不可避免地产生过度需求，结果将导致低效率。使用者付费的重要功能，就是促使消费者能够面对消费决策的真实成本，从而产生有效选择的激励机制。

11.4.3 环境保护市场激励

环境治理中的公共管理市场激励工具主要有四类：排污收费制度，可交易的许可制度，削减市场壁垒和降低政府补贴。

1. 排污收费制度

根据厂商或污染源产生的排污量征收税费。厂商的理性选择是将污染削减到边际控制成本等于税率这一水平上，控制成本高的企业削减较少的污染量，而控制成本低的企业将大规模削减污染，导致各个企业的污染控制程度不同。理想状态下，合理的税率应当等于污染削减的边际收益，这时效率最高，制定合理的税率比较困难。政府政策制定者更倾向于考虑清洁水平，并且事先很难确定特定的税率水平对厂商的影响效果。排污收费制度的一个特例是押金返还制度，即消费者在购买具有潜在污染特性的产品时，预付一定数量的押金，将送回指定的循环或处理中心时，他们就可以取回押金。

（1）废弃物收费和行政性收费

美国的废弃物处理费用由家庭和厂商承担，主要用于城市固体废弃物的收集和处理方面不断增加的支出。这种以污染物产生数量为基础的收费政策工具，在一定程度上成功减少了家庭废弃物产生的数量。

行政性收费是为了收取环境项目的管理成本。虽然这类收费并不是为了改变人们的行为，但这种公共基金的积累方式与“污染者支付原则”比较一致。

（2）押金返还制度

当大量循环利用或回收处置某种目标物质时，可以在整个过程的首端收费（押金）与末端返还收费（押金），通过这种费用返还方式，可以提供遵守规章的激励，可以保证消费者将该物质（或其包装物）交至指定的回收中心进行循环使用，或进行恰当处置，防止物质利用过程中的损失。对于废弃物可能会被不当处置并产生严重后果时，押金返还制度的抑制作用明显，经常被称为鼓励最高水平的物质循环利用机制。一般来说，押金返还制度具有以下几个优点：第一，政府押金返还制度，可以通过旨在归还产品后就可赎回押金的方式，解决无法在不同地点阻止非法倾倒少量废物问题，这一政府几乎无法完成的监督工作，可以转换为厂商自觉处理废物的行动。第二，该制度提供给厂商一种激励，可以减少生产过程中所耗费的原材料。第三，由于生产和消费过程中产生净损失，这种制度能够促使厂商去寻找对环境损害更小的替代材料，可以使厂商摆脱押金返还制度的监管并降低损失。

2. 可交易的许可制度

像排污收费一样，需要制定一个最大的总体污染排放水平，能以最低成本来分配污染控制负担。在可交易许可制度下，当允许的总体污染排放水平制定后，以排污许可证的方式分配给厂商。如果厂商的污染排放水平低于其允许的排放水平，他们可将剩余的许可证出售给其他厂商，也可以用来抵消本厂其他设施的过度排放。目前，在美国最常用的公共管理的市场激励，就是可交易的许可制度。

（1）环保局的排污交易计划

1974 年，环保局开始将排污权作为改善地区空气质量的一个试验项目。如果厂商排污削减超过法律规定水平，厂商会获得排污“信用”，可抵消厂商在其他地方稍高的排污量。厂商只要总的排污量不突破规定的水平，就可以在其内部的不同污染源之间进行排污削减量的交易。1976 年开始实施的“补偿”计划深化了厂商的排污信用交易。厂商如果在达不到环境标准的地方新建生产项目，就必须通过进一步削减现有设施的排污量进行抵偿。在存储计划下，厂商可将获取的排污信用存入银行以供未来使用，也可售予其他厂商。

（2）铅排放交易和含氯氟烃排放交易

20 世纪 80 年代，铅排放交易为汽油提炼商达到排放标准提供了更大的灵活性，汽油含铅量被降到了原先的 10%。1982 年，环保局批准了提炼商之间的铅排放信用交易。如果提炼商生产出来的汽油含铅量低于规定的标准，就会取得铅排放信用。1985 年，环保局实施了允许提炼商存储铅排放信用的措施，当铅排放削减获得阶段性的成功后，1987 年环保局终止了这一制度。铅排放交易制度在实现其环境目标上取得了明显的成功。尽管这一交易制度的利益难以评估，但频繁的交易活动以及炼油商对汽油含铅量的削减速率足以说明这项制度是相当有效的。环保局估计，铅排放交易制度实施，每年可节省大约 2. 5 亿美元的成本，比其他类似的制度节省约 20% 的成本。

在美国，可交易的许可证市场被用来帮助执行《蒙特利尔协定》，阻止平流层的臭氧减少。氯氟烃类和卤烃类化学物质的使用导致了臭氧的减少，政府通过颁发许可证的方式促进对含氯氟烃生产和消费的市场限制。从 1986 年至 1991 年，34 家厂商参与了含氯氟烃生产和消费许可证交易市场，共达成 80 次交易，较低交易成本说明该项制度还是相当有效的。

3. 削减市场壁垒

通过消除外在的或隐含的市场壁垒，厂商从环境保护中可大量获益。减少市场壁垒主要有三种类型：一是市场创建，政府积极促进新市场的发育；二是责任规章，鼓励企业在决策中考虑潜在的环境损害；三是信息披露，要求和鼓励生产者或销售者向消费者传递某种信息，提高市场的效率。

（1）市场创建

通过市场创建作为环境政策工具有两个：一是促进水权交易以提高稀缺水资源配置和利用效率，二是推进电力生产和输送重组。例如，美国西部地区长期处于水资源供应短缺和水资源低效率配置状态，主要因为使用者无法得到正确的激励并采取行动，从而体现水资源的经济和环境价值。志愿的水权交易有助于采取合理的保护措施，在各个竞争性使用者之间，水资源可以实现更优的配置。

（2）责任制度

责任制度能激励厂商考虑自己的决策对环境的潜在影响，并制定更有效的决策。理论上，责任制度作为一项政策工具，也能提供“成本—效益”方面的激励。另一方面，诉讼的高交易成本，对于敏感危险物责任制度更能发挥作用。

（3）信息披露

具有充分信息的生产者和消费者能使市场功能得到更好的发挥，信息披露能够促进市场导向环境政策工具的形成。1987 年的《空气有毒物质危险区信息与评估法案》中，提出污染物排放报告机制，对 700 多种有毒物质的排放进行跟踪。要求证实和评估地方空气污染风险，并向公众说明污染物排放可能会对公众健康造成的影响。

4. 降低政府补贴

理论上，补贴与税收相对，可为解决环境问题提供激励。但在实践中许多补贴导致经济上的低效率和环境损害。

美国石油能源的补贴政策。由于全球气候变化，人们越来越关注联邦补贴和其他导致石油使用量增加的政策措施。通过税收制度和一系列的私人代理项目，联邦政府对能源产业实行干预。大部分补贴和管制政策主要为了鼓励开发国内能源资源并减少对进口石油的依赖，更重视提高能源供给而不是提高能源效率。政府虽然鼓励开发存在风险和长期收益的新技术，但现行典型的传统技术仍获得大约 90% 的各类补贴。另外，石化能源中对环境影响最小的天然气，仅获得 20% 左右的各类补贴。

通过联邦政府实施使用者付费政策和保险费税，对石化燃料征收显著的税负，可以看出，联邦税收差别政策已倾向于保护可再生能源和非传统石化燃料使用者的利益。1997年，克林顿行政当局制定的针对全球气候变化的建议书，包括了一项为期五年、金额为50亿美元的项目，目的是对可再生能源和提供高能效的研发工作，提供政府资助，对从事此项工作的私营部门给予税收减免。①

关键概念

公共管理的经济手段　招投标　政府采购　市场激励机制　排污收费制度　许可证制度

思考题

1. 市场供应公共物品的条件有哪些？
2. 市场供应公共物品的路径是什么？
3. 政府采购的基本方式是什么？
4. 公共管理的市场激励理论基础是什么？
5. 环境治理中的公共管理市场激励工具主要有哪些类型？

① 环境保护的公共政策，［美］保罗·R. 伯特尼，［美］罗伯特·N. 史蒂文斯［M］. 穆贤清，方志伟，译. 上海人民出版社，2006：41-75.

第12章 公共部门绩效管理

在西方国家，随着“新公共管理”运动的兴起，积极提倡在公共部门中引入私人企业的先进管理办法，绩效管理于是在公共部门中得到广泛运用。在我国，随着政府机关效能建设的展开，作为改进公共部门管理和服务效能的一种有效工具，绩效管理越来越受到了人们的重视，并逐步在我国公共管理中得到应用和推广。

12.1 公共部门绩效管理的内涵

12.1.1 公共部门的绩效

绩效管理简单来说是指对“绩效”（Performance）的管理，那么什么是“绩效”呢？在明确绩效管理内涵之前，必须对绩效内涵有个清晰了解。绩效是个多义的概念，从不同角度和层次有不同理解。

从管理实践的发展历程来看，绩效的概念经历了一个不断发展的过程，“绩效”是从“效率”、“效益”等词演变而来的，从单纯地强调数量到强调质量再到强调满足顾客需要。

从层次上来看，绩效包括组织、团体和个人三个层面，在不同层面上，绩效所包含的内容、影响因素及其测量方法也不同。

从内容上来看，一种观点认为绩效指的是结果和产出，“绩效应该定义为工作的结果，因为这些工作结果与组织的战略目标、顾客满意感及所投资金的关系最为密切”，但这一观点受到了现代管理心理学的挑战，美国领导力研究中心 CEO 罗纳德·坎贝尔指出，“绩效是行为，应该与结果区分开，因为结果会受系统因素的影响”，“绩效是行为的同义词。它是人们实际的行为表现并能观察到。就定义而言，它只包括与组织目标有关的行动或行为，能够用个人的熟练程度（即贡献水平）来定等级（测量）。绩效是组织雇人来做并需做好的事情。绩效不是行为后果或结果，而是行为本身……绩效由个体控制下的与目标相关的行为组成，不论这些行为是认知的、生理的、心智活动的或人际的”。①

相对于公共部门来说，绩效更是一个多维性的概念，除了政绩之外，它还强调公共部门运行成本、工作效率、政治稳定、社会进步、发展预期等含义。不仅注重行政内部机制的运转，更注重行政与社会、行政与公民的关系，以公民的满意评价作为最终标准。而且相对于私人部门来说，公平在公共部门绩效体系里具有非常重要的地位。②

综上所述，公共部门的绩效主要是指公共部门及其公务人员在依法管理社会公共事务或岗位职责过程中的行为和投入所获得的结果及其社会影响，一般包括公共部门组织绩效和公务人员个人绩效等。

12.1.2　绩效管理

绩效管理作为当今公私部门普遍运用的一套管理方法，其发展历程可追溯到20世纪初期泰勒《科学管理原理》的时间研究、动作研究与差异工资制。后来法约尔的《工业管理与一般管理》把这种效率观念从工商企业推广到各种社会组织。从此，绩效管理的理论与方法成为了适用于包括经济、行政、军事和宗教组织在内的一般的管理理论与方法，但在公共管理中，正式引入绩效管理方法则是20世纪80年代之后作为西方国家政府改革过程中一项改革措施发展起来的。

1. 绩效管理的内涵

绩效管理在管理学中，对于其内涵的理解众说纷纭。

比如美国著名绩效管理专家罗伯特·巴克沃将绩效管理定义为一个持续的

① 仲理峰，时勘. 绩效管理的几个基本问题［J］. 南开管理评论. 2002（3）：15-16.

② 臧乃康. 政府绩效的复合概念与评估机制［J］. 南通师范学院学报. 2001（3）：25.

交流过程，该过程由员工和其直接主管之间达成的协议来保证完成，并在协议中对未来工作达成明确的目标和理解，并将可能受益的组织、经理及员工都融入到绩效管理系统中来。①

理查德·威廉姆斯在其《组织绩效管理》一书中指出：绩效管理是把对组织的绩效管理和对员工的绩效管理结合在一起的一种体系。②

行政学者夏夫里茨和卢塞尔就认为，绩效管理是组织系统整合组织资源达成其目标的行为，绩效管理区别于其他方面纯粹管理之处在于它强调系统的整合，它包括了全方位控制、监测、评估组织所有方面的绩效。③

美国绩效评估中的绩效衡量小组曾为绩效管理下了一个经典性的定义：所谓绩效管理，是指"利用绩效信息协助设定同意的绩效目标，进行资源配置与优先顺序的安排，以告知管理者维持或改变既定目标计划，并且报告成功符合目标的管理过程"。

从这些定义中，我们可以看到，绩效管理是一个完整的过程，是由收集绩效信息，确定绩效目标、划分考核指标、进行绩效考核、根据考核结果改进绩效等流程构成的行为体系，是持续提高管理绩效、不断促进有效管理的过程。它既包括对组织绩效创造过程的管理，也包括对组织绩效结果的评估；既包括对个人绩效的考核，也包括对组织绩效的考核。

2. 绩效管理的基本活动

从上述定义中我们可以看出，绩效管理是一个完整的系统和过程，是通过管理者与组织成员之间持续不断地进行业务管理过程，实现业绩的改进。一般而言，绩效管理包括 3 个最基本的功能活动：④

（1）绩效评估

绩效评估是绩效管理的核心活动。在有些企业组织中甚至把绩效评估等同于绩效管理，足见绩效评估的重要性。

---

① ［美］罗伯特·巴克沃．绩效管理［M］．北京：中国标准出版社，2000：55.

② ［英］理查德·威廉姆斯．组织绩效管理［M］．北京：清华大学出版社，2002：1-2.

③ 胡税根．公共部门绩效管理：迎接效能革命的挑战［M］．杭州：浙江大学出版社，2005：6.

④ 张成福，党秀云．公共管理学［M］．北京：中国人民大学出版社，2001：271-273.

美国“国家绩效管理小组”在《美国公共服务：绩效评估的最佳实践》中认为，绩效评估是“测量达到既定目标的情况，包括将资源转化为公共物品及服务（产出）的效率、产出的质量（他们向顾客提供服务的质量和顾客的满意度）、结果（行为的实际效果与其预期目标相比较）及其在达成计划目标的过程中组织运作的效率的一个过程”。对于私人部门来说，主要的评估对象是个人绩效，并以此作为工资、奖惩、晋升的依据。对于公共部门的发展来说，主要评估的是组织绩效，但个人绩效是其中重要的环节。

（2）绩效衡量

绩效衡量是指为了进行绩效评估，管理者必须设计一套足以衡量组织目标实现的指标系统，作为衡量组织绩效的标尺以供比较，即“绩效指标体系”。绩效指标体系的构建是绩效管理中的关键环节，同时也是绩效管理实践中操作性最难，现实性最强的部分。绩效指标体系的操作性不强的问题在公共部门中尤为突出。

（3）绩效追踪

绩效追踪指的是要对组织的绩效进行持续性的监测、记录与考核，作为改进组织绩效的基本依据。绩效管理是面向组织效益的全面管理，是一个收集绩效信息、进行绩效衡量、设计与执行绩效管理、推动绩效不断持续改进的整体活动和过程，与传统的绩效考核有着本质区别。通过科学有效的绩效追踪，能找出与个人或组织绩效目标不符合的行为并进行修正改善，进而促进组织绩效的提升。

12.1.3 公共部门绩效管理

20世纪80年代中期以来，西方国家为应对科技进步、全球化和国际竞争的环境条件，解决政府财政危机和信任危机，在新公共管理运动的影响下，积极采用私人部门的管理方法和策略，公共部门普遍引入了以强化责任和顾客至上为理念的绩效管理方法。

1. 公共部门绩效管理的含义

我们已经了解绩效管理是指“利用绩效信息设定统一的绩效目标，进行资源配置与优先顺序的安排，以帮助管理者维持或改变既定目标计划，并且报告其结果与目标符合的程度的管理过程”。

作为对绩效进行管理的科学管理方法，绩效管理在公共部门和私人部门都表现为对个人绩效的重视和对组织绩效的追求，并通过系统跟踪绩效的方法提高组织满足顾客和社会大众需要的程度。但公共部门的服务对象是社会公众，其产出大多是无形的公共服务，并且不以盈利为目的，而私人部门的服务对象是其产品和服务所面对的顾客，以盈利为直接目的。

因此，公共部门绩效管理作为从私人部门引入的管理方法和理念，与私人部门绩效管理相比，有共通之处但也有其独特内涵。公共部门绩效管理指的是以公共部门为关注对象，以经济、效率、效益、服务质量的提高和公民满意为目标，其内涵是以任务为导向、以结果为导向、以公众为导向、以社会为导向和以市场为导向，就是要将公众的需求作为公共部门存在发展的前提和部门改革、组织设计方案应遵循的目标。

2. 公共部门绩效管理的特性

公共部门绩效管理所蕴含的理念是通过它的性质特征和价值取向体现出来的。公共管理既包括了公共部门对国家公共事务和社会公共事务的管理，也包括了公共部门内部自身事务的管理；既有对事务的管理，也有对人和组织的管理。绩效管理作为政府再造的重要内容与根本性措施，其特别之处在于它对基本任务和目标的定位、对行动结果的鉴定已经推动公共部门用一种新的眼光去思考和判定行政目标的完成情况。这都使得公共部门绩效管理具有了复杂性、难确定性、难量化性等特征。

(1) 目标的复杂多元化。受到各种利益导向的影响，控制着公共部门实际权力的官员们在管理的优先权上争吵不已，难以达成共识，导致目标难以明确规定。而公共部门内部分化成不同的部门，这些各地独立的部门制定政策之间可能存在着利益矛盾和冲突。不同部门的政策价值选择将带来不同的目标选择和绩效。这种绩效目标的复杂多元化就会使得公共部门内部的管理者和工作人员形成多样性认识，从而导致绩效管理的困难。

(2) 评估指标难以确定。公共部门的服务往往具有垄断性和管制性，很难确定可以参照比较的对象，公共信息被公共部门垄断，公众难以获取，而另一方面，公众也很难根据前面确定的科学的绩效评估标准来对公共部门提供的服务进行评估。另外，公共部门的工作存在明显的相关性，且有全面性。所以，即使某个部门的简单决策或行为的指标也往往是多重要素决定的结果。这种评估指标的难确定性限制了公共部门绩效管理的发展。

(3) 绩效产出难以量化。公共部门提供的服务不同于一般的有形产品，大多是无形的和间接的服务，它的品质和数量都难以确定和衡量，因此，公共部门对自己提供的服务物品难以获得来自市场上的反馈信息，同样，公众也很难通过市场上的价格、份额等市场信号来对公共部门的服务进行同样的评估和衡量。公共部门的服务是属于劳动密集型的产业，无法像一般企业那样形成标准化的产出。这些问题都制约了公共部门的服务绩效难以量化。

（4）绩效评估信息稀缺。如果管理主体对于管理对象各方面信息的掌握程度很高，那么绩效评估就具备了较好的前提条件。评估信息的掌握决定了评估效果的水平。公共部门服务具有明显的垄断性，其制度结构具有非市场化特征，所以，不管是公共部门本身还是作为顾客的社会公众都难以获得公共部门服务的准确信息。公共部门的评估信息通常来自于行政机构自身的评价，不能全面而准确地提供管理工作绩效的信息。政府的保密性又大大增加了公共部门绩效管理的难度。

3. 公共部门绩效管理的价值取向

当代公共部门绩效管理蕴含着两大基本思想：一是公共部门必须以公众的需要为管理导向，而不是以其自身的规则为依归；二是公众为公共部门的结果而纳税和进行评估，而不是为公共部门的工作而纳税和进行评估。这两大基本理念贯彻到公共管理之中，就是要求公共管理不仅要有量、有效率，而且还必须有质，符合和满足公众的需求。

公共管理的一项重要任务就是向公众提供公共服务和公共产品。因此，公共部门绩效管理包括对公共部门向社会提供公共服务、公共产品的活动及其效果进行评估。对公共服务、公共产品的评估，正如罗兰·彭诺克所说评估的注意力应“集中在那一些能够满足需要的目标上——不只是国家自身的需求，能使国家得以维持的需求，而是人类自身的需求。满足人类需求的政策才能对人类具有价值，政策才能证明其存在的合理性”。为此，我们可以把公共部门绩效管理的基本价值取向概括为效率、公正、自由、民主和秩序，它们都是人类的基本需求。效率的价值取向反映了社会对公共管理绩效量的要求；公正、自由、民主和秩序的价值取向反映了社会对公共管理质的要求。这些价值取向在绩效管理过程中，一般都是通过管理效率、管理能力、公共责任、公众的满意程度等价值判断来具体体现。

12.2　公共部门绩效评估

绩效评估是绩效管理的中心环节，在整个绩效管理过程中处于战略性的地位。对于公共部门绩效管理来说，公共部门绩效评估理所当然地成为最受关注的核心。美国“国家绩效管理小组”在《美国公共服务：绩效评估的最佳实践》中指出，绩效评估是“测量达到既定目标的情况——包括将资源转化为公共物品及服务（产出）的效率、产出的质量（他们向顾客提供服务的质量和顾客的满意度）、结果（行为的实际效果与其预期目标相比较）及其在达成计划目标的过程中政府运作的效率的一个过程”。

12.2.1　绩效评估主体

在绩效评估操作过程中，并不是所有的人都应该成为公共部门绩效的评估主体。谁是绩效评估的主体就意味着公共部门必须注意那些人或组织对其工作的期望与需求，并努力使公共部门的工作表现令他们满意。一般来说，公共部门服务对象包括全体公众、企业和其他组织，他们都是绩效评估的重要主体。因为，公共部门绩效评估就是为了改善公众对政府公共部门的信任，提高公共管理的效率、效能、服务质量和公众的满意程度。公共部门绩效评估的目的与功能决定了它的主体构成。其主体构成主要包括：

1. 国家机关性质的绩效评估主体

这类主体主要包括行使国家立法权的国家权力机关；具体执行绩效评估并作为绩效评估对象的行政机关和带有国家机关性质的专门绩效评估机构，例如功绩制保护委员会、全国绩效审查委员会等。国家机关性质的专门绩效评估机构是指由国家和行政机关根据法律和组织原则，按法定程序建立的。

2. 中介机构性质的专门绩效评估机构

这类评估主体是指依据国家法律法规成立的，按照各类社会中介组织、教学研究机构的基本原则成立的专门的政府绩效评估机构。这类组织属于社会组织的范畴，分别属于不同的盈利性企业组织和非盈利性事业组织，以及社会群团组织等。

3. 公民个人

公民个人是公共服务最大、最广泛的消费者，理所当然成为公共部门绩效的评估主体。公众对公共部门绩效进行等级评定与划分主要表现为公众对公共部门及所属公务人员的行政活动过程以及对它们所提供的公共服务和公共产品的批评、理解与认同。在某种意义上，实际上就是他们对公共管理过程所存在的问题和对他们需求的表达。公众分散和单个的特点，决定了公众对公共部门绩效评估的方式主要是参与型。通过大众传播媒介把他们的意见反映到社会中，反映到绩效评估机构，反映给政府部门及所属公务人员。因此，能否建立起一种信息的交流与沟通机制，是公众有效进行或参与公共部门绩效评估的前提。

12.2.2 绩效评估指标体系

绩效评估是与绩效指标紧密结合在一起的操作过程，在公共部门绩效评估过程中，指向被评估对象绩效的各个方面就是评估指标。评估指标好比是测量距离的刻度，用于衡量被评估对象的实际行为结果是否达到绩效目标或达到什么程度。绩效评估需要由多个绩效评估指标、多层级评估指标组成一个完整的有机体系来实现，包括数量方面的指标、质量方面的指标、时效性方面的指标、成本和产出方面的指标等。评估指标错误或者不科学，评估的结果就不客观、不准确。因此，科学、合理地建构公共部门绩效评估指标体系对公共部门绩效评估具有十分重要的意义。

1. 公共部门绩效评估指标的“4E”标准

当代西方国家普遍采用“4E”作为总要求来建立公共部门绩效评估标准体系，即经济（economic）、效率（efficiency）、效益（effectiveness）和公平（equity）。①

（1）经济（Economic）

经济指标关心的是投入，以及如何使投入被最经济地使用，要求的是以尽可能低的投入或成本，提供与维持既定数量和质量的公共产品或服务。

（2）效率（Efficiency）

效率简单地可以理解为投入与产出之间的比例关系，效率关心的是手段问题，而这种手段经常以货币方式体现。效率可以分为两种类型：一类是生产效率

① 黎民.公共管理学[M].北京：高等教育出版社，2003：163-164.

(Productive efficiency),是指生产或提供服务的平均成本,另一类效率是配置效率(Allocative efficiency),指组织所提供的产品或服务是否能够满足不同偏好。

(3) 效能 (Effectiveness)

效率作为衡量指标，仅适用于可以量化或货币化的公共产品或服务，而许多公共服务性质上很难界定，更难量化，不能适用于效率指标。在这种情况下，效能便成为衡量公共服务的一个重要指标。效能指公共服务符合政策目标的程度，通常以产出与结果之间的关系加以衡量。比如福利状况的改变程度、使用者满意程度等。效能可以分为两类：一类为现状的改变程度，比如国民健康状态、水质的净化程度等；另一类为行为的改变幅度，比如以犯罪行为的改善幅度来衡量刑事政策的效果。

(4) 公平 (Equity)

以上前“3E”是美国会计总署于 20 世纪 60 年代提出的，但由于公共部门在社会中所追求的价值理念和“3E”单纯强调经济效益之间存在矛盾与冲突。随着管理民主化的发展，在“3E”的基础上逐渐形成了“4E”，增加了第四个“E”，即公平。“公平”指标关注的是接受服务的团体或个人是否都受到公平的待遇，需要特别照顾的弱势群体是否能够享受到更多的服务。

2. 公共部门绩效评估指标体系的制定依据

构建公共部门绩效评估指标体系有着特定的依据：

(1) 公共部门的职能。公共部门具有不同的职能，不同职能的部门发挥着不同的作用。这一规定要求公共部门绩效评估应根据公共部门履行的不同职能、职责来确定不同的绩效目标、评估指标和绩效标准。因而，我们不可能建立一套完全一致的全国通行的公共部门绩效评估指标体系，并运用到所有部门和所有岗位。这种绩效评估是无效的。

(2) 公共部门对被服务对象作出的服务承诺。公共部门会根据特定的绩效目标、公众的需求与自身的职能要求，向全社会作出服务承诺与保证。公共部门绩效评估的过程就是用服务承诺去衡量与比较实际取得的公共管理绩效的过程，从而划分与确定绩效的等级。因此，服务承诺向全社会公开，就成为公共管理的目标，自然是公共部门绩效评估的依据。

(3) 公共部门过去的管理绩效。管理绩效是过去公共服务供给过程中实际取得的成果和实际产生的社会效果。管理绩效体现为公共管理活动的花费、运作及其社会效果等，有量和质的两种属性。绩效的“量”是指公共管理对效率的要求；绩效的“质”是指公共管理活动的社会效益。这两方面结合起来成为了公共管理绩效不可或缺的，以“结果为本”的管理重要特征。所以，管理绩效也是公共部门绩效评估指标体系确立的客观依据。

（4）公众对公共部门管理的满意度。1993 年 9 月 11 日美国总统克林顿签署的第 12862 号行政命令《设立顾客服务标准》中，明确把“调查和审视公众对公共服务的满意程度”作为对联邦政府各部门提出的一项具体要求。公众满意度作为公共部门绩效评估的依据有两个方面要注意：一是公众满足程度是相对的。其可划分为满意、比较满意、比较不满意、不满意等。同时，处于不同满足程度层次上的公众的人数也是相对的。二是公共行政如何对待和处理公众（顾客）的抱怨。公共部门是否有与公众之间进行信息交流与沟通的畅通渠道和健全机制，是否能够及时解答和处理公众的抱怨，政府解答抱怨的态度与次数、解决抱怨的程度等都是公众监督的重要环节，都可以作为公共部门绩效评估体系的重要指标。

3. 公共部门绩效评估指标体系的构成

公共部门绩效评估指标因为部门职能和岗位职责不同存在差别，因此并不存在适应于所有不同部门和不同岗位完全一样的绩效评估指标体系。虽然具体的评估指标不同，但每个评估指标体系都包含了这两方面的内容：一是量的规定性，即公共管理主体在其职能范围内做了什么、做了多少；二是质的规定性，即公共管理主体已提供的公共产品和公共服务的效果如何。

（1）量的指标

作为公共部门绩效评估的标准的量，是指公共管理绩效的效率大小，即公共部门在公共管理过程中的投入产出比，也是指公共部门在单位时间、单位成本投入中所形成的公共物品或公共服务的数量。因此，公共部门绩效评估量的标准可以表示为：

一是效率比例。它包括投入与产出的比例、单位时间内提供公共物品或公共服务的数量比例、单位物质投入内提供公共物品或公共服务的数量比例、无形损耗与一定的公共物品或公共服务之间的数量比例等。二是频率的大小。所谓频率大小是指公共部门提供服务节奏的快慢，它包括公共产品、公共服务提供的时间间隔以及在公众提出要求与公共服务供给之间的行动时间间隔等。三是管理环节的多少。管理环节多少是指公共部门从开始进行某一项活动到这项活动全部结束之间的距离、步骤和部门数量等。

(2) 质的指标

公共管理绩效质的指标是指公共服务和公共产品提供中显示出来的态度、方法与手段、管理能力，以及公众对公共服务的满意程度等。其核心是指公共服务与公共产品是否满足了公众精神的和物质的需求。其一是态度。态度是指公共部门进行公共管理活动、提供公共服务和公共产品时的精神状态，包括公共管理活动的管理理念，对公众要求和抱怨的回应以及回应的结果等方面。其二是使用的方法和手段。这是指公共部门进行公共管理活动的行为方式。这些方法和手段应充分体现公共管理为公众服务、对公众负责和满足公众需求的目的。这些方法和手段包括管理自由裁量权的使用与限制；吸收公众参与管理和决策的过程；与公众进行信息沟通与交流的机制；对公众需求的回应力、与社会进行物质与能量交换的过程等方面。其三是管理结果。这是指公共部门通过实施公共管理活动的各种投入、取得的成果、社会效果。它包括所提供的公共产品和公共服务是否符合社会发展和公众需求的情况、实施公共管理的手段与方法改进的情况：对人们所处的社会环境与自然环境改善的进展和状况；促进社会发展、提高社会效益的状况；行政能力体现的情况；公众需求的满足程度等方面。

从公共部门绩效管理实践看，近年来，随着我国行政体制改革的不断深入，一些地方政府及部门开始进行政府绩效的评估活动。如福建等地进行的机关效能建设、南京等地进行的“万人评议政府活动”等。一些地方将绩效评估作为政府管理机制中的一个环节，运用目标责任制、社会服务承诺制、效能监察、效能建设、行风评议等方式对政府进行绩效评估，如河北省实行的干部实绩考核制度，对干部实绩的考核包括经济建设、社会发展和精神文明建设、党的建设三大方面，其中经济建设下列九大项指标、社会发展和精神文明建设下列十二大项指标、党的建设下列五大项指标。

12.2.3 绩效评估方法

绩效评估方法是指评估主体所采取的绩效评估手段和方式。当前，公共部门绩效评估方法多种多样，但在世界范围内广泛讨论和应用的绩效评估方法主要有两个，一是发展较早的关键业绩指标法（Key Performance Indicator，KPI）和 20 世纪 90 年代初产生并被广泛应用的平衡计分卡法（Balance Score Card，简称 BSC）。

1. 关键业绩指标法

关键业绩指标法（Key Performance Indicators）是指运用一组标准化的、

能够反映组织目标实现程度的关键指标体系进行绩效评估。该方法对绩效管理的最大贡献，是指出组织业绩指标的设置必须与组织的发展战略挂钩，“关键”两字的含义即是指在某一阶段一个组织战略上要解决的最主要的问题。

关键业绩指标法是运用关键业绩指标进行绩效考核，这一办法的关键是建立合理的关键业绩指标。如图 12-1 所示，我们可以从以下几个步骤来设计基于关键业绩指标体系的绩效评估体系：

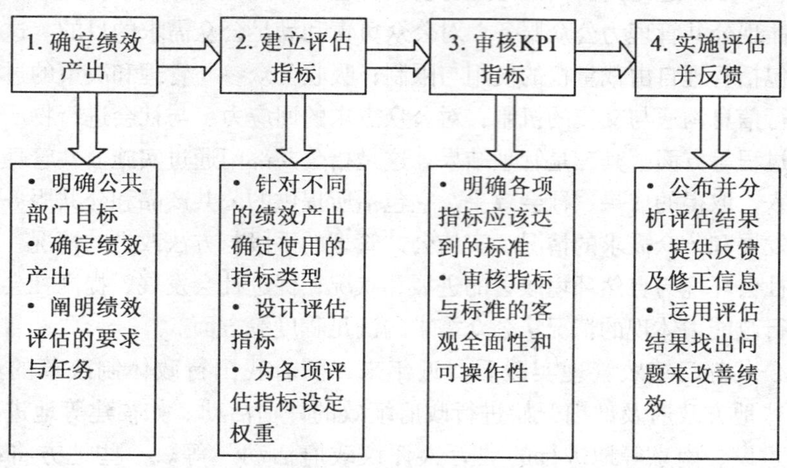

图 12-1　关键业绩指标法

（1）确定绩效产出

首先明确公共部门的组织愿景和战略目标，根据组织目标进行层层分解，建立一个 KPI 目标体系。KPI 目标由基本目标和挑战目标共同构成，基本目标体现正好完成对组织和岗位所期望的工作水平，考虑可达到性与合理性。挑战目标体现对完成业绩的最高期望值，考虑挑战性，是参照业绩围绕基本目标的变化弹性而定。

其次确定绩效产出，也就是确定公共部门及其公务人员在依法管理社会公共事务或岗位职责过程中的投入所获得的中期及最终结果及其社会影响。

在这一阶段中，还需要阐明绩效评估的基本要求和任务安排。

（2）建立评估指标体系

根据绩效产出的类别和性质确定指标类型，硬指标和软指标要求科学合理分配，最大效度保证绩效指标的科学性和合理性。这一环节的核心任务就是设计评估指标。首先结合公共部门的组织目标，找出那些对于实现组织战略目标具有重大影响的关键业绩指标。关键业绩指标的选择方法有很多，包括 KPI 矩阵法、敏感性分析法、结合关键成功因素法等，或综合使用以上的多种方法以达到优势互补。在这些方法中，敏感性分析法是一种易于操作并效果显著的方法，被很多组织采用。所谓敏感性分析法，就是先依据经验或历史数据确定若干个较为重要的指标，然后给各个指标增加 10%，对引起组织贡献率变化最大的指标即可选定为关键业绩指标。

选定关键业绩指标后，就需要将指标层层分解到各部门或各相关人员，具体工作可以通过访谈或分析历史资料，并不断沟通反馈的方法进行，并保证指标分解后的有效性、可控性和指标的可测性。

权重设定是 KPI 体系构建中一个很重要的环节，权重一般在 5% ~30% 之间。另外出于简化计算难度的考虑，所取的权重一般取 5 的整倍数，并且得分一般利用线性变化算比例。

（3）审核 KPI 指标

关键业绩指标确定之后，要明确各项指标要达到的绩效标准，所谓绩效标准指的是在各个指标上分别应该达到什么样的水平，解决的是要求被评估者做得怎样、完成多少的问题，也就是在各个指标上所应达到的具体的绩效要求。在这一阶段上，还要审核评估指标和标准化的客观全面性和可操作性，他们是否全面反映了组织和个人的绩效状况，操作上是否方便易行。

（4）实施评估与反馈

确定绩效指标和标准之后，正式进入评估实施阶段，由评估主体结合指标体系对评估对象绩效进行评估。评估完成之后，要求公布和分析评估结果，根据评估结果找出存在的问题，并提出改进意见，反馈给相关部门和人员。

基于关键业绩指标的绩效管理是结果导向的。这种方法的运用无疑是很有针对性的，但在公共部门的实际操作中还存在一些弱点，比如，公共部门的产出难以量化，在进入市场的交易体系后难以形成一个反映其生产成本的货币价格，要精确算出投入产出比并不容易，这就带来对相关指标进行准确量化的技术上的难度。

2. 平衡计分卡法

1990 年美国诺顿研究所进行了一项题为“衡量组织的未来绩效”的课题研究，美国哈佛大学的罗伯特 · S. 卡普兰教授（Robert S. kap1an）和美国复兴方案公司总裁戴维·P. 诺顿（David P. Norton）参与其中并提出了一整套用于评价企业经营业绩的财务与非财务指标体系。这项研究的起因是人们越来越相信绩效评价的财务指标对于现代企业组织而言是无效的。卡普兰和诺顿经过多次研究讨论，开发了计分卡这种囊括整个组织各方面活动的绩效评价系统，即平衡计分卡。平衡计分卡提供了一种全面的评价体系，它分别从财务、客户、内部流程和学习成长这四个视角向组织内各层次的人员传递组织的战略以及每一步骤中他们各自的使命，最终帮助组织达成其目标，平衡计分卡能使组织管理层有效地跟踪财务目标，同时关注关键能力的进展，并开发对未来成长有利的无形资产。平衡计分卡被《哈佛商业评论》评为近百年来最具影响力的管理学说。一经提出，便迅速在美国，然后是整个世界的企业和政府中应用。

平衡计分卡是一种将组织战略目标与业绩驱动因素相结合，动态实施组织战略的战略管理系统。它由四个部分组成：财务层面、客户层面、内部营运层面及学习和成长层面。(图 12-2)

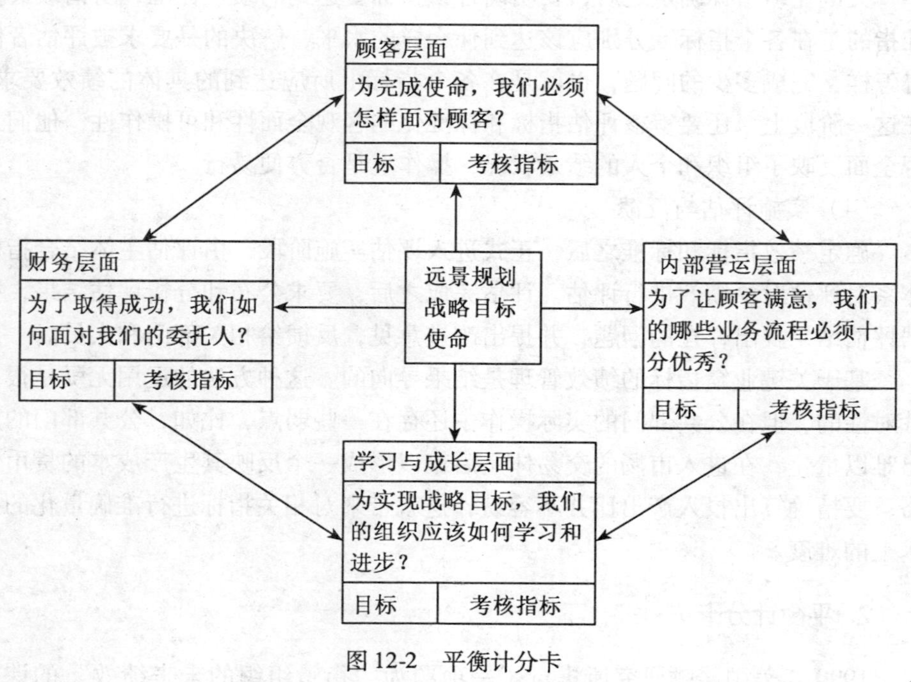

图 12-2　平衡计分卡

总体说来，平衡计分卡以组织的使命和战略为出发点，把组织发展战略转化为可衡量的目标，通常从财务、客户、内部营运和学习与成长四个层面确定组织的发展目标；再将这些组织目标变成一个个绩效指标，逐层落实到下级部门，直至个人的具体工作，下属部门和个人的平衡计分卡设置都要体现出实施组织战略的构想。平衡计分卡要求定期跟踪各部门绩效以及指标的进展和完成情况，并根据结果对部分目标、指标作适当调整，通过实施检验并作调整最终使组织的战略部署得以实现。

虽然平衡计分卡最初的焦点和运用是改善私营企业的管理，但是平衡计分卡在改善公共部门的绩效上也能取得很好的效果。美国北卡罗来纳州夏洛特市政府采用平衡计分卡法就取得了良好成效①。

20 世纪 70 年代和 80 年代早期，夏洛特市许多市民和企业迁移到偏远的市郊或其他城市，导致该市的税收基数下降，威胁到城市未来的发展。夏洛特政府曾用了多种方法试图解决这个问题，均未取得明显成效。但夏洛特副市长领导的平衡计分卡行动却是对该城的历史发展的一次突破。

夏洛特市的平衡计分卡项目是由一位市领导发起并亲自领导的。市长和市议会首先明确提出了市政府的使命和发展愿景，共同从高级职员递交的 15 个备选战略主题区域中挑了 5 个作为他们首个平衡计分卡战略重点的关键区域，分别是发展本地经济、重组市政府、改善交通运输、提高社区安全、改造和完善老城区。

市政府成立了一个项目小组，进一步明确了这些战略重点区域。并把它们转化为市政府平衡计分卡的关键战略目标。项目组选择一些社区的居民作为他们的客户，并把社区居民放在市平衡计分卡的最上层。如图 12-3 所示。

市政府计分卡设计出来后，项目组开始针对预先确定的五个战略主题，以市政府的平衡计分卡为样板，设定主题计分卡。市政府给每个战略主题建立了一个小“内阁”，由对该主题有影响的部门经理组成。每个内阁里面的部门领导每月聚一次，讨论主题的进展以及新计划或行动方案，任何重大的市政府计划都需经过每个小内阁的复核并根据相关内阁的战略主题的角度来评估。这样，各个部门间也发展为一种良好的伙伴合作关系，使得整个市政府运作获得极大的效益。

接下来市政府要求相关部门开发它们自己的平衡计分卡。以交通管理部门

① 张定安．平衡记分卡与公共部门绩效管理［J］．学术论坛．2004（6）：71-72.

为例，该部门从城市计分卡中找出了那些与它们有直接关系的 16 个高层战略目标作为它们制订部门计分卡的导向，详细分析了每个目标与交通管理部门职能的关系并据此为每个层面的目标设定相关绩效指标，另外还根据本部门特点设定了滞后指标和领先指标，共计 32 个指标。

<table>
<tr><td>顾客层面</td><td>降低犯罪</td><td>增加安全感</td><td>强化邻里关系</td><td>提升服务水平</td><td>维持竞争力的税率</td><td>提供安全及便利的交通</td><td>提供经济发展机会</td></tr>
<tr><td>财务层面</td><td colspan="2">保证财源上服务上的伙伴</td><td colspan="2">扩大成本收益</td><td colspan="2">扩大税基</td><td>维持 AAA 评级</td></tr>
<tr><td>内部程序层面</td><td colspan="2">推广社区自治问题的解决办法</td><td colspan="2">提升政府生产力</td><td colspan="2">增加正向的接触</td><td>加强基础建设</td></tr>
<tr><td>学习与成长层面</td><td colspan="2">提高管理咨询</td><td colspan="3">达成正面的员工文化</td><td colspan="2">解决技能上的落差</td></tr>
</table>

图 12-3　城市平衡记分卡

紧接着战略主题实施落实到具体的行动主体，即组织中所有员工。市政府各部门根据各单位的战略规划，设立激励性的目标和绩效指标，并逐渐分解和落实为员工个人绩效计划，以平衡计分卡连接激励计划，从而形成工资的计算标准，使员工每日在绩效激励下为实现市政府的战略主题而努力工作。

市政府管理部门将平衡计分卡融入市政府每年战略规划及工作计划中，并发展出一套战略管理系统，这个系统是一个分 8 步走的流程循环：年初会议（制定或更新市政府平衡计分卡）——将更新部分与各部门进行沟通——部门用更新的部分来重新确定其工作——部门进行规划和目标的设定——部门根据所设定的目标开始挑选有激励作用的衡量指标——部门报告他们的成果以及困难——反馈并形成报告——下年度会议的规划和准备。每个部门以市政府的年度计划为目标来撰写各单位的年度计划，计划中详细叙述为达成每年目标的程序、服务内容及行动方案。而后在一整年中，由市政府的预算单位来监督各部门的绩效状况。

伴随着平衡计分卡的导入和资金的支持，夏洛特市各项事业发展实现了良性互动并开始复兴，与其他城市相比具有更强的竞争力，吸引了更多的商业投资和居民迁入，构建了雄厚的税收基础，夏洛特成为东南部发展最快的城市之一。

虽然平衡计分卡最先是在西方国家公共部门中得到应用，在我国也得到了积极响应，从理论和实践上不断摸索。比如我国学者吴建南、孔晓勇撰文《以公众服务为导向的政府绩效改进分析》，提出了政府公共部门财务、顾客、内部业务流程、学习与成长的以公众服务为导向构建政府绩效改进的内容和框架。一些地方政府和部门从实践上进行尝试，比如浙江和重庆等行政部门构建了部门的平衡计分卡体系。

12.3　公共部门绩效管理的结构

公共部门绩效管理并不是一个单一的行为，而是包含了制定绩效计划、确定绩效目标、构建评估指标和标准、进行绩效评估、公布评估结果、运用评估结果改进绩效等环节在内的综合系统，其结构要件包括绩效计划、绩效实施、绩效评估、绩效反馈与改进等。

12.3.1　公共部门绩效计划

作为绩效管理的起点，绩效计划是绩效管理体系中非常重要的构成部分。绩效计划主要是根据组织战略目标、本工作部门的业务重点与工作职责确定公共组织与组织成员在一定期限内应该完成什么任务和达到什么样的绩效目标的过程。因此，公共部门绩效计划主要包括公共部门战略规划，以及根据战略规划确定公共部门绩效目标，并将组织绩效目标一步步分解到各部门、各岗位和各公务人员的绩效目标上，从而构成一个绩效目标体系。

绩效目标必须非常细致，他们应来自公共部门的日常工作，并以完成公共部门长期战略规划中的总目标为目的。绩效目标主要是指公共部门及其公务人员在行使职能过程中投入应当获得的产出与社会效果。值得注意的是，公共部门绩效目标不是公共部门制定的自身规则的体现，应当反映和体现公众的利益与意志。

另外，在绩效计划中还要考虑达成目标所需的资源。在我国，“空头政府”的现象已经导致了政府部门的不作为、引起了社会公众的极大不满。“空头政府”就是指政府部门按照法律的规定具有某种职责，却没有拥有足够资源、充分的手段与方法来执行其公共职能。正确的解决方法或是增加分配的资源，或是减少机构服务，关键是保持职能行使与资源、手段之间的平衡。因此，绩效计划应表明完成绩效目标所得到的一切支持，包括足够的管理、技术支持、人力资源、预算资源、物质资源和行政手段。

12.3.2 公共部门绩效实施

绩效实施在整个绩效管理系统中处于中心地位，也是绩效管理中耗时最长、最关键的一个环节。绩效实施的过程实际上贯穿在公共部门和公务人员行使职能，提供公共物品和公共服务的全过程。这一环节中，绩效实施主要包括两方面的内容，一是持续的绩效监控，二是绩效信息的收集与分析。

1. 持续的绩效监控

要保证绩效管理实施能够实现预期的绩效目标，并在实施过程中不断了解公共部门服务质量和工作效率情况，就需要持续地进行绩效监控。“在组织的某项活动超过公共部门绩效管理容许范围的偏差时，可以采取必要的纠正措施，以使系统的活动趋于稳定，实现组织的既定目标；或者在必要时，进行修改，确定新的现实目标和管理控制标准，使之更符合组织自身的条件和外部环境的变化。”

绩效监控主要包括三个步骤，首先确定绩效标准，也就是绩效计划当中的绩效目标，然后将实际绩效与标准进行比较，比较了解偏差之后采取管理行动来纠正偏差或不适当的标准。绩效管理系统中，绩效计划是动态的，需要随时发现不合理和过时之处并及时调整。持续的绩效监控可以在一个绩效周期内随时获得有关改善工作的信息，并就随时出现的变化情况达成新的承诺。

2. 绩效信息的收集和分析

绩效信息的收集和分析是指系统地收集有关公共部门组织和人员等方面的绩效信息并对此进行科学分析。绩效信息的收集过程不像其他过程一样有时间上的顺承关系，而是贯穿整个绩效管理期间，渗透于绩效管理过程的每个环节。收集绩效信息的主要目的是为绩效评估、绩效改进和员工交流提供事实依据，也为其他决策提供事实依据。

所收集的绩效信息与资料主要包括公共部门的服务承诺、工作计划与方案、工作报表、回复与解释公众提出问题或抱怨的信件和电话数量的统计与记录、解决实际问题的数量、实际取得的服务结果与社会效果、会议记录、物质投入与消耗、成果鉴定结果、管理方法的改进与调整等。绩效信息可以用来支持不同的公共管理决定和绩效管理项目，甚至可以用来证明公共管理活动的效率、公平、服务质量、公共责任和管理能力等价值。因此，所收集的资料必须全面、客观与真实。

从上述资料的来源看，它们都来源于公共部门和公众。所以，收集绩效信息的主要手段就是在公共部门相互之间、公共部门与公众之间建立起一种广泛的信息交流与沟通机制，包括大众传播媒介、办公室自动化，运用计算机技术和网络管理等手段，甚至包括推行电子政务、建立电子化政府等。

12.3.3　公共部门绩效评估

公共部门绩效评估是指根据绩效目标，运用评估指标对政府公共部门履行行政职能所产生的结果及其影响进行评估、划分绩效等级的过程。政府绩效评估强调以结果为本；评估标准包含效率、行政能力、服务质量、公共责任和公众满意程度等方面的绩效要求；评估目的就是要规范行政行为，提高行政效能，使公共部门在管理公共事务、提供公共服务和改善公众生活质量等方面具有竞争力。

公共部门绩效评估主要包括内部评估和外部评估。内部评估主要表现为上级部门对下级部门以及分支机构和所属公务人员绩效的评估。公共部门绩效内部评估对促进公共部门全面履行职能、提高行政效率与效能、提高服务质量、提高公务人员自主性，实现效率政府、责任政府和法治政府的内在统一，具有十分重要的意义。

绩效外部评估主要表现为国家权力机关、政党和社会公众对公共部门及其所属公务人员绩效的评估，体现了以结果为本和以顾客至上的公共管理理念，以最大限度满足公众的需求作为第一位的评估标准。公共部门绩效外部评估，对于加强国家权力机关对公共部门的监督，吸收公众参与公共管理、参与决策提供了重要渠道。

12.3.4　公共部门绩效反馈与改进

绩效管理是以“结果”为导向的，最重要的一个目的就是利用绩效评估结果知晓组织绩效优势和劣势所在，从而对症下药改进组织绩效。这一部分是传统绩效考核和绩效管理的重要区别所在。因此绩效评估完成后，必须将评估结果予以公开和反馈，并且根据评估结果，采取措施去改进公共管理绩效，包括改善财政预算、改善政府部门之间的合作、改善公共政策、改善公共服务和公共责任等。

绩效评估的结果要向被评估的公共部门和利益相关者（包括社会公众）反馈，其目的在于公布、传达公共部门的工作绩效，有利于协助国家权力机关对公共部门行政管理效果与存在问题的了解，有利于协助公共部门的领导者、上级主管部门深入了解组织中各层面的工作效率、效果及存在的主要问题，使国家权力机关、主管部门能够更好地针对被评估部门的实际情况对其进行整改。

在我国，绩效结果在现实中还没有得到应有的重视和运用。决策者和管理者很少去关心评估的结果，致使评估结果得不到反馈或者反馈不足。而且，我国公共部门绩效评估的结果通常也不对外公开，往往是当作内部材料向上级报送，甚至连本部门的一般成员都很难获知评估的结果，社会公众就更难了。

12.4 公共部门绩效管理的功能

自20世纪80年代以来，公共部门绩效管理作为当代西方国家公共管理的重要内容，得到了普遍实行，这是以市场化为取向的公共管理改革发展的必然要求。公共管理市场化最根本的就是政府部分职能的市场化和公共服务的市场化。实行绩效管理的根本目的就是在政府部分职能的市场化和公共服务市场化以后，通过建立一种与这种市场化要求相适应的公共责任机制，以降低行政成本，提高行政效率与行政能力，提高服务质量，提高公众对公共部门的信任①。

12.4.1 提升公共部门绩效

绩效管理方法之所以在公共部门中得到普遍运用，其目的之一就在于通过它来降低运行成本，提高绩效和服务水平。绩效管理内涵的价值取向、目标导向、财政控制和激励机制都有利于促进公共部门提升绩效和服务质量。

在阐述公共部门绩效管理价值取向时，一般来说以四点加以概括，即“经济、效率、效能、公平”。在构建绩效评估指标体系时，也是以这四点作

① 此节参照陈天祥．政府绩效评估的经济、政治和组织功能［J］．中山大学学报：社会科学版．2005（6）：86-90.

为总标准。所谓经济是指每单位产品或服务的消耗值。如平均每培养一位学生所需的成本、收集垃圾平摊到每户人家的费用等。通过不同部门或组织之间、相同部门或组织之间不同时间的消耗值比较就可以分辨出它们各自的经济性水平。所谓效率是指投入与产出之间的比率，即在给定的投入范围内的产出量。如职员每天受理业务的数量，政府工作人员处理公民投诉的速度，学校一定经费内的毕业生人数。所谓效能是指产出满足组织目标和要求的程度。如学校的目标就是提高学生的知识素质和道德素质等，使他们成为社会的有用之材；政府再就业培训的目的是使失业者重新走上工作岗位。公平则是指使公众得到平等待遇，弱势群体得到保护等。绩效管理的目的就是要努力实现这四方面的最佳结合和平衡，实现资源的有效配置，这就有利于降低行政成本，提高行政绩效和服务质量。

目标导向是指公共部门根据组织战略规划，层层分解和落实绩效目标。绩效目标设置有以下特点：(1) 经上下级之间充分协商，容易为绩效执行单位所理解和接受。(2) 绩效目标落实到具体的责任人，有的还以绩效协议的形式出现，有高度的约束力。(3) 标准具体而明确，除规定完成的数量、质量和时间外，往往还规定具体的评估标准，规范性和可操作性强，如各国普遍采用的“标杆管理法”。(4) 有较严格的评估，以防止目标管理流于形式。

财政控制是指财政预算与绩效管理直接挂钩。传统的预算是一种投入导向型预算，一般由公共部门根据工作规划提出预算方案，说明钱将如何花而不是花钱要达到什么效果，然后议会进行讨论和表决。这样容易导致资源浪费和开支不断膨胀。绩效管理下的财政预算是一种结果导向的体制。在战略规划下，各部门要据此提出自己的绩效目标，重点放在他们所要达到的结果而不是他们做了什么和如何做，需表明财政资源与绩效目标之间的关系。绩效结果将直接影响到下一年度的预算。这种绩效与预算挂钩的机制有利于减少成本和提高效率。

公共部门绩效管理还具有激励作用，主要表现在两方面：一是绩效评估与奖惩挂钩。如英国的“下一步行动方案”和新西兰的“国家部门法案”都规定对执行机构负责人根据绩效执行情况实施奖惩。二是下放权力。各国在设定绩效目标的同时也相应地给予绩效负责人在诸如组织结构、人员录用、工资标准和资金支配等方面更多的自主权。这就有利于激励公共部门和公务人员主动提高绩效。

12.4.2 改善公共责任机制

在传统公共行政理论假设中，主张通过一种等级节制的科层体制形成程序化的责任实现机制，并通过政治责任机制与行政责任机制的衔接而解决责任性问题，也就是通过政治领导和权力机关代表民意，然后再把这种民意传达给行政体制从而实现公众责任。但是，由于政治领导缺乏专业知识使他们多少存在一些瞎指挥的问题，利益集团和党派利益的制约又使其决策并不一定如实反映民意，从而导致政治责任性与科层责任性之间的脱节，使责任性难以确定和失衡。因此，传统公共行政并不能真正解决公共责任性问题。

然而，公共部门绩效管理作为一种以结果为本、以绩效为本的管理创新，绩效目标的确立、绩效管理程序的施行以及评估结果的公开与应用，都有助于强化公共部门的责任，有助于促进行政监督方式的创新与变革，能有效弥补传统公共行政的公共责任实现问题。

首先，加强政治责任性与科层责任性之间的衔接。一是通过绩效报告和计划的多层监督减少信息的不对称性。这种报告重点对照绩效计划进行，哪些目标完成了，实际效果如何，哪些没有完成，为什么没有完成，以及以后如何改进等。并且这些报告要同时向几个机构提出，以尽量减少监督缺位的情况，防止监督流于形式。如新西兰的绩效负责人需要同时向部长、内阁、总审计长、议会提供绩效报告。美国的绩效计划和绩效报告则要向议会和管理与预算办公室等提出。二是由专业的评估机构和人员对绩效进行评估。如英国的雷纳评审，新西兰的国家服务委员会，美国则要求经过审计程序和提供审计数据以保证评估数据的可靠性和权威性。

其次，绩效标准和绩效结果公开化，做到阳光行政，并引入民众评估的办法，强化公共部门对公众负责的责任感，便于广大民众进行监督。英国政府在“公民宪章”运动中共颁布了有关服务标准和承诺的几十个宪章，如病人宪章、纳税者宪章、乘客宪章等，还向公众公布绩效未达标的信息。美国1993年的政府绩效与结果法案也明确提出绩效计划和绩效报告要向公众公开，要在一些公共场所放置相关的打印文本，以利公众索取。此外，一些国家的地方政府引入公民参与公共部门绩效管理的办法，公民作为考官评价公共部门工作。现在，我国越来越多的地方政府也引入公民考核的机制，有关某政府部门因群众评议绩效未达要求而使领导集体“下课”的报道也已见诸报端。

再次，绩效管理过程中，公众甚至能够直接参与公共部门战略目标、绩效指标和标准的制定，参与决定财政安排等，从而使公共部门战略和工作更好地反映公众的需要。公众参与的形式主要有公民调查、听证会等。而且，公共部门在制定绩效目标和绩效评估指标体系时，公众参与和公众满意度的衡量都是其核心指标。

12.4.3　促进公共部门体制创新

公共部门绩效管理作为美国等西方国家公共管理改革运动的重要措施和方法，随着其在公共部门的广泛实行，必然带来公共部门体制的一系列创新。

首先，有利于促进公共部门根据社会需要进一步明确自身职能。绩效管理是一种与公共管理市场化相适应的管理方法，要求政府部门必须由过去无所不包的职能发展为将一些职能交给社会民间去办和由市场机制去指挥调节，实现从社会的部分撤退。政府部门主要不是直接提供公共服务与公共产品，而是要提高公共服务与公共产品有效供给的环境条件和制度条件。政府的责任是确定公共服务的质量和价格标准，把握市场准入，以保证公共服务供给者无法利用提供公共服务的机会谋取不正当的利益，从而保障社会公平、增加社会公众选择的机会和提高公共服务的效率与质量。

公共部门绩效评估指标体系要根据组织职能、工作岗位职责来确定。因此，只有真正明确了公共部门职能，才能真正明确绩效的内容和范围，才能明确绩效目标、绩效标准和评估指标，也才能保证公共部门有足够的精力和资源去实现其绩效目标。反之，实施公共部门绩效管理能够进一步检验政府职能定位、工作岗位职责配置的科学性与否，从而促进政府职能转变、规范公共管理行为和树立科学的政绩观。

其次，有利于建立和完善信息交流与沟通机制。公共部门绩效管理意味着一种信息的交流与沟通，无论是在一个部门内部展开、在上下级部门之间展开，还是在公共部门与其他社会主体之间展开，都强调要建立健全信息沟通机制，绩效信息的收集与交流贯穿在绩效管理的全过程。因此，绩效管理的实施，有利于建立完善的信息交流和沟通机制。建立和加强这种信息交流与沟通机制主要是通过建立电子政府，推行办公室自动化和无纸化，运用计算机技术和网络管理，发展大众传播媒体和实行传播媒介社会化等手段来实现，并使之制度化、法律化。

再次，有利于促进政府业务流程的再造。政府业务流程再造就是要明确政府服务的对象是以公众为中心，改变过去存在的政府部门“以自我为中心”

的做法，要求专注于业务流程，政府组织机构的设计必须以业务流程为中心，改变传统的以职能为中心的机构设置方法。公共部门绩效管理的实施，一方面具体实施过程中需要各职能部门之间的配合与协调，另一方面要想获得在效率、质量和服务等方面绩效的全面提高，也要求实现业务流程再造，精简政府部门和减少环节，使政府业务的处理更加顺畅、快捷，提高政府绩效。特别是我国的政府机构由于长期受计划经济体制的束缚，在政府机构设置与政府职能配置方面存在着严重阻碍政府绩效提高的体制缺陷，因此，再造政府业务流程不仅是体制创新的重要内容，而且也是提高政府绩效的有效途径。

综上所述，公共部门围绕其使命进行绩效管理，采用目标管理等手段，强化公共责任，调查和审视公众对公共服务的要求和满意程度，让顾客参与管理；实行成本核算，加强财务控制，建立以绩效为基础的预算制度，实行绩效与财政预算拨款挂钩；改革公务员制度，打破统一的薪酬体系，实行业绩奖励制和绩效工资制等，从而创造了管理公共事务、提供公共服务的效率与活力。

公共部门绩效管理作为一种世界性潮流，在西方国家和我国政府公共部门中都得到了广泛运用，但由于公共部门毕竟与私人部门不同，将其引入到公共部门中来也有难以克服的缺陷和难以解决的矛盾。就矛盾而言，公共部门绩效管理所追求的既要提高公共管理的效率和能力，又要确保社会公平和对公众负责、提高服务质量，这种效率目标和解决各种利益冲突的民主目标在实际运作上是无法达到统一的。就存在的种种缺陷而言，在绩效管理过程中，诸如绩效目标和绩效标准如何确定，绩效的结果如何测定，绩效评估时应当收集哪些信息与资料，有根据的、可信赖的和可估价的信息与资料的价值是什么，如何最大限度地使用绩效评估的结果来改进公共部门绩效等。其中既有技术性的因素、费用支出增长的因素，也有公共部门及其所属工作人员、绩效评估者主观的因素和官僚体制的因素，使公共部门绩效管理比较复杂和困难。因此，公共部门绩效管理作为公共管理中一项重要内容和措施，需要在实践中不断摸索和改进，对于我国来说，需要结合本国实际因地制宜。

关键概念

绩效　　绩效管理　　绩效评估　　绩效评估指标
平衡记分卡　　绩效计划　　绩效目标　　绩效实施
公共责任机制　　业务流程再造

思考题

1. 如何理解公共部门绩效的内涵?
2. 绩效管理的含义是什么?
3. 绩效管理包括哪些基本活动?
4. 公共部门绩效管理的特性有哪些?
5. 绩效评估指标体系制定的依据有哪些?
6. 平衡记分卡在公共部门中如何运作?
7. 绩效管理的结构如何?
8. 公共部门绩效管理具有哪些功能?

第三篇　环境与挑战

第13章 公共部门战略管理

当今时代，公共部门面临的环境越来越具有复杂性、动荡性和多元性的特征，公共部门与环境的互动问题成为影响公共部门运作的最重要因素之一，战略管理因此进入公共管理领域并日益受到公共部门的重视。作为一种新的管理途径或研究途径，公共部门战略管理兴起于20世纪80年代。它试图通过对组织内外环境变量、组织长期目标以及组织角色与环境匹配的关注，提高组织实现其使命的能力。本章阐述了如下问题：战略管理的内涵；战略管理与环境的关系；战略管理模式；战略管理的意义。

13.1 战略管理的内涵

战略一词源于军事领域，而战略管理作为一种管理的理念和技术，首先在私营部门中得到广泛应用并日益成熟，之后逐渐受到公共部门的重视并进入公共管理领域。战略管理在公共管理领域具有重要的价值，形成了公共部门战略管理自身的特点。

13.1.1 战略的概念

战略最早是一个军事术语，意指通过一定的谋划去实现或赢得战争胜利的目标，或者说是统帅为达到赋予他的预定目的而对自己手中掌握的工具进行的实际运用。随着社会的发展，战略一词的运用也越来越广泛地进入了政治经济等领域。战略的含义非常丰富，在西方管理文献中也没有统一的定义。以下列举一些具有代表性的定义。

哈佛大学教授安德鲁斯（Andrews）认为，战略是由目标、意志和目的，以及为达到这些目的而制定的主要方针和计划所构成的一种模式。这其中包括了一系列决策：关于组织目的和意图的决策，关于组织业务和服务范围的决策，关于组织需要为其托管人所作的经济或非经济贡献的决策等。它强调了目的的明确制定以及为达目的所采取的手段的界定，指出组织应将不确定的环境因素与组织活动很好地结合起来，长时间内稳定地执行既定战略。

美国战略家安索夫（Ansoff）认为，战略的制定是基于对企业目前和未来的产品和市场之间内在联系的研究与把握基础上的。企业战略应在指导目前的生产经营活动的同时促成企业未来的发展。因此，战略是一整套用来指导企业组织行为的决策准则。

美国管理学家明茨伯格（Mintzberg）提出了所谓的“5P”战略，即计划（Plan）、计策（Policy）、模式（Pattern）、定位（Position）和观念（Perspective）。战略就是由这五种规范定义阐明的：

战略是一种计划。计划含有一种事先的意思，人们制订战略计划以保证目标的实施和实现。这就要求战略包含一个全面周详的计划体系，对未来可能发生的情况进行深入的考察和估计。

战略是一种计策。这个词强调的是在行动前要考虑对手的策略以应对可能有的变革，也有可能是一种计谋，在对手进入竞争领域时先发制人打击对手的竞争信心以尽可能低的成本取胜，非常有军事思想的内涵。

战略是一种模式。战略体现为组织的一系列行为，在战略实施的过程中会出现很多意料之外的情况，这时需要组织具有动态思维因地制宜地采取一些行动。计划是事先制订的针对性较强的方案，而模式则是一种组织行事的习惯作风和方式，它会帮助组织在突发情况面前及时找到最合适的方法来应对。

战略是一种定位。这是指找到一个组织在其自身环境中所处的位置。它包含两层含义：一是组织应该找到一个具有潜力的领域立足；二是组织在这一领域中应准确选择自己的竞争地位，发挥自己的优势避开自己的短处。

战略是一种观念。它强调了战略是一种较为抽象的对客观世界的认识方式，同世界观和道德观类似，需要组织成员一起分享共同行动。

以上这些定义都具有较浓厚的私营组织管理的色彩，这与战略管理的起源背景有着密切的关系。本书采用对战略的一般定义，认为战略是一种关乎未来的、重大的、全局性的谋划的总称。它探讨这样一个重要问题：组织如何定位以适应变化的环境和面对不确定的未来。

13.1.2　战略管理的内涵及特征

1. 战略管理的内涵

“战略管理”的概念是随着产业革命和经济的发展而逐渐形成的。早期的管理思想家将思考的重点放在组织内部活动的管理上，到 20 世纪初，法约尔（Fayol）对企业内部的管理活动进行整合，提出了管理的五项职能，这被认为是最早出现的企业战略思想。1938 年，巴纳德（Barnard）在《经理的职能》一书中，首次将组织理论从管理理论和战略中分离出来，认为管理和战略主要是与领导人有关的工作。20 世纪 60 年代，安德鲁斯将战略划分为四个构成要素，即市场机会、公司实力、个人价值观和渴望、社会责任。1965 年，安索夫出版了第一本有关战略的著作《企业战略》，成为现代企业战略管理理论的研究起点。此后，许多学者积极地参与了战略理论的研究，形成了各种不同的流派。

不同学者对战略管理作出了不同的界定。有的学者从过程论的角度界定战略管理，认为战略管理是指规划、执行、追踪与控制组织战略的过程。纳特（Nutt）和巴可夫（Backoff）将战略管理定义为一种计划模式，它包括 6 点内容：（1）根据环境发展趋势、总体方向及标准概念描述组织的历史关联因素；（2）根据现在的优势与劣势，未来的机遇与威胁分析判断目前的形势；（3）制订出当前要解决的战略问题议程；（4）设计战略选择方案，以解决需要优先考虑的问题；（5）根据利害关系人和所需要的资源评价战略选择方案；（6）通过资源配置和对人员的管理贯彻需要优先考虑的战略。这也是从过程角度对战略管理的界定。

伊萨克·亨利（Issac Henry）和凯斯特（Keste）从战略决策的角度界定战略管理，认为战略决策通常指：（1）将对组织未来发展产生冲击的内、外环境进行分析的活动；（2）将整体组织与对其发生冲击的议题进行分析的活动；（3）关注组织目标以及发展方向的战略选择；（4）促进战略的有效执行。

张成福认为可以将战略管理界定为“管理者有意识的政策选择，以集中组织的努力，达成目标的行为。也可以界定为制订、实施和评价使组织能够达到目标的、跨功能决策的艺术或科学”。① 弗雷德·大卫（Fred David）在《战略管理思想》一书中将战略管理定义为：一门着重制定、实施和评估管理决策和行动的具有综合功能的艺术和科学，这样的管理决策和行动可以保证在一个相对稳定的时间内达到一个机构所制订的目标。

要理解战略管理，还需要将它与另外两个概念进行区别。

战略管理与非战略管理。夏夫里茨（Shafritz）和鲁塞尔（Russell）认为战略管理途径与非战略管理途径有以下几个方面的区别：（1）战略管理认定未来要达到的目标（愿景陈述）；（2）具有目标达成的时间框架；（3）有对当前组织环境，特别是组织能力的系统分析；（4）有对组织环境的评估；（5）比较各种备选方案后选择一种战略，以求目标的达成；（6）围绕这一战略整合组织的努力与行动。

战略管理与战略规划。战略规划在管理领域流行于20世纪60—70年代，在80年代以后逐渐为战略管理所取代。战略规划仅是战略管理的一个组成部分，并不涉及战略的执行与评估问题，如果将战略规划、执行与评估合并在一起，便构成完整的战略管理过程。

2. 战略管理的基本特征

概括来说，现代战略管理具有如下基本特征：

（1）战略管理具有强烈的未来导向性。可以说，任何组织的计划都具有未来性；但是相比较而言，战略管理的这种未来导向性更为强烈。因为战略管理的出发点就是根据外部环境的变化来为组织确定未来的发展，规划蓝图，而且是通过战略管理，将这一指向未来的战略理念落实到组织的所有人员和机构，使之理解组织的环境、要求和目标，并将这一战略理念贯穿于整个运行中，从而在组织的现在与未来之间架起一座桥梁。

（2）战略管理具有长期性、全局性和根本性。战略本身就是指带有全局性、长远性和根本性的重大谋划，它着眼的是组织长期的目标和宗旨的实现。因此，整个战略管理涉及的是组织发展的总的格局和问题，关注的是组织的长远发展和利益。

（3）战略管理具有外向性，是外部环境的管理。在很大程度上，战略管理就是一个组织面对组织外部世界，寻求成长和发展机会以及识别威胁的过

① 张成福，党秀云. 公共管理学［M］. 北京：中国人民大学出版社，2001：75.

程，是外部环境的管理。在一个既定的外部环境，即由政治、经济、社会、文化、人口、技术、国际竞争等因素构成的系统中，组织所能做也是必须做的就是识别、监视和评估外部机会与威胁，从而制订出更为切实的发展规划，促进组织的发展，达成组织的目标。

（4）战略管理是一个由外向内的实施过程。战略管理是从注重外部环境、寻求机会与回避威胁开始的，通过环境评估，确定战略规划，然后将这一战略目标贯穿于整个组织的结构调整、人员安排和资源配置中，从而推动整个组织管理的运行。从组织过程来看，这是从外在环境的观点来看组织问题，而不是从组织内部的需求去解释外在问题。因此，战略管理在相当程度上是由外向内的管理哲学理论指导下发生的管理过程。

（5）战略管理是理性分析与直觉的结合。一般来说，促成管理决策形成的人的思维因素主要有两种，即理性思维和直觉思维。在前者的推动下，决策是一个理性过程，它包括一些步骤；而在后者的推动下，决策主要是一种创造性活动过程，更多地表现为一种艺术。从决策的角度来看，战略管理是在对组织外部和内部多种因素定性和定量分析的基础上，作出决策的过程，相当程度上是一种重大决策的客观、逻辑的方法。然而，战略管理决策的制定又不仅仅依靠理性分析，因为战略管理是面向未来的，是首先关注复杂多变的外部环境的，而未来是不确定的，外部环境也是处于发展变化中的，因而不可能仅凭精确、明晰的逻辑分析就能制订出战略规划，经验、感觉和直觉也在决策中起着极为重要的作用。

13.1.3　公共部门战略管理的特殊性

在一定程度上，公共部门战略管理的发展是公共管理学习和借鉴私人部门管理的一种表现。然而，私人部门的战略管理方法并不完全适用于公共部门，公共部门的战略管理也不完全等同于私人部门的战略管理，它有其自身的特殊性。公共部门战略管理的特殊性，源于公共部门组织与私人部门组织间的差异，这种差异主要体现在环境、组织与环境的关系以及组织内部运行 3 个方面，分述如下：

1. 环境方面

（1）市场因素。对于私人部门来说，市场是其信息和资源的主要来源，而公共部门的资源主要依赖于监督机构提供，或者部分来自于自己所提供的服务的补偿。即使是这样，这种服务内容和补偿规格都是由监督机构规定好而不是由市场决定的。监督机构作为公共组织的“市场”或“市场的重要因素”而存在，使得公共部门的战略制订和实施无法像私人部门一样独立完成，它们不得不或者说也乐意于考虑监督机构的偏好与态度。

（2）法律、制度和传统等制约因素。法律、条例、章程、法院判决、行政指令、传统等都会对公共组织构成制约，限制它们的自主权和灵活性。私人组织只要法律未明文禁止的皆可行动，而公共组织一切要依明文规定行动，缺乏法律的授权则不能行动。公共部门的战略管理除了仔细研究所执行的战略外，还必须考虑立法意图。正如欧文·休斯指出的：“在制订战略时，权限是重要的，公共部门的战略管理者必须根据法律来重新重视自己所要做的事情。”①

（3）政治因素。公共组织的环境充满了需要考虑的政治因素，公共部门的战略管理必须充分考虑诸如政治领导的观点、利益团体等政治因素的影响。公共部门的管理者必须执行政治领导人确定的议程。政治权力因素虽然对私人部门的战略管理也有一定的影响，但这种影响是间接的，只被当作例外处理。

2. 组织与环境的关系方面

（1）强制力。公共部门的行为具有一定的强制力，这是由公共组织行为的强制性决定的。这种强制力来自法律的授权。例如，人民有纳税的义务，即使对于税务机构不满，也无法再找其他机构或另立新的机构。这种强制力对公共部门的战略管理者而言，是一种重要的资源，他们在制订和执行战略时，不必像私人部门一样依赖于向潜在顾客出售服务。

（2）影响范围。与私人部门相比，公共部门的影响范围更宽广，象征性意义更大，它们的行为会涉及公共利益。例如，公立学校系统除了负有教育责任之外，还是处理贫困、种族歧视、虐待儿童、青少年犯罪以及其他社会问题的重要机构，而私人企业则没有处理类似问题的任何法定权利和义务。公共部门战略的回应范围几乎没有限制，战略管理者在采取战略行动之前，应该努力找出那些反映了外部环境要求的议题。

（3）公众监督。公共组织必须接受来自舆论和公众的监督，大多数公共

① ［澳］欧文·休斯．公共管理导论［M］．北京：中国人民大学出版社，2001：183.

组织都不能将自己的战略计划保密。对于公共组织来说，战略管理既是一个战略形成过程，更是一个政治过程。公众的参与程度似乎比制订出一个好的战略更为重要；而在私人组织中，政治最多不过是应付变革的阻力而已。

（4）所有权。公共组织的公共性归根结底源于其所有权属于公众，任何人都与公共组织有着所有权方面的利害关系。这就使得公共部门战略管理的出发点不一样，战略制订方式也大不一样。股东利益是企业战略制订和实施的出发点和落脚点，而公众的愿望则是公共部门战略管理的出发点。企业只需召开一次股东大会便可充分了解股东们的愿望和要求，并进而制订和调整战略；而公共部门为与公众沟通，要建立烦琐的机制，如公众会议、专题小组、公开声明等，以此来认清公众的期望。

3. 组织内部运行方面

（1）组织目标。将战略管理应用于公共部门遇到的最大挑战之一就是公共组织目标的模糊不清且不易测量。确定组织目标是战略管理的首要问题，而公共组织的目标却难以明晰地确定下来。公共组织的目标就是要创造公共价值，维护公共利益，但公共价值和公共利益是抽象模糊的。

（2）权力限制因素。与私人部门相比，公共部门管理者的权力要小得多，他们受到来自各方面的权力限制。公共组织的自主权受到限制，使得其战略管理缺乏灵活性。例如，一个公共福利署的官员可能知道要怎样才能提交资金利用的效率，但在得到立法机关的同意之前，他却不能对此作出任何调整。

（3）绩效期望因素。公共组织目标的不确定性使得组织难以说明它对绩效的期望。绩效期望的模糊不清又使得难以评估已实施的战略，从而无法识别对组织成功作出了贡献的人，也难以界定失败并纠正错误。另一方面，绩效期望模糊多变，会引发公共部门的惰性。

（4）激励因素。公共部门很难建立一套被广为接受且行之有效的激励机制。公共部门由于绩效期望模糊，测量评估指标缺乏，很难具体衡量每个职员、每个部门对绩效的具体贡献；而且公共部门对激励方式的偏好复杂多样，难以制订一套统一的激励机制。战略管理者必须考虑到公共组织对激励机制的反应较为迟钝这一点，在设计激励机制时，要富有创意，找出真正适合组织文化和能打动雇员的激励机制。纳特和巴可夫认为，让雇员参与战略变革可以解决由于缺乏激励和较低期望带来的问题。

13.2 环境变化与战略管理

如前文所述，战略管理具有外向性，是外部环境的管理。所谓环境，是指某事物发生、存在或进行某种活动时的条件或背景。从系统论的观点看，任何事物都能构成一个相对独立的系统，并处于更大的系统之中，成为更大的系统的子系统，这个更大的系统则成为该子系统的环境。所谓公共部门战略管理环境，是指直接或间接影响公共部门战略管理产生、存在和发展的一切因素的总和。环境与公共部门战略管理是一种互为因果的关系，公共部门选择某种战略在很大程度上是出于环境的考虑，而环境又是战略管理过程造成的必然结果。

13.2.1 公共部门战略管理环境分析

公共部门的战略管理环境的内容相当广泛，凡能影响公共部门战略管理的所有因素均可看作环境。大体上，公共部门战略管理环境可以分为两个方面：一是外部环境，包括自然环境、社会环境、政治环境、经济环境、文化环境以及国际环境等；二是内部环境，包括组织结构、组织文化、资源条件等。在公共管理研究中，内部环境一般不以“环境”的名义出现，而是从公共组织内部的结构、人员管理、组织文化等角度进行探讨的。因此，此处我们主要介绍外部环境中的各项要素。

1. 自然环境

公共部门战略管理的自然环境，主要是指一个国家的地理位置、自然条件和自然资源等因素，主要包括地形、地貌、气候、土壤、水系、矿藏、资源分布等。它为公共部门战略管理提供必要的物质资源，是公共部门战略管理顺利进行的前提和基础，它决定着公共部门战略管理目标的确定和执行方案的选择。

2. 社会环境

这是指公共部门在进行战略管理时，可能面对的总的社会状况，它是社会人口、职业、伦理规范等的总和。主要包括社会人口的规模、结构、素质、分布和社会职业构成；就业政策、劳动保护与失业救济、社会福利与保障体系；社会问题与社会越轨现象、社会人伦关系、道德风尚、传统习惯、民族心理、价值取向等。社会环境对于公共部门战略管理具有最为广泛的影响，公共部门战略管理的出发点和归宿，总是从自身具体所处的社会环境、社会背景和具体的社会关系出发的。

3. 政治环境

主要是指制约公共部门战略管理的政治制度、政治结构、政治关系和法治状态等因素，其中也包括公共部门所拥有的政治权力。政治环境为公共部门战略管理提供了外部的组织环境，战略管理过程的状况如何，在很大程度上受制于现实的政治环境。政治环境决定公共部门战略管理的政治性质、民主化程度和合法化程度。

4. 经济环境

公共部门战略管理的经济环境是指公共部门在进行战略管理时，可能面对并加以利用的总的经济状态。主要包括经济制度和结构、经济实力和发展水平、经济利益等因素。经济环境是公共部门战略管理的基本出发点，它是公共部门战略管理过程的必要条件，它影响公共部门战略管理的经济目标和方向。

5. 文化环境

是指作用于公共部门战略管理系统的历史背景、价值观念、思想道德、行为规范、社会心理、科学技术、教育水平、人文关系等环境条件，是公共部门战略管理的重要制约因素。文化环境为公共部门战略管理提供智力支持、文化条件和精神动力。公共部门战略管理的文化环境，大致包含三个层面。一是社会整体文化环境。任何民族和国家都有自己独特的民族整体文化，整个社会文化的变迁与发展必然影响到战略管理的进行。二是公共管理文化。主要包括公共管理的价值观和公共管理的实践经验。三是政治文化。政治文化又包含政治意识、政治价值观和政治理想。

6. 国际环境

公共部门战略管理的国际环境指的是对一个国家或地区的生存与发展产生影响的，由国家、国际组织相互间的竞争、合作、冲突所形成的带有一定稳定性的世界政治、经济、文化运行的秩序和格局。当代国际环境虽然还没有从变化中稳定下来，但其主要趋势已经逐步显露出来。一是国际环境正朝着和平与发展的方向演变，和平与发展已经成为当今世界的主题。二是全球化、市场化和信息化是当代人类社会发展的三大发展浪潮。

13.2.2 环境与战略的匹配

战略管理历来重视对环境的分析和研究。较早期的战略管理学派，如以西蒙为代表的认识学派，将环境看作是相对稳定的，之后越来越多的学者承认环境的动态变化，强调战略要顺应环境的变化，努力做到战略与环境的匹配。

艾默莉（Emery）和特里斯特（Trist）根据市场变动情况和竞争者的行动来界定不同的环境，将环境区分为四种类型①。骚动的环境是指市场变化不定、竞争者采取防御姿态的环境。平静的环境是指竞争者采取防御姿态，但市场稳定的环境。局部平静的环境在某些方面具有稳定的特点，但其中的竞争者充满攻击性。动态的环境中有一些富有进取心的竞争者，他们试图应对迅速变化的市场。

迈尔斯（Miles）与斯诺（Snow）将战略与环境类型一一对应，提出4种战略类型。（1）防御者战略：战略管理者试图保护组织的领地以维持现有的产品、服务和市场；适用于拥有稳定的、明确的市场和技术的组织，但是当技术和顾客的需求变得变幻莫测时，这种战略就不太可能产生好的结果。（2）探矿者战略：战略管理者努力寻找新产品、新服务以及新的市场机会；这种战略善于在动荡的市场中发现机会。（3）分析者战略：结合开发者和防御者战略，试图降低风险并增加机会，既要守住自己的阵地，又要开发新的领域；由于两种截然不同的文化共存，很容易导致摩擦和冲突。（4）反应者战略：组织对环境变化采取了不适当的调适模式，且不停地改变其调适模式。

在上述框架中，实际只有两种战略（即探矿者和防御者战略）具有可行性。针对这种情况，艾卡（Acar）提出了一种框架，为每种环境都提供了效果或高或低的战略（如图13-1）。对市场变化和竞争前景过度反应会导致无效的战略（在图中用减号标明）。相反，有节制的反应更易于带来成功的战略（在图中用加号标明）。

---

① ［美］保罗·C. 纳特，罗伯特·W. 巴可夫. 公共和第三部门组织的战略管理：领导手册［M］. 北京：中国人民大学出版社，2001：9-15.

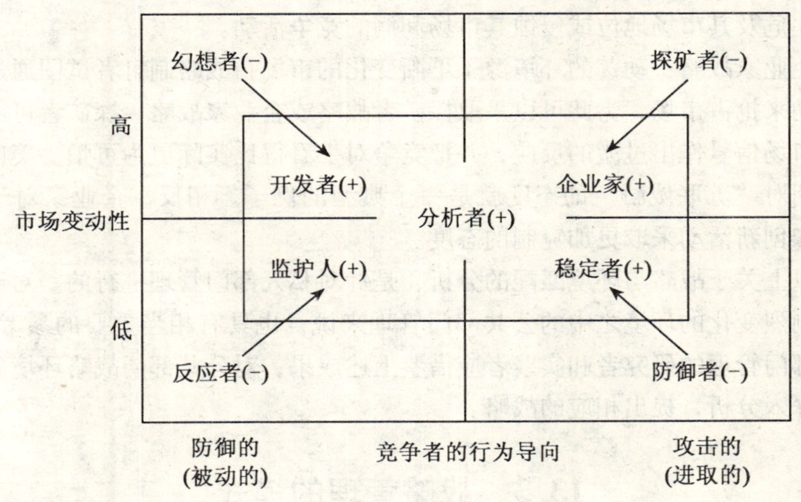

图 13-1　与私人部门环境相匹配的战略

（资料来源：保罗·C. 纳特，罗伯特·W. 巴可夫. 公共和第三部门组织的战略管理：领导手册［M］. 北京：中国人民大学出版社，2001：63.）

监护人战略：在稳定的市场中采取防御姿态的战略管理者假设环境是不变的。因此，他们倾向于选择反应者战略和监护人战略。反应者战略趋向于将一些捕风捉影的信息强加于趋势和事件当中；而监护人战略采取一种维护历史传统却并不过度的立场，维护企业的独特竞争力，并培育一些市场，在这些市场中企业可以凭其能力充分利用过去有生命力的市场位置。

稳定者战略：当市场中有较多富有进取心的竞争者但看起来仍然很稳定时，这是一种局部稳定的环境，可以采取防御者或稳定者战略。防御者假定需求是固定的，因而采取过激的措施，异常凶猛地保护每个局部领域中受到威胁的产品和服务。稳定者则认为需求和市场份额是可以变化的，他们对重要的局部领域所受到的威胁作出反应。

开发者战略：对不断变化的市场采取防御姿态的人认为，动荡的环境本就存在，变化在所难免，面对变化，他们采取幻想者战略或开发者战略。采取过度的守势会导致幻想者战略，它会造成不切实际的推测，对竞争视而不见，认为市场变化只是暂时的，在产品或服务不再适应市场之后，仍然紧紧抓住传统的东西不放。开发者认为环境是变化的，应该谨慎地把握市场的信号。他们密切关注危及其市场地位或侵蚀其市场利润的竞争活动。

企业家战略：动荡的环境源于不断变化的市场，战略制订者试图通过积极的行动来抢占市场，为此可以采取探矿者战略或企业家战略。探矿者可能对微弱的市场信号作出过激的反应，并把竞争对手看得比实际更为可怕。美国在冷战时期对“苏联威胁”的态度就是一个典型的例子。相反，企业家对于市场信号和创新活动采取更加克制的态度。

以上关于战略与环境匹配的分析，是针对私人部门管理进行的。对于同样处在剧烈变化的环境之中的公共部门管理来说，也具有相当重要的参考意义。公共部门管理的研究者和实践者应借鉴上述成果，对公共部门战略环境的变化进行深入分析，提出相应的战略。

13.3 战略管理的模式

战略管理首先兴起于私人部门。要了解公共部门的战略管理过程模式,我们可以首先看一下私人部门战略管理的两种模式,之后再探讨公共部门战略管理过程的特殊模式,并以此为基础简单地评价一下三种模式各自的优点和局限。

13.3.1 私人部门战略管理的两种模式

1. 哈佛模式

随着战略管理在私人部门的兴起,一种由哈佛商学院发展出来的战略模式迅速被工商界采纳。这种模式被称为哈佛模式,它对后来公共部门战略管理最重要的贡献是提出了 SWOT 分析方法。S 是指组织内部环境的优势(Strength),W 是指组织内部环境的劣势(Weakness),O 是指组织外部环境的机会(Opportunity),T 是指组织外部环境的威胁(Threat)。所谓 SWOT 分析就是结合组织内外部环境的优势与劣势来寻找机会消除威胁的战略分析方法。

就私人部门而言，组织的优势和劣势涉及的内容主要有：市场营销、研究开发、管理信息系统、管理队伍、经营情况、财务状况、人力资源等。这些主要是企业内部情况的各个方面，分析的结果最终要得出一个企业拥有的特色竞争力。而外部环境带来的影响主要是社会变化因素、政府变化因素、经济变化因素、竞争特点变化因素等。社会变化因素包括人口状况变化和人群偏好变化；政府变化因素指政府推出新的法律和政策等方面的变化；经济变化因素包括供应商的变化、市场的变化、利率的变化等；竞争特点变化因素指新技术新产品的出现以及新的竞争对手进入市场。

围绕 SWOT 分析法，哈佛模式的整个过程如图 13-2 所示。

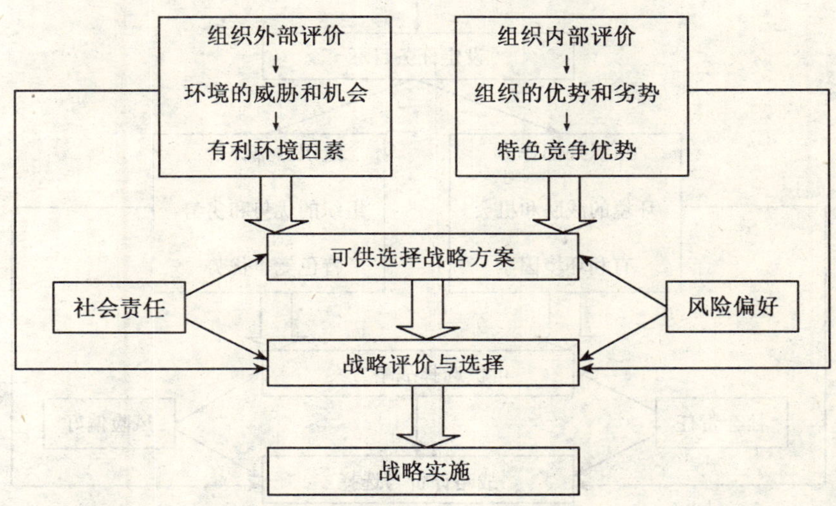

图 13-2　战略管理过程的哈佛模式

（资料来源：陈振明. 公共部门战略管理［M］. 北京：中国人民大学出版社，2004：97.）

从图 13-2 我们可以看出，哈佛模式主要依靠 SWOT 分析方法来制订战略，通过战略的内部和外部分析，扬长避短，使组织发挥优势利用机遇。在这个基础上得出备选战略后，组织还要考虑社会责任和风险偏好两个因素。社会责任要求组织必须考虑战略可能带来的社会后果，它与可选方案的制订以及方案的评估选择都息息相关。风险偏好是指组织对于风险的态度。有些组织愿意承受更高的风险以获得更高的收益，而有些组织则偏好比较稳妥的行动方式。社会责任是来自于外部环境的影响，风险偏好则是一个组织内部的属性。最终，战略选择阶段可利用的资料和标准来自最初 SWOT 分析与社会责任及风险偏好等因素，组织在综合考虑这些因素后作出选择。

2. 格莱斯特模式

格莱斯特模式沿用 SWOT 分析方法，并围绕这个核心制订战略计划。它在哈佛模式的基础上增加了对任务目标的设定步骤以及哈佛模式缺少的对战略实施步骤的内容。格莱斯特模式如图 13-3 所示。

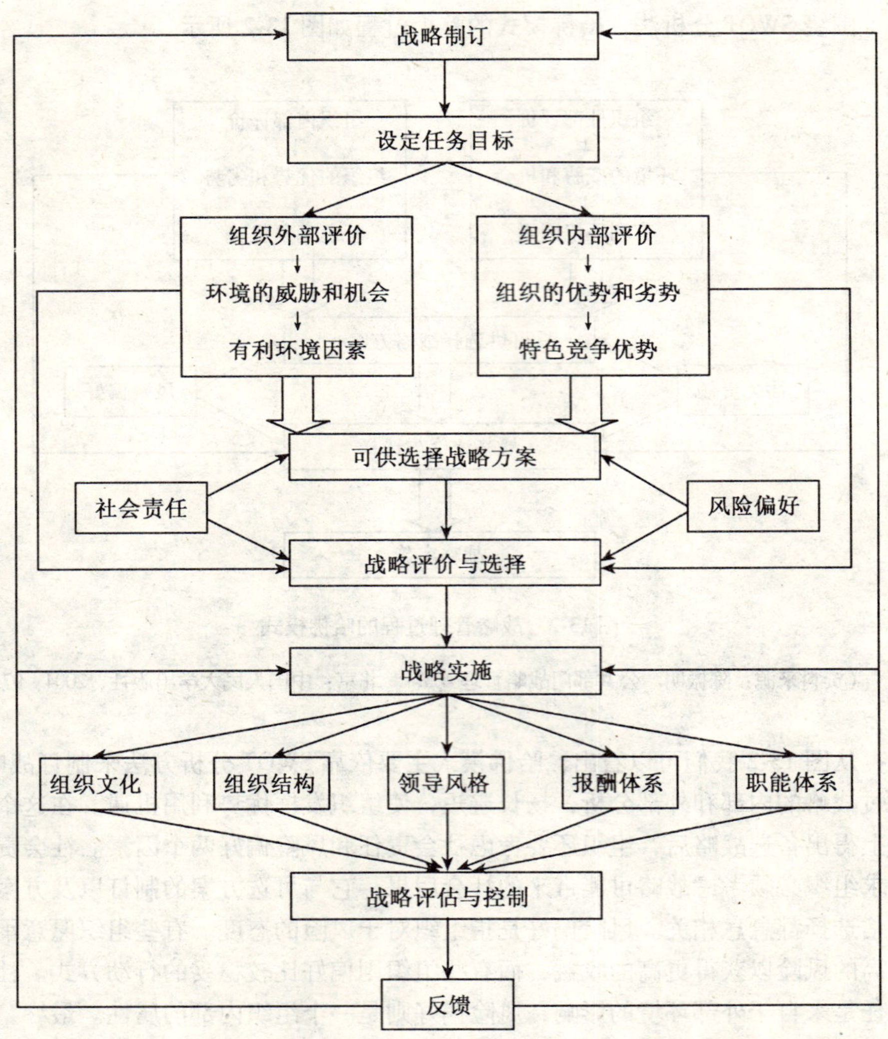

图 13-3　战略管理过程的格莱斯特模式

（资料来源：庄序莹．公共管理学［M］．上海：复旦大学出版社，2006：383.）

格莱斯特模式包括三个基本步骤：战略制订、战略实施和战略评估。其战略制订部分基本与哈佛模式一致，而新增的战略实施在这里被看成是关键步骤，并相应地添加了对战略实施结果的反馈和评估步骤。这是具有突破意义的创新。在战略实施阶段，组织文化、结构、领导风格、报酬体系和职能体系共同组成组织要素。其中，职能政策规定了每个职能领域要达到的目标和实施步骤，将战略制订与实施联系起来，协调组织文化、结构、领导、报酬体系与战略之间的关系。接下来是战略评估阶段，这也是原先的哈佛模式中忽略的一步。因为现实中战略管理实施的结果并不一定与计划相吻合，甚至大多数例子中无法达到预期效果，这就使得战略实施之后对效果的评估显得尤为重要，只有对结果进行评价并回顾制订计划的过程才能在下一轮的战略实施中避免相同的错误。

13.3.2　公共部门战略管理模式

哈佛模式和格莱斯特模式对私人部门战略管理作出了巨大的贡献，也得到了广泛的应用。美国学者保罗. C. 纳特和罗伯特. W. 巴可夫对公共部门战略管理过程进行了深入的研究，发展出一种包含六阶段行动的战略管理过程模式，可称为纳特—巴可夫模式。战略管理小组（SMG）在整个过程起到贯穿始终的作用，是公共部门战略管理的主要管理者。这一套战略管理模式采取了许多私人部门管理模式的方法和经验，也为公共部门提供了一些专门的具有针对性的建议，成为公共部门战略管理理论中最具代表性的一种观点。

(1) 第一阶段：历史背景

这一阶段要求战略管理小组回顾历史以制订有用的概念性预测。一来从历史变动的趋势中我们可以对未来有个大致的预期，二来回顾历史事件有助于我们在遇到类似事件时有着从容应对的能力。组织会从以往所受的挫折和成功中吸取经验，以此来制订未来的方向和目标。这一阶段包含着大量的对过去和现在的信息收集工作，收集的最终目的是创建组织未来几年的理想。理想的确定源于两种情形即最好的情形和最坏的情形，最好的情形指明了理想的方向，最坏的情形则是理想应远离的方向。

(2) 第二阶段：形势评估

对历史背景明确之后战略管理小组产生了一个对未来远景的规划。接下来要考虑的应是组织目前面临的形势，可以运用我们之前介绍的 SWOT 分析法。利用 SWOT 分析，战略管理小组可以明确组织当前的优势、弱势和环境带来的机遇、威胁，考察指令和社会责任对组织带来的影响。

(3) 第三阶段：问题议程

经过前两个阶段的准备，这一阶段需要确定议题。议题被定义为一种困难，对组织运作方式或组织达到其向往的目标的能力有重大影响。从另一个角度来看议题是一种张力，不同的议题会从不同角度推拉组织，使组织偏离原来设定的目标。所以组织应该确认当前张力最强的议题对其优先考虑。通常的作法是战略管理小组找出几个当前应予考虑的问题并创建一个议程，由于组织和其环境具有动态性，在一段时间内新的议题会进入议程，旧的议题会退出。这些议题都将根据其对组织的影响被加以排序。

(4) 第四阶段：备选战略

根据上面对议题张力的考察，战略管理小组需要一份关于组织优势、弱点、机会、威胁与议题张力关系的清单，在组织目标指导下提出具体处理张力的计划，在这里也使用SWOT分析法，但更侧重考察环境与组织之间的关系。因为组织的优势、弱点、机会和威胁可能同时发挥作用，所以这些计划需要综合考虑这四个作用对组织的影响。根据外部回应度和采取行动的压力，环境可分为四种类型，如图13-4所示。

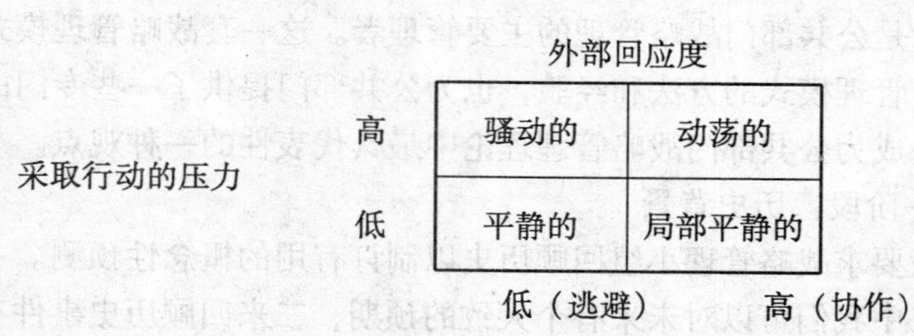

图13-4 公共部门与环境匹配类型图

(5) 第五阶段：可行性评估

公共部门所处的环境牵涉到政治、经济和法律等方面的因素，因此它的行动不能只考虑组织的需要，还应考察能够满足该需要的范围。在这一阶段我们需要考虑利益相关者、权利中心在战略中的作用以及我们实现战略可利用的资源情况。同上面方法类似我们将利益相关者和资源类型都用图表（见图13-5）列出，利益相关者和资源在某种程度上是一致的，拥护者应成为核心资源的一种，而敌对者成为组织不可得的匮乏资源的一种。

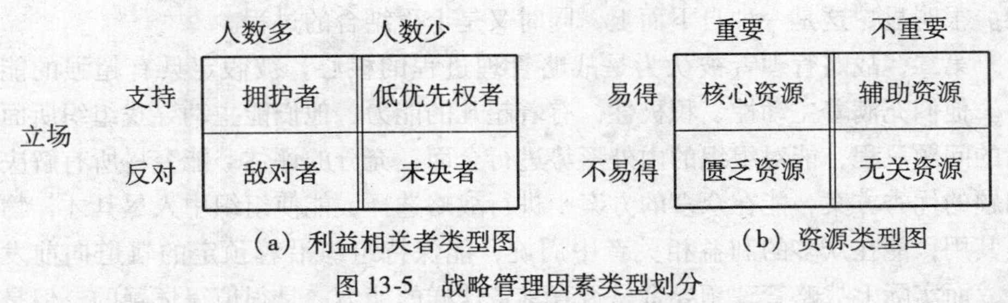

（a）利益相关者类型图　　（b）资源类型图

图 13-5　战略管理因素类型划分

（6）第六阶段：实施战略

这里强调的是一种对于利益相关者和资源的管理实施。它指出在公共部门中一些政治手腕更具有权力效果，战略管理者应根据利益相关者的分类分析每一个利益相关者的支持和反对程度以团结支持者，劝说未决者，孤立敌对者，并且考察他们互相结盟的可能性，争取尽可能多的利益相关者的支持，最终确保有效实施战略。

13.3.3　对三种模式的评价

1. 三种战略管理过程模式的局限性比较

上述三种战略模式各自侧重点有所不同，但是有一些共同的缺陷或者说是局限性，主要表现在以下方面：

第一，哈佛模式、格莱斯特模式、纳特—巴可夫模式都将战略管理过程看作战略管理者或战略管理小组领导、发起和推动的自上而下的过程，但事实上战略管理过程并不总是自上而下的。诺达和鲍尔指出，战略管理过程包含四个分过程：两个互锁的次序颠倒的核心过程——定义与推动过程，以及两个表面化的合作过程——结构框架和战略框架的决定过程。在定义过程中，最初被错误定义的技术和市场力量被传达给组织，战略主动性最早是由既懂技术又熟悉市场的一线管理者发展的，即一线管理者定义战略议题并主动寻求解决问题的方法。推动主要是一个社会政治化的过程，在这一过程中，战略积极性首先被一线的管理者拥护，然后被中层管理者采纳运用并转达给高层，而高层管理者则通过设置结构框架（也就是对各种组织和行政机制，如组织体系结构、信息计量系统、奖罚制度等）对这些活动施加重要影响从而反映组织目标，并且由此来把握较低层的管理者作出决策和行动的环境，从而长期地决定战略框架。很明显，这是一种自下而上，同时又是上下结合的过程。

第二，战略管理者被认为是战略管理过程的核心，被假定具有超强的能力。他们充满着主动性、积极性，有着超凡的能力，他们能主动寻找组织所面对的问题议程，能对组织的内外形势进行全面、充分的评估，能穷尽所有解决问题的优秀方案，能在众多的方案中进行战略选择，能使组织中人尽其才，物尽其用，能在众多的利益相关者中周旋，能保持组织沿着预定的轨道向前发展，而实际上战略管理领导者是否真具备这样的能力，是很值得怀疑的。但是由于不同的人对同一问题的看法往往不一样，为了取得共识，战略管理小组必须就同一问题在小组成员间进行多次协商探讨，这样做也许会使解决问题的方法更加全面、合理，但也很可能贻误时机，错过实施战略的最佳机会，这样即使不会导致战略管理失败，也会使战略管理的效果大打折扣。

第三，上述三种战略管理假定管理者具有如此高超的能力，是基于信息（在明茨伯格的《战略历程》一书中又被称为硬数据）能够及时、顺利地传送，不会发生失真。然而，明茨伯格指出，这些可以被收集并传送的信息存在如下明显的缺陷：（1）信息的范围通常有限，缺乏丰富性，往往不能包括重要的非经济的和非量化的因素，许多对于战略管理过程非常重要的信息，是不能转化成硬数据的，比如顾客脸上的表情，利益相关者说话的语气、腔调等。（2）在战略管理过程中，信息由于逐层级传递而丢失重要的组成部分。为了避免管理人员既要负担过多的信息量，又要承受在一定时间内处理它们的压力，组织往往采取信息集中的办法，即由下级管理人员把自认为重要的信息集中起来向上级汇报。问题出在这里，大量的内容被删除了，而且常常是信息的本质被丢掉了。（3）许多用来进行战略制订的信息来得太迟，以致无法在战略管理过程中及时发挥作用。信息“硬化”需要时间，趋势、事件和绩效变为“数据”也需要时间，将这些数据汇集成报告则需要更多的时间，如果这些报告必须要纳入预定的计划表中也需要更多的时间。但战略管理过程是一个积极的、动态的过程，通常要对当前的刺激马上作出反应而不能等待。（4）相当数量的信息是不可靠的。

第四，以上三种模式都认为战略管理过程是一种有意识的，完全受控的过程，每一环节都基于理性的思维，都是深思熟虑的，其中心在于控制。战略的运用产生了一套完整的等级体系，长期全面的“战略”计划处于最上层，接下来是中期“战略”计划，它又为下一年度提供了短期计划框架。在整个战略管理等级体系之内，自然形成了目标体系、预算体系、战略体系和程序体系。组织的发展便在各个体系的交叉融合中进行。战略的贯彻执行完全按照既定的蓝本进行，甚至每一步骤的具体进行时间都是安排好的。但林德布洛姆早在 1959 年就曾指出政策的制定在政府中并不是一个单纯、有序、可控的过程。而明茨伯格更清楚地指出尽管许多深思熟虑的战略已成功地实施，但是应急战略也是有效的。所谓应急的战略就是没有明确计划但实现了的战略模式。这种应急的战略承认组织的试验能力。采取一个单独的行动就会收到反馈信息，并且这个过程将会继续直到组织将注意力集中在那个会成为组织战略的模式。应急的战略更强调随机性、灵活性，在动荡的环境中，有所保守地采取一些小的行动，慢的行动，使组织能够平稳安全地向前发展，直到成功时才算在“无意识”中形成了整个战略管理过程。这种应急的战略可能并不会为组织的每一个部分提供一种详尽的计划表，甚至根本没有文字的形成，但在动荡的环境中，这种战略管理显得尤其重要。

2. 三种战略管理模式的优点比较

尽管这三种模式存在上述各种缺点和不足，它们仍然为现实的各种组织进行战略管理提出了不可或缺的思考方面，如环境分析、战略评估等。以下是三种模式具备的显而易见的优点：

第一，提出组织应注意战略方向。方向是行动的指南，有了方向，组织才能确定要往哪里去，为到达目的地，应采取什么措施，应用些什么人，应注意到哪些是影响战略目标实现的关键领域等。方向被定义为目标或理想，它们对于组织发展的领域，组织如何发展起着至关重要的作用。

第二，提出资源有效使用的原则。实行战略管理的原因是资源的匮乏，而且这种匮乏会长久地困扰着每一个组织。组织要想保持持续的活力，必须使资源的使用得到最大程度的收益。使资源进行内外匹配，是战略管理有效实行必须考虑因素之一。

第三，指出战略管理过程应保持与环境的互动。环境是动态的，它不断地发生着变化，有时沿着组织的预期方向发展，有时则完全超出这种预期。战略管理是基于某种预期的。要使战略管理成功就必须时刻注意环境的动态发展。当环境的变化影响到战略的有效执行时，就必须作出有效反应，或改变环境，或改变战略。

第四，指出在战略管理过程中评估与控制的必要性。这三种模式尤其是后两种模式，指出在战略管理过程中评估与控制是必要的。战略是在理想情况下制订的，基本是以静态为基础的，而战略的执行是在时刻变化的动态环境中进行的，由于种种原因战略在执行中会偏离预定的轨道，战略管理过程当中应对这种偏离及时评估以采取相应的措施。譬如，有些偏离是在允许范围之内的，组织就可以听之任之；如果偏离超出了允许范围，组织就要进行详细评估，找出这种偏离的原因。

第五，SWOT分析为战略管理过程提供了基础。前两种模式都指出组织的外部环境中存在着威胁和机会，而内部则存在着优势和劣势，第三种模式也指出组织内部存在着S、W、O、T四种因素。组织在进行战略管理时，就应充分考虑这四种因素，并力图实现组织内外资源的互相匹配，包括组织结构、组织文化的互动，以利用机会，依托优势，克服劣势，遏止威胁，从而实现组织的战略管理。

13.4 战略管理的意义

以上所论述的几种战略管理的模式分别可以运用在私人组织和公共部门当中，战略管理对组织发展具有特别重要的意义，没有妥当的战略管理，任何组织都将难以应对复杂多变的社会现实，难以保持稳定持续的发展，战略管理对组织生命的延续至关重要。

13.4.1 为什么公共部门需要战略管理

为什么公共部门需要战略管理及战略规划？战略管理途径在公共部门尤其是在政府中为什么如此重要？学者们从不同角度作出论述。

波齐曼和斯特劳斯曼在《公共管理战略》一书中认为，政府部门必须进行战略管理，才能解决公共部门中所发生的问题，提高公共部门的效率。纳特和巴可夫在《公共和第三部门组织的战略管理》一书中指出：战略通过可指导战略行为的计划、策略、模式、立场和洞察力，来造就公共组织的焦点、连贯性和目标。他们还列举了可能引起组织战略改革的12种契机：（1）新成立或成长中的组织；（2）稳定资助；（3）扩张的欲望；（4）对组织扮演更多角色的要求；（5）监事会的教育；（6）领导的更换；（7）法令对计划的要求；（8）整合的需要；（9）协调行动；（10）墨守成规；（11）政治威胁；

(12) 远景目标。① 由此可见公共部门中战略改革及战略管理的普遍性和重要性。

休斯在《公共管理导论》中说："战略观念在公共部门的应用会存在一些问题，并招致一些批评，但归根到底这是传统的行政模式所具有的问题，而引入某种形式的战略观点，起码可以保证结果得到改善。"② 哈佛大学肯尼迪政治学院的穆尔（Mark H. Moore）在《创造公共价值：政府中的战略管理》一书的第一章对这个问题作了详细的说明。③ 穆尔认为，美国的公共管理者都依赖于一个传统的教条，即他们必须循规蹈矩，照章办事，目的在于将公共部门的管理者置于严密的民主控制之下。这一教条在公共部门管理者头脑中形成了一个思维定势：他们往往从官僚的角度而非企业家、领导者或执行官的角度来思考问题。他们思维的导向既不是向下的，也不是向上或向外的。向下的目的是为了更可靠地控制组织的运作，而向外是为了获得好的结果，向上则是为了重新商讨政治授权。事实上，从这一传统信条问世的那一刻起，有识之士就开始对它刻意在政治和行政之间划一道清晰界线的做法进行了批判，说它理论上不可行，实践上行不通。从理论上说，传统信条使官僚不敢在政府的目标这一点上发挥想像，更不敢担负确定政府目标这样的责任。从实践上说，传统信条完全不能阻止非民选公共部门管理者。足智多谋的官员通常能按自己的方式行事，通过各种隐蔽的方法来影响政府对公共利益的看法。穆尔认为，对于公共部门管理者扮演的角色，有一种截然不同然而却更有用的认识，即公共部门管理者应当是一个探索者，他们与其他人一起致力于寻求确定和创造公共价值。因此，公共部门管理者应该是战略家，而不是技工。他们不仅向下看，注意自己行动的有效性和优先顺序；同时也向外看，注意自己正在创造什么。他们不仅像工程师那样关心组织的运作，同时还考虑与组织紧密相关的政治环境，以确定什么是公共价值。在他们看来，政治斗争变幻无常，技术日新月异，组织需要经常进行变革。穆尔还指出，虽然上述公共行政的传统信条已经被打破，但是人们并没有构造出一个公共部门管理者应如何思考和行动的框架。战略管

① ［美］保罗·C. 纳特，罗伯特·W. 巴可夫. 公共和第三部门组织的战略管理：领导手册［M］. 北京：中国人民大学出版社，2001：9-15.

② ［澳］欧文·E. 休斯. 公共管理导论［M］. 北京：中国人民大学出版社，2001：176.

③ MARK H. MOORE. *Creating Public Value*：*Strategic Management in Government*［M］. Cambridge：Harvard University Press，1995：16-21.

理所要提供的正是这样一种框架。

西方公共部门战略管理途径是在私人部门战略管理的示范性影响下产生的。但它也有自身的背景和根源，是作为新公共管理运动以及新公共管理范式的一个重要组成部分而出现的，它是公共与非营利组织对急剧变迁的不确定环境的能动适应。公共部门引入战略管理具有重大的意义，但也存在不同的意见，引起了许多争论。而在我国当前，借鉴西方公共部门战略管理途径具有重要的理论和实践意义。

13.4.2　公共部门战略管理的成就

对于公共部门引入战略管理的意义和可行性，许多学者从不同方面作了诸多的论述。布赖森（Bryson）从四个方面阐述了战略规划给公共与非营利组织带来的好处：第一，或许最明显的潜在好处是对战略思考与行动的推进，它促使组织更多地收集关于组织内外环境和各种行动者的信息，更为关注组织的学习和对组织未来方向的澄清和行动优先性的确定。第二，提高决策制定的水平。战略规划聚焦于组织面临的紧要争端和挑战，它有助于核心决策者明确组织的使命，帮助组织提炼和清晰沟通其战略目标，协助他们根据对未来的预测作出今天的决策，并为决策开发一个理性的、可辩解的基础，从而协调那些产生跨层次和部门影响的决策。第三，提高组织责任和绩效。战略规划有助于组织澄清和阐述组织的主要争端，对内外需求和压力作出明智的反应，有效地应对快速变化的环境，从而推进组织责任和绩效的提高。第四，战略规划还能直接给组织成员带来好处。它使政策制定者和计划者能更好地实现其职责和任务，使组织成员的团队工作和专业能力获得加强。①

有学者认为，战略管理的应用可以解决下列组织与管理上的问题：可以加强组织及规划；可以通过政府单位，改善沟通；可以解决跨部门的功能问题；可以建立全面性的优先顺序；可以建立团队；可以强化整体管理能力；可以发展可行的决策制定过程；可以改善组织纯净等。②

---

① John M. Bryson. *Strategic Planning for Public and Nonprofit Organizations*, San Francisco: Jossey-Bass Publishers, 1995: 7.

② Eadia, Douglas, C. *Strategic Management: A Core Responsibility of Local Government*. In John J. Gargan, *Handbook of Local Government*, New York: Marcel Dekker Inc. 1997: 105.

波齐曼和斯特劳斯曼认为，政府部门必须进行战略管理，才能解决公共部门中所发生的问题，提高公共部门的效率①；纳特和巴可夫认为，“战略通过可指导战略行为的计划、策略、模式、立场和洞察力，来造就公共组织的焦点、连贯性和目标”；休斯在《公共管理导论》中则指出，“战略观念在公共部门的应用会存在一些问题，并招致一些批评，但归根到底这是传统的行政模式所具有的问题，而引入某种形式的战略观点，起码可以保证结果得到改善”。②

综合而言，战略管理对公共部门有下列正面的效果：（1）提供战略性发展方向。战略管理集中于组织本身的能力与外部环境，通过对组织未来愿景的前瞻性思考，为组织提供战略方向。（2）指导资源配置的优先顺序。通过战略管理，可以将有限资源用于战略性、关键性的发展领域。（3）强化组织对环境的适应能力。战略管理十分重视对环境的感知、分析与判断，重视对外部环境变迁的管理，这有助于组织适应动荡、多元、复杂的环境。（4）设定追求卓越的标准。战略管理为组织设计了一套未来发展的愿景，可以为组织的运作设计追求卓越的标准，为组织发展定位。（5）提供控制和评估的基础。战略管理十分重视战略执行与评估问题，这为评估组织的绩效、实施控制提供了良好的基础。

13.4.3　公共部门战略管理的问题

然而，对于将战略管理引入公共部门一直存在批评意见，认为公共部门实施战略管理面临许多困难。这些批评意见有一部分是针对战略规划或战略管理本身提出的，有些则主要是针对其在公共部门中的应用而提出的。在《公共管理导论》中，休斯将这些批评意见归纳为 7 种（前 3 种是奥尔森和伊迪提出的）：（1）正式的战略计划过程被描述为比它的实际情况或所能做到的更具逻辑性和分析性，它的设计过于抽象，没有考虑在社会—政治环境的动态发展；（2）正式的战略计划过程过于呆板，因此面对要求作出快速反应的迅速变化和动荡不安的外部环境时，显得过于迟钝；（3）正式的过程与创造性和革新相违背；（4）将战略概念照搬到与私营部门差异很大的公共部门可能产

---

① 张成福，党秀云．公共管理学［M］．北京：中国人民大学出版社，2001：77.

②［澳］欧文·E. 休斯．公共管理导论［M］．北京：中国人民大学出版社，2001：176.

生问题；（5）产生追究责任问题以及造成政治控制上的问题；（6）公共部门的组织目标含混不清，战略考虑毫无意义；（7）公共部门的时间观念过于短暂，因而任何长期观点都必定遭到失败。①

休斯指出，虽然上述批评意见中有部分有一定的根据，但是没有一个能够完全否定在公共部门运用战略观点的价值。它们对那些过高的期望是个警示，并指出利害关系人必须认真执行战略。战略管理不能过于僵化，要使利害关系人认真执行，应有助于管理，而不是以其自身作为目的。

公共行政学者罗伯特认为，政府采用战略管理至少有4个困难：（1）政府管理者在进行决策时，必须与其他重要的行动者分享权力。（2）政府组织的功能是政治性的，与理性的环境相反，他们无法就适当绩效方案取得一致意见。（3）政府管理者与私人部门的管理者相比，缺乏完全的自主性与控制力，这使得政府执行和协调任何行动规划时均显得困难重重。（4）政府的战略决策环境由于上述因素，要远比私人部门更为困难和复杂。

公共部门进行战略管理的确存在诸多限制和不利因素。但是，这并不意味着公共部门不能实现战略管理的方法。对于公共部门来说，可以通过一系列措施来推动战略管理的成功实施。比如，树立长期观念，打破短期主义，发展前瞻性思考；打破政府部门职责的限制，克服功能性短视，发展全局观……总之，公共部门战略管理并不会因为目前面临的困难和限制而丧失其价值和意义；但是如何克服其中的困难，充分发挥其作用，还需要公共部门的实际管理者和理论研究者进一步的努力。

13.4.4 中国公共管理需要战略思维

中国从改革开放至现在，公共部门的管理一直停留在长期计划，至多是战略计划式的阶段，这种战略计划只适应较稳定的环境。进入21世纪，经济全球化加速发展，竞争加剧。中国于2001年年底加入WTO，这意味着中国公共部门将面临更复杂的国际环境。在国内，随着改革开放的深入、民主政治的建设、公民意识的提高、纳税人观念的增加，对公共部门多多少少有一种信任危机，要求公共部门回应公众服务需求的呼声日渐提高。随着中国的机构改革、市场化改革的深入，公共部门日益面临重组、合并、民营化、公私竞争、公共

① ［澳］欧文·E. 休斯．公共管理导论［M］．北京：中国人民大学出版社，2001：190-194.

部门之间竞争、政府干预范围的缩小等威胁；随着绩效评估在地方的实行，绩效导向的评估与预算挂起钩来，更让公共部门压力重重。所有这些国内、国际环境就成为中国公共部门实行战略管理的直接驱动力。

公共部门战略管理途径的兴起是全球化、信息化和知识经济时代发展特别是当代政府改革运动的产物，它构成由传统的公共行政范式向（新）公共管理（或"管理主义"）范式转变的一个重要组成部分。作为一种新的管理途径或思维方式，战略管理日益受到了公共部门管理者的重视。在当代西方的政府改革（新公共管理运动、重塑政府运动、管理主义改革等）背景下，公共部门尤其是政府的职能、角色、地位、组织结构及其与社会的关系都发生了深刻的变化，公共机构经常面临重组、合并和私有化的威胁，并被置于与私人部门竞争来提供公共物品的境地。因此，任何公共部门再也不能像过去那样对自身的生存、发展和未来高枕无忧了。考虑组织所面临的环境（优势、劣势、机遇和威胁），考虑组织的长远发展目标和未来，提高自身竞争力，成为公共部门管理者最基本的管理任务及内容。公共部门管理者需要战略思想，这正是公共部门战略管理途径兴起的现实原因。在我国，随着市场经济的发展和行政体制改革深化以及政府职能的转变，我国的公共管理者与西方的公共管理者面临着类似的困境，我国的公共管理迫切需要战略思维。

在我国，随着加入 WTO、市场经济的发展、行政体制改革的深化以及政府职能的转变，我国的公共管理者与西方的公共管理者面临着某些类似的困境，需要转变政府管理方式，建构新的政府管理模式。进入 21 世纪，经济全球化和信息化社会加速发展，国际竞争加剧。中国于 2001 年 12 月加入世贸组织，这意味着中国公共部门将面临更复杂多变的国际环境。在国内，随着体制转轨和社会转型，社会问题复杂多变，矛盾冲突加剧，社会危机随时可能出现，这要求政府从注重日常管理、常规管理转向未来的发展管理、风险管理或危机管理（2003 年 SARS 危机的爆发就是一个典型例子）；随着改革开放的深入和民主政治建设的发展，公民的民主意识和参与意识增强，对公共部门管理的效益、效率和公平提出了更高的要求，要求公共部门回应公众服务需求的呼声高涨；随着行政体制改革的深入以及公共服务企业化、市场化和社会化改革的拓展，公共部门日益面临着重组、合并、民营化、公私竞争、公共部门之间竞争、政府干预范围的缩小等威胁；随着绩效评估在地方的实行，绩效导向的评估与预算挂起钩来，更让公共部门压力重重。所有这些变化莫测的国内外环境，就成为中国公共部门实行战略管理的直接驱动力。

总之，公共部门战略管理途径对于我国公共部门管理尤其是政府管理职能与方式的转变，对于我国公共管理的知识体系以及课程体系的更新，都具有重要的参考价值。现阶段中国公共部门管理的理论与实践呼唤战略管理思维。

关键概念

战略　战略管理　战略管理环境　自然环境　社会环境
政治环境　经济环境　文化环境　国际环境　组织结构
组织文化　资源条件　哈佛模式　格莱斯特模式
纳特—巴可夫模式　SWOT分析　战略管理小组

思考题

1. 简述战略和战略管理的含义。
2. 简要分析战略管理在公私部门有哪些不同？
3. 公共部门战略管理的环境包含哪些内容？
4. 战略管理的模式有哪些？如何评价它们的优缺点？
5. 如何看待战略管理在公共部门中的运用？

第14章 公共管理的生态学

全球化、科技发展和环境危机的加速，给公共管理提出了许多新话题，要求公共管理在主体、机制、价值等方面作新的探索。公共管理生态学将整个公共管理系统视为一个“有机体”，从公共管理与其基础环境的互动中来探讨这些新问题。同时，需要特别重视当前公共管理中的环境治理问题，并在全球治理语境下来思考当前公共治理的联动性与多元复杂性。在结构上，本章重点说明四个问题：公共管理关于生态环境的价值转换；人与环境的和谐治理；民族国家内部的多元自治以及全球治理中的无政府治理问题。应该说，本章谈到的话题多属公共管理领域正在生成中的新问题，许多尚不成熟，在理论上还有很多探讨的余地，从这种意义上讲，本章只是提出了当前公共管理领域的一些新问题。

14.1 公共管理的生态价值观

日益严重的生态危机凸显了人与环境的紧张关系，使环境治理成为公共管理的一个新领域。人类进入工业社会以后，由于科学技术的发展，影响和改造自然的能力加强。人类行动逐渐打破了地球的自然生态平衡，带来了环境污染、资源濒临枯竭等全球性环境问题。而在价值上，人类一直以自然的主宰者和征服者自居，形成了“人定胜天”、“征服自然”等人类中心主义的价值观。可以说，当前的环境问题是人类价值观狭隘化的产物，环境治理要以价值重构为前提。

生态价值重构的一个核心原则是在人与自然的关系中寻找一个平衡点，是人与生物世界诸物种之间适当的价值设定。简言之，是解决“生物中心主义”与“人类中心主义”的话语对峙问题。人与环境本同属一个生态系统，两者相互作用、互为条件，人类及其外部的诸物种应该是平等主体。因此，应该形成一种新的价值观，既承认人的生存意义的根本性，同时不否定生物世界的平等性和多样性，并将二者的平等相处视为人类得以可持续发展的基础。具体而言，包括以下几个方面。

14.1.1 生态科学观

这种价值观认为，地球上的生命构成一个相互依赖，相互支持的生态系统。人类是自然界的一部分，既不优越于其他物种，也不能不受大自然的制约。人类与其他自然资源共生共处。这种生态科学观，贯穿了以下几个基本理念。

1. 系统观

认为人生活在一个由“人——社会——自然”组成的复合生态系统中，在这个生态系统中，没有单个存在物，每一个生物都同其他生物，同环境构成生命共同体，相互循环、转化。这一生态系统各部分构成一个和谐、多样、有序、动态的复杂过程。1992 年，戈尔在《濒临失衡的地球——生态与人类精神》一书中认为，环境危机从根本上说，是现代文明和生态系统之间的冲突。现行的经济制度“只看见某些东西而对另一些东西视而不见”，将自然界看成资源的结合体，忽略那些难以用买和卖衡量的东西的价值，缺乏对自然的敬畏感，从而导致深刻的系统失衡。

2. 整体观

人和自然是一个相互依存，相互支持的整体。在这个整体中，自然环境对人类行为有制约力，生物与环境之间相互调节。同时，生态系统各种要素相互作用，是一个协调发展、不断循环再生的系统。就像 2001 年世界环境日主题“世界万物，生命之网”所揭示的，自然万物构成地球上相互联系的生命网。人来自于自然，是大自然的有机组成部分，是世间万物生态链条中的一环，是生命之网的一个节点。生活在地球上的种种不同的生物，它们利用不同的生态资源，在生态系统的物质循环、能量转换和信息传输中，各自发挥特殊的作用，使地球成为生命保障系统，保持生物圈的稳定性和整体性。

3. 平衡观

所谓生态系统平衡，是指在一定的时空内，生态系统在结构和功能方面都能够保持相对的平衡。生态系统是由生物群落及其生存环境所共同组成的动态平衡系统，彼此保持一种相对的平衡与制衡状态。一般而言，生态系统具有某种自动调节能力，在遇到一定的外来干扰时，能够在一定时间后恢复平衡。但是，这种自动调节能力是有一定限度的。如果超过这一限度，就会引起生态的失衡。人类是生物群落的一分子，对其他生物及其环境有依赖性。所有生命形式是通过生物及环境之间的能量流动和物质循环来实现的。物种越丰富，生物链越复杂，生态系统就越稳定。反之，生物资源的丧失，就会减少生命形态之间的生态关联，造成生态系统之间的功能失调，进而恶化人类生存环境。

14.1.2　生态伦理观

长期以来有一种观点认为，人是主体，其他生命和自然界是对象，只有人有价值，其他生命和自然界没有价值，只有对人讲道德，无须对其他生命和自然界讲道德。受此影响，人们不把自己与自然界平等相待，而将人超越于自然之外，凌驾于自然之上，以征服自然、贪婪地向自然索取看作人类力量与进步的象征。其结果使自然人化的同时也使自然丧失自身，导致了工业化过程中生态环境的恶化和资源紧缺，严重威胁着人类的生存和发展。20 世纪后期以来，一个全球性的生态文明觉悟，一种进一步深化人与自然关系本质认识的新型生态伦理观悄然兴起。

1923 年，法国学者施事兹在其《文化哲学》一书中提出了生态伦理学的思想，认为万物之间平等，要建立一种扩展到整个自然界的伦理学。1949 年，美国林务官利奥波德在其《沙乡的反思》一书中认为，人的道德观念应该扩展到人与土地的关系领域，人是土地共同体的平等一员，没有特权。1962 年，纳·卡逊在《寂静的春天》中认为人企图控制自然是妄自尊大的想像的产物，是生物学和哲学的低级阶段，“必须与其他生物同等分享我们的地球”，主张像敬畏自己的生命意志那样敬畏所有的生命意志，满怀同情地对待生存于自己之外的所有生命意志。这种包含着环境伦理的世界观，正在影响当代环境管理理念的构成，其关于环境价值的思想，成为环境治理理念的出发点。

新的生态伦理观得到了国际社会的认可。1982 年 10 月 28 日，联合国大会通过《世界自然宪章》宣告："生命的每一种形式都是独特的，不管它对人类的价值如何，都应当受到尊重；为使其他生物得到这种尊重，人类的行为必须受到道德准则的支配。"① 国际自然保护同盟据此制定了保护自然的"伦理学基础"，强调：第一，世界是一个相互依存的整体，由自然和人类社会所组成。任何一方的健康存在和兴旺都依赖于其他方面。第二，人类是自然的一部分。人类与这个星球上的其他物种一样是永恒生态规律的对象。所有生命都依赖于自然系统的不间断运转。人类的文化必须建立在对自然的极度尊重上。第三，我们必须在生物学限度内工作。但这种限度不是对人类努力的限制，而是对如何使人类事务能维持环境稳定性与多样性提供方向和指导。第四，所有物种具有固有的生存权利。第五，多样性是所有社会和经济发展的基本规则。个人和社会的价值应该适宜于增加植物多样性、动物区系和人类经济的丰富程度。第六，后代的幸福是我们当代人的一份社会责任。当代人应当限制对不可更新资源的消费，把这种消费维持在仅仅满足社会的基本需要，并对可更新资源进行抚育，确保持续生产力。第七，所有的人必须授权为他们所生活的地球上的生命行使责任。他们必须有完全的受教育的机会，有政治权利和可持续的生活。第八，以伦理和文化的观点看自然和人类生命，不管在某一社会中占主导的政治、经济或宗教意识形态怎样，应促进尊重和增强生命多样性②。

14.1.3 可持续发展观

1980 年 3 月，联合国大会向全世界呼吁，必须研究自然的、生态的、经济的以及利用自然资源过程中的基本关系，确保全球持续发展。1989 年第十五届联合国环境署理事会，经过发达国家和发展中国家反复磋商，通过《关于可持续发展的声明》。认为可持续发展，系指满足当前需要而又不削弱满足子孙后代需要之能力的发展，而且决不包含侵犯国家主权的含义。1992 年 6 月在巴西里约热内卢召开的联合国环境与发展会议（UNCED），主张人类要改变传统的发展模式和生活模式，实现社会、经济、资源和环境的协调及可持续发展，标志可持续发展观的形成。

可持续发展的核心思想是，健康的经济发展应建立在生态的可持续能力、社会公正和人民积极参与自身发展决策的基础上。它所追求的目标是，既要使

① 吴继霞．当代环境管理的理念建构．中国人民大学出版社，2003：207．

② 王伟．生存与发展——地球伦理学．人民出版社，1995：225．

人类的各种需要得到满足，个人得到充分发展，又要保护资源和生态环境，不对后代人的生存和发展构成威胁。它特别关注各种生物活动的生态合理性。在发展指标上，不单纯用国民生产总值作为衡量发展的唯一指标，而是用社会、经济、文化、环境等多项指标来衡量发展。

可持续发展观包括以下几方面的内容：

1. 发展观

发展是可持续发展的中心和基本特征。它表明可持续发展是一种动态的、前进的状态和运动，失去了发展性，也就没有可持续发展。对于广大发展中国家而言，发展更是第一位的需要。当然，如前所述，可持续发展中的发展不同于传统发展概念中的发展，它包括共同发展、协调发展、公平发展、高效发展和多维发展。

2. 持续观

所谓持续，就是要使人类社会发展具有持续性。以往的发展只单纯注重经济的增长，忽视了增长可能产生的问题，使增长难以继续。可持续发展概念提出后，持续性一词被赋予了新的含义，包含生态持续性、经济持续性、社会持续性三个方面，这三个方面是一个统一的整体，要走向持续性的目标，就要使三者结合。持续性意味着维持乃至提高自然资本、人力资本、制造资本和社会资本存量的总体生产率。具有持续性的社会能在自然支持系统正常运行和再生范围内不断增进社会的知识、技术效率、组织化程度和生活质量，因而这种社会的发展可以得到长久维持。

3. 公平观

当前许多资源紧张与环境压力是由经济和政治权力的不平等造成的。对此，可持续发展要求满足所有人的基本需求和给所有人机会以满足他们过较好生活的愿望。1992 年在巴西里约热内卢通过的《里约环境与发展宣言》、《21 世纪议程》，形成了新的关于公平的价值取向。它包括三个公平性原则：代内公平、代际公平、人类与自然之间的公平。代内公平就是各地区、各国家之间的发展权利平等，同时，地区利益服从国家利益，国家利益服从全球利益。《我们共同的未来》指出，虽然狭义的自然持续性意味着对各代人之间的社会公正的关注，但必须合理地将其延伸到对每一代人内部的公正的关注。这就要求所有国家和地区协同发展，共同富裕，改变发达国家利己主义环境观和行为。代际间的公平就是既要满足当代人的需要，又要满足子孙后代的需要。承认后代人同当代人一样也拥有生存权和发展权，他们的这些权利也应当受到尊重，不能因为他们现在没有发言权就剥夺了他们的这种权利。人类与自然之间的公平就是要求人类有意识地控制自己的行为，合理控制利用、改造自然界的程度，维护生态系统的完整稳定，保持生物多样性。将人与自然作为一个整体看待，认识到人与自然系统的发展、进化，取决于人与自然两个要素的相互作用和彼此合作协同的整体性。

4. 和谐观

联合国环境与发展委员会在《我们共同的未来》中总结说："从广义上讲，可持续发展的战略旨在促进人类之间以及人与自然之间的和谐。"①《里约宣言》第一条原则也宣告，人类处于普遍受关注的可持续发展问题的中心，应享有与自然相和谐的方式过健康而富有生产成果的生活的权利。人与自然的和谐是可持续发展追求的最高目标。可持续发展观的灵魂在于人与环境相融、和谐的意识及在生态法则和道德法则平衡基础上的新的伦理价值观念和伦理道德。为此，人类在追求发展权的同时，必须始终保持与自然的和谐与互利关系，把经济发展与生态的可持续性有机地结合起来，以与自然和谐的方式来实现对环境、资源的开发和利用。

总之，由于人的需求的无限性与资源的有限性之间的矛盾，公共管理务必考虑人类与外部环境的良性循环关系的构建，扬弃狭隘的物质与工具的价值观，树立正确的生态价值观，以实现人和环境的和谐治理。

14.2 人与环境的和谐治理

环境治理是公共管理在功能上拓展的新领域。全球性的生态危机对人类在地球上的生存和发展提出了严峻挑战，使生态环境治理成为公共管理的重要主题。如何根据当前环境问题的特点，在公共治理的机制、方式等方面进行探索，以实现人对环境的良性治理与和谐互动，是环境公共治理的关键。

① 世界环境与发展委员会．我们共同的未来[M]．长春：吉林人民出版社，1997：48.

14.2.1　环境治理的特点

同一般的公共治理问题不同，当下的环境治理具有以下基本特点：

1. 范围的全球性

随着全球化的加速，以及环境空间天然的边际模糊，使环境治理问题具有全球整体性特征。就任何一个国家而言，环境的损害与治理都具有外部性，单一国家独立、封闭式的环境治理是不够的甚至是没有意义的。它必须形成全球范围内的协同与整体行动，由具有全球环境意识和参与制定或实施全球环境规制的各种行为体进行活动，共同建立和实施适应于全球范围的各种环境原则、规范、标准、政策，这样才有可能在全球范围内推进环境治理的共同目标。

2. 主体的多元性

微观层面上的环境治理需要充分的信息，细致的行动，这就要求全面的信息搜寻工作和大量的行动者。这是传统的以政府为主的公共管理模式所难以胜任的，因此，当代环境治理的行为体除了政府、有关部门以及非国家政府当局外，还需要包括各种国际环境组织、相关国际组织、环境非政府组织和公众对全球环境的关切及行动。通过多元主体构成的行动网络在全球范围内共同负责展开环境治理行动，环境治理才能见成效。

3. 机制的合作性

环境治理需要通过合作、协商、伙伴等多种关系模式，确立环境意识认同和共同的环境目标等方式来实施对全球环境公共事务的管理。形成建立在环境市场原则、环境公共利益和环境价值意识认同之上的合作。治理机制主要不是依靠政府的权威，而是通过合作网络的权威，通过政府间组织、非政府组织、社会运动、知识共同体等来共同行动。当然，与处于不同层面的环境问题以及处于不同层级的环境行为主体相对应，全球环境治理可以依据统一的全球环境规制在全球、区域、国家、地区等不同层面上进行展开。

14.2.2　全球环境治理机制

环境问题的扩散性与超国界性和孤立国家主权的狭隘与政府能力的不足，促使国际社会将环境问题作为一个整体来加以治理，从而形成了全球环境治理问题。全球环境治理是在全球范围内，由各种公共的或私人的机构建立一系列环境合作关系，通过制定并依据一系列共同遵守的正式和非正式的全球环境规则，从全球、区域、国家、地区等不同层面上对全球环境问题进行管理，以改善全球生态环境和促进人类可持续生存与发展的过程。它对传统公共治理的体制和结构提出了新的要求，需要建立全球环境合作机制。

1. 全球环境治理的基本原则

经过长期的探索，国际社会已经形成了关于全球环境治理的一些原则。

一是国家环境主权原则。国家享有在不损害他国环境和管辖范围的基础上对其环境事务的处置权，即各国对其自然资源拥有永久主权。

二是共同但有区别的责任原则。地球作为一个整体生态系统，任何地区、任何规模和程度的环境破坏都会产生全球性影响。因此，保护全球环境是各国的共同责任。但是，各国的责任是不相同的，由于北部发达国家造成了环境、气候的主要破坏，从而要求它们在保护全球环境方面承担更大的责任。

三是风险预防原则。对于目前科学还不能充分确认其危险性，但等科学能证实时已为时太晚的环境损害，只要这类损害的可能性或风险性存在，各国就有责任采取防范措施。例如《生物多样性公约》规定，在“生物多样性遭受严重减少或损失的威胁时，不应以缺乏充分科学定论为理由，而推迟采取旨在避免或尽量减轻此种威胁的措施”。①

四是国际合作原则。任何一个国家都没有能力解决全球环境问题，即使是一个国家内部的环境问题，往往也需要他国的支持和援助。因此，全球环境治理必须依靠国际合作。

2. 全球环境治理主体

全球环境问题是任何一个独立的政府、机构或个人都难以完成的，它需要各国政府、国际组织、非政府组织和公民的共同努力才能有望解决。可以说，多元化、多层次环境主体的合作治理，是实现全球环境治理之必需。

国家（主要指各国政府）。由于主权国家有着自身独特的权威性和合法性以及对资源控制方面的优势，使其成为环境治理中最重要的主体。国际组织归

---

① 万以诚．万岍选编．新文明的路标——人类绿色运动史上的经典文献［M］．长春：吉林人民出版社，2000：38.

根到底受各国政府的支配，其成立与运作都是直接基于各国政府的妥协、认同与维系。国家作为主要行为体，其环境政策对全球环境治理机制能否有效运作产生直接影响。比如发展中国家与发达国家对温室气体减排的争执，直接影响到《联合国气候变化框架公约》的有效实施以及缔约方会议进程。

政府间国际组织。它是正式的多数全球环境治理活动的主要行为者，主要包括联合国及其下属机构，包括联合国环境规划署（UNEP）、联合国可持续发展委员会（UNCSD）、世贸组织贸易与环境委员会等。另外还有一些地区性国际组织如欧盟（EU）、东盟（ASEAN）等。联合国作为全球最权威的国际政治组织，在全球环境治理机制中发挥主导作用。据不完全统计，自 1972 年以来，联合国发起和主持的旨在解决全球环境问题的会议已超过 1000 多次。

非政府组织（又称全球市民社会）。非政府组织对全球环境议题及治理框架的形成具有重要推动作用。较有影响的国际环保非政府组织有绿色和平组织、世界自然基金会、地球之友等。由于其活动具有跨国界、非政治和非营利性质，其作用和影响力在全球环境治理体系中日益突出。非政府组织拥有技术专长和信息优势，只向自己的成员负责。这就使它们可以较为自主地开展活动，进行监督、揭露和谴责，帮助提高各国政府与政府间国际组织行为的透明度，发挥压力、创造及教化职能等。

3. 全球环境治理的行为规制与作用方式

环境合作规制是全球环境治理的关键。没有一系列能为全球共同遵守、对全体公民都有约束力的普遍环境规范，全球环境治理就无从谈起。环境行为规制往往通过国际公约或会议宣言的方式得到阐明，是国际环境问题的制度化。据不完全统计，目前世界上大约有 700 多个多边环境协定（MEA）和 1000 多个双边条约、公约、协定书等。它们涉及全球环境问题所有的议题领域，发挥着重要的作用。主要有如《联合国气候变化框架公约》、《防止危险废物越境转移及处置巴塞尔公约》、《保护臭氧层物质蒙特利尔议定书》等。

在微观执行上，主要通过经济措施、政策调控、资金援助、技术转让、建构信息知识网络等方式进行。近年来，各国除加强立法与行政调控外，经济措施在环境治理中成效显著。比如欧美一些国家实行环境会计和环境税制度，使得环境成本逐渐内部化，环境问题的外溢效应得到一定程度的控制。在宏观上，全球环境治理机制主要通过外交机制和司法机制发挥作用。包括谈判、质询、调解、仲裁和司法解决等。由于环境问题的全球化，各国需要通过双边、多边对话以及全球环境会议，形成相应的合作体制，签署国际公约，以促进全球环境问题的解决。另外，各国还通过世贸组织争端解决机制、国际法院等解决环境纠纷，维护本国的环境与发展权益。

在未来，全球环境治理机制的有效运作应当以全球框架和原则为约束，以国家间合作为基础，以地区协调与整合为纽带，特别关注大国与地区机制对环境治理的推动作用。

14.2.3 西方发达国家对环境治理的新探索

20 世纪中叶，全球范围内特别是发达国家环境公害的泛滥，促使各国相继制定了大量控制污染的法律法规，确立了以“命令和控制”为主的治理模式，取得了一定效果。但是，原来的方法也暴露出许多弊端。如手段单一、经济代价巨大而效率低下、过分强调“末端”治理、治理成本过高等。总的特征是政府唱“独角戏”，未能充分调动企业和其他社会主体参与环境保护的积极性，干预成本太高。自 20 世纪 90 年代以来，西方国家对环境保护进行了新的探索，形成了一系列新的思路与制度模式。

1. 清洁生产与预防式控制

清洁生产是 20 世纪 80 年代以来发展起来的一种新的环境保护措施。其特点是将环境管理从末端延伸至源头，注重环境污染的“源头削减”、“污染预防”、“全程控制”。例如，1990 年美国国会通过《污染预防法》，宣布以污染预防政策取代长期采用的以“末端”处理为主的污染控制政策，并从组织、资金、技术等方面授权国家环保局执行联邦政府的新环境政策。目前，环境保护的预防式控制理念已经成为西方环境保护的主要思路，并通过法规管制、经济激励、政府绿色采购等手段稳固和强化。

2. 循环经济与生产者环境责任延伸

循环经济思想在 20 世纪 90 年代以后得到了国际社会的广泛关注。它强调资源的高效和循环利用，倡导“减量化、再利用、资源化”，是对“大量生产、大量消费、大量废弃”的传统增长模式的根本变革。为实现外部环境成本的内化，早期环境保护制度依照“污染者付费”原则，通过税收、收费等方式征集污染处理或废弃物回收。然而，对于一些在消费环节产生的污染，例如废旧轮胎和汽车等各类废弃物，由于收集成本高、处理技术专业化程度高，不符合循环经济的要求。为解决上述矛盾，从 20 世纪 80 年代末期开始，一些国家推行了生产者延伸责任制度，即生产者不仅要承担产品质量和性能等责任，而且还要承担产品废弃后的环境责任。从逻辑上讲，产品消费后的废弃处理责任应当由消费者承担。但是，生产者在生产产品获益的同时，常常埋下了产品消费后弃置必然污染环境的伏笔。可以说，生产者即是污染的始作俑者。1960 年，联邦德国一位医生就向北海倾倒放射性废物的作法违反《欧洲人权条约》，向欧洲人权委员会提出控告。事实上，由生产者处置废弃产品具有技术上的优势，也有利于生产者从选材、设计、生产、包装等环节关注包装简单、便利拆解、容易回收、低成本处置等。

3. 新公共管理与环境治理的市场化

新公共管理运动所主张的公共服务提供者多元化及引入竞争机制，对环境治理探索带来影响。当前西方国家的环境治理，纷纷引入市场机制，例如在污水、垃圾处理等方面采用招标竞争、签约外包（contractout）、特许权等方式，以降低服务成本，提高服务绩效。

（1）权力转移与服务主体多元化。权力转移包括向上转移、向下转移和对外转移。向上转移指的是国家主权被国际或地区组织侵蚀及取代的趋势。向下转移指的是在分权化的潮流下，国家的统治权威流向地方政府、都市化地区和社区。对外转移指的是政府将国家的统治权威转移给社会上的其他行动者，包括国营事业公司化，国有事业民营化以及由第三部门来提供公共服务等。目前，人们熟悉的环境管理体系，如英国标准协会的 BS7750，ISO14000 标准系列等，是环境管理领域权力转移的典型例子。

（2）服务体系网络化。在社会结构日趋网络化的背景下，通过网络、合作管理等方式来实现公共服务被认为是 21 世纪的发展趋势。在这种新的网络化治理模式中，政府权力在自愿进入、资源交换和信念共享的政策议程中扩散。在政府过程中，政府与利益团体等行动者将基于信赖的原则而建立一种预期较稳定的关系，通过策略的互动、信息交换以及协商合作，以促成公共政策的形成、执行与发展。

（3）注重发挥企业的作用。污染能否得到最终控制，企业的角色很重要。当前，发达国家在环境保护上，注重采用强制与激励相结合的“胡萝卜加大棒”政策，让企业主动关注环境问题，承担环境责任。例如，日本实施的带有强制性的企业公害防治员制度，促使企业普遍建立了环境管理制度，并推动了企业环境信息公开。目前广泛实施的环境保护自愿性协议（voluntary agreements，VAs），既照顾了企业的技术差异，又节约了管制成本，是企业和政府共同乐见的一种制度安排。

（4）鼓励和引导公众参与。公众参与是发达国家环境保护取得成功的重要"法宝"。20世纪60年代日本爆发了"水俣病"、"第二水俣病"、"哮喘病"和"疼痛病"等公害病，受害者纷纷向法庭状告排污企业，形成轰动一时的"四大公害诉讼"。环境公害诉讼不仅使企业官司缠身、声誉大损，还直接促使政府关注环境问题。

14.2.4 中国环境治理

中国是最大的发展中国家，经济发展速度快，环境污染形势严峻。高度行政化的公共治理结构，使中国的环境治理存在不少问题。借鉴国外经验，完善自身体制，解决环境治理，成为一项迫切的任务。

1. 中国环境治理存在的问题

（1）治理手段单一。长期用行政手段保护环境，同市场经济及当前的发展趋势不相适应。

（2）公民参与度不高。我国公众环境意识具有很强的政府依赖特征。不像西方国家的"自下而上"方式，我国的公众参与大多是政府主导下的"自上而下"。这种公众参与缺乏系统性和持续性，参与程度和效果由主管行政部门的态度决定。

（3）跨界污染不能有效解决。中国以行政区划为单位的环境管理体制，使一些行政区域不考虑污染的外部性问题，导致一些跨界和跨流域污染加剧。

（4）环境资源配置效率低。由于产权不明晰，导致环境资源市场价格与其资源禀赋和价值偏离，具有不同价值重要性的环境资源无法通过其相对价格变化借助市场进行配置。

2. 环境治理方式的变革

（1）从部门管理向多中心治理转变。改变环境保护仅由政府举办并过分依赖行政手段的局面，发挥公民社会、非政府组织的作用，通过合作、协商、伙伴关系实施对环境问题的共同治理。以多中心治理取代政府单一治理。积极为非政府组织的环境保护提供平台，充分肯定它们的作用。建立以政府为主导，以市场运行为辅助，以公众广泛参与为基础的多元主体环境治理模式。在原有的封闭型政府治理模式中加入市场和公众参与要素。市场以绿色生产、合作外包，公众以提供信息、表达利益、社会动员等方式参与治理，以弥补政府的有限理性，矫正政府自利性。

（2）改革产权制度，实现环境资源的优化配置。有效率的资源配置是在交易中完成的，而明晰的产权结构有利于产生外部效应内部化的激励。环境治理要尽可能明晰环境资源的产权，使环境资源的相对价格在市场中反映出来，从而纠正价格扭曲，使外部成本内在化。

（3）利用价格机制促进环境保护。环境保护是一种正外部性很强的公共物品，这种物品被生产出来后，任何身处其中的人都可以享受其利益，而搭便车的现象也会变得严重。消除负外部性的一个有效方法就是在环境治理中引入价格机制，通过市场价格杠杆调节环境公共物品的供给，鼓励企业保护环境。

（4）发展循环经济，建立绿色GDP核算体系。循环经济是建设资源节约型、环境友好型社会的重要途径。它按照生态规律把人类社会的经济活动与自然生态系统物质、能量代谢过程有机融合，是人与自然和谐发展的新经济运行模式。绿色GDP是在传统GDP的基础上，扣除经济发展所引起的生态资源耗减成本和环境损失代价。它在一定程度上反映了经济与环境之间的相互作用。应建立将环境污染价值损失、生态破坏成本从传统GDP中扣除的绿色GDP核算体系。

14.3 民族国家内部的多元自治

20世纪80年代以来，随着全球化的推进和信息化的发展，公共生活日趋活跃，公共事务日趋繁杂，传统以政府作为公共事务治理主体的模式受到挑战，公共事务治理的多元化成为大势所趋。民族国家内部的多元自治要求多元主体参与公共管理活动，从单一政府管理向多元合作的自治模式转化，通过多种方式对公共事务进行治理。

14.3.1 多元自治理论概述

多元自治理论是治理理论与多中心治理理论的结合物。治理理论于20世纪80年代末期在西方国家和一些国际性组织中兴起，它是在对政府与市场、政府与社会、政府与公民等关系的反思中产生的，现已成为公共管理的一个重要价值理念和实践追求。治理理论主张削弱政府在公共服务中的权力“垄断性”，改变传统的非合作、单一层次、单一主体的公共物品生产方式，倡导建立多方参与、协调合作的新型网络式公共服务模式，这种理论本身就包含了多元自治的内容。

多中心治理理论是20世纪90年代在公共管理领域出现的一种新理论，创立者是以奥斯特罗姆夫妇（Vincent Ostrom and Elinor Ostrom）为首的一批研究者。所谓多中心治理是针对传统行政只有一个中心，权力高度集中的情形，改变成为在一个特定地区，按照地域特点，遵照传统社会文化惯例，建立多个治理中心，实现公共治理的协调和整合功能。这是一种授权的、平行的、分散化的网络协作治理，包括政府、市场组织、社区、公民等的共同协作，相互支持发挥作用。

多元自治是一种与传统官僚制相对应的治理模式。它强调多重规模的组织并存，并通过组织之间的竞争、协作，使不同的公共利益得到实现。政府不再是唯一的公共服务和公共产品的提供者，而更多是为社会主体的活力释放提供制度保障。在政府与公民的关系上，公民作为政府行政行为的相对方，享有参与权和发言权。多元自治实现了从片面强调政府责任向同时强调政府、市场、公民社会共同责任的转变。

迅速推进的全球化是民族国家多元自治的时代背景。全球化是以经济为基础，同时又包含文化和政治的全面社会变迁过程。在全球化条件下，公共事务具有不同的空间、时间、内容等多元层次，公共问题日益众多和日趋复杂，政府在客观上越来越难以满足社会的需求。同时，国内与国际事务相互交融，全球市场、新的经济与区域权力中心出现，导致民族国家主权及政府权力削弱，全球治理影响力日益增长。人们的活动跨越了国家疆域的限制，受到国际性的经济、社会组织的规制，公共事务治理的理念、方式发生了变化。在主权国家内部，地方化使得越来越多的民族国家把政治、财政和行政权力赋予地方政府、社区和非政府组织，以增加和改善公共服务。可见，全球化对民族国家的单中心治理体制带来挑战。它要求民族国家通过让渡部分主权，组建超国家机构来治理日益增长的全球化问题，同时，下放行政权力，还权公民社会。

突飞猛进的信息化是多元自治的科技前提。信息社会是以知识阶层为主体，以知识和信息为主要资源，以高新技术产业和服务业为支柱的新社会形态。信息化为新型公共管理和社会治理提供了条件。它优化了公共管理环境，推进了公共管理价值观的重塑及公共管理的技术创新。一方面，它使信息的收集、处理和传播更为便利，缩短了政府、组织及公民个人之间的距离，密切了管理主体和客体之间的沟通、反馈，加强了彼此之间的依赖性。另一方面，信息技术也增强了公民和社会在信息和知识方面的占有量，一定程度上弥补了传统治理下存在的信息不对称问题，对单向度的权力运作提出了挑战，从而削弱了传统政府的优势地位。同时，信息高速公路、国际互联网和多媒体等技术的应用为网络治理提供了技术平台，有利于组织成员间信任机制的建立，组织的分权结构推进了组织内的沟通，也增加了参与者的自治权和积极性。

现代公民社会的形成是多元自治的现实基础。公民社会所标志的各种非政府组织、民间社团、中介组织的不断发展，对以信任、规范和网络为要素的多元社会自治提供了渠道和条件。一般而言，抽象的“公益”如果不同一定具体共同体（社区、地方政府等）的普遍成员联系起来，就可能处于虚置状态，并异化为少数统治者的利益。因而，作为隶属一定共同体的各种社会行为主体必须共同行动，建立相对独立的共同体成员利益中心，参与更大范围共同体的利益安排，以确保公共利益的实现。埃莉诺·奥斯特罗姆认为，人类社会大量存在的公共事务悲剧，并不是依赖国家也不是通过市场能解决的，反而是人们的自主组织和自主治理能更有效地解决这一问题。通过公民间的互动，使个体之间、组织群体之间形成良好的社会关系环境。随着公民社会治理力量的增强、各种自发社会运动和志愿者活动的增多，使公共事务的多元自治成为可能①。

14.3.2　多元自治的运作机制

多元自治是一个多元重叠的治理结构。包括正式的和非正式的，国家的和跨国家的等各种类型的制度安排，它们既相互影响又相互独立，构成复杂的治理体系。良好而有效的治理来自于多元共同体之间的合作。

1. 多元复合治理

虽然多元自治尚没有成熟的理论定型，但包含着两大基本共识：一是治理的主体是多元的，二是治理的手段是复合的。现代社会是一个多元的社会。权力主体、权力层次、权力类型和权力实现途径都在走向多元化，政府只是社会

① ［美］埃莉诺·奥斯特罗姆．公共事物的治理之道——集体行动制度的演进［M］．上海：上海三联书店，2000.

之一极。在政策制定过程中，要注意考虑多元社会治理主体之间的互动，任何一个治理主体都不拥有充足的知识和资源来独自解决一切问题，它们必须彼此依赖，进行谈判和交易。有效的协商和参与是保证多元社会治理健康发展的基础。作为一种复合治理机制，既通过行政手段提供公共产品和服务，也通过市场化手段提供公共产品和服务。政府和公民之间不仅是管理与被管理的关系，同时还是服务与被服务的关系，监督者与被监督者的关系。这样，各种社会主体在协作的基础上互相补充、共同治理，满足各自的需要，并带来社会总效率的提高。

2. 自主动态治理

多元自治依赖自发秩序与自主治理，强调微观的基层社会及个体的重要性。认为个人是具有独立决策能力、能够计算成本收益的理性人，同时也是受环境影响易犯错误，受社群的非正式规范约束的社会人。多元自治强调自发秩序和自主治理的重要性，认为决策、监督以及制度的形成都必须从社群自治出发。另外，多元自治还具有灵活、动态的特点。多元自治的成效受众多环境条件如市场发育程度、绩效评估机制等影响。由于现代社会面对的外部环境复杂多变，各种信息不确定，必将会增加公共决策过程的模糊性。同时，社会成员的流动性也要求社会治理必须遵循权变原则，注重环境因素和偶然因素。在多元自治理论看来，社会治理没有最佳方法，方法的有效性取决于设计或方法对情景的适合程度。

3. 网络协调治理

多元自治是一种以网络为基础的协调治理机制。它通过吸纳代表不同利益群体的相关行动者的参与，对政策提供的方式和内容造成影响，是一种强调协商民主、伙伴关系的多元结合治理模式。这种以互惠、合作为基础的治理机制，超越了以价格竞争为基础的市场协调机制，也超越了以行政命令为基础的政府协调机制。是一种充分发挥市场经济、国家政府和市民社会等多重作用的关系安排。它发挥自愿性组织、营利组织、非营利组织及社区法人的作用，治理过程具有弹性、效率性、灵活性和适应性，有利于人类发展的平等、多样及可持续。多元自治充分推进政府部门和非政府部门（私营部门、第三部门或公民个人）等公共行动主体彼此合作，在相互依存的环境中分享公共权力，共同管理公共事务，建立起复杂的伙伴关系。公共管理依靠合作网络的权威，由行动者在互动过程中运用非强制性权力进行协作，使平等主体之间相互冲突的利益得以调和。

14.3.3　多元自治理论评析

多元自治理论是新公共管理理论的一个源头。多元自治理论发现在市场秩序与国家主权秩序之外还有社会运转的多中心秩序，并在这一思路下寻找新公共管理的模式。亚当·斯密认为，市场是一只“看不见的手”，它由法律规则确定市场的契约与产权安排，人们在其中寻找获利机会并相互竞争，从而促使较优趋向的形成与社会总体福利的增进。与斯密秩序观不同，霍布斯认为人们各自追求自我利益并为此相互竞争，最终会导致现代“丛林状态”，为此，必须建立一个权力支配中心来规范所有社会关系，以实现社会的和平与秩序。然而，早在 1954 年，保尔·萨缪尔森就注意到，公益物品很难依靠自我组织的市场竞争来实现。因此，诸多经济学家建议，公益物品领域应当用中央集权的方式来实现资源的优化配置。现实中的许多情形也确实如此。人们用斯密的市场理念来安排私益物品的资源配置，而用霍布斯的主权国家理念来安排公共物品的资源配置。但是，霍布斯的资源配置理念同样存在难以克服的局限。在巨大的国家机器中，信息失灵、预算规模极大化、权力寻租等成为霍布斯理念提供公共物品令人困扰的普遍性问题。

20 世纪 70 年代以来，西方社会就在探索政府职能变革，并以“政府职能市场化、政府行为法制化、政府决策民主化和政府权力多中心化”为基本方向。各国学者们从各自的研究领域出发，提出了许多新模式、新观念，奥斯特罗姆夫妇等人所创立的多中心理论，就是上述指导思想的代表之一。这一理论指出，随着社会的不断发展进步，民众对于政府的期望愈来愈高，也愈来愈趋于多元化，而传统的以政府为中心的“单中心供给”思路在庞大的需求面前缺乏效率和回应性。因此，多元自治就成为满足民众需求，提高服务质量和效率的理想模式。这一理论提出了不同于官僚行政理论的治理逻辑。它以自主治理为基础，允许多个权力中心或服务中心并存，通过竞争和协作给予公民更多的选择权和更好的服务，减少了“搭便车”行为，提高了决策的科学性。

传统主流理论认为，权力分散化与交叠管理是“不正常”局面，与此相联系的重复服务与无效率是无法用绩效评估的“病态”，这一现象不仅是政府失灵的表现，还是政府失灵的根源，要真正实现效率与节俭的优化，就应当把许多地方管辖权合并，把许多社群自主权上交。多元自治理论打破了这一简单化认识，挑战了这一传统认识误区，揭示了这一领域的复杂性及其规律，形成了自己独特的理论体系和实践意义。

（1）多元自治能减少社会风险。全球化导致了风险社会的形成，那么，什么样的治理结构能够使全球化带来的风险最小？最小化全球风险要求权威配置的分散化。根据组织与环境的关联性理解，现代组织的稳定环境对应着科层化（等级化与官僚制）的组织结构，而后现代组织的不确定环境对应着多元复合的组织结构。如果等级化的官僚结构意味着刚性的、集权的以及边界明确的话，那么多元复合的组织结构意味着弹性的、分权的、边界发散的。这种分权化的结构能减少社会风险。

（2）多元自治能提高公共部门的管理能力。根据是否具有消费上的竞争性和使用上的排他性，现实中的物品和服务可以分为四类：私人的、收费的、共享的和公共的。探索不同物品和服务类别的有效供给，有助于提高公共部门的管理能力。一般而言，私人与收费物品及服务可通过厂商来有效供给，而公共与共享物品及服务则可以通过政府来有效供给。混合物品及服务可通过社群和法团来有效供给。因此，物品及服务的有效供给意味着组织间关系的制度安排，很大程度上表现为一种多元复合的治理体制。

（3）有助于推进经济发展。针对发展中国家的治理危机，世界银行、联合国等国际机构都指出，为了确保全体人民能够共享经济增长所带来的收益，发展中国家应建立有利于提高公共治理能力的制度体系，促进公民广泛参与式的经济发展。以结社自由为原则的市民社会有利于包容性的经济发展。以官僚组织为基础的单中心治理结构已经不能适应全球化的动态性、复杂性和不确定性，以网络组织为基础的多元自治有助于应对全球化的机遇和挑战。

（4）有助于提高公共决策的民主性和有效性。传统公共决策理论认为，科学合理的决策应该由高层或中央政府作出。因为它们拥有先进的设备、高素质的专家和全面的信息资料。不可否认，对于全国性的公共问题的决策（如国防外交、产业发展、宏观控制等），全国政府及职能部门拥有极大优势，但是对于直接与人们生活相关的公共问题，它的治理决策最重要的知识和信息来自地方，具有时效性。因此，对其决策由生活于其中的居民来进行比较科学。多元自治强调决策中心下移，面向地方和基层，决策以及控制在多层次展开，鼓励基层组织和公民参与，这有利于有效利用地方性的时间、地域信息作出合理的决策。

14.3.4 多元自治对中国公共管理的启示

面对全球化进程中各国竞争的加剧，如何提高社会管理能力和水平，已成为中国21世纪面临的重要任务。随着中国政府管理体制改革的推进，政府由计划经济时代的“管制型政府”日益趋向市场经济时代的“服务型政府”，其行使职能的着重点逐步转向如何提高公共产品和公共服务的质量和水平。这客观上要求我们在分析把握国外多元社会治理的含义及其意义的基础上，对我国原有的以政府为主导的社会治理模式进行变革，以提高社会治理水平，实现建设和谐社会的目的。

（1）多元自治是中国公共管理的方向。全球化促使民族国家构建富有弹性、回应性和创新性的社会治理模式，公民参与和自主管理是这一发展趋势的内在要求。我国正处于传统社会向现代社会的转型时期，公共权力也处在一种过渡形态。传统公共权力管理观念、权力架构和管理方式还在不同程度影响着社会运行。20世纪90年代以来，以市场为导向的经济体制改革冲击了政府传统的角色定位，解放了生产力，同时使公民和一些社会组织表现出自主、公益等精神，为多元社会治理提供了可能。同时，社会成分的多元、社会关系的复杂、社会信息的分散等因素又催生着我国社会调控模式的变革。在不同程度上改变着我国现行的组织动员体制和控制管理模式。以政府集权管理为特点的社会调控体系已经很难有效实现对当前社会的有机整合，为此，迫切需要新的社会调控模式进行治理。建立适当的协商、参与机制，保障各社会治理主体拥有畅通的利益表达机制，对于我国平衡社会利益、缓解社会矛盾，具有重要意义。

（2）多元自治还面临不少现实困难和制约因素。当前我国的市场经济还不成熟，市场经济运行的机制和规则还不完善。长期以来，政府作为公共事务治理的唯一主体独立管理社会事务，市场发挥作用机会不多。市场经济的不完善导致市场机制的优势作用不能全部发挥出来。近年来，尽管我国政府对公共事务的治理也通过市场机制引入了企业参与，但与西方发达国家相比还远远落后，市场机制在公共事务治理中发挥的现实作用不多。同时，我国第三部门发育和公民社会都不成熟。传统上，国家本位、政府本位意识非常强，公民意识非常弱。在长期计划经济条件下，中国不存在具有相对独立和自治地位的公民社会。改革开放以来，公民社会逐渐兴起。然而，对一个长期以国家理念来审视自己和社会的政府来说，要它以新的公民社会理念来看待自己和社会，并以这种新的自由平等的契约关系理念来调整国家与公民社会的关系，必然会有一个艰难的过程。

14.4 全球化时代的无政府治理

全球化是我们时代的主要特征。由全球化所引发的全球问题使传统民族国家政府行为的局限性日益突出，全球治理的理论和实践由此兴起。由于解决全球问题超出了单独国家的能力范围，需要国际社会的共同协作，因而对全球治理的探讨成为必要。全球问题的治理主要是通过国际组织、非政府组织和全球合作等途径实现的，国家让位于国际合作，权威从国家独占变成与社会分享，体现出全球治理的无政府状态。

14.4.1 全球治理探讨

1. 全球治理的概念

全球治理话语从20世纪80年代兴盛起来，但至今并没有明确的定义，“国际治理”、“国际秩序的治理”和“全球秩序的治理”等都是类似的概念。多数学者认为，全球治理是各种公共和私人力量管理全球公共事务的诸多方式的总和，是使相互冲突的或不同的利益得以调和并且采取联合行动的持续过程。虽然全球治理是一种多元合作过程，但维持这一过程的外在因素和目标却是形成一套多元合作的全球制度体系。研究全球治理的著名学者安东尼·麦克格鲁说：“全球治理不仅意味着正式的制度和组织——国家机构、政府合作等——制定和维持管理世界秩序的规则和规范，而且意味着所有其他组织和压力团体——从多国公司、跨国公司运动到众多的非政府组织——都追求对跨国规则和权威体系产生影响的目标和对象。”① 全球治理的要素主要有五点：全球治理的价值、全球治理的规制、全球治理的主体或基本单元、全球治理的对象或客体、全球治理的结果。其中，参与、谈判和协调是全球治理的三个关键词。换句话说，就是不同的主体通过和平的方式解决全球问题。

全球问题客观存在，其治理的必要性也毋庸置疑。然而，全球治理在模式

---

① ［美］赫尔德．全球大变革：全球化时代的政治、经济和文化［M］．北京：社会科学文献出版社，2001：70.

和方法上如何才是可能的，则是一个问题。持积极态度和肯定意见的学者认为，全球治理是可能的。它是各国政府、国际组织、各国公民为最大限度地增加共同利益而进行的民主协商和合作，其核心内容是健全和发展一整套维护全人类安全的国际政治经济秩序。全球公民依照某种普遍认可的规则或制度，共同推进世界的有序发展。全球治理表达了通过多方面、多层次谈判来解决全球公共问题的需求与愿望。

持怀疑观点的学者们认为，全球治理反映了变化中的国际政治的某种发展趋势，有助于人们对国际秩序的分析，但所谓全球治理社会只是一个大而无当的乌托邦式的幻想。在他们看来，治理概念的提出和全球治理的实践，并没有改变国际政治中某些本质的东西。既不能实现国际社会的一体化，也无法克服国际政治的无政府状态。全球化并没有导致政治和意识形态的终结，没有推进国际社会的民主化。虽然全球公民社会的兴起对国家主权的独立性有一定的侵蚀，但国家主权是民族国家赖以生存和发展的前提，国家主权原则的不可超越性对全球治理必然形成制约和影响。所以说，全球问题的兴起只表明了国家间的合作和全球治理的必要性和紧迫性，但它并非保证出现全球治理的充分条件。因此，他们认为，全球治理是一个"脆弱的概念"。

总的来说，所谓全球治理，是指全球社会的多元行为体为了实现共同目标、增进共同利益，在全球多层面的各个领域，通过正式或非正式的制度安排而采取合作行动的持续过程。全球治理主张各国政府、国际组织、公民社会和私人机构，为了全球的共同事务和利益而进行民主的协商与合作，其核心思想是人类社会应该建立一套维护全人类安全和平、发展的规则和制度，以实现全球公共利益的最大化。

2. 全球治理的方案设计

（1）多层全球治理。这是多边主义国际治理的组织原则。这一体系的制度结构如下：首先，它是多层的。它由几个主要的治理单元组成结构网络：超国家组织、区域性组织、跨国组织、亚国家行为体等。而夹在这些层级之间的则是民族国家。其次，它是多头的或者多元的，不存在单一的权威中心。再次，多样与复杂化的结构。在全球范围内或者某些问题上各个结构之间的相对重要性与控制能力存在极大差异。因为除了具备不同的权力资源和能力，它还由各种（功能或空间上的）管辖权重叠的机构与网络组成。这种复合体损害了政策连续性，因为它要求治理活动在横向的不同功能领域与垂直的不同治理层级两方面同步协作。在这种体系中，国家政府远没有被降格，它们逐渐演变成在关键的战略领域，将各种治理单元弥合在一起，并使全球调控合法化。近几年来，不少地区和国家政府正致力于这种治理模式的探索和实践。

（2）欧盟的“合作性世界秩序”。这种新的合作性治理构想包括：第一，合作必须以共同追求和目的为基础。第二，合作应使各方面利益和要求均得到合理照顾。第三，合作还意味着客观条件制约无法达成一致时，不必强求一致而可以灵活地组合。

（3）罗西瑙“没有政府的治理”构想。按照罗西瑙的逻辑，世界政治的分合（区域化和一体化）导致权威迁移，国内外之间的传统边界日益模糊。国内国际事务日益渗透，传统的依靠主权权威的统治收效甚微，从而需要一种依靠“权威场域”的治理。所谓“权威场域”（spheres of authority），是指一些可以行使权力的行为体，在各自相应领域里得到民众的支持和服从。这种服从主要不是依靠国家机器的强制力，而是来自民众对它的支持。罗西瑙认为，尽管国际社会处于无政府状态，但是通过个人之间、组织与集团之间以及国家间利益调整，最终能形成人类共同利益。这一理论并不否认国家在当今世界体系中的地位，但强调政府并不是唯一的管理者。

（4）国家共同治理主义。这一理论认为，经济全球化带给各个国家的影响虽各有不同，但在面对全球化的机遇和弊端时，从《威斯特伐利亚条约》中走出来的各个民族国家有其自身的韧性，总是通过不断地调整自己，以适应不断变化的历史现实，无论发达国家还是发展中国家都是如此。国家共同治理主义既坚持国家在全球治理中的首要作用，又要求国家间的合作，主张通过以国家为主体的自身调整来完善治理机制。

14.4.2　全球化时代的无政府治理

全球公共问题的不可分割性，要求全球治理主体通过合作的集体行动来治理。作为全球治理的一种理论，无政府治理模式认为，在全球化时代，没有一个民族国家权力主体在全球治理事务中能担当起国家治理中政府般的角色，它需要各国政府、国际组织、全球公民社会和私人机构，为了全球的共同事务和共同利益进行民主的协商与合作。

1. 无政府治理的内涵

自1648年威斯特伐利亚体系建立以来，国家始终是无政府世界的主宰，是国际关系的主要行为体。由于每个国家追求生存、安全、繁荣的目标，国际关系常常表现为国家之间为争夺国家利益和国际权力而产生的竞争和冲突。而各国权力的大小，决定了一个国家所能获得利益的多寡，决定了一个国家在国际政治中的地位与作用。所谓世界秩序，便是反映国际体系中权力分配的某种方式，是国际社会围绕权力斗争与利益争夺过程中基于实力格局建立的规则与秩序。然而，随着近来经济全球化进程的不断加深，世界的相互依存性和一体化趋势不断加强，国家作为公共政策的主要行动者，其治理能力逐渐受到怀疑。

20 世纪后半叶以来，主权的侵蚀、快速的技术变化，促进了多样性的、非排他性的政治共同体的出现，人们开始视自己为一个更广泛的全球共同体的一部分，而不是在国籍的基础上来认同自己。在上述背景下，《威斯特伐利亚条约》建立的民族国家的治理体系受到挑战。民族国家已经镶嵌在由本土化、国家化、区域化和全球化所构成的多层网络社会中，国家政府只是多层网络社会中的一个层面。民族国家的主权正在被国内外政治、经济和社会主体所分享，政治共同体已经被锁定在多种进程和结构中，被组合成为不同的复合形态。当主权国家的统治体系无法覆盖全球问题时，探索一种新合作的机制，维护全球的可持续共同发展就显得极为紧迫。罗西瑙的无政府治理理论，正是反映了全球化时代制度变革的探索。

在罗西瑙看来，理解全球治理需要首先构建一种本体论视角，需要形成一种对全球治理环境变化的新理解。它表现为边界迁移、权威重构、民族国家衰落及非政府组织激增，表现为传统政治边界缝隙日渐扩大，权威位置发生变迁，非领土性和非线性政治时代来临。并由此产生了一些新的治理主题，如民族国家经济的全球化，世界范围消费文化的出现，人权及全球环境问题的出现，艾滋病的挑战，毒品交易，国际犯罪、金融危机等。在上述背景下，以传统的思维方式仍然将国家和政府作为有机分析的焦点，将国内和国际事务截然分开是不适当的，需要新的理论视野和思考角度。需要将权威向国家、跨国、非政府层次转移，突出边界的渗透性。需要对国家和政府有一个新的体认。“在有必要不再把全部注意力集中于国家，而是承认要把大量非政府行为体作为重点分析对象的情况下，随之而来的应当就是不把国家当作第一位的，而是在以权威日益分流和等级化日益消失为特征的世界上把它简单地看作一个重要的行为体。”① 在此情况下，需要一个新的标志，一个相对简化而更加令人信

① 俞可平，张胜军．全球化：全球治理[M]．北京：社会科学文献出版社，2003：60.

服的术语，这就是无政府治理，也可以称为多头政治、全景政治、自发调节等。

这种无政府治理所描述的全球社会状况是，全球化力量和本土化力量的互动以及一体化趋势和碎片化趋势的叠加。在此过程中，权威重构的方向向上为跨国或超国家组织，横向为社会运动和非政府组织，向下为次国家集团。因此，新的治理逻辑不必遵循等级制度，把国家和政府置于首位。全球治理因而不是一个高度一体化和秩序的标志，因为它是对高度复杂而广泛的全新行为的一种总结。各种目标导向的行为体在不断增加，聚合和解聚的相互作用和速度加快，政治步调加快到对事件的反应几乎与事件本身同步。无政府治理包含了一种对政治即时向度的新理解。

无政府治理将重点放在影响全球化力量的政治行为体、结构、过程和制度方面。国家只是权威的众多来源之一。新本体论建立在“权威场域”（spheres of authority SOAs）概念上。它并非一定与根据领土划分的空间相一致，而是具有相当的灵活性。权威并非对行为体的一种拥有，并非嵌入在角色中。权威是一种相互关系。其存在只能通过行使和服从来观察。它可以不与固定的领土相连接。非领土性行为体的来临解释了集中于治理过程而不是以政府为工具的权威行使趋势。因此，治理指的是引导社会体系实现目标的机制。治理单位不再仅仅是国家和政府，有许多术语所描述的组织参与其中：非政府组织、非国家行为体、无主权行为体、议题网络（issue network）、政策协调网（policy networks）、社会运动、全球公民社会、跨国联盟、跨国游说团体和知识共同体（epistemic community）。这些术语表达了对现在以国家和政府为本体论的表述的不满。在 SOAs 主导的世界，很难形成传统意义上的权威等级。

如果仅从字面上看，“无政府治理”会给人不需要国家与政府的印象。事实上，无政府治理并不是要在全球治理中排除国家或政府，而是指在全球治理中，全球秩序的实现并非要通过以权力与强制为基础，通过自上而下的方式建立秩序，而是要求通过包括主权国家在内的各种国际关系主体以一种平等的方式，经过协商、讨价还价等非强制的程序建立起规则与秩序。因此，国家依然是无政府治理的主要力量和重要中心。主权国家的支持、参与，以及国家间、特别是大国之间的多边合作仍然是全球治理的重要形式。无政府治理的意义主要在于超越传统国家是全球公共事务唯一中心的思维，强调在全球化时代，必须充分发挥全球公民社会、非国家行为体和个人精英的作用，形成全球多元合作机制，促进全球的正常发展和维护全球新秩序。

2. 无政府治理的特征

（1）无政府治理既不是形成一个统一的世界政府，也不是民族国家的简单组合，而是一种无政府的混合状态。它是多头或者多元的，其中既有公共机构也有私人机构，不存在单一的权威。无政府治理的运作方式与政府统治那种自上而下的科层化等级制管理不同，它是网络式的。各行为体在网络互动过程中，以信任合作为基础，以平行互动来确认共同的目标、方式和途径，实施对公共事务的管理。

（2）无政府治理内含着市场—国家—社会三种力量既独立自主又相互作用的领域，从而使全球共治成为现实。目前来看，民族国家、全球市场与全球公民社会这三种力量的发展在当前的全球治理中还是不平衡的。由于历史的原因，民族国家仍然是最强大、最主要的治理力量，它左右着大部分的治理进程。当然，国际领域中最根本也是最重要的动力不是来自国家，而是来自世界生产力所孕育的市场。而日益涌现的全球公民社会，也承担着越来越多的治理责任。

（3）国际制度是无政府治理的重要保障。在没有世界政府的国际社会中，借助国际制度的作用实现全球公共问题的治理，对国际社会的发展具有深远意义。由于各行为体之上没有一个共同的更高权威，不强制执行法律及规则，因而，国际社会充满着种种难以预测的不确定性。国际关系常常表现为国家利益和国家权力的竞争。在以逐利原则为主导的个体行动组成的世界中，即使存在合作的共同意愿和共同利益，个体也不会主动为这种共同的利益去奔波。因此，国际制度是无政府治理的最重要保障和最大动力。

（4）多中心机制是无政府治理的本质。无论从地域的角度，还是从国际事务的领域，单一的中心并不能够解决所有的问题。在无政府治理中，虽然不同的中心有着诸多区别，但是它们之间的关系更多地体现为合作，而不是冲突与对抗。虽然主权国家体系的等级管辖决策机制依然存在，但无政府治理强调通过多元主体的平等合作来处理全球公共事务，实现全球利益的优化。

3. 无政府治理的主体

（1）民族国家。权力的部分转移并没有使国家失去其在全球治理中的主体地位。主权国家仍然是国际关系中最有能量，也是最活跃和最有影响的行为主体。民族国家作为全球治理中的一个重要的参与者，是无政府治理权力结构中最主要的基础，承担了全球治理的主要责任。全球治理中的各种规则、计划、政策、行动以及具体的实施步骤，大多是由国家间合作和国家与其他行为体的合作下完成。

（2）市场。现代世界，市场发挥着基础性作用。市场中最大的实体跨国公司，一直被视为决定全球治理进程的三大主体力量之一。整个世界的发展无非是市场经济的发展，市场经济不断扩大自己的领域，趋向于创造一个整体性的世界。随着市场逐步向全球扩散，其将超越人为的政治边界，将越来越多的人口和地域纳入到它的影响范围之内，并在全球确立由市场来组织经济生活的制度。

（3）国际组织。作为国家派生机构的国际组织，是实现无政府治理的重要载体。很多全球治理所需要的运行机制都是依托国际组织来创设并予以执行。目前无政府治理活动是与国际组织的本身特点和现有发展水平相联系的，一方面，并未出现一个世界政府，只有根据一定目标和一定功能而组建的国际组织；另一方面，全球化落实在具体的产业领域，如信息技术、贸易、资本等；国际组织在治理中的不同领域具有重大的作用。经济领域有世界贸易组织（WTO）、世界银行（WB）等；福利领域有世界卫生组织（WHO）、联合国教科文组织（UNESCO）等；环境领域有联合国环境规划署（UNEP）、国际科学委员会（ICSU），安全领域有联合国安理会及国际法院等。

（4）公民社会。在无政府治理中，全球公民社会是一种相对较新的力量，它完全是全球化发展不断深入的结果。全球公民社会是全球性的民间社会，它主要由国际社会的非政府组织、全球公民网络和公民运动等组成。常以抗议、批判的形式展现，例如反全球化运动、反战运动、环境保护运动等，但这种力量的展现本身说明了它的几个特点：全球性、独立性、非市场赢利、非政治权力、多意识形态取向等。全球公民社会在组织结构方面积极推进多中心、多层次、分散化的治理结构的形成。随着公民社会日益壮大，它们积极参与全球治理活动，逐渐成为无政府治理的主体。

关键概念

生态科学观　生态伦理观　可持续发展观　环境治理
非政府组织　清洁生产　循环经济　多元自治
多中心治理　全球治理　无政府治理　权威场域
全球公民社会

思考题

1. 公共管理关于生态价值重构包括哪些内容？其核心原则是什么？
2. 当前全球环境治理的基本原则及作用机制是什么？
3. 中国环境治理存在的问题及其解决路径何在？
4. 多元自治理论产生的背景是什么？
5. 无政府治理的内涵与特征是什么？

第15章 公共管理的压力与变革

公共管理必然受其所处环境的影响和制约，因而必须随着环境的改变而不断进行调整和变革。公共管理所处的环境异常复杂，既有来自外部的宏观环境，也有来自内部的微观环境。公共管理进入到20世纪70年代之后，无论是外部环境还是内部环境都发生了巨大变化。全球化和信息技术革命导致社会发生重大变革，大大改变了公共管理的环境。环境的改变给公共管理带来巨大的压力，面对环境的挑战公共管理必须作出回应。中外公共管理的专家和学者积极进行理论和实践探索来回应环境的变化，取得了丰硕的理论成果。在众多理论中，具有广泛影响的有20世纪80年代开始的新公共管理理论和90年代末期开始流行的新公共服务理论等。中国也积极寻求应对环境挑战的公共管理变革，探索适合中国国情的公共管理模式。

15.1 公共管理的压力

从整个世界范围来看，开始于20世纪70年代的信息技术革命正将人类社会带入一个新的发展境界。从历史上来看，每一次科学技术革命都将会给整个社会带来革命性的变革和发展。公共管理本身也是随着历史的发展而不断变革的，新的社会必然要求新的公共管理形态。政府仍然是现时代公共管理的核心主体。但是，环顾周围，公共管理的环境变得更为动荡、更为不平衡、更为复杂、更为变化多端。公共管理的压力主要来自于为应对全球化和信息技术革命带来的挑战。

15.1.1　全球化对公共管理的挑战

全球化是全世界共同面临的一种发展趋势。那么究竟什么是全球化？英国社会学家莱斯利·斯克莱尔对全球化所作的解释较为权威。他认为："全球化是以经济全球化为核心，包括通信、旅游及生态的全球化为基本内容，而以文化及社会、政治影响为直接后果的一种社会变化趋势。"① 它揭示的是全球不分贫富、不分种族、不分信仰、不分国界日益密切的相互依存关系。

全球化使各国政府不得不认真面对一些新的变化：其一，全球化冲击了传统的以地理区域为单位的行政辖区，并逐渐缔造出一种以个人兴趣和利益为纽带的新的距离感；其二，全球化对传统的层级制组织模式构成严重威胁，正在出现的是一种类似于网络结构的组织模式；其三，全球化，尤其是信息全球化，改变了行政机构的决策方式；其四，全球化削弱了民族国家、尤其是发展中国家，制定和实施公共政策以满足国内需求的能力②。

全球化带来的这些新变化对各国公共行政形成两个方面的冲击，一是公共行政价值观的冲击，全球化时代政府行政价值取向将更加复杂，需要在效率、公平、国家主权乃至全球公共利益等相互冲突的目标体系中寻求较优的平衡；二是对政府合法性的冲击，全球化时代的个人对国家政府的依赖减弱，政府绩效匮乏、权力流失，腐败机会的滋长使得政府日益面临合法化危机，社会日益动荡不安。

全球化对公共行政的冲击给政府带来挑战。一般来说，全球化在以下几方面对政府能力提出了更高的要求：

1. 政府的快速反应与应变能力

在全球化环境中，一国发展与世界发展的关联度不断趋向复杂化，政府管理须时刻关注世界并保持高度的敏感力、辨别力和判断力。同时，全球信息、知识以无与伦比的速度扩展开来，社会生活的需要也日益多样化，且变化的周期日益缩短，决策的随机性、时效性大大增强，这要求政府应具备随时捕捉客

---

① 张定淮，曹晓明．全球化时代各国政府行政改革［J］．马克思主义与现实．1999（1）：33.

② 谭晓梅．全球化对公共行政的冲击［J］．上海交通大学学报：社会科学版．2000（4）.

观环境发生变化的信息的能力，并据此迅速调整管理战略，制定相关对策。

2. 政府的自我更新和创新能力

全球化的竞争说到底是发展知识经济的竞争。在这场“没有硝烟”的空前较量中，知识是资源，创新是动力。政府作为国家竞争力的核心塑造者，应及时汲取新知识，进行积极有效的改革和制度创新。故步自封、僵化保守、按部就班的政府将导致国家失去竞争力，并最终使政府失去存在的合法性。

3. 政府的多元利益整合能力

信息社会使社会利益及价值目标日益多元化，思想上的共识在逐步丧失，统一的、普遍认可的标准在不断模糊，“每一种主张、理论、主义、意识形态都可以自成体系，自己就是裁判，而不再仰仗传统意义上的‘真理’和作为‘真理’的载体的那种权威”①。工业化时期形成的大多数统一意志的民主，已经被信息社会日益凸显的个性化特征所取代，各种社会利益、价值取向呈现多元化的发展趋势。“社会分化为各种亚文化群——各有自己的价值观念和生活方式。各自看电视中不同的节目，各自在不同类型的店铺买东西，各自驾驶不同类型的汽车，我们已经由具有涵盖广泛而相当划一的中产阶级组成的大众社会转变为甚至在中产阶级内部也有很大文化差异的‘马赛克社会’。”② 这种多元化社会必然要求政府具有整合多元利益的能力，以维持既有秩序和社会稳定。

15.1.2 信息技术革命对公共管理的挑战

历史上每一次技术革命都给公共行政带来深刻变革，自20世纪70年代开始的信息技术革命改变了人们的思维方式和思维习惯，也不可避免地对公共行政的各个层面产生了深刻影响。

1. 信息技术的发展对公共行政提出了新的要求

信息技术的发展，使政府长期以来所拥有的收集和管理信息的专利权被剥

① 徐迅．“后现代”景观中的国家［A］．刘军宁．自由与社群［M］．北京：北京三联书店，1998：271.

② ［美］戴维·奥斯本、特德·盖布勒．改革政府——企业精神如何改革着公营部门［M］．上海市政协编译组、东方编译所编译．上海：上海译文出版社，1996：151.

夺，打破了知识和信息被传统官僚机构垄断的局面。普通百姓取得信息的速度几乎和政府领导者一样迅速。与此同时，由于长期以来蒙在政府脸上的面纱被信息技术揭开了，民众对政府的神秘感便随之消失。从此，政府不再是公众行为的单向控制者，公众也不再是政府信息的被动接受者，双方通过技术获取信息的接近性将使得政府与公众建立新型的合作协同关系。

与此同时，信息技术的发展导致公众能够超越政府控制的信息渠道，轻而易举地获悉世界上正在发生的一切。公众对其他国家行政改革的努力有相当的了解，他们不希望自己的政府在其他国家政府推进行政改革的时候无动于衷。其结果是："借鉴其他国家行之有效的改革措施的压力无疑是巨大的，即使这些措施与本国的政治行政体制和传统不完全适应"①。这就是说，信息技术的发展不仅形成了各国行政改革的内部动力，而且产生了改革的外部压力，即学习其他国家有效改革措施的压力。政治家和政府官员不希望给公众一个因循守旧、不事创新的形象，因而都举起了行政改革的旗帜。

2. 信息技术的快速发展为公共行政趋向灵活、高效提供了技术支持

信息技术的发展对公务员系统严密的等级制组织结构产生冲击。借助于信息技术，政府办公趋向于自动化、电子化、网络化，使信息共享更为便捷，为在信息处理和传递过程中减少中间环节提供了可能。因此压缩层级、扩大管理幅度，使组织结构扁平化成为改革趋势，传统的金字塔式等级制结构势必被打破，被更科学合理、灵活高效而民主的扁平式一体化组织结构代替。

3. 信息技术的运用大大提高收集与处理信息的效率，相应地提高了决策速度，为快速了解掌握公众的需求并及时作出回应提供了条件

15.2 新公共管理

从 20 世纪 70 年代开始，曾经主导西方公共行政领域近一个世纪之久，并被誉为是行之有效、甚至是最佳的传统或称主流的公共行政，遭受到新的外部环境越来越严峻的挑战，其近乎刻板、僵化的科层体制愈来愈不能适应迅速变

① 周志忍. 国外行政改革比较研究［M］. 北京：国家行政学院出版社，1999：8.

化的信息和知识密集型社会和经济生活。正是在这样的历史背景下，一种新的公共行政理论、管理模式——新公共管理（New Public Management）在20世纪80年代的英美两国应运而生，并迅速扩展到西方各国。

15.2.1 新公共管理的定义

作为一种正在成长并且日益取代旧的公共行政模式的公共部门管理的新模式，“新公共管理”有不同的名称，如“管理主义”、“后官僚体制模式”、“以市场为导向的公共行政”等。对于新公共管理的内涵，人们作出了各种不同的界定。

“新公共管理”最早由胡德（Christopher Hood）在1991年一篇名为《一种普适性的公共管理?》的文章中提出来的。胡德将“新公共管理”看作是一种以强调明确的责任感、产出导向和绩效评估，以准独立的行政单位为主的分权结构，采用私人部门管理、技术、工具，引入市场机制以改善竞争为特征的公共部门管理的新途径。

波立特（C. Pollitt）在《管理主义和公共服务：盎格鲁和美国的经验》一书中认为，“新公共管理主义”主要由本世纪初发展起来的古典泰勒主义的管理原则所构成，即强调商业管理的理论、方法、技术及模式在公共部门管理中的应用。

霍姆斯（Holmes）和尚德（Shand）把新公共管理视作范式，这种好的管理方法具有以下特点：（1）这是一种更加富有战略性或结构导向型的决策方法。（2）分权式管理环境取代了高度集中的登记组织结构。（3）可以更为灵活地探索代替直接供应公共产品的方法，从而提供成本节约的政策结果。（4）关注权威与责任的对应，以此作为提高绩效的关键环节。（5）在公共部门之间和内部创造一个竞争性的环境。（6）加强中央战略决策能力，使其迅速、灵活和低成本地驾驭政府对外部变化和多元利益作出反应。（7）通过要求提供有关结果和全面成本的报告来提高责任度和透明度。（8）宽泛的服务预算和管理制度支持和鼓励着这些变化的发生。

从研究者的角度来看，“新公共管理”有时被当作单一模式概念，有时则被当作包含不同模式的类概念。如奥斯本和盖布勒在《改革政府》中提出的“企业化政府”模式就是一种单一模式。这一模式中包含了十大基本原则或基本内容。再如哈伯德提出的包含十大趋势的“管理主义”模式，也是一种单一模式。另一些学者则认为并不存在统一的“新公共管理”模式，只有各种不同类型的“新公共管理”模式。如英国学者 E. 费利耶等人在《行动中的新公共管理》中论述的效率驱动模式、小型化与分权模式、追求卓越和公共服务取向模式。

综上所述，新公共管理是以自利人为假设，基于公共选择代理人理论及其交易成本理论，以传统的管理主义和新泰罗主义为基点而发展起来的，其核心点在于：强调经济价值的优先性、强调市场机能、强调大规模使用企业管理的哲学和技术、强调顾客导向的行政风格。新公共管理代表着现实世界中人们持续不断改进政府，实现理想政府治理的一个努力方向。

15.2.2　新公共管理理论的内容

虽然各国学者对“新公共管理”的界定有所差异，但总的来说还是大同小异，都强调商业机制和市场机制在政府改革中的积极作用这一基本取向。参考国外学者关于新公共管理的主要论述及国内相关领域学者的见解，结合自身对“新公共管理”的理解，我们认为，新公共管理理论主要包括下面的内容：

1. 重新界定政府与社会的关系

政府不再是高高在上、“自我服务”的官僚机构，政府公务人员应该是负责任的“企业经理和管理人员”，社会公众则是提供政府税收的“纳税人”和享受政府服务作为回报的“顾客”或“客户”，政府服务应以顾客为导向，应增强对社会公众需要的响应力。在政府与社会的关系中，政府应是“掌舵者”而非“划桨者”。在新公共管理运动之前，政府集决策权、行政权、监察权于一身，对社会、政治、经济等领域作全面工作。这就造成了政府庞大臃肿的机构，导致人浮于事，行政效率低下。新公共管理提倡政府对社会的管理既不能统办一切、命令一切，也不能撒手不管，而是要将工作重心放到决策工作上，通过决策和制度来控制社会发展大方向，把具体的工作交给了执行部门。

2. 政府应放松规制，广泛采用分权化的方式进行管理

新公共管理反对传统公共行政重遵守既定法律法规，轻绩效测定和评估的作法，主张放松严格的行政规制，政府应广泛地采用分权化的方式进行管理。

3. 强调竞争机制、并将私营部门的管理方式引入公共部门

新公共管理强调公共行政应引入竞争机制，取消公共服务供给的垄断性，

如采用“政府业务合同出租”、“竞争性招标”等方式进行供给。同时，新公共管理还强调政府应广泛采用企业经营部门成功的管理手段和经验。除实施明确的绩效目标控制之外，新公共管理还强调重视人力资源管理，强调成本-效益分析、全面质量管理，主张全面的货币化激励而不过分主张传统的道德、精神、地位和货币等因素的混合以及单一的固定工资制的激励机制，主张对高级雇员的雇用实施有限任期的契约而不是传统的职位保障制。

4. 公务员不必保持中立

在看待文官与政务官的关系上，新公共管理与传统公共行政存在着明显的分野。传统公共行政强调政治与行政的分离，强调文官（包括高级文官）保持政治中立和匿名原则；新公共管理则具有的浓厚的政治色彩，强调文官与政务官之间存在着密切的互动和渗透关系，特别是对部分高级文官应实行政治任命，让他们参与政策的制定过程，并承担相应的责任，以保持他们的政治敏锐性，因此不应将政策制定和行政管理截然分开。

5. 倡导公共管理主体的多样化和社会化，但政府仍是核心主体

公共管理的客体——社会事物本身的复杂性与层次性就决定了公共管理主体的多样性。尽管各国国情不同，但从其共性来看可将其分为以下几类：第一类是国家组织，它包括立法机构、司法机构和行政机构；第二类是事业性单位，它们依靠政府授权从事具体事务；第三类是社会营利性组织；第四类是社会团体，包括工会、共青团及妇联等；第五类是社会中介机构，如各种会计师事务所、律师事务所、各种行业协会等；第六类是“自我管理、自我教育、自我服务”的自发性组织——社区。以上诸多社会性管理主体在政府管理活动中承接大量工作，极大减轻了政府的工作压力。

15.2.3　对新公共管理理论的批判

新公共管理在西方各国日趋流行的同时，也遭受到许多批评和指责，这些批评总体上主要针对“新公共管理”的理论基础、核心思想与价值。具体来说，对新公共管理的批评主要表现在以下方面：

1. 对其以经济学为理论基础进行的批判

对新公共管理以经济学为理论基础的批判主要体现在四个方面：一是认为

经济学本身就是一门有缺陷的社会科学，所以将其运用到公共部门同样有缺陷；二是认为经济学的个人主义方法论将导致公共利益的丧失；三是认为经济学的人性假设过于狭窄，忽略了人性的复杂性；如果将这种经济学的“自利人”假设援引到公共管理中可能会产生几个盲点：首先，它忽视了文化因素对人性的规制；其次，它忽略了促进美德的重要性，从而可能引发公共利益和公共伦理危机①；四是认为经济学作为经济体系和私营部门的理论基础，是有一定成效的，但将其应用到公共部门则是一种低劣的构想，因为从本质上看，公共部门生存于政治环境之中，将经济学手段引入其中存在不可避免的局限性②。

2. 对其引入私营部门管理理论进行的批判

有学者认为，新公共管理盲目照搬私营部门管理理论，实际上是一种新泰勒主义。新公共管理受到泰勒的科学管理思想的强烈影响，将效率、经济性和有效性作为自己的价值基础，特别强调管理中的绩效测定、绩效责任和诱因控制。将私营部门的管理理论引入到公共管理中，其实就是把公共部门和私营部门等同起来了。然而公共部门和私营部门是两种不同的组织类型，它们在很多重要方面是有差异的。我国学者张成福教授认为公共管理与私营部门管理存在巨大差异，这种差异表现在：宪政与市场、公益与私益、法治与契约自由、社会公平与效率利润等多方面。简单而言，公共行政在本质上是以民主宪政为基础，通过政府整合社会资源，落实民主治理的基本理念，展现公共利益之过程。将公共管理与私营部门管理相混同，恰恰丧失了公共行政在民主治理中的正当角色，丧失其应有的真正意义③。

3. 对其将公民称作“顾客”进行的批判

新公共管理主张“顾客导向”，期冀通过“消费者主权”即让顾客具有充分的自由选择权以驱动政府按照社会需求的方式提供公共服务。对此，波利特批评道：公共服务中的“提供者/消费者”明显地比一般市场中的提供者/消

① 张成福．公共行政的管理主义：反思与批判[J]．中国人民大学学报，2001(1)．

② 转引自［澳］欧文·E．休斯．公共管理导论［M］．彭和平、周明德、金竹青，译．北京：中国人民大学出版社，2001：85．

③ 张成福．公共行政的管理主义：反思与批判[J]．中国人民大学学报，2001(1)．

费者面临更复杂的交易；公共服务的消费者不仅是“消费者”，他们更重要的是公民，这对于交易有一系列独特的内涵①。“公民是社会契约的一部分，顾客是市场契约的一部分。公民位居顾客之上。新公共管理完全颠倒了两者之间的关系。”② B. 盖伊·彼得斯在《政府管理与公共服务的新思维》一文中则感叹道：“公民如今只不过是政府服务的消费者了，公民相对于国家的个人权利和法律地位无形中被降低了”③。

15.3 新公共服务

进入20世纪80年代之后，伴随着西方国家政府重塑运动的兴起和发展，新公共管理在当代公共行政理论与实践中越来越显现其主导范式的地位。然而，如前所述，新公共管理理论在其风靡欧美之时也遭到了不少批评。然而，在这些批评中，真正能够作为新公共管理理论的一套替代性新理论模式而被提出的则是新公共服务理论。

15.3.1 新公共服务的定义

新公共服务理论是在对传统公共行政理论和新公共管理理论的反思和批判的基础上由美国学者罗伯特·B. 登哈特提出来的。登哈特认为，新公共服务是关于公共行政在以公民为中心的治理系统中所扮演的角色的一套理念。在新公共管理理论中，公共行政官员集中控制官僚机构和提供服务，他们是“掌舵者”而不是“划桨者”，即他们更加关注成为一个更倾向于日益私有化的新政府的企业家。但是，在他们忙于掌舵的时候，他们是否忘记了是谁拥有这艘船呢？在新公共服务理论家看来，公共行政官员在其管理公共组织和执行公共政策时应该集中于承担为公民服务和向公民放权的职责，他们的工作重点既不应该是为政府航船掌舵，也不应该为其划桨，而应该是建立一些明显具有完善整合力和回应力的公共机构。

① 陈振明．评西方的”新公共管理”范式［J］．中国社会科学，2000（6）．

② 周志忍．当代国外行政改革比较研究［M］．北京：国家行政学院出版社，1999：587.

③ ［美］B. 盖伊．彼得斯．政府管理与公共服务的新思维［A］．国家行政学院国际合作交流部．西方国家行政改革述评［M］．北京：国家行政学院出版社，1998：18.

15.3.2　新公共服务理论的基本观点

新公共服务理论是反思和批判新公共管理的替代理论，具体来说，新公共服务理论主要包括以下基本观点：

1. 政府的职能是服务，而不是掌舵

公共行政官员重要的角色就是要帮助公民表达并满足他们共同的利益需求，而不是试图通过控制或掌舵使社会朝着新的方向发展。在新公共服务理论看来，尽管过去政府在为“社会掌舵”方面扮演着十分重要的角色，但当今时代为社会领航的公共政策实际上是一系列复杂的相互作用过程的后果，这些相互作用涉及多重群体和多重利益集团，这些为社会和政治生活提供结构和方向的政策方案是许多不同意见和利益的混合物。现今政府的作用在于，与私营及非营利组织一起，为社区所面临的问题寻找解决方法。其角色从控制转变为议程安排、使相关各方坐到一起，为促进公共问题的解决进行协商，提供便利。在这样一个公民积极参与的社会中，公共行政官员将要扮演的角色越来越不是服务的直接提供者，而是调停者、中介人甚至是裁判员。而这些新角色所需要的不是管理控制的老办法，而是做中介、协商以及解决冲突的新技巧。

2. 公共利益是目标而不是副产品

公共行政官员必须致力于建立集体的、共享的公共利益观念，这个目标不是要在个人选择的驱使下找到快速解决问题的方案，而是要创造共享利益和共同责任。新公共服务理论认为，建立社会远景目标的过程并不能只委托给民选的政治领袖或被任命的公共行政官员。事实上，在确立社会远景目标或发展方向的行为当中，广泛的公众对话和协商至关重要。政府的作用将更多地体现在把人们聚集到能无拘无束、真诚地进行对话的环境中，共商社会应该选择的发展方向。除了这种促进作用，政府还有责任确保经由这些程序而产生的解决方案完全符合公正和公平的规范，确保公共利益居于主导地位。因此，公共行政官员应当积极地为公民能够通过对话清楚地表达共同的价值观念，并形成共同的公共利益观念提供舞台，应该鼓励公民采取一致的行动，而不应该仅仅通过促成妥协而简单地回应不同的利益需求。这样，他们就可以理解各自的利益，具备更长远、更广博的社区和社会利益观念。

3. 在思想上要具有战略性，在行动上要具有民主性

满足公共需要的政策和方案可以通过集体努力和协作过程得以最有效并且最负责任地实现。新公共服务理论认为，为了实现集体意识，下一步就是要规定角色和责任并且要为实现预期目标而确立具体的行动步骤。这一计划不仅仅是要确立一种远见，然后再把它交给公共行政官员去执行，而且是要使所有相关各方都共同参与对一些将会朝着预期方向发展的政策方案的执行过程。通过对公民教育方案的参与以及对公民领袖更广泛的培养，政府可以激发人们重新恢复原本应有的公民自豪感和公民责任感，而且这种自豪感和责任感会进一步发展成为在许多层次都会出现的一种更强烈的参与意愿。在这种情况下，所有相关各方都会共同努力为参与、合作和达成共识创造机会。为此，政治领袖应该扮演一种明确且重要的角色，他们要明确地表示并鼓励对公民责任感的强化，进而支持群体和个人参与社区契约的订立活动。尽管政府不能创造社区，但是，政府，更具体地说，政治领袖却能够为有效的和负责任的公民行动奠定基础。人们必须逐步认识到，政府是开放的并且是可以接近的，否则，就不会有政府；政府是有回应力的，否则就不会有政府；政府存在的目的在于满足他们的需要，否则，就不会有政府。于是，这里的目标就在于确保政府具有开放性和可接近性，具有回应力，能够为公民服务并且为公民权创造机会。

4. 为公民服务，而不是为顾客服务

公共利益不是由个人的自我利益聚集而成的，而是产生于一种关于共同价值观的对话。因此，公共行政官员不是要对“顾客”的要求作出回应，而是要集中精力与公民以及在公民之间建立信任与合作关系。政府与其公民的关系不同于企业与其顾客的关系。在公共部门，我们很难确定谁是顾客，因为政府服务的对象不只是直接的当事人。而且，政府的有些顾客凭借其所拥有的更多资源和更高技能可以使自己的需求优先于别人的需求。在政府中，公正与公平是其提供服务时必须考虑的一个重要因素，政府不应该首先或者仅仅关注“顾客”自私的短期利益，相反，扮演着公民角色的人们必须关心更大的社区，必须对一些超越短期利益的事务承担义务，必须愿意为他们的邻里和社区所发生的事情承担个人的责任。换言之，政府必须关注公民的需要和利益。总之，新公共服务理论试图鼓励越来越多的人履行自己的公民义务并希望政府能够特别关注公民的呼声。

5. 责任并不简单

公共行政官员所应该关注的不只是市场，还应该关注宪法、法律、社区价值观、政治规范、职业标准以及公民利益。我们知道，无论是传统的公共行政理论还是新公共管理理论都倾向于将责任问题简单化，然而，新公共服务理论认为，这样的模式并未反映当今公共服务的需求和现实，责任问题其实极为复杂，公共行政官员已经受到并且应该受到包括公共利益、宪法法令、其他机构、其他层次的政府、媒体、职业标准、社区价值观念和价值标准、环境因素、民主规范、公民需要在内的各种制度和标准等复杂因素的综合影响，而且他们应该对这些制度和标准等复杂因素负责。

6. 重视人而不只是生产率

如果公共组织及其所参与的网络能够以对所有人的尊重为基础，通过合作和分享领导权的过程来运作的话，那么从长远的观点来看它们就更有可能获得成功。新公共服务理论十分强调管理和组织时“通过人来进行管理”的重要性。新公共服务理论充分认识到公共行政官员的工作不仅极为复杂而且面临着巨大的挑战。他们既不像传统公共行政理论所认为的那样只是需要保障和组织一种官僚职业的雇员，也不像新公共管理理论所主张的那样只是市场的参与者，他们的动机和报酬远不只是一个薪水或保障的问题，他们希望与别人的生活有所区别。因此，分享领导权的概念对于为公共雇员和公民提供机会以便他们的言行符合其公共服务的动机和价值至关重要。分享领导权必定会具有相互尊重、彼此适应和相互支持的特点，特别是通过人民或与人民一起来行使领导权可以改变参与者，并且可以把他们的关注焦点转移到更高层次的价值观念上。在这个过程中，公民和公共雇员的公共服务动机同样可以得到承认和支持①。

15.3.3　对新公共服务理论的简评

通过以上的描述和分析，不难看出，登哈特教授试图为我们提供一个充分重视民主、公民权和为公共利益服务的理论框架。在他看来，这个可以被称之为新公共服务理论的框架，是一个建立在对公共部门的理论探索和实践创新基

① 丁煌．西方行政学说史［M］．武汉：武汉大学出版社，2004.

础之上的备选方案，既可以替代传统的公共行政管理模式，又可以替代目前占主导地位的新公共管理模式。登哈特认为，在传统的公共行政模式之下，政府的目标仅仅在于有效地提供服务，而且问题主要是通过改变组织的结构和控制系统而得以解决的。尽管在该领域中有人曾呼吁要更加关注民主的价值，但是对等级制和控制、减少公民参与的呼声却居于优势地位。近年来，新公共管理又逐渐支配了公共行政领域的思想和行动。如前所述，新公共管理的思想基础在于，认识人类行为的最佳途径是假定政府的行动主体和其他的行动主体都是根据他们的自身利益来作出选择和采取行动的。按照这种观点，政府的角色就是促进个人选择和实现效率而释放市场力量。公民被视为顾客，而且问题是通过激励的操纵得以处理的。

而相比之下，新公共服务理论则主张，公共行政官员一开始就应该认识到一种参与并且开明的公民权对于民主治理是至关重要的。登哈特宣称，由于人的行为不仅是一个自利的问题，而且还涉及价值观、信念以及对他人的关心，所以这种“高度的”公民权不仅很重要而且能够达到，公民应该被视为政府的主人并且能够为了追求更大的利益而一起采取行动。因此，在登哈特看来，公共利益超越了个人自身利益的聚集，新公共服务通过广泛的对话和公民参与来追求共同的价值观和共同的利益。这里，公共服务本身被视为公民权的扩展部门，它是由为他人服务和实现公共目标的欲望所促动的。如果从这种观点来看，公共行政官员的作用就是把人们带到“桌子旁边”，并且以一种承认在一个民主系统中有多种复杂层次的职责、伦理和责任的方式来为公民服务。负责任的行政官员应该努力使公民不仅参与计划，而且还参与执行实现公共目标的项目。这样做的原因不仅在于可以使政府工作得更好，而且还在于符合我们的价值观。公共行政官员的职责主要不是控制或者使用激励，而是服务。按照这个新公共服务的理论模式，民主理想和对他人的尊重不仅充满了行政官员与公民的互动过程，而且还在公共组织内部被视为榜样。

最后应该指出的是，尽管新公共服务理论是在对传统公共行政理论和新公共管理理论进行反思和批判的基础上提出和建立的，并且主张用一种基于公民权、民主和为公共利益服务的新公共服务模式来替代当前的那些基于经济理论和自我利益的主导行政模式，但是，这并不意味着它是对传统公共行政理论和新公共管理理论的全盘否定。从理论视角来看，它本质上是对传统公共行政理论和新公共管理理论的一种扬弃，它试图吸收传统公共行政理论的合理内核，尤其是在承认新公共管理理论对于改进当代公共管理实践所具有的重要价值并摒弃新公共管理理论固有的缺陷的基础上，提出和建立一种更加关注民主价值和公共利益、更加适合现代公民社会发展和公共管理实践需要的新的理论选择。正如登哈特教授所言："即使在一种思想占据支配地位的时期里，其他思想也从来不会被完全忽略。然而，在民主社会里，当我们思考治理制度时，对民主价值观的关注应该是极为重要的。效率和生产力等价值观不应丧失，而应当被置于民主、社区和公共利益这一更广泛的框架体系之中。在这个框架中，其他有价值的技术和价值观都可能粉墨登场。随着时间的流逝，这个争论肯定还会持续若干年。但新公共服务理论提供了一个令人振奋的观点，围绕这个观点，我们可以展望公共服务的前景。未来的公共服务将以公民对话协商和公共利益为基础，并与后两者充分结合"。①。

关键概念

新公共管理　　新公共服务

思考题

1. 新时期公共管理的挑战主要表现在哪些方面？
2. 新公共管理的特征是什么？
3. 新公共服务和新公共管理有哪些不同？
4. 中国未来公共管理发展的挑战和压力是什么？

---

① ［美］罗伯特·B. 登哈特. 新公共服务：服务，而不是掌舵［J］. 公共行政评论，60 卷第 6 期.

参考文献

著作类

1. ［美］戴维·奥斯本、特德·盖布勒. 改革政府：企业精神如何改革着公营部门［M］. 上海政协编译组东方编译所译. 上海：上海译文出版社，1998.
2. ［美］弗兰多·古德诺. 政治与行政［M］. 王元，杨百朋译. 北京：华夏出版社，1987.
3. ［美］布坎兰，马斯格雷夫. 公共财政与公共选择：两种截然不同的国家观［M］. 类承曜译. 北京：中国财政经济出版社，2000.
4. ［美］查尔斯·沃尔夫. 市场，还是政府：不完善的可选事物间的决策［M］. 陆俊，谢旭译. 重庆：重庆出版社，2007.
5. ［美］戈登·塔洛克. 寻租：对寻租活动的经济学分析［M］. 李政军译. 成都：西南财经大学出版社，1999.
6. ［英］克里斯托弗·波利特，［比利时］海尔特·鲍克尔特. 公共管理改革——比较分析［M］. 夏镇平译，上海：上海译文出版社，2003.
7. ［日］星野昭吉. 全球政治学——全球化过程中的变动、冲突、治理与和平［M］. 刘小林、张胜军译. 北京：新华出版社，2000.
8. ［美］托马斯·R. 戴伊. 理解公共政策［M］. 彭勃等译. 北京：华夏出版社，2004.
9. ［英］迈克尔·希尔. 理解社会政策［M］. 刘升华译. 北京：商务印书馆，2003.
10. ［美］威廉·N. 邓恩. 公共政策分析导论［M］. 谢明等译. 北京：中国人民大学出版社，2002.
11. ［英］理查德·蒂特马斯. 社会政策 10 讲［M］. 香港：商务印书馆（香

港）有限公司，1991.
12. ［加］R. 米什拉. 资本主义社会的福利国家［M］. 郑秉文译. 北京：法律出版社，2003.
13. ［德］克劳斯·奥菲. 福利国家的矛盾［M］. 郭忠华等译. 长春：吉林人民出版社，2006.
14. ［丹］艾斯平·安德森. 福利资本主义的三个世界［M］. 郑秉文译. 北京：法律出版社，2003.
15. ［美］戴安娜·M. 迪尼托. 社会福利：政治与公共政策［M］. 何敬，葛其伟译. 北京：中国人民大学出版社，2007.
16. ［英］霍华德·格伦内斯特. 英国社会政策论文集［M］. 苗正民译. 北京：商务印书馆，2003.
17. ［德］弗兰茨-克萨韦尔·考夫曼. 社会福利国家面临的挑战［M］. 王学东译. 北京：商务印书馆，2004.
18. ［美］Neil Gilbet，Paul Terrell. 社会福利政策导论［M］. 黄晨熹等译. 上海：华东理工大学出版社，2003.
19. 经济合作与发展组织. 分散化的公共治理［M］. 北京：中信出版社，2004.
20. ［美］保罗·R. 伯特尼，［美］罗伯特·N. 史蒂文斯. 环境保护的公共政策［M］. 穆贤清、方志伟译. 上海：上海人民出版社，2006.
21. ［美］E. S. 萨瓦斯. 民营化与公私部门的伙伴关系［M］. 北京：中国人民大学出版社，2002.
22. ［英］达霖·格里姆赛，［澳］莫文·K. 刘易斯. 公私合作伙伴关系［M］. 北京：中国人民大学出版社，2008.
23. ［澳］欧文. E. 休斯. 公共管理导论［M］. 北京：中国人民大学出版社，2001.
24. ［美］罗伯特. 阿格拉诺夫，迈克尔. 麦圭尔. 协作性公共管理：地方政府新战略［M］. 北京：北京大学出版社，2007.
25. ［美］赫尔德. 全球大变革：全球化时代的政治、经济和文化［M］. 北京：社会科学文献出版社，2001.
26. ［美］埃莉诺·奥斯特罗姆. 公共事务的治理之道——集体行动治理的演进［M］. 余逊达、陈旭东译. 上海：上海三联书店，2000.
27. ［美］戴维·H. 罗森布鲁姆，罗伯特·S. 克拉夫丘克. 公共行政学：管理、政治和法律的途径［M］. 北京：中国人民大学出版社，2002.
28. ［美］特里·L. 库珀. 行政伦理学：实现行政责任的途径［M］. 北京：中国人民大学出版社，2001.
29. ［美］皮帕·诺里斯. 新政府沟通——后工业社会的政治沟通［M］. 上海：上海交通大学出版社，2005.
30. ［美］罗伯特·A. 达尔. 多元主义民主的困境——自治与控制［M］. 长春：吉林人民出版社，2006.
31. ［韩］朴贞子，金炯烈. 政策形成论［M］. 济南：山东人民出版社，2005.
32. ［美］詹姆斯·安德森. 公共决策［M］. 唐亮译. 北京：华夏出版社，1990.
33. ［美］迈克尔·豪利特，M. 拉米什. 公共政策研究：政策循环与政策子系统［M］. 庞诗等，译. 北京：生活·读书·新知三联书店，2006.
34. ［美］罗伯特·巴克沃. 绩效管理［M］. 北京：中国标准出版社，2000.
35. ［英］理查德·威廉姆斯. 组织绩效管理［M］. 北京：清华大学出版社，2002.
36. ［美］保罗·C. 纳特，罗伯特·W. 巴可夫. 公共和第三部门组织的战略管理：领导手册［M］. 北京：中国人民大学出版社，2001.
37. ［美］乔尔·阿伯巴奇等. 两种人：官僚与政客［M］. 陶远华等，译. 北京：求实出版社，1990.
38. ［美］R·爱德华. 弗里曼. 战略管理：利益相关者方法［M］. 王彦华，梁豪，译. 上海：上海译文出版社，2006.
39. ［美］赫伯特·A. 西蒙. 管理行为［M］. 杨砾、韩春立等，译. 北京：北京经济学院出版社，1988.
40. ［美］托马斯. 公共决策中的公民参与：公共管理者的新技能与新策略［M］. 孙柏瑛等，译. 北京：中国人民大学出版社，2004.
41. 全球治理委员会. 我们的全球伙伴关系（Our Global Neighborhood）［M］. 牛津大学出版社，1995.
42. UNDP（1996），*Concepts of Governance and Sustainable Human Development*.
43. Dye，Thomas. 2002. *Understanding Public Policy*（10th ed.）. Englewood Cliffs，N. J：Preneice-Hall.
44. Anderson，James E. 1984. *Public Policy-Making*（3rd ed.）. Orlando，Florida：

Holt, Rinehart and Winston, Inc.

45. Dill W. *Public Participation in Corporate Planning: Strategic Management in Kibitzer's Word*. Long Range Planning, 1975 (1).

46. World Bank. *World Bank Participation Sourcebook*, Washington D. C.; World Bank, 1996.

47. MARKH. MOORE. *Creating Public Value: Strategic Management in Government* [M]. Cambridge: Harvard University Press, 1995.

48. John M. Bryson. *Strategic Planning for Public and Nonprofit Organizations*, San Francisco: Jossey-Bass Publishers, 1995.

49. Eadia, Douglas, C. *Strategic Management: A Core Responsibility of Local Government*. In John J. Gargan, *Handbook of Local Government*, New York: Marcel Dekker Inc, 1997.

50. 杨伟民. 社会政策导论 [M]. 北京: 中国人民大学出版社, 2004.

51. 谢志强, 李慧英. 社会政策概论 [M]. 北京: 中国水利水电出版社, 2005.

52. 丁建定. 社会政策概论 [M]. 武汉: 华中科技大学出版社, 2006.

53. 庄华峰, 杨钰侠, 王先进. 社会政策概论 [M]. 合肥: 合肥工业大学出版社, 2007.

54. 宁骚. 公共政策学 [M]. 北京: 高等教育出版社, 2003.

55. 张金马. 公共政策分析 [M]. 北京: 人民出版社, 2004.

56. 胡伟. 政府过程 [M]. 杭州: 浙江人民出版社, 1998.

57. 陈振明. 政策科学 [M]. 北京: 中国人民大学出版社, 2003.

58. 杨团, 葛道顺. 社会政策评论 [M]. 北京: 社会科学文献出版社, 2007.

59. 朱光磊. 现代政府理论 [M]. 北京: 高等教育出版社, 2006.

60. 朱光磊. 当代中国政府过程 [M]. 天津: 天津人民出版社, 2008.

61. 张国庆. 公共行政学 [M]. 北京: 北京大学出版社, 2007.

62. 黄健荣. 公共管理新论 [M]. 北京: 社会科学文献出版社, 2005.

63. 曾俊. 公共管理新论: 体系、价值与工具 [M]. 北京: 人民出版社, 2006.

64. 桑玉成. 政府角色: 关于市场经济条件下政府作为与不作为的探讨 [M]. 上海: 上海社会科学院出版社, 2000.

65. 徐国亮. 政府权威研究 [M]. 济南: 山东大学出版社, 2006.

66. 沈荣华. 政府机制［M］. 北京：国家行政学院出版社，2003.
67. 唐兴霖. 公共行政学：历史与思想［M］. 广州：中山大学出版社，2000.
68. 郭小聪. 政府经济学［M］. 北京：中国人民大学出版社，2008.
69. 王雍君. 公共经济学［M］. 北京：高等教育出版社，2007.
70. 吴伟. 公共物品有效提供的经济学分析［M］. 北京：经济科学出版社，2008.
71. 马云泽. 规制经济学［M］. 北京：经济管理出版社，2008.
72. 朱新力，金伟峰，唐明良. 行政法学［M］. 北京：清华大学出版社，2005.
73. 毛昭晖. 公共行政的法律基础［M］. 北京：中国人民大学出版社，2005.
74. 王乐夫. 公共管理学［M］. 北京：中国人民大学出版社，2007.
75. 刘旺洪. 行政法学［M］. 南京：南京师范大学出版社，2005.
76. 应松年. 行政程序法立法研究［M］. 北京：中国法制出版社，2001.
77. 姜明安. 行政法与行政诉讼法［M］. 北京：北京大学出版社，2001.
78.. 邓正来，亚历山大. 国家与市民社会：一种社会理论的研究路径［M］. 北京：中央编译出版社，1999.
79. 邓正来. 市民社会理论的研究［M］. 北京：中国政法大学出版社，2002.
80. 赵虎吉. 比较政治学［M］. 广州：中山大学出版社，2002.
81. 施雪华. 政治科学原理［M］. 广州：中山大学出版社，2001.
82. 吴继霞. 当代环境管理的理念建构［M］. 北京：中国人民大学出版社，2003.
83. 王伟. 生存与发展——地球伦理学［M］. 北京：人民出版社，1995.
84. 万以诚，万岍. 新文明的路标——人类绿色运动史上的经典文献［M］. 长春：吉林人民出版社，2000.
85. 周志忍. 国外行政改革比较研究［M］. 北京：国家行政学院出版社，1999.
86. 俞可平，张胜军. 全球化：全球治理［M］. 北京：社会科学文献出版社，2003.
87. 章剑生. 行政程序法基本理论［M］. 北京：法律出版社，2003.
88. 李金龙，唐皇凤. 公共管理学基础［M］. 上海：上海人民出版社，2008年.
89. 黎民. 公共管理学［M］. 北京：高等教育出版社，2003.

90. 席恒. 公与私：公共事业运行机制研究［M］. 北京：商务印书馆，2003.
91. 丘昌泰. 公共政策：当代政策科学理论之研究［M］. 台湾：巨流图书公司，1999.
92. 胡税根. 公共部门绩效管理：迎接效能革命的挑战［M］. 杭州：浙江大学出版社，2005.
93. 张成福，党秀云. 公共管理学［M］. 北京：中国人民大学出版社，2001.
94. 刘俊海. 公司的社会责任［M］. 北京：法律出版社，1999.
95. 钱再见. 现代公共政策学［M］. 南京：南京师范大学出版社，2007.
96. 中国（海南）改革发展研究院编. 政府转型：中国改革下一步［M］. 北京：中国经济出版社，2005.
97. 世界环境与发展委员会. 我们共同的未来［M］. 长春：吉林人民出版社，1997.
98. 张静. 法团主义［M］. 北京：中国社会科学出版社，2005.
99. 俞可平. 治理与善治［M］. 北京：社会科学文献出版社，2000.
100. 黄晨熹. 社会政策［M］. 上海：华东理工大学出版社，2008.

论文类

1. 关信平. 当代社会政策中公共行动与个人责任［J］. 中国社会导刊，2008（6）.
2. 吴忠民. 从平均到公正：中国社会政策的演进［J］. 社会学研究，2004（1）.
3. 刘纪新. 拉美国家社会政策调整评析［J］. 拉丁美洲研究，2005（3）.
4. 黄进. 论科学发展观指导下的社会政策［J］. 毛泽东思想研究，2008（2）.
5. 纪光欣，朱德勇. 欧洲社会政策的演进及启示［J］. 中国石油大学学报：社会科学版. 2008（2）.
6. 李秉勤. 英国社会政策的研究、教学及其对中国的借鉴意义［J］. 社会学研究，2000（4）.
7. 杨团. 中国社会政策演进、焦点与建构［J］. 学习与实践，2006（11）.
8. 范明林. 从社会政策的过程观谈社会政策的价值取向［J］. 社会学研究，2002（2）.
9. 陈晓强. 发展型社会政策与我国的社会政策构建［J］. 长白学刊，

2008 (1).
10. 张乐. 公共政策与社会政策：一个系统论的比较 [J]. 天津行政学院学报，2007 (2).
11. 徐道稳. 社会政策的四维视角 [J]. 社会科学研究，2005 (3).
12. 梁次红. 论社会政策与社会和谐 [J]. 长江大学学报：社会科学版，2008 (4).
13. 何汇江. 社会政策理论研究综述 [J]. 许昌学院学报，2006 (3).
14. 杨团. 社会政策的理论与思索 [J]. 社会学研究，2000 (4).
15. 关信平. 制度性与补缺性社会政策 [J]. 中国社会导刊，2008 (21)
16. 武佩将. 公共政策的功能限度研究 [J]. 现代农业科学，2008 (4).
17. 钮菊生. 论现代公共政策的功能和特点 [J]. 江海学刊，2001 (5).
18. 郑秉文，史寒冰. 东亚社会福利政策中公平与效率的问题——价值取向与政策效应 [J]. 辽宁大学学报，2002 (2).
19. 鲍宗豪，李振. 社会控制的哲学反思 [J]. 哲学研究，2000 (12).
20. 张政改. 教育政策的限度分析——来自个案的启示 [D]. 华东师范大学2006 届博士论文.
21. 席恒、雷晓康. 和谐社会的制度基础与公共管理的基本任务——基于合作收益的分析框架 [J]. 西北大学学报：哲学社会科学版，2008 (5).
22. 曾令发. 合作政府：后新公共管理时代英国政府改革模式探析 [J]. 国家行政学院学报，2008 (2).
23. 蔡立辉、龚鸣. 整体政府：分割模式的一场管理革命 [J]. 学术研究，2010 (5).
24. 张紧跟. 新区域主义：美国大都市区治理的新思路 [J]. 中山大学学报：社会科学版，2010 (1).
25. 吕志奎. 州际协议：美国的区域协作性公共管理机制 [J]. 学术研究，2009 (5).
26. 周望. 打造协作性公共服务：中国政府间关系发展中的新策略 [E]. 中国改革论坛网：http://www. chinareform. org. cn/gov/service/ Practice/201004/t 20100422_ 8430. html.
27. 黄煌，王玉海，潘谊，孙燕娜. 社区综合减灾防灾管理公共合作的经验与启示——民政部与亚洲基金会灾害管理合作项目的尝试 [J]. 城市与减灾，2010 (3).

28. 王骚，王达梅. 政策分析中事实要素与价值要素探析［J］. 天津行政学院学报，2007（2）.
29. 孟凡民. 公共决策中的理性：价值问题研究［J］. 中国行政管理，2006（7）.
30. 郭巍青. 政策制定的方法论：理性主义与反理性主义［J］. 中山大学学报：社会科学版，2003（2）.
31. 张义祯. 西蒙的“有限理性”理论［J］. 中共福建省委党校学报，2000（8）.
32. 黄新华. 渐进调适——林德布洛姆的政治决策模式探析［J］. 福建学刊，1997（4）.
33. 丁煌. 林德布洛姆的渐进决策理论［J］. 国际技术经济研究，1998（3）.
34. 龚虹波. “垃圾桶”模型述评——兼谈其对公共政策研究的启示［J］. 理论探讨，2005（6）.
35. 张才新，夏伟明. 垃圾桶决策模式：反理性主义的声音［J］. 探求，2004（1）.
36. 李秉勤. 英国社会政策的研究、教学及其对中国的借鉴意义［J］. 社会学研究，2000（4）.
37. 仲理峰，时勘. 绩效管理的几个基本问题［J］. 南开管理评论，2002（3）.
38. 臧乃康. 政府绩效的复合概念与评估机制［J］. 南通师范学院学报，2001（3）.
39. 张定安. 平衡计分卡与公共部门绩效管理［J］. 学术论坛，2004（6）.
40. 张定淮、曹晓明. 全球化时代各国政府行政改革［J］. 马克思主义与现实，1999（1）.
41. 张成福. 公共行政的管理主义：反思与批判［J］. 中国人民大学学报，2001（1）.
42. 陈振明. 评西方的“新公共管理”范式［J］. 中国社会科学，2000（6）.
43. 张旭霞. 理解公共领域：从“经济人”到“公共人”［J］. 行政论坛，2004（3）.
44. 刘英茹. 提升和完善决策咨询机制［J］. 科学决策，2005（10）.
45. 王锡锌. 我国公共决策专家咨询制度的悖论及其克服［J］. 法商研究，2007（2）.

46. 贾生华，陈宏辉. 利益相关者的界定方法述评［J］. 外国经济与管理，2002（5）.

47. 王身余. 从“影响”、“参与”到“共同治理”［J］. 湘潭大学学报：哲学社会科学版，2008（6）.

48. 谭晓梅. 全球化对公共行政的冲击［J］. 上海交通大学学报：社会科学版，2000（4）.

49. ［美］加里·万斯莱. 公共行政与治理过程：转变美国的政治对话［J］. 中国行政管理，2002（2）.

50. Klijn, E., and J. Koppenjan (2001). Rediscovering the Citizen: New Roles for Politicians in Interactive Policy Making. In McLaverty, P. (Ed.) Public Participation and Innovations in Community Governance.

51. Carroll, B., and C. Terrance (2001). Civic Networks, Legitimacy and the Policy Process. Governance: an International Journal of Policy and Administration, Vol. 12, No. 1.

52. Y. Dror. Muddling Through: “Science” or “Inertia”?［J］. Public Administration Review, 1964 (20): 153-157.

后　记

本书是南昌大学、华东交通大学、西南财经大学、南昌航空大学、江西农业大学、山东师范大学、江西理工大学、宁波大学、湛江师范学院、上饶师范学院等十多所高校从事本专业教学和研究的教师合作完成的，该团队均是多年从事公共管理学教学和研究，并积累丰富经验的人员。具体分工如下：刘圣中博士担任主编，负责统筹编排、统筹全书，同时撰写了导论、第 7 章、第 15 章第 4 节。刘忠权博士是副主编，协助主编完成本书的统稿和修改工作，并撰写了第 14 章。第 1 章由吕华讲师撰写；第 2 章由赫广义博士撰写；第 3 章由战建华博士撰写；第 4 章由唐兵博士撰写；第 5 章由张芳山博士撰写；第 6 章由周利平讲师撰写；第 7 章由刘圣中博士和陈华平讲师撰写；第 8 章由赵永红博士撰写；第 9 章由甘黎黎讲师撰写；第 10 章由马珂博士撰写；第 11 章由张新生博士撰写；第 12 章由郑娟副教授撰写；第 13 章由易申波讲师撰写；第 15 章由刘圣中博士和郑利华讲师合作撰写。全书最后由刘圣中统稿。编著者试图在本书编写中，总结最前沿的理论，从多个方面进行教材编写的创新，但介于编者水平和能力有限，所以错误和缺漏在所难免。在此，我们恳请方家不吝指正，我们将不胜感谢！联系方式：liushengzhong@ 126. com。本书的出版特别要感谢武汉大学出版社舒刚先生，他的细致工作和严谨科学的态度将本书的缺漏降低到最低的限度。还有其他各位为本书出版出过力的朋友在此一并致谢！

编写委员会

2011 年 2 月

武汉大学出版社（全国优秀出版社）